高职高专院校“十三五”规划教材

主　编　张德生　卜昭海　李 东
副主编　孙远涛　赵青青

液压与气压传动

（第2版）

Hydraulic and Pneumatic Transmission

哈爾濱工業大學出版社

内 容 简 介

本书根据高等职业技术教育的要求而编写。以应用为目的，贯彻理论联系实际的原则，注重基本概念和理论的阐述，突出理论知识和实践技能，加强针对性和应用性的学习。

全书共 11 个项目，主要内容包括：绪论、液压油和液压流体力学基础、常用液压元件的结构原理、液压基本回路、典型液压系统实例分析、气压传动、液力传动及液压系统设计等，并附有 2009 版新标准《流体传动系统及元件图形符号和回路图》与 1993 版旧标准《液压气动图形符号》对比的附录。每章后附有思考题与习题，便于学生巩固所学知识，利于提高学生分析问题和解决问题的能力。

本书可作为高职高专院校机械类、机电类等专业的教材，也可作为相关专业人员和相关技术人员的参考用书。

图书在版编目(CIP)数据

液压与气压传动/张德生，卜昭海，李东主编. —2 版. —哈尔滨：哈尔滨工业大学出版社，2021.8

ISBN 978-7-5603-9481-7

Ⅰ.①液… Ⅱ.①张…②卜…③李… Ⅲ.①液压传动－高等职业教育－教材 ②气压传动－高等职业教育－教材 Ⅳ.①TH137②TH138

中国版本图书馆 CIP 数据核字(2021)第 109990 号

策划编辑 杜 燕
责任编辑 杜 燕
封面设计 卞秉利
出版发行 哈尔滨工业大学出版社
社 址 哈尔滨市南岗区复华四道街 10 号 邮编 150006
传 真 0451-86414749
网 址 http://hitpress.hit.edu.cn
印 刷 哈尔滨市颉升高印刷有限公司
开 本 787mm×1092mm 1/16 印张 17 字数 380 千字
版 次 2016 年 8 月第 1 版 2021 年 8 月第 2 版
2021 年 8 月第 1 次印刷
书 号 ISBN 978-7-5603-9481-7
定 价 39.80 元

第2版前言

为了适应高等职业教育专业要求不断发展，在吸取和借鉴相关院校高职高专教学经验的基础上，针对高职高专对机械类、机电类专业职业型和技能型人才的需要结合作者的教学经验编写了本书。本书在全面阐述液压、气压与液力传动技术基础上，更着力于应用能力和综合分析能力的培养。

全书以液压传动为主，气压与液力传动为辅，以应用为目的。全书包括11个项目和附录。项目1是液压传动概述；项目2介绍了液压油和流体力学的基本知识和理论；项目3介绍了液压泵的分类、结构、原理、常见故障及排除方法；项目4介绍了液压执行元件的分类、结构、原理、常见故障及排除方法；项目5介绍了液压控制阀的分类、结构、原理、常见故障及排除方法；项目6介绍了液压传动常用辅助装置的结构和原理；项目7介绍了液压基本回路的组成、功能和特点等；项目8介绍了11个典型液压系统的组成、原理，典型液压系统故障及排除方法；项目9介绍了气压传动基本知识、组成、特点以及应用实例；项目10介绍了液力传动基本知识、组成、工作原理等；项目11介绍了液压系统设计基本内容和实例等，附录给出了新旧标准常用元件对比。每个项目后附有思考题与习题，便于学生巩固所学知识，利于提高学生分析问题和解决问题的能力。

本书在编写过程中，坚持少而精、理论与实践相结合的原则，注重基本内容的掌握和应用，紧密结合液压、气动与液力传动技术的基本知识，突出了内容的实用性和应用性，如工程机械、数控技术、汽车制造、模具制造专业等的液压与气动回路以及实例，采用液压、气压与液力传动分开讲述的方法，以液压传动为主，气压与液力传动为辅，在气压传动内容上除兼顾与液压传动的共性外，还侧重对气压传动特有的元件、图形符号和回路的介绍。又保证了教材体系的完整性，每个项目侧重通用元件、回路的组成、工作原理和应用，同时注意先进技术的引入，注重对学生工程实践能力的培养。本书有关元件的图形符号、回路以及系统原理图全部按照国家最新标准规定的图形符号绘制。

本书在第1版的基础上，主要进行了以下几个方面的修订：

(1)教材体系结构按项目和任务教学进行修订编写。

(2)在项目8中增加任务8.8、8.9、8.10、8.11四个教学任务内容。

(3)增加了项目10、项目11的教学内容。

(4)在项目9中增加任务9.8一个教学任务内容。

(5)修改了原有的错误。

本书由张德生、卜昭海、李东任主编，孙远涛、赵青青任副主编，黑龙江工程学院张德生编写项目 7、项目 8，哈尔滨铁道职业技术学院卜昭海和黑龙江东方学院孙曙光编写项目 10，黑龙江生物科技职业学院李东编写项目 9，黑龙江工程学院孙远涛编写项目 2、项目 5、项目 6，黑龙江东方学院赵青青编写项目 1、项目 11、附录，哈尔滨铁道职业技术学院牟俊汉编写项目 3，哈尔滨铁道职业技术学院童旺编写项目 4。

本书适用于高职高专院校机械类、机电类等专业的教材，也可作为相关专业人员和相关技术人员的参考用书。

由于时间仓促，书中难免存在疏漏和不足，欢迎广大读者批评指正。

编　者

2021 年 3 月

目　　录

项目 1 绪论

任务 1.1 液压传动概述

1.1.1 液压传动的定义

一部完整的机器由原动机、传动机构(含控制部分)和工作机构(含辅助装置)3 部分组成。原动机是传递动力的设备,如电动机、内燃机等;工作机构是完成工作任务的直接工作部分,如剪床的剪刀、车床的刀架等。由于原动机的功率和转速变化范围有限,为了适应工作机构的作用力和较宽的速度变化范围以及性能的要求,在原动机和工作机构之间设置了传动机构。

传动机构主要有机械传动、电气传动和流体传动 3 种传动方式。机械传动是一种通过轴、齿轮、齿条、蜗轮、蜗杆、皮带、链条和杠杆等机件直接传递动力的传动方式,它是应用最早、最为普遍的传动方式;电气传动是利用电力设备,通过调节电参数来传递动力的传动方式;流体传动是以流体为工作介质进行能量转换、传递和控制的传动形式,它包括液压传动、液力传动和气压传动。液压传动和液力传动虽然均是以液体作为工作介质进行能量传递的,但是液压传动是利用液体的压力能来传递能量的,而液力传动是利用液体的动能来传递能量的。气压传动是以气体作为工作介质进行能量传递的。

1.1.2 液压传动的发展概况

液压传动从 17 世纪中期帕斯卡提出的静压传动原理,到 18 世纪末英国制成世界上第一台水压机算起,至今已有 300 多年的历史。19 世纪工业上所使用的液压传动装置以水为工作介质,因其密封问题一直未能很好得到解决而导致液压技术停滞不前,直到 1905 年开始以矿物油作为工作介质后这种情况才开始改观。但直到 20 世纪 30 年代液压传动才真正得到推广应用,相继出现了斜轴式轴向柱塞泵、径向和轴向液压马达以及先导控制压力阀。第二次世界大战期间,由于军事工业需要反应快、精度高、功率大的液压传动装置而推动了液压技术的发展;战后,液压技术迅速转向民用,在机床、工程机械、农业机械、汽车等行业中逐步得到推广。

20世纪60年代后，液压技术得到了快速发展，并逐步渗透到各个工业领域中。60年代出现了板式、叠加式液压阀系列，发展了以比例电磁铁为电气—机械转换器的电液比例控制阀，并被广泛用于工业控制，提高了电液控制系统的抗污染能力和性能价格比。70年代出现了插装式系列液压元件。80年代以来，液压技术与现代数学、力学和微电子技术、应用计算机技术、控制科学等紧密结合，随着液压CAD、CAM、三维有限元分析技术及装备制造的柔性化发展，数控机床、加工中心、柔性加工单元(FMC)、柔性制造系统(FMS)将全面替代旧装备，配以自动传送工具和立体仓库，就可使液压元器件的生产形成自动化车间模式。同时，新型液压元件和液压系统的计算机辅助测试(CAT)、计算机直接控制(CDC)、机电一体化技术、故障诊断技术、可靠性技术以及污染控制等方面，也是当前液压技术发展和研究的方向。近20年来，人们重新认识和研究了历史上以纯水作为工作介质的纯水液压传动技术，使其复苏并得到了持续稳定的发展，如日本三菱和丹麦丹佛斯公司研制的水压泵和水压控制阀门的性能已接近液压元件水平。

我国的液压技术开始于20世纪50年代，液压元件最初应用于机床和锻压设备，后来又用于拖拉机和工程机械。1964年从国外引进一些液压元件生产技术，同时自行设计液压产品，经过20多年的艰苦探索和发展，特别是20世纪80年代初期引进美国、日本、德国的先进技术和设备，我国的液压技术水平有了很大的提高。

综上所述，液压技术应用广泛，它作为工业自动化的一种重要技术形式，已经与传感技术、信息技术、微电子技术紧密结合，形成并发展成为包括传动、检测、在线控制的综合自动化技术，当前液压技术正向着小型化和微型化、集成化和模块化、数字化、机电一体化、液压现场总线技术、自动化控制软件技术、液压节能技术、高压、高速、大功率、高效率、低噪声、高度集成化及轻量化等方向发展。

任务1.2　液压传动的工作原理和基本特征

1.2.1　液压传动的工作原理

如图1.1(a)所示，液压千斤顶的液压系统由小液压缸11、大液压缸2、油箱6以及它们之间的连通油路组成，当截止阀5关闭时，系统密闭。当向上提起杠杆手柄12时，小液压缸11的小活塞10上移，其下油腔密封容积增大，压力减小，形成部分真空，此时单向阀4封住通向大液压缸2的油路，油箱6中的油液在大气压的作用下经过吸油管7推开单向阀8进入小液压缸11的下油腔内，完成一次吸油。接着，压下杠杆手柄12时，小液压缸11的小活塞10下移，其下油腔密封容积减小，油液压力升高，单向阀8自动关闭，压力油推开单向阀4经油路压入到大液压缸2的下油腔内。由于大液压缸2的油腔也是密闭的，所以进入的油液因受挤压而产生的作用力就推动大液压缸2的大活塞1上升，并将重物向上顶起一段距离。这样反复提、压杠杆手柄12，就可以使重物不断上升，达到起重的目的。将截止阀5旋转90°打开，在重物重力的作用下，大液压缸2的油液排回油箱，活塞可下降到原位。

液压千斤顶是一个简单的液压传动装置，通过上面分析液压千斤顶的工作过程可知液压传动是以液体作为工作介质来传递信号和动力的，它依靠密闭容积的变化传递运动，依靠液体内部的压力（由外界负载所引起）传递动力。液压传动装置本质上是一种能量转换装置，它先将机械能转换为液压能，随后又将液压能转换为机械能而做功。

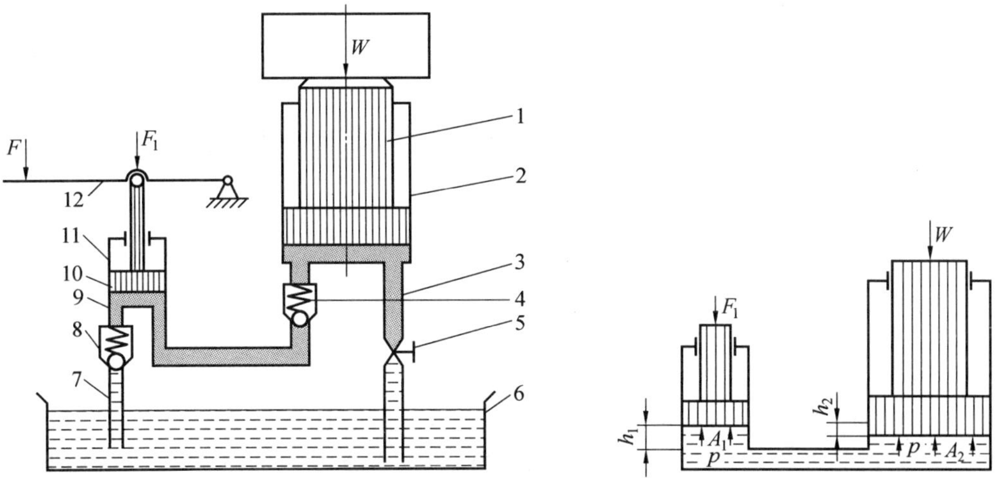

(a) 工作原理图　　(b) 简化模型

图 1.1　液压千斤顶

1—大活塞；2—大液压缸；3，9—油管；4，8—单向阀；5—截止阀；6—油箱；7—吸油管；10—小活塞；11—小液压缸；12—杠杆手柄

1.2.2　液压传动的基本特征

分析液压千斤顶两活塞之间的力比例关系、运动关系和功率关系，其简化模型如图1.1(b)所示。

(1)力比例关系。

当大活塞上有重物负载 W 时，大活塞下腔的油液产生一定的压力 p，$p=W/A_2$，根据帕斯卡原理："在密闭容器内，施加于静止液体上的压力将以等值同时传到液体各点"，因而要顶起大活塞及其重物负载，在小活塞下腔就必须产生一个等值的压力 p，也就是说小活塞上必须施加力 F_1，$p=F_1/A_1$，因而有

$$p=\frac{F_1}{A_1}=\frac{W}{A_2} \tag{1.1}$$

式中　A_1、A_2—— 小活塞和大活塞的作用面积；

F_1—— 杠杆手柄作用在小活塞上的力；

W—— 大活塞上的重物负载。

由式(1.1)可知，当负载 W 一定时，作用力 F_1 大小与两活塞面积的比值成正比。当负载 W 增大时，流体工作压力 p 也要随之增大，即 F_1 要随之增大；反之，若负载 W 很小，流体压力就很低，F_1 也就很小。由此得出一个非常重要的结论：液压传动中工作压力取决于负载，而与流入流体的多少无关。

(2) 运动关系。

如果不考虑液体的可压缩性、漏损和液压缸体、油管的变形，则从图 1.1(b) 可以看出，被小活塞压出的油液的体积必然等于大活塞向上升起后大液压缸下腔扩大的体积。即

$$A_1h_1 = A_2h_2 \tag{1.2}$$

式中 h_1、h_2—— 小活塞和大活塞的位移。

由式(1.2) 可知，两活塞的位移和两活塞的面积成反比。将 $A_1h_1 = A_2h_2$ 两端同除以活塞移动的时间 t 得

$$A_1\frac{h_1}{t} = A_2\frac{h_2}{t}$$

即

$$A_1v_1 = A_2v_2 \tag{1.3}$$

式中 v_1、v_2—— 小活塞和大活塞的运动速度。

由式(1.3) 可以看出，活塞的运动速度和活塞的作用面积成反比。

Ah/t 的物理意义是单位时间内液体流过截面积为 A 的某一截面的体积，称为流量 q，即

$$q = Av$$

如果已知进入缸体的流量为 q，则活塞的运动速度为

$$v = \frac{q}{A} \tag{1.4}$$

由式(1.4) 可知，调节进入液压缸的流量 q，即可调节活塞的运动速度 v，这就是液压传动能实现无级调速的基本原理。由此得出一个非常重要的结论：活塞的运动速度取决于进入液压缸的流量，而与流体压力的大小无关。

(3) 功率关系。

由式(1.1) 和式(1.3) 可得

$$F_1v_1 = Wv_2 \tag{1.5}$$

由式(1.5) 可知：左端为输入功率，右端为输出功率。这说明在不计损失的情况下输入功率等于输出功率。由式(1.5) 还可得出

$$P = pA_1v_1 = WA_2v_2 = pq \tag{1.6}$$

由式(1.6) 可以看出，液压与气压传动中的功率 P 可以用压力 p 和流量 q 的乘积来表示，压力 p 和流量 q 是流体传动中最基本、最重要的两个参数，它们相当于机械传动中的力 F 和速度 v，它们的乘积即为功率。由此又得出一个非常重要的结论：液压传动是以流体的压力能来传递动力的。

综合以上分析可知：液压传动的基本特征是以液体为工作介质，依靠处于密封工作容积内的液体压力能来传递能量；压力的高低取决于负载；负载速度的传递是按容积变化相等的原则进行的，速度的大小取决于流量；压力和流量是液压传动中最基本、最重要的两个参数。

任务1.3　液压系统的组成及功用

一个完整的液压系统一般都是由动力装置、执行装置、控制装置和辅助装置4部分组成的，其功用如下：

(1)动力装置。把原动机的机械能转变成液体的压力能，给液压系统提供压力油，使整个系统能够动起来。最常用的元件是液压泵，液压泵是液压系统的心脏。

(2)执行装置。将液压油的压力能转变成机械能，以驱动工作机构的负载对外做功，实现往复直线运动、连续回转运动或摆动。最常用的元件是液压缸和液压马达。

(3)控制装置。控制液压系统中从液压泵至执行装置的油液方向、压力和流量，以保证执行装置驱动的主机工作机构完成预定的运动规律。最常用的元件是方向阀、压力阀和流量阀等。

(4)辅助装置。用来存放、提供和回收液压介质，实现液压元件之间的连接及传输载能液压介质，滤除液压介质中的杂质，保持系统正常工作所需要的介质清洁度，系统加热或散热，储存、释放液压能或吸收液压脉动和冲击，显示系统压力、油温等。最常用的元件是管路和接头、油箱、过滤器、蓄能器、密封件和仪表等。

任务1.4　液压传动的特点及应用

1.4.1　液压传动的优缺点

(1)液压传动的主要优点。

①液压传动能在运行中实现无级调速，调速方便且调速范围比较大，可达100∶1～2 000∶1。

②在同等功率的情况下，液压传动装置的体积小，质量轻，惯性小，结构紧凑(如液压马达的质量仅为同功率电机质量的10%～20%)，而且能传递较大的力或扭矩。

③液压传动工作比较平稳，反应快，冲击小，能高速启动、制动和换向。工作介质具有弹性，可吸收冲击，液压传动传递运动均匀平稳；液压传动装置的回转运动换向频率可达500次/分，往复直线运动可高达1 000次/分。

④液压传动装置的控制、调节比较简单，操纵比较方便、省力，易于实现自动化与电气控制配合使用，能实现复杂的顺序动作和远程控制。

⑤液压传动装置易于实现过载保护，系统超载时油液经溢流阀回油箱。

⑥液压传动易于实现系列化、标准化和通用化，便于液压系统的设计、制造和使用维护，有利于缩短机器设备的设计制造周期并降低制造成本。

⑦液压传动易于实现回转、直线运动，且元件排列布置灵活，尤其是用液压传动实现直线运动远比用机械传动简单。

⑧布局灵活方便。液压元件的布置不受严格的空间位置限制，容易按照机器的需要通过管道实现系统中各部分的连接，布局安装具有很大的柔性，能够组成其他方法难以组

成的复杂系统。

(2)液压传动的主要缺点。

①不能保证定比传动。液体为工作介质，易泄漏，油液可压缩，故不能用于传动比要求准确的场合。

②液压传动中有机械损失、压力损失和泄漏损失，效率较低，所以不宜做远距离传动。

③液压传动对油温和负载变化敏感，不宜于在低温、高温下使用，对污染很敏感，采用石油基液压油作为传动介质时还要注意防火问题。

④液压传动需要有单独的能源(例如液压泵站)，因为液压能不能像电能那样从远处传来。

⑤造价较高。为了减少泄漏，液压元件在制造精度上的要求较高，因此它的造价就较高，而且液压传动对工作介质的污染比较敏感。

⑥故障诊断困难。液压传动装置出现故障时不易追查原因及迅速排除。

液压传动与其他传动方式的综合比较见表 1.1。

表 1.1 液压传动与其他传动方式的综合比较

性能	液压传动	气压传动	机械传动	电气传动
输出力	大	稍大	较大	不太大
响应速度	较高	高	低	高
质量功率比	小	中等	较小	中等
响应性	高	低	中等	高
负载引起特性变化	稍有	很大	几乎无	几乎无
定位性	稍好	不良	良好	良好
无级调速	良好	较好	较困难	良好
远程操作	良好	良好	困难	特别好
信号变换	困难	较困难	困难	容易
调整	容易	稍困难	稍困难	容易
结构	稍复杂	简单	一般	稍复杂
管线配置	复杂	稍复杂	较简单	简单
环境适应性	较好，但易燃	好	一般	不太好
动力源失效时	可通过蓄能器完成若干动作	有余量	不能工作	不能工作
工作寿命	一般	长	一般	较短
维护要求	高	一般	简单	较高
价格	稍高	低	一般	稍高

总的来说，液压传动的优点较多，缺点正随着生产技术的发展逐步加以克服，因此，液压传动在现代化生产中有着广阔的发展前景。

1.4.2　液压传动的应用

液压传动技术的应用领域见表1.2。

表1.2　液压传动技术的应用领域

应用领域	采用液压技术的机器设备和装置
机械制造	铸造机械,金属成形设备,焊接设备,热处理设备,金属切削机床
汽车工业	汽车制造设备,自卸式汽车、平板车、高空作业等
家用电器与五金制造	家电行业,五金行业
计量质检装置、特种设备及公共设施	计量与产品质量检验设备,特种设备,公共设施,环保设备
能源与冶金工业	电力行业,煤炭工业,石油天然气探采机械,冶炼轧制设备,冶金产品,冶金企业环保设备
轻工、纺织及化工工业	轻工机械,纺织机械,化工机械
铁路、公路工程	铁路工程施工设备,公路工程施工及运输设备
航空航天工程、河海工程及国防工业	航空航天,河海工程设备,武器装备
建材、建筑工程及农林牧、船舶港口	建材行业,建筑行业,工程机械,农林牧机械,船舶港口机械

思考题与习题

1.1　液压传动与机械传动相比有哪些优缺点?列举液压传动的应用实例。

1.2　液压系统由哪几部分组成?各部分的作用是什么?

1.3　目前液压传动技术向着什么方向发展?举出实例。

1.4　以液压千斤顶为例,说明液压传动的基本特征。

项目2

液压油和液压流体力学基础

任务2.1 液压油

2.1.1 液压油的性质

在液压系统中，液压油是传递动力和信号的工作介质。同时还起到润滑、冷却和防锈的作用。

1. 密度

单位体积液体的质量称为液体的密度。通常用 ρ 表示，其单位为 kg/m^3。

$$\rho=\frac{m}{V} \tag{2.1}$$

式中 V—— 液体的体积，m^3；

m—— 液体的质量，kg。

常用液压油的密度约为 900 kg/m^3，在实际使用中可认为密度不受温度和压力的影响。

2. 可压缩性

液体的可压缩性是指液体的体积与压力变化的关系。其大小用体积压缩系数 k 表示。

$$k=-\frac{1}{dp}\frac{dV}{V} \tag{2.2}$$

即单位压力变化时，所引起体积的相对变化率称为液体的体积压缩系数。由于压力增大时液体的体积减小，即 dp 与 dV 的符号始终相反，为保证 k 为正值，所以在式(2.2)的右边需加负号。k 值越大，液体的可压缩性越大，反之液体的可压缩性越小。

液体体积压缩系数的倒数称为液体的体积弹性模量，用 K 表示。即

$$K=\frac{1}{k}=-\frac{V}{dV}dp \tag{2.3}$$

K 表示液体产生单位体积相对变化量所需要的压力增量，反映液体抵抗压缩能力的大小。在常温下，纯净液压油的体积弹性模量 $K=(1.4\sim2.0)\times10^3$ MPa，数值很大，故

一般可以认为液压油是不可压缩的。由于液压油中的气体难以完全排除，在工程计算中常取液压油的体积弹性模量 $K=(0.7\sim1.4)\times10^3$ MPa。

3. 黏性

(1) 黏性的定义。

液体在外力作用下流动(或具有流动趋势)时，分子间的内聚力要阻止分子间的相对运动而产生一种内摩擦力，这种现象称为液体的黏性。黏性是液体固有的属性，只有在流动时才能表现出来。

液体流动时，由于液体和固体壁面间的附着力以及液体本身的黏性会使液体各层间的速度大小不等。如图 2.1 所示，在两块平行平板间充满液体，其中一块板固定，另一块板以速度 u_0 运动。结果发现两平板间各层液体速度按线性规律变化。最下层液体的速度为零，最上层液体的速度为 u_0。实验表明，液体流动时相邻液层间的内摩擦力 F_f 与液层接触面积 A 成正比，与液层间的速度梯度 du/dy 也成正比，并且与液体的性质有关。即

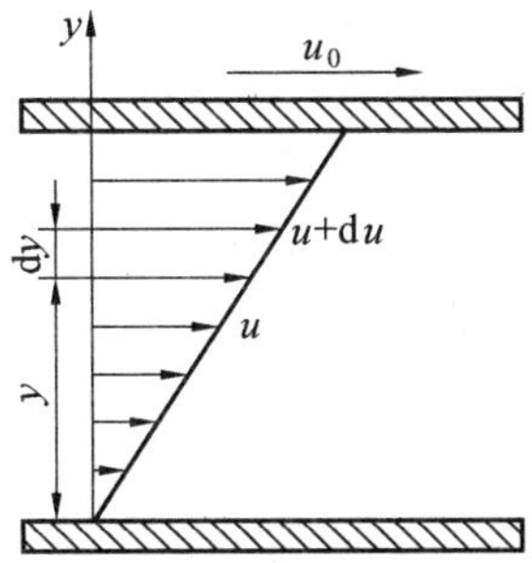

图 2.1 液体的黏性

$$F_f=\mu A\frac{du}{dy} \tag{2.4}$$

式中　μ—— 由液体性质决定的系数，Pa·s；

A—— 接触面积，m^2；

du/dy—— 速度梯度，1/s。

其应力形式为

$$\tau=\mu\frac{du}{dy} \tag{2.5}$$

式中　τ—— 摩擦应力或切应力。

式(2.5) 就是著名的牛顿液体内摩擦定律。

(2) 黏度。

液体黏性的大小用黏度表示。常用的表示方法有动力黏度、运动黏度和相对黏度 3 种。

① 动力黏度(或绝对黏度)μ。动力黏度就是牛顿内摩擦定律中的 μ，由式(2.4) 可得

$$\mu=\frac{F_f}{A\dfrac{du}{dy}} \tag{2.6}$$

式(2.6) 表示了动力黏度的物理意义，即液体在单位速度梯度下流动或有流动趋势时，相接触的液层间单位面积上产生的内摩擦力。单位为(N·s)/m^2 或 Pa·s。工程上用的是泊(P) 或厘泊(cP)。1 Pa·s = 10 P = 10^3cP。

② 运动黏度 ν。液体的动力黏度 μ 与其密度 ρ 的比值称为液体的运动黏度，即

$$\nu=\frac{\mu}{\rho} \tag{2.7}$$

运动黏度在国际单位制中的单位为 m^2/s，工程上用的单位是 cm^2/s(斯，St) 或 mm^2/s(厘斯，cSt)，$1\ m^2/s=10^4\ St=10^6\ cSt$。我国液压油的牌号以 40 ℃ 温度下的运动黏度(以 cSt 为单位) 的平均值来表示。例如 32 号液压油，就是指这种液压油在 40 ℃ 时，运动黏度的平均值为 32 cSt。

③ 相对黏度。动力黏度与运动黏度都很难直接测量，所以在工程上常用相对黏度。所谓相对黏度就是采用特定的黏度计在规定的条件下测量出来的黏度。由于测量的条件不同，各国采用的相对黏度也不同，中国、苏联、德国用恩氏黏度，美国用赛氏黏度，英国用雷氏黏度。

恩式黏度用恩式黏度计测定，即将 200 ml、某一 t ℃ 的被测液体装入黏度计的容器内，由其下部直径为 2.8 mm 的小孔流出，测出流尽所需的时间 t_1(s)，再测出 200 ml、20 ℃ 蒸馏水在同一黏度计中流尽所需的时间 t_2(s)，这两个时间的比值称为被测液体的恩式黏度。即

$$^{\circ}E=\frac{t_1}{t_2} \tag{2.8}$$

(3)黏度与温度的关系。

液压油的黏度对温度的变化极为敏感，温度升高，油液的黏度显著降低。液压油的黏度随温度变化的性质称为黏温特性。不同种类的液压油有不同的黏温特性，黏温特性较好的液压油，黏度随温度的变化较小，因而油温变化对液压系统性能的影响也较小。

2.1.2 对液压油的要求

液压系统使用的液压油应一般具备如下性能：

①合适的黏度，较好的黏温特性。

②润滑性能好。

③质地纯净，杂质少。

④具有良好的相容性。

⑤具有良好的稳定性(热、水解、氧化、剪切)。

⑥具有良好的抗泡沫性、抗乳化性和防锈性，腐蚀性小。

⑦体积膨胀系数低，比热容高。

⑧流动点和凝固点低，闪点和燃点高。

⑨对人体无害，成本低。

2.1.3 液压油的选择

正确合理地选择液压油，对保证液压系统的正常工作、延长液压系统和液压元件的使用寿命、提高液压系统的工作可靠性等都有重要影响。

选用液压油，首先应根据液压系统的工作环境和工作条件选择合适的液压油类型，然后再选择液压油的牌号。

选择液压油牌号，主要是对油液黏度等级进行选择，这是因为黏度对液压系统的稳定性、可靠性、效率、温升以及磨损都有很大的影响。在选择黏度时应注意以下几方面情况：

(1)液压系统的工作压力。

工作压力较高的液压系统宜选用黏度较大的液压油,以便于密封,减少泄漏;反之,可选用黏度较小的液压油。

(2)环境温度。

环境温度较高时宜选用黏度较大的液压油,主要目的是减少泄漏,因为环境温度高会使液压油的黏度下降。反之,选用黏度较小的液压油。

(3)运动速度。

当工作部件的运动速度较高时,为减少液流的摩擦损失,宜选用黏度较小的液压油。反之,为了减少泄漏,应选用黏度较大的液压油。

2.1.4　液压油的污染与防治措施

液压油的污染是指油中含有水分、空气、微小固体物及橡胶黏状物等。液压油的污染常常是系统发生故障的主要原因。

(1)污染的危害。

①堵塞滤油器,使泵吸油困难,产生噪声。

②堵塞元件的微小孔道和缝隙,使元件动作失灵;加速零件的磨损,使元件不能正常工作;擦伤密封件,增加泄漏量。

③水分和空气的混入使液压油的润滑能力降低并使它加速氧化变质;产生气蚀,使液压元件加速腐蚀;使液压系统出现振动、爬行等现象。

(2)污染的原因。

①潜在污染:制造、储存、运输、安装、维修过程中的残留物。

②侵入污染:空气、水、灰尘的侵入。

③再生污染:工作过程中发生反应后的生成物。

(3)防治措施。

为了延长液压元件的寿命,保证液压系统可靠地工作,必须采取一些防治措施。

①液压系统在装配后、使用前和工作中需保持清洁,防止污染物从外界侵入。

②设置合适的过滤器,并定期检查、清洗或更换。

③定期检查和更换液压油。

④控制液压油的工作温度。

任务 2.2　液体静力学

2.2.1　基本概念

1. 流体

流体是液体和气体的总称。由于液体和气体分子间的聚合力很小,所以分子可以有很大的自由运动的范围。液体是一种只有固定的体积而没有固定形状的物质,气体则既没有固定形状也没有固定体积。由于分子间的引力小,以致流体在静止状态下不能抵抗拉应力和切应力，这就使得流体在不受任何外力作用的情况下就可以变形。这种特性称为流体的流动性。流动性是流体和固体相区别的一个根本特性。

尽管流体分子间的距离比较大，但与所研究的机械运动的尺寸相比仍然非常小。因此，在研究流体的宏观运动时，并不考虑单个流体分子的运动，而是把一个含有无数分子的流体微团看作一个质点，并且假定在所研究的流体中这些质点是连续分布的。流体力学中所研究的流体是一种具有流动性的，由连续分布的流体质点组成的连续介质。

2. 作用在流体上的力

在运动(或平衡)流体中取出一小块为研究对象，发现作用在流体上的力是由 4 部分组成的，分别介绍如下：

(1) 重力：由地球引力形成，$G = mg$。

(2) 惯性力：直线运动时的惯性力或离心力，$F = ma$，$F = mu^2/R$。

(3) 压力：产生在流体与固体或流体与其他流体的接触面上，是固体或其他流体对所研究流体作用的结果，$F = pA$。

(4) 摩擦力：由流体的黏性引起的，$F_f = \mu A \dfrac{du}{dy}$。

在这 4 种力中，前两种均与流体的质量(或体积)有关，称为质量力或体积力。质量力的大小通常用单位质量流体所受的力表示，称为单位质量力。后两种力因作用在流体的表面上，故称为表面力。表面力通常用应力的形式(即单位面积上的力)表示。

力的存在是有条件的，4 个力不一定同时存在，某些特殊情况下，可能只存在其中的一个或两个。

3. 理想流体与实际流体

理想流体就是没有黏性、不可压缩的流体(这是一种假设，实际上并不存在这样的流体)。所以我们把黏性很小，可以忽略的流体称为理想流体。实际流体就是不能忽略黏性的流体。

2.2.2 静压力及其特性

液体静力学研究的是静止液体的力学性质。静止是指液体内部质点之间没有相对的位置运动，而整个液体是相对静止地处于一种平衡状态，如等速直线运动、等加速直线运动或者等角速转动等。由于液体质点间无相对运动，因此没有内摩擦力，即液体的黏性不被表现。所以液体静力学的一切结论对于理想流体和实际流体都是适用的。

1. 静压力的定义

液体单位面积上所受的法向力称为静压力(物理学中称为压强，但在液压传动中习惯称为压力)，通常用 p 来表示，这时外力的作用并不改变液体质点的空间位置，而只改变液体内部的压力分布。

当液体面积 ΔA 上作用有法向力 ΔF 时，液体某点处的压力即为

$$p = \lim_{\Delta A \to 0} \frac{\Delta F}{\Delta A} \tag{2.9}$$

2. 静压力的特性

静压力有如下特性：

① 静压力沿着内法线方向作用于承压面。

② 静止液体内任一点的压力在各个方向上都相等，而与作用面的方向无关。

由上述性质可知，静止液体总是处于受压状态，并且其内部的任何质点都是受平衡压力作用的。

2.2.3　重力作用下静止液体中的压力分布(静力学基本方程)

如图2.2(a)所示，密度为ρ的液体，外加压力为p_0，在容器内处于静止状态。为求任意深度h处的压力p，可以假想从液面向下选取一个垂直液柱作为研究对象。设液柱的底面积为ΔA，高为h，如图2.2(b)所示。由于液柱处于平衡状态，于是有

$$p = p_0 + \rho g h \tag{2.10}$$

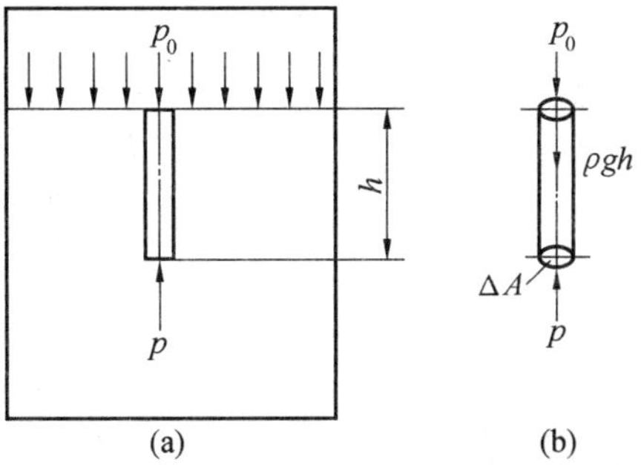

图2.2　重力作用下的静止液体

式(2.10)称为液体静力学基本方程式。由此可知，重力作用下的静止液体，其压力分布有如下特点：

① 静止液体内任一点处的压力由两部分组成：一部分是液面上的压力p_0，另一部分是液柱自重产生的压力ρgh。当液面上只受大气压力p_a作用时，液体内任一点处的压力为$p = p_a + \rho gh$。

② 静止液体内的压力随液体深度的增加按线性规律分布。

③ 离液面深度相同处各点的压力都相等(压力相等各点组成的面称为等压面。在重力作用下静止液体中的等压面是一个水平面)。

例2.1　如图2.3所示，容器内盛有液压油。已知液压油的密度$\rho = 900\ \mathrm{kg/m^3}$，活塞上的作用力$F = 1\ 000\ \mathrm{N}$，活塞的面积$A = 1 \times 10^{-3}\ \mathrm{m^2}$，假设活塞的重量忽略不计。问活塞下方深度$h = 0.5\ \mathrm{m}$处的压力等于多少？($g = 9.8\ \mathrm{m/s^2}$)

解　活塞与液体接触面上的压力为

$$p_0 = \frac{F}{A} = \frac{1\ 000}{1 \times 10^{-3}}\ \mathrm{N/m^2} = 10^6\ \mathrm{N/m^2}$$

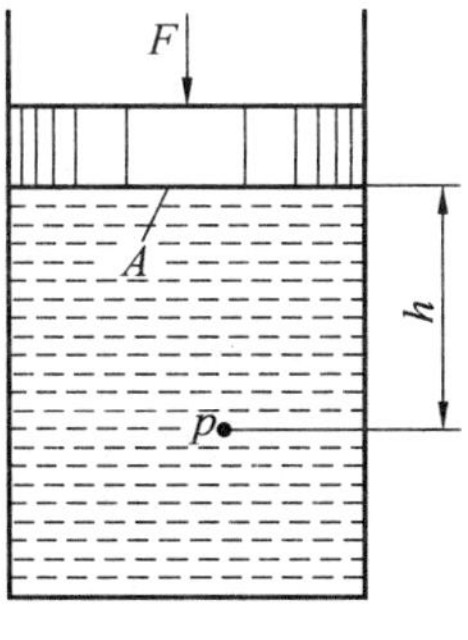

图2.3　静止液体内的压力

根据式(2.10)，深度为h处的液体压力为

$$p = p_0 + \rho g h = (10^6 + 900 \times 9.8 \times 0.5)\ \mathrm{N/m^2} = 1.004\ 4 \times 10^6\ \mathrm{N/m^2} \approx 10^6\ \mathrm{Pa}$$

从本例可以看出，液体在受外界压力作用的情况下，由液体自重所形成的那部分压力ρgh相对很小，在液压传动系统中可以忽略不计，因此可以近似地认为液体内部各处的压力是相等的。以后在分析液压传动系统的压力时，一般都采用此结论。

2.2.4　压力的表示方法和单位

1. 压力的表示方法

压力有绝对压力和相对压力两种表示方法。以绝对真空为基准来进行度量的压力称为绝对压力；以大气压为基准来进行度量的压力称为相对压力。大多数测压仪表都受大气压的作用，所以，仪表指示的压力都是相对压力，故相对压力又称为表压。在液压与气压传动中，如不特别说明，所提到的压力均指相对压力。如果液体中某点处的绝对压力小于大气压，比大气压小的那部分数值称为这点的真空度。

由图 2.4 可知，以大气压为基准计算压力时，基准以上的正值是表压力；基准以下的负值就是真空度。

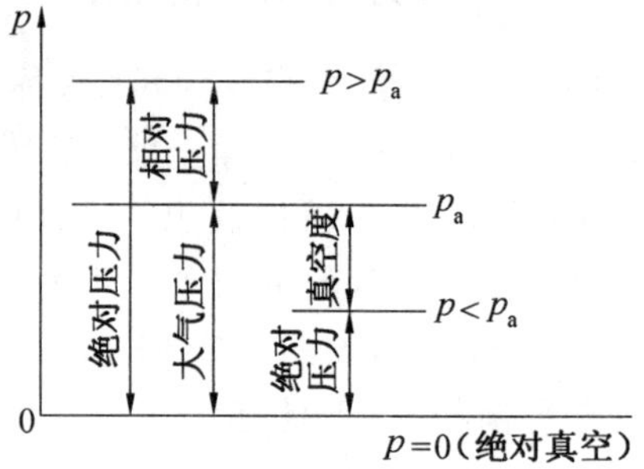

图 2.4　绝对压力、相对压力和真空度

2. 压力的单位

在工程实践中用来衡量压力的单位很多，最常用的有 3 种。

(1) 用单位面积上的力来表示。

国际单位制中的单位为 Pa(N/m^2) 和 MPa。1 MPa $=10^6$ Pa。

(2) 用(实际压力相当于) 大气压的倍数来表示。

在液压传动中使用的是工程大气压，记作 at，1 at $=1$ kgf/cm^2 $=1$ bar(巴)。

(3) 用液柱高度来表示。

因为液体内某一点处的压力与它所在位置的深度成正比，因此亦可用液柱高度来表示其压力大小。单位为 m 或 cm。

这 3 种单位之间的关系为

$$1\ \text{at}=9.8\times10^4\ \text{Pa}=10\ \text{m}(H_2O)=736\ \text{mm}(\text{Hg})$$

例 2.2　如图 2.5 所示的容器内充入 10 m 高的水。试求容器底部的相对压力(水的密度 $\rho=1\ 000\ \text{kg/m}^3$)。

解　容器底部的压力为 $p=p_0+\rho gh$，其相对压力为 $p_r=p-p_a$，而这里 $p_0=p_a$，故有

$$p_r=\rho gh=(1\ 000\times9.8\times10)\ \text{Pa}=98\ 000\ \text{Pa}$$

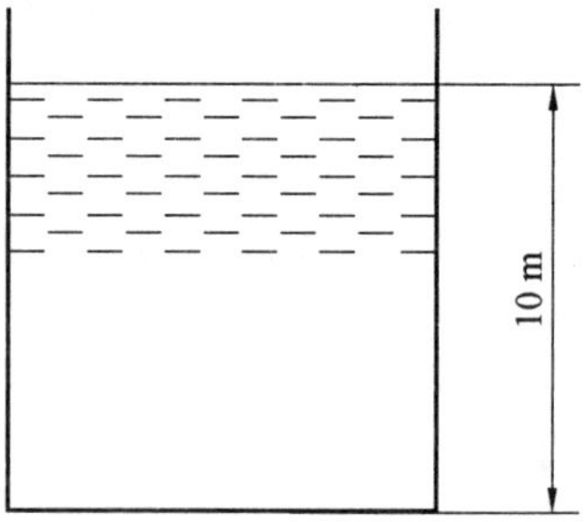

图 2.5　例 2.2 图

例 2.3　液体中某点的绝对压力为 0.7×10^5 Pa，试求该点的真空度(大气压取为 1×10^5 Pa)。

解　该点的真空度为

$$p_v=p_a-p=(1\times10^5-0.7\times10^5)\text{Pa}=0.3\times10^5\ \text{Pa}$$

该点的相对压力为

$$p_r = p - p_a = (0.7 \times 10^5 - 1 \times 10^5)\text{Pa} = -0.3 \times 10^5 \text{ Pa}$$

即真空度就是负的相对压力。

2.2.4　静止液体中压力的传递(帕斯卡原理)

盛放在密闭容器内的液体，其外加压力 p_0 发生变化时，只要液体仍保持其原来的静止状态不变，则由 $p = p_0 + \rho gh$ 可知，液体中任一点的压力均将发生同样大小的变化。即在密闭容器中，施加于静止液体上的压力将以等值同时传到各点，这就是静止液体中压力传递原理或称帕斯卡原理。在图 2.3 中，活塞上的作用力 F 是外加负载，A 为活塞横截面积，根据帕斯卡原理，容器内液体的压力 p 与负载 F 之间总是保持着正比关系 $p = \dfrac{F}{A}$。

可见，液体内的压力是由外界负载作用所形成的，即系统的压力大小取决于负载，这是液压传动中一个非常重要的基本概念。

例 2.4　如图 2.6 所示为相互连通的两个液压缸，已知大缸内径 $D = 0.1$ m，小缸内径 $d = 0.02$ m，大活塞上放置物体的质量为 5 000 kg，问在小活塞上所加的力 F 为多大时，才能把重物顶起？

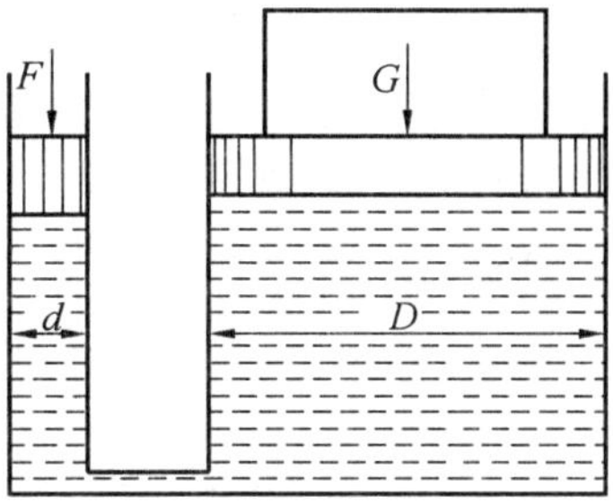

图 2.6　例 2.4 图

解　根据帕斯卡原理，由外力产生的压力在两缸中相等，即

$$\frac{F}{\frac{\pi}{4}d^2} = \frac{G}{\frac{\pi}{4}D^2}$$

G 为物体的重力，$G = mg$，故为了顶起重物，应在小活塞上施加的力为

$$F = \frac{d^2}{D^2}G = \frac{d^2}{D^2}mg = \left(\frac{0.02^2}{0.1^2} \times 5\ 000 \times 9.8\right)\text{N} = 1\ 960 \text{ N}$$

本例说明了液压千斤顶等液压起重机械的工作原理，体现了液压装置对力的放大作用。

2.2.5　液体静压力作用在固体壁面上的力

静止液体和固体壁面相接触时，固体壁面上各点在某一方向上所受静压作用力的总和便是液体在该方向上作用于固体壁面上的力。在液压传动中，计算时液体自重(ρgh)产生的那部分压力可以忽略，液体中各点的静压力可看作均匀分布，且处处相等。

当固体壁面为一平面时，如图 2.7(a) 所示，静止液体对该平面的总作用力 F 等于液体压力 p 与该平面面积 A 的乘积，其方向与该平面垂直，即

$$F = pA = p\frac{\pi D^2}{4} \tag{2.11}$$

如图 2.7(b)、(c) 所示的球面和圆锥体面，要求液体静压力 p 沿垂直方向作用在球面和圆锥面上，力 F 就等于压力作用于该部分曲面在垂直方向的投影面积 A 与压力 p 的乘积，其作用点通过投影圆的圆心，其方向向圆心，即

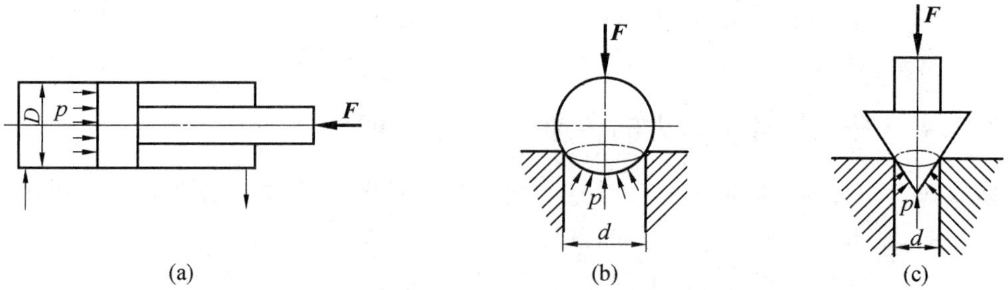

图 2.7　液压力作用在固体壁面上的力

$$F = pA = p\frac{\pi d^2}{4} \tag{2.12}$$

式中　d—— 承压部分曲面投影圆的直径。

当固体壁面为曲面时，曲面上各点所受的静压力的方向是变化的，但大小相等，如图 2.8 所示，为求缸筒中的液压油对右半部缸筒内壁在 x 方向上的作用力，可在内壁面上取一微小面积 $\mathrm{d}A = l\mathrm{d}s = lr\mathrm{d}\theta$（$l$ 和 r 分别为缸筒的长度和半径），则液压油作用在这块面积上的力 $\mathrm{d}F$ 的水平分量为

$$\mathrm{d}F_x = \mathrm{d}F\cos\theta = plr\cos\theta\mathrm{d}\theta$$

由此得液压油对缸筒内壁在 x 方向上的作用力为

$$F_x = \int_{-\frac{\pi}{2}}^{\frac{\pi}{2}} \mathrm{d}F_x = \int_{-\frac{\pi}{2}}^{\frac{\pi}{2}} plr\cos\theta\mathrm{d}\theta = 2plr = pA_x \tag{2.13}$$

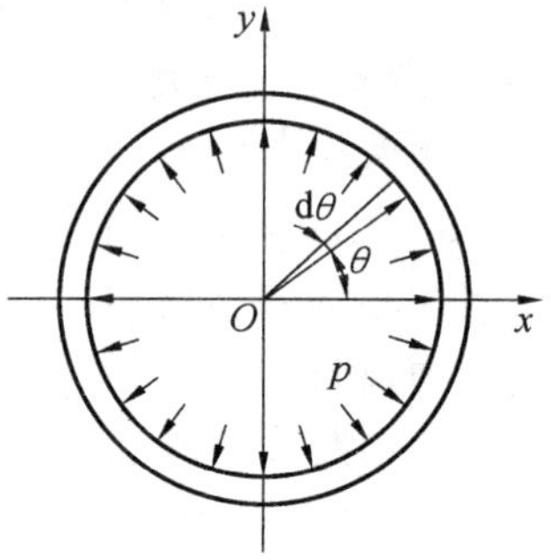

图 2.8　液体作用在缸筒内壁面上的力

式中　A_x—— 缸筒右半部内壁在 x 方向的投影面积，$A_x = 2rl$。

由此可知，曲面上液压作用力在某一方向上的分力等于液体压力和曲面在该方向垂直面内投影面积的乘积。

任务 2.3　液体动力学

2.3.1　基本概念

1. 流场

现在假定在所研究的空间内充满运动着的流体，那么每个空间点上都有流体质点的运动速度、加速度等运动要素与之对应。这样一个被运动流体所充满的空间就称为“流场”。

2. 定常流动和非定常流动

在一个流场中，若液体中任何一点的压力、速度和密度都不随时间而变化，则这种流动称为定常流动（恒定流动）；否则称为非定常流动（非恒定流动）。

3. 一维流动、二维流动、三维流动

一维流动：流场中各运动要素均随一个坐标和时间变化。

二维流动：流场中各运动要素均随两个坐标和时间变化。

三维流动：流场中各运动要素均随 3 个坐标和时间变化。

4. 迹线和流线

迹线：流体质点的运动轨迹。

流线：用来表示某一瞬时一群流体质点流速方向的曲线。即流线是一条空间曲线，其上各点处的瞬时流速方向与该点的切线方向重合，如图 2.9(a) 所示。

5. 流管和流束

(1) 流管。

在流场中经过一封闭曲线上各点作流线所组成的管状曲面称为流管。由流线的性质可知：流体不能穿过流管表面，而只能在流管内部或外部流动，如图 2.9(b) 所示。

(2) 流束。

过空间一封闭曲线围成曲面上各点作流线所组成的流线束称为流束，如图 2.9(c) 所示。

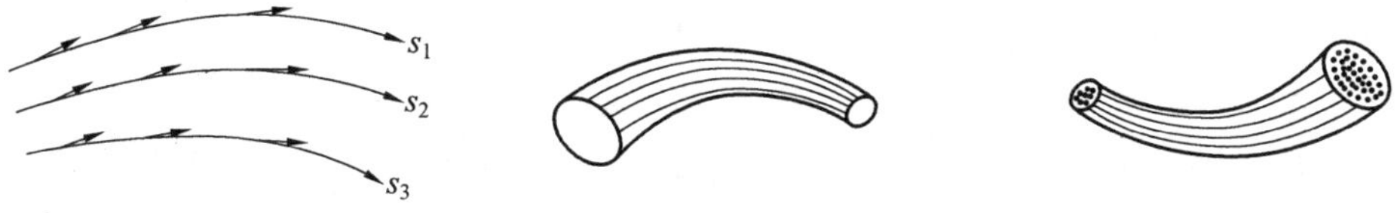

(a) 流线　(b) 流管（空心）　(c) 流束（实心）

图 2.9　流线、流管(空心)、流束(实心)

6. 通流截面、流量和平均流速

(1) 通流截面。

流束的一个横断面，在这个断面上所有各点的流线均在此点与这个断面正交。即通流截面就是流束的垂直横断面。通流截面可能是平面，也可能是曲面，如图 2.10 所示，A 和 B 均为通流截面。

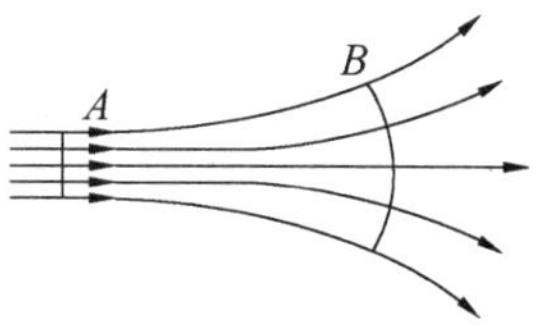

图 2.10　通流截面

(2) 流量。

单位时间内流过通流截面的流体体积称为流量。在国际单位制中的单位为 m^3/s，在工程上的单位为 L/min。由图 2.11 可得到

$$q=\frac{V}{t}=\int_A u\mathrm{d}A \tag{2.14}$$

式中　u—— 某一通流截面中各点的瞬时流速。

(3) 平均流速。

流量 q 与通流截面面积 A 的比值称为这个通流截面上的平均流速，即

$$v=\frac{q}{A}=\frac{\int_A u\mathrm{d}A}{A} \tag{2.15}$$

为了便于计算，用平均流速代替实际流速。

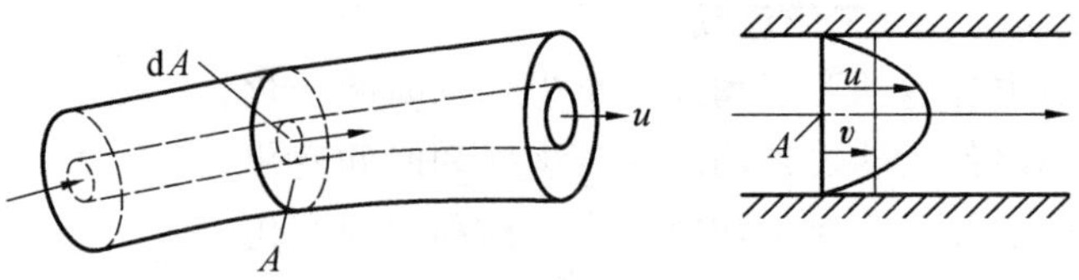

图 2.11　流量和平均流速

流量也可以用流过通流截面的液体质量来表示，即质量流量

$$q_m = \int_A \rho u \, dA = \rho \int_A u \, dA = \rho q \tag{2.16}$$

7. 流动液体的压力

静止液体内任意点处的压力在各个方向上都是相等的，可是在流动液体内，由于惯性力和黏性力的影响，任意点处在各个方向上的压力并不相等，但在数值上相差甚微。当惯性力很小，且把液体当作理想液体时，流动液体内任意点处的压力在各个方向上的数值仍可以看作是相等的。

2.3.2　液体的流动状态

实际液体具有黏性，是产生流动阻力的根本原因。然而流动状态不同，阻力的大小也不同。英国物理学家雷诺(Reynolds) 认为液体有层流和湍流两种流动状态。

雷诺实验的装置如图 2.12 所示。水箱 1 由进水管不断供水，并保持水箱水面高度恒定。水杯 5 内盛有红颜色水，将开关 6 打开后，红色水即经细导管 2 流入水平玻璃管 3 中。调节阀门 4 的开度，使水平玻璃管中的液体缓慢流动，这时，红色水在水平玻璃管 3 中呈一条明显的直线，这条红线和清水不相混杂，这表明管中的液流是分层的，层与层之间互不干扰，液体的这种流动状态称为层流。调节阀门 4，使水平玻璃管中的液体流速逐渐增大，当流速增大至某一值时，可看到红线开始抖动而呈波纹状，这表明层流状态遭到破坏，液流开始紊乱。若使水平玻璃管中流速进一步增大，红色水流便和清水完全混合，红线便完全消失，这表明水平玻璃管中液流完全紊乱，这时液体的流动状态称为湍流。如果将阀门 4 逐渐关小，就会看到相反的过程。

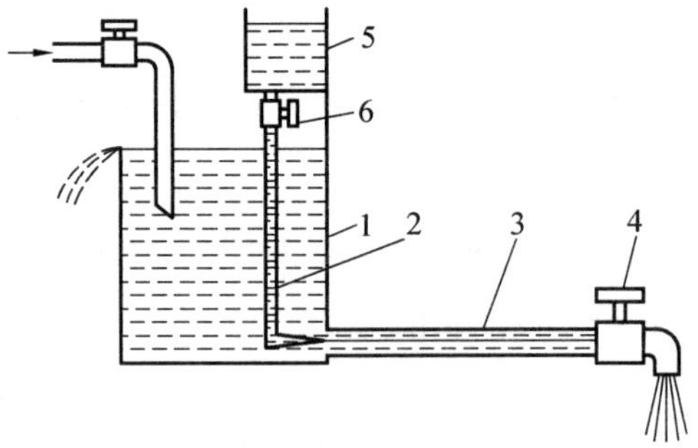

图 2.12　雷诺实验装置

1— 水箱；2— 细导管；3— 水平玻璃管；4— 阀门；5— 水杯；6— 开关

1. 层流和湍流

(1) 层流。

在液体运动时，如果质点没有横向脉动，就不会引起液体质点混杂，各层之间互不干扰，液体的流动呈线性或层状，能够维持安定流束状态，即只有纵向运动，这种流动称为层流。液体流速较低，质点受黏性制约，不能随意运动，黏性力起主导作用；液体的能量主要消耗在摩擦损失上，它直接转化为热能，一部分被液体带走，一部分传给管壁。

(2) 湍流。

液体质点的运动杂乱无章，除了有纵向运动外，还存在着剧烈的横向运动。液体流速较高，黏性的制约作用减弱，惯性力起主导作用；液体的能量主要消耗在动能损失上，这部分损失使流体搅动混合，产生旋涡、尾流，造成气穴，撞击管壁，引起振动和噪声，最后化作热能消散掉。

2. 雷诺数 Re

雷诺通过大量实验证明，液体在圆管中的流动状态不仅与管内的平均流速 v 有关，还和管道内径 d、液体的运动黏度 ν 有关。实际上，判定液流状态的是上述 3 个参数所组成的一个无量纲数

$$Re=\frac{vd}{\nu} \tag{2.17}$$

式中　Re—— 雷诺数，即对通流截面相同的管道来说，若雷诺数 Re 相同，它的流动状态就相同；

　　　d—— 圆管的特征长度。

液流由层流转变为湍流时的雷诺数和由湍流转变为层流时的雷诺数是不同的，后者的数值较前者小，所以一般都用后者作为判断液流流动状态的依据，称为临界雷诺数，记作 Re_c。当液流的实际雷诺数 Re 小于临界雷诺数 Re_c 时，为层流。反之，为湍流。常见液流管道的临界雷诺数由实验求得，见表 2.1。

表 2.1　常见液流管道的临界雷诺数

管道	Re_c	管道	Re_c
光滑金属圆管	2 320	带环槽的同心环状缝隙	700
橡胶软管	1 600 ～ 2 000	带环槽的偏心环状缝隙	400
光滑的同心环状缝隙	1 100	圆柱形滑阀阀口	260
光滑的偏心环状缝隙	1 000	锥阀阀口	20 ～ 100

对于非圆截面的流道，式(2.17) 中的 d 可用水力直径(等效直径)d_H 来代替。即

$$Re=\frac{vd_H}{\nu} \tag{2.18}$$

$$d_H=4R \tag{2.19}$$

$$R=\frac{A}{\chi} \tag{2.20}$$

式中　R—— 水力半径；

A—— 通流面积；

χ—— 湿周长度(通流截面上与液体相接触的管壁周长)。

水力半径 R 综合反映了通流截面上 A 与 χ 对阻力的影响。对于具有同样湿周长度 χ 的两个通流截面，A 越大，液流受到壁面的约束就越小；对于具有同样通流面积 A 的两个通流截面，χ 越小，液流受到壁面的阻力就越小。综合这两个因素可知，$R=\dfrac{A}{\chi}$ 越大，液流受到的壁面阻力作用越小，即使通流面积很小也不易堵塞。

2.3.3 连续性方程

根据质量守恒定律和连续性假定来建立运动要素之间的运动学联系。

理想液体没有黏性和压缩性，在液压传动中经常是一维定常流动，下面就来研究一下一维定常流动的连续性方程。

如图 2.13 所示，液体在不等截面的管道内流动，取截面 1 和 2 之间的管道部分为控制体积。设截面 1 和 2 的面积分别为 A_1 和 A_2，平均流速分别为 v_1 和 v_2，在流管中取一微小流束，流束两端的截面积分别为 dA_1 和 dA_2，在微小截面积上各点的速度可以是相等的，且两截面瞬时流速分别为 u_1 和 u_2。根据质量守恒定律，在 dt 时间内流入此微小流束的质量应等于从此微小流束流出的质量，故有

$$\rho u_1 dA_1 dt = \rho u_2 dA_2 dt$$

即

$$u_1 dA_1 = u_2 dA_2 \tag{2.21}$$

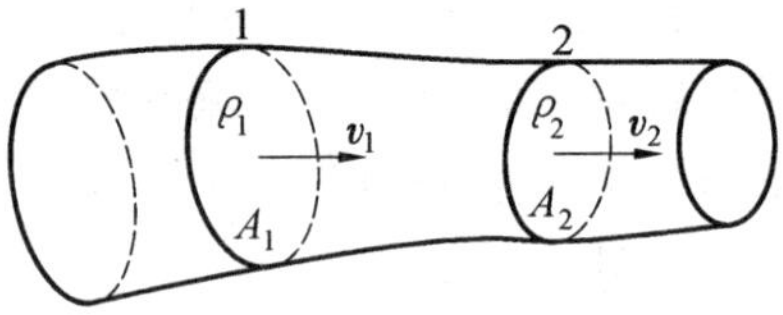

图 2.13　一维定常流动的连续性方程

对于整个流管，显然是微小流束的集合，由式(2.21) 积分得

$$\int_{A_1} u_1 dA_1 = \int_{A_2} u_2 dA_2$$

即

$$q_1 = q_2$$

如用平均流速 v 表示，得

$$v_1 A_1 = v_2 A_2 \tag{2.22}$$

由于两通流截面是任意取的，故有

$$q = vA = \text{const}(\text{常数}) \tag{2.23}$$

式(2.23) 称为不可压缩性液体做定常流动时的连续性方程。它说明流过各截面的不可压缩性液体的流量是相等的，此外，还说明当流量一定时，液流的流速和管道通流截面的大小成反比。

2.3.4 伯努利方程

伯努利方程表明了液体流动时的能量关系，也是能量守恒定律在流动液体中的具体体现。

要说明流动液体的能量问题，必须先说明液流的受力平衡方程，亦即它的运动微分方程。由于问题比较复杂，我们先进行几点假定：

① 液体沿微小流束流动。所谓微小流束是指流束的通流截面面积非常小，我们可以把这个流束看成一条流线。这时流体的运动速度和压力只沿流束改变，在通流截面上可认为是一个常值。

② 液体是理想不可压缩的。

③ 流动是定常的。

④ 作用在流体上的质量力是有势的（所谓有势就是存在力势函数 W，使得$\frac{\partial W}{\partial x}=X$、$\frac{\partial W}{\partial y}=Y$、$\frac{\partial W}{\partial z}=Z$ 存在，而所研究的是质量力只有重力的情况）。

1. 理想液体的运动微分方程

如图 2.14 所示，某一瞬时 t，在流场的微小流束中取出一段通流截面面积为 $\mathrm{d}A$、长度为 $\mathrm{d}s$ 的微元体积 $\mathrm{d}V$，$\mathrm{d}V=\mathrm{d}A\mathrm{d}s$。流体沿微小流束的流动可以看作一维流动，其上各点的流速和压力只随 s 和 t 变化。即：$u=u(s,t)$，$p=p(s,t)$。对理想流体来说，作用在微元体上的外力有以下两种：

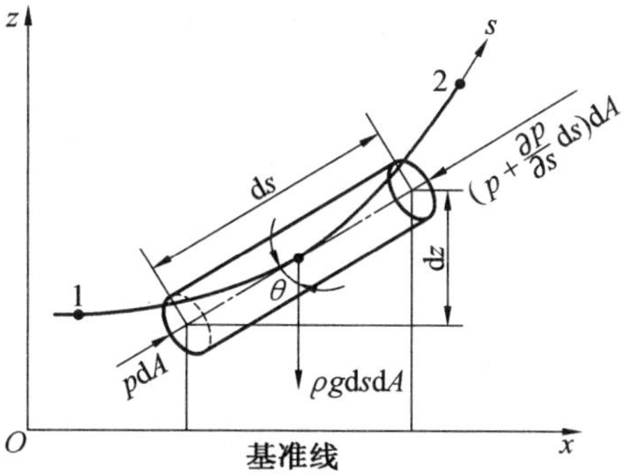

图 2.14 理想液体一维流动的作用力

（1）压力在两端截面上所产生的作用力。截面 1 上的压力为 p，截面 2 上的压力为 $p+\frac{\partial p}{\partial s}\mathrm{d}s$，则

$$p\mathrm{d}A-\left(p+\frac{\partial p}{\partial s}\mathrm{d}s\right)\mathrm{d}A=-\frac{\partial p}{\partial s}\mathrm{d}s\mathrm{d}A$$

（2）质量力只有重力。

$$mg=(\rho\mathrm{d}A\mathrm{d}s)g$$

根据牛顿第二定律有

$$-\frac{\partial p}{\partial s}\mathrm{d}s\mathrm{d}A-mg\cos\theta=ma \tag{2.24}$$

其中

$$\cos\theta=\mathrm{d}z/\mathrm{d}s=\frac{\partial z}{\partial s}$$

$$ma=\rho\mathrm{d}A\mathrm{d}s\frac{\mathrm{d}u}{\mathrm{d}t}=\rho\mathrm{d}A\mathrm{d}s\left(\frac{\partial u}{\partial s}\frac{\mathrm{d}s}{\mathrm{d}t}+\frac{\partial u}{\partial t}\right)=\rho\mathrm{d}A\mathrm{d}s\left(u\frac{\partial u}{\partial s}+\frac{\partial u}{\partial t}\right)$$

代入式(2.24)得

$$-\frac{\partial p}{\partial s}\mathrm{d}s\mathrm{d}A-\rho g\,\mathrm{d}s\mathrm{d}A\frac{\partial z}{\partial s}=\rho\mathrm{d}s\mathrm{d}A\left(u\frac{\partial u}{\partial s}+\frac{\partial u}{\partial t}\right)$$

即

$$-g\frac{\partial z}{\partial s}-\frac{1}{\rho}\frac{\partial p}{\partial s}=u\frac{\partial u}{\partial s}+\frac{\partial u}{\partial t} \tag{2.25}$$

这就是理想液体在微小流束上的运动微分方程，也称欧拉方程。

2. 理想液体微小流束定常流动的伯努利方程

要在图 2.14 所示的微小流束上寻找它各处的能量关系。将运动微分方程的两边同乘 ds，并从流线 s 上的截面 1 积分到截面 2，即

$$\int_1^2\left(-g\frac{\partial z}{\partial s}-\frac{1}{\rho}\frac{\partial p}{\partial s}\right)\mathrm{d}s=\int_1^2\left(u\frac{\partial u}{\partial s}+\frac{\partial u}{\partial t}\right)\mathrm{d}s$$

$$-g\int_1^2\frac{\partial z}{\partial s}\mathrm{d}s-\frac{1}{\rho}\int_1^2\frac{\partial p}{\partial s}\mathrm{d}s=\int_1^2\frac{\partial}{\partial s}\left(\frac{u^2}{2}\right)\mathrm{d}s+\int_1^2\frac{\partial u}{\partial t}\mathrm{d}s$$

$$-g(z_2-z_1)-\frac{1}{\rho}(p_2-p_1)=\left(\frac{u_2^2}{2}-\frac{u_1^2}{2}\right)+\int_1^2\frac{\partial u}{\partial t}\mathrm{d}s$$

移项后整理得

$$z_1g+\frac{p_1}{\rho}+\frac{u_1^2}{2}=z_2g+\frac{p_2}{\rho}+\frac{u_2^2}{2}+\int_1^2\frac{\partial u}{\partial t}\mathrm{d}s \tag{2.26}$$

对于定常流动来说

$$\frac{\partial u}{\partial t}=0$$

故式(2.26)变为

$$z_1g+\frac{p_1}{\rho}+\frac{u_1^2}{2}=z_2g+\frac{p_2}{\rho}+\frac{u_2^2}{2} \tag{2.27}$$

即

$$zg+\frac{p}{\rho}+\frac{u^2}{2}=\mathrm{const} \tag{2.28}$$

式中 zg—— 单位质量液体所具有的势能(比位能)；

p/ρ—— 单位质量液体所具有的压力能(比压力能)；

$u^2/2$—— 单位质量液体所具有的动能(比动能)。

式(2.28)是理想液体在微小流束上定常流动时的伯努利方程。

理想液体定常流动时，流束任意截面处的总能量均由位能、压力能和动能组成。三者之和为定值，这正是能量守恒定律的体现。

3. 理想液体总流定常流动的伯努利方程

(1) 动量和动能修正系数。

由前面可知，用平均流速 v 写出的流量值和用真实流速 u 写出的流量值是相等的，但用平均流速写出其他与速度有关的物理量时，与其实际的值却不一定相同。为此引入一个修正系数来加以修正。

例如用平均流速写出的动量是

$$mv = (\rho Av\mathrm{d}t)v = \rho Av^2\mathrm{d}t$$

而真实动量为

$$\int_A \rho \mathrm{d}Au\,\mathrm{d}tu = \rho\mathrm{d}t\int_A u^2\mathrm{d}A$$

因此动量修正系数 β 为真实动量与用平均流速写出的动量的比值，即

$$\beta = \frac{\int_A u^2\mathrm{d}A}{v^2A} \tag{2.29}$$

同样动能修正系数 α 为真实动能与用平均流速写出的动能的比值，即

$$\alpha = \frac{\int_A u^3\mathrm{d}A}{v^3A} \tag{2.30}$$

α 和 β 是由速度在通流截面上分布的不均性所引起的大于1的系数。即与截面上的流速分布是否均匀有关，流速分布越不均匀，系数越大。其值通常是由实验来确定的，一般情况下，系数常取1。

(2) 理想液体总流定常流动的伯努利方程。

液体沿图2.15所示流束做定常流动，并假定在1、2两通流截面上的流动是缓变的。设通流截面1的面积为 A_1，通流截面2的面积为 A_2。在总流中任取一个微小流束，通流截面面积分别为 $\mathrm{d}A_1$ 和 $\mathrm{d}A_2$；压力分别为 p_1 和 p_2；流速分别为 u_1 和 u_2；断面中心的几何高度分别为 z_1 和 z_2。对这个微小流束可列出伯努利方程和连续性方程：

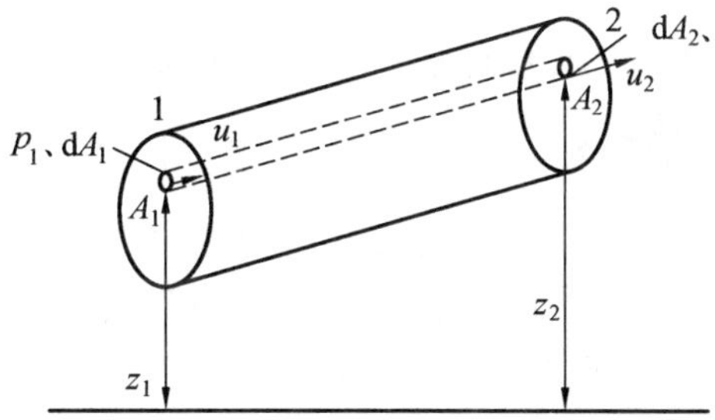

图2.15　理想流体总流定常流动的作用力

$$z_1g + \frac{p_1}{\rho} + \frac{u_1^2}{2} = z_2g + \frac{p_2}{\rho} + \frac{u_2^2}{2}$$

$$u_1\mathrm{d}A_1 = u_2\mathrm{d}A_2$$

因此

$$\left(z_1 g + \frac{p_1}{\rho} + \frac{u_1^2}{2}\right) u_1 \mathrm{d}A_1 = \left(z_2 g + \frac{p_2}{\rho} + \frac{u_2^2}{2}\right) u_2 \mathrm{d}A_2$$

由于在 A_1 和 A_2 中 $\mathrm{d}A_1$ 和 $\mathrm{d}A_2$ 是一一对应的，因此上式两端分别在 A_1 和 A_2 上积分后，仍然相等，即

$$\int_{A_1} \left(z_1 g + \frac{p_1}{\rho} + \frac{u_1^2}{2}\right) u_1 \mathrm{d}A_1 = \int_{A_2} \left(z_2 g + \frac{p_2}{\rho} + \frac{u_2^2}{2}\right) u_2 \mathrm{d}A_2 \tag{2.31}$$

$$\int_{A_1} \left(z_1 g + \frac{p_1}{\rho}\right) u_1 \mathrm{d}A_1 + \int_{A_1} \frac{u_1^3}{2} \mathrm{d}A_1 = \int_{A_2} \left(z_2 g + \frac{p_2}{\rho}\right) u_2 \mathrm{d}A_2 + \int_{A_2} \frac{u_2^3}{2} \mathrm{d}A_2$$

考虑到动能修正系数，并令 A_1 上的动能修正系数为 α_1，A_2 上的动能修正系数为 α_2，则有

$$\left(z_1 g + \frac{p_1}{\rho}\right) q + \frac{\alpha_1 v_1^3}{2} A_1 = \left(z_2 g + \frac{p_2}{\rho}\right) q + \frac{\alpha_2 v_2^3}{2} A_2 \tag{2.32}$$

消去流量 q 得

$$z_1 g + \frac{p_1}{\rho} + \frac{\alpha_1 v_1^2}{2} = z_2 g + \frac{p_2}{\rho} + \frac{\alpha_2 v_2^2}{2} \tag{2.33}$$

式(2.33)为理想液体总流定常流动的伯努利方程(但层流时 $\alpha=2$，湍流时 $\alpha=1$)。

4. 实际液体的伯努利方程

对于实际液体，伯努利方程变为

$$z_1 g + \frac{p_1}{\rho} + \frac{\alpha_1 v_1^2}{2} = z_2 g + \frac{p_2}{\rho} + \frac{\alpha_2 v_2^2}{2} + h_\omega g \tag{2.34}$$

其适用条件与理想流体的伯努利方程相同，不同的是多了一项 h_ω，它表示两通流断面间的单位能量损失。h_ω 为长度量纲，单位是 m。

如果在上式两端同乘 ρ，则方程变为

$$\rho g z_1 + p_1 + \frac{1}{2}\alpha_1 \rho v_1^2 = \rho g z_2 + p_2 + \frac{1}{2}\alpha_2 \rho v_2^2 + \rho g h_\omega \tag{2.35}$$

式中　$\rho g h_\omega$—— 两通流断面间的压力损失，$\rho g h_\omega = \Delta p$。

在液压系统中，油管的高度 z 一般不超过 10 m，管内液压油的平均流速也较低，除局部油路外，一般不超过 7 m/s。因此油液的位能和动能相对于压力能来说是十分微小的。例如设一个液压系统的工作压力能为 $p=5$ MPa，油管高度 $z=10$ m，管内液压油的平均流速 $v=7$ m/s。则压力能 $p=5$ MPa；动能 $p_v=\frac{\rho v^2}{2}=0.022$ MPa；位能 $p_z=\rho g z=0.09$ MPa。可见，在液压系统中，压力能要比动能和位能之和大得多。所以在液压传动中，动能和位能忽略不计，主要依靠压力能来做功，这就是“液压传动”这个名称的来由。据此，伯努利方程在液压传动中的应用形式就是 $p_1=p_2+\Delta p$ 或 $p_1-p_2=\Delta p$。

由此可见，液压系统中的能量损失表现为压力损失或压力降 Δp。

5. 伯努利方程的应用条件

伯努利方程的应用条件一般要满足以下条件：液体流动必须是定常的；液体流动沿程流量不变；适用于不可压缩性流体的流动。

例 2.5　计算如图 2.16 所示的液压泵吸油口处的真空度。

解　对油箱液面 1—1 和液压泵吸油口截面 2—2 列伯努利方程，则有

$$p_1+\rho g z_1+\frac{1}{2}\rho\alpha_1 v_1^2=$$

$$p_2+\rho g z_2+\frac{1}{2}\rho\alpha_2 v_2^2+\Delta p_\omega$$

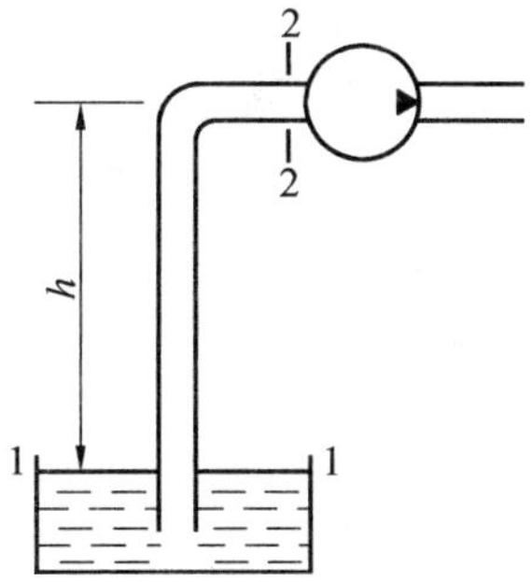

图 2.16　例 2.5 图

如图 2.16 所示，油箱液面与大气接触，故 p_1 为大气压力，即 $p_1=p_a$；v_1 为油箱液面的下降速度，v_2 为液压泵吸油口处液体的流速，它等于液体在吸油管内的流速，由于 $v_1 \ll v_2$，故 v_1 可近似为零；$z_1=0$，$z_2=h$；Δp_ω 为吸油管路的能量损失。因此，上式可简化为

$$p_a=p_2+\rho g h+\frac{1}{2}\rho\alpha_2 v_2^2+\Delta p_\omega$$

所以液压泵吸油口处的真空度为

$$p_a-p_2=\rho g h+\frac{1}{2}\rho\alpha_2 v_2^2+\Delta p_\omega$$

由此可见，液压泵吸油口处的真空度由 3 部分组成：把油液提升到高度 h 所需的压力，将静止液体加速到 v_2 所需的压力和吸油管路的压力损失。

2.3.5　动量方程

液体作用在固体壁面上的力，用动量定理来解比较方便。动量定理指出：作用在物体上力的大小等于物体在力作用方向上动量的变化率，即

$$\sum F=\frac{\mathrm{d}(mv)}{\mathrm{d}t} \tag{2.36}$$

在管路中取一流束，如图 2.17 所示。设流束流量为 q，A_1 和 A_2 截面的液流速度分别为 v_1 和 v_2，经理论推导得知，由截面 A_1 和 A_2 及周围边界构成的液流控制体所受到的外力为

$$F=\rho q(\beta_2 v_2-\beta_1 v_1) \tag{2.37}$$

式中　β_1、β_2——截面 A_1 和 A_2 的动量修正系数，其值为液流流过某截面的实际动量与采用平均流速计算得到的动量之比。对圆管来说，$\beta=1\sim1.33$，湍流时 $\beta=1$；层流时 $\beta=1.33$。

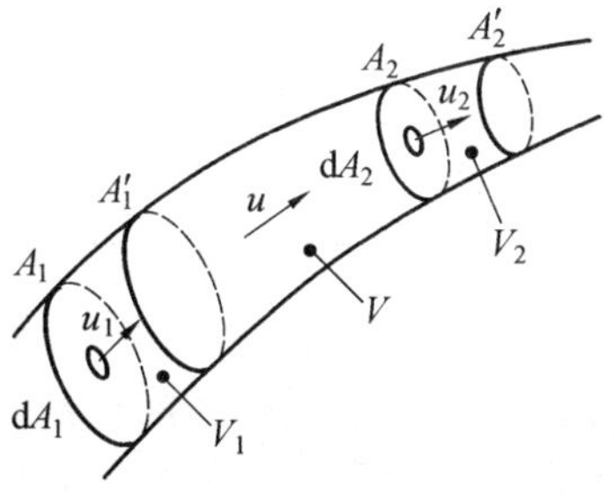

图 2.17　动量方程推导

例 2.6 如图 2.18 所示，已知喷嘴挡板式伺服阀中的工作介质为水，其密度 $\rho=1\,000\ \mathrm{kg/m^3}$，若中间室直径 $d_1=3\times10^{-3}\,\mathrm{m}$，喷嘴直径 $d_2=5\times10^{-4}\,\mathrm{m}$，流量 $q=\pi\times4.5\times10^{-6}\,\mathrm{m^3/s}$，动能修正系数与动量修正系数均取 1。试求：

(1) 不计损失时，系统向该伺服阀提供的压力 p_1 为多少？

(2) 作用于挡板上的垂直作用力为多少？

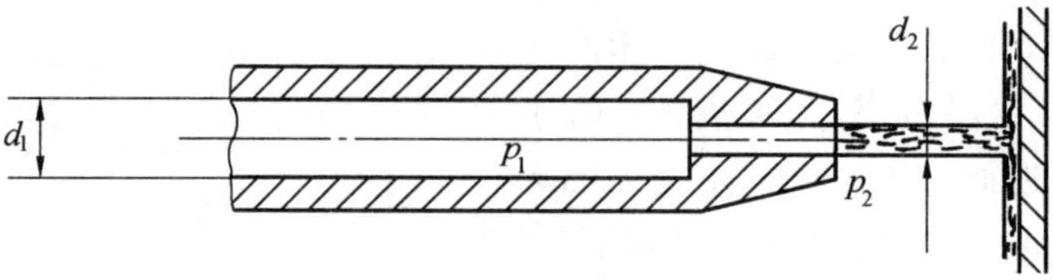

图 2.18　例 2.6 图

解　(1) 根据连续性方程有

$$v_1=\frac{q}{\frac{\pi}{4}d_1^2}=\frac{\pi\times4.5\times10^{-6}}{\frac{\pi}{4}\times(3\times10^{-3})^2}\,\mathrm{m/s}=2\ \mathrm{m/s}$$

$$v_2=\frac{q}{\frac{\pi}{4}d_2^2}=\frac{\pi\times4.5\times10^{-6}}{\frac{\pi}{4}\times(5\times10^{-4})^2}\,\mathrm{m/s}=72\ \mathrm{m/s}$$

根据伯努利方程有(用相对压力列伯努利方程)

$$\frac{p_1}{\rho}+\frac{v_1^2}{2}=\frac{v_2^2}{2}$$

$$p_1=\frac{1}{2}\rho(v_2^2-v_1^2)=\left[\frac{1}{2}\times1\,000\times(72^2-2^2)\right]\mathrm{Pa}=2.59\ \mathrm{MPa}$$

(2) 取喷嘴与挡板之间的液体为研究对象列动量方程有

$$\rho q(0-v_2)=F$$

数值上

$$F=\rho qv_2=(1\,000\times\pi\times4.5\times10^{-6}\times72)\ \mathrm{N}=1.02\ \mathrm{N}$$

F 为挡板对水的作用力，水对挡板的作用力为其反力(大小相等方向相反)。

任务 2.4　压力损失

2.4.1　压力损失的形式

实际液体是具有黏性的。当流体微团之间有相对运动时，相互间必产生切应力，对流体运动形成阻力，称为流动阻力。要维持流动就必须克服阻力，从而会消耗能量，使机械能转化为热能而损耗掉。这种机械能的消耗称为能量损失。液体本身具有黏性是流动阻力形成的根本原因。能量损失多半是以压力降低的形式体现出来的，因此又称压力损失，压力损失主要包括沿程压力损失和局部压力损失。液体在直管中流动时的压力损失是由液体流动时的摩擦引起的，称为沿程压力损失。局部压力损失是液体流经阀口、弯管、通流截面变化等引起的压力损失。

2.4.2　沿程压力损失 Δp_λ

由于沿程压力损失是直接由液体的黏性引起的，主要是由于液体与壁面、液体质点与质点间存在着摩擦力，阻碍着液体的运动，这种摩擦力是在液体的流动过程中不断地作用于流体表面的。流程越长，这种作用的累积效果也就越大。也就是说液体的黏性越大，沿程压力损失也就越大。

在液压传动中，液体的流动状态多数是层流运动。液体在等径水平圆管中做层流流动时的情况如图 2.19 所示。在图中所示的管内取出一段半径为 r、长度为 l、管内液流速度为 v、与管轴相重合的小圆柱体，作用在其两端面上的压力分别为 p_1 和 p_2，作用在其侧面上的内摩擦力为 F_f。液流做匀速运动时处于受力平衡状态，故有

$$(p_1 - p_2)\pi r^2 = F_f$$

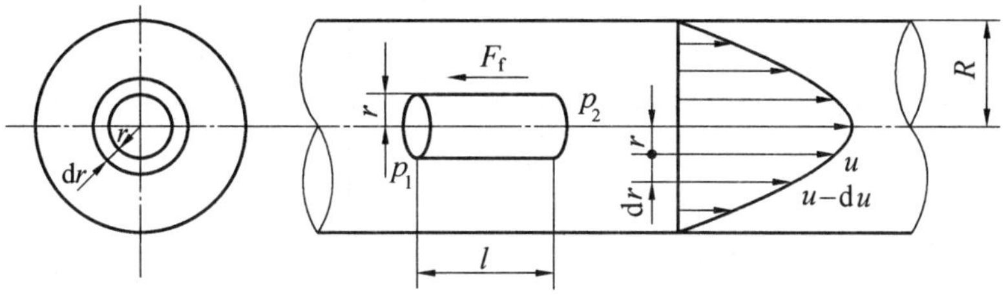

图 2.19　圆管中的层流

根据内摩擦定律有：$F_f = -2\pi r l \mu \dfrac{du}{dr}$（因 du/dr 为负值，故前面加负号）。令 $\Delta p = p_1 - p_2$，将这些关系代入上式得

$$\frac{du}{dr} = -\frac{\Delta p}{2\mu l} r$$

即

$$du = -\frac{\Delta p}{2\mu l} r\,dr$$

积分并考虑到当 $r = R$ 时，$u = 0$ 得

$$u = \frac{\Delta p}{4\mu l}(R^2 - r^2) \tag{2.38}$$

可见管内流速随半径按抛物线规律分布，最大流速发生在轴线上，其值为 $u_{max} = \dfrac{\Delta p}{4\mu l} R^2$。

在半径 r 处取出一厚为 dr 的微小圆环（图 2.19），通过此环形面积的流量为 $dq = u 2\pi r dr$，对此式积分，得通过整个管路的流量为

$$q = \int_0^R dq = \int_0^R u 2\pi r dr = \int_0^R \frac{2\pi \Delta p}{4\mu l}(R^2 - r^2) r dr = \frac{\pi R^4}{8\mu l}\Delta p = \frac{\pi d^4}{128\mu l}\Delta p \tag{2.39}$$

这就是哈根－泊肃叶公式。当测出除 μ 以外的各有关物理量后，应用此式便可求出流体的黏度 μ。

圆管层流时的平均流速为

$$v=\frac{q}{\pi R^2}=\frac{\Delta pR^2}{8\mu l}=\frac{\Delta pd^2}{32\mu l}=\frac{u_{\max}}{2} \tag{2.40}$$

现在再来看看沿程压力损失 Δp_λ，由平均流速表达式可求出 Δp_λ，有

$$\Delta p_\lambda=\frac{32\mu lv}{d^2}=\frac{32\times 2}{\frac{\rho vd}{\mu}}\frac{l}{d}\frac{\rho v^2}{2}=\frac{64}{Re}\frac{l}{d}\frac{\rho v^2}{2}=\lambda\frac{l}{d}\frac{\rho v^2}{2} \tag{2.41}$$

式中　λ—— 沿程阻力系数；

ρ—— 流体的密度；

l—— 管长；

d—— 管径；

v—— 管内液流速度。

沿程阻力系数 $\lambda=64/Re$。由此可看出，层流流动的沿程压力损失 Δp_λ 与平均流速 v 的一次方成正比，沿程阻力系数 λ 只与 Re 有关，与管壁壁面粗糙度无关。这一结论已被实验所证实。但实际上流动中还夹杂着油温变化的影响，因此液压油在金属管道中流动时宜取 $\lambda=75/Re$，在橡胶软管中流动时则取 $\lambda=80/Re$。

对于层流，沿程阻力系数 λ 值的公式已经导出，并被实验所证实。对于湍流，尚无法完全从理论上求得，只能借助于管道阻力试验来解决。由于湍流流动现象的复杂性，至今也未有令人满意的结果。

2.4.3　局部压力损失 Δp_ξ

局部压力损失的大小主要取决于流道截面变化的具体情况，而几乎和液体的黏性无关。在流态发生突变的地方附近，质点间发生撞击或形成一定的旋涡，由于黏性作用，质点间发生剧烈的摩擦和动量交换，必然要消耗流体的一部分能量。这种阻力一般只发生在流道的某一个局部，因此称为局部压力损失。

由大量的试验知 Δp_ξ 与流速的平方成正比，可写成

$$\Delta p_\xi=\xi\frac{\rho v^2}{2} \tag{2.42}$$

式中　ξ—— 局部阻力系数(具体数值查《液压传动设计手册》)；

ρ—— 液体的密度；

v—— 管内液流速度。

液体流过各种阀类的局部压力损失亦可以用式(2.42)计算。但因阀内的通道结构复杂，按此公式计算比较困难，故阀类元件局部压力损失 Δp_v 的实际计算常用如下公式：

$$\Delta p_v=\Delta p_n\left(\frac{q}{q_n}\right)^2 \tag{2.43}$$

式中　q_n—— 阀的额定流量；

q—— 通过阀的实际流量；

Δp_n—— 阀在额定流量 q_n 下的压力损失(可从阀的产品样本或设计手册中查出)。

整个管路系统的总压力损失应为所有沿程压力损失和所有局部压力损失之和，即

$$\sum \Delta p = \sum \Delta p_{\lambda} + \sum \Delta p_{\xi} + \sum \Delta p_{v} = \sum \lambda \frac{l}{d}\frac{\rho v^2}{2} + \sum \xi \frac{\rho v^2}{2} + \sum \Delta p_{n}\left(\frac{q}{q_{n}}\right)^2 \tag{2.44}$$

从计算压力损失的公式可以看出，减小流速、缩短管道长度、减少管道截面的突变及提高管道内壁的加工质量等，都可以使压力损失减小。其中流速的影响最大，故液体在管路系统中的流速不应过高。但流速太低，也会使管路和阀类元件的尺寸加大，并使成本增高。

任务 2.5　小孔和缝隙流量

2.5.1　小孔流量

液体流经小孔的水力现象称为孔口出流。它可分为 3 种形式：当 $l/d > 4$ 时，称为细长孔；当 $0.5 < l/d \leqslant 4$ 时，称为短孔；当小孔的长径比 $l/d \leqslant 0.5$ 时，称为薄壁小孔。

1. 薄壁小孔

在液压传动中，薄壁小孔的边缘一般都做成刃口形式，如图 2.20 所示（各种结构形式的阀口就是薄壁小孔的实际例子）。由于惯性作用，液流通过小孔时要发生收缩现象，在靠近孔口的后方出现收缩最大的通流截面。

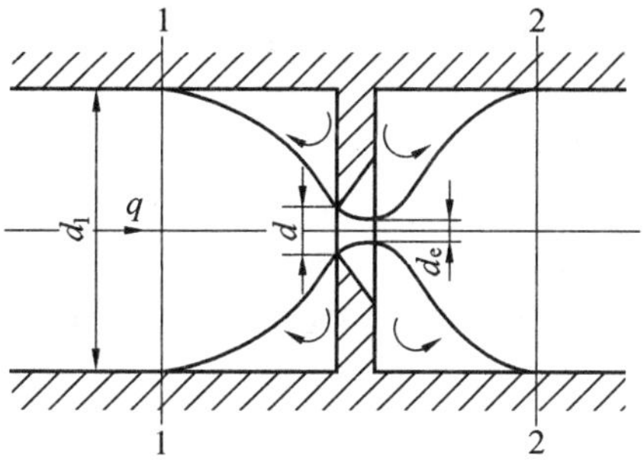

图 2.20　薄壁小孔的液流

经过薄壁小孔的流量为

$$q = A_e v_e = C_c A_T v_e = C_c C_v A_T \sqrt{\frac{2\Delta p}{\rho}} = C_q A_T \sqrt{\frac{2\Delta p}{\rho}} \tag{2.45}$$

式中　A_T—— 小孔截面积，$A_T = \pi d^2/4$；

A_e—— 收缩断面面积，$A_e = \pi d_e^2/4$；

C_c—— 断面收缩系数，$C_c = A_e/A_T = d_e^2/d^2$；

C_q—— 流量系数，$C_q = C_v C_c$。

流量系数 C_q 的大小一般由试验确定，在液流完全收缩（$d_1/d \geqslant 7$）的情况下，$C_q = 0.60 \sim 0.61$（可认为是不变的常数）；在液流不完全收缩（$d_1/d < 7$）时，由于管壁对液流进入小孔起导向作用，$C_q = 0.7 \sim 0.8$。

2. 短孔

短孔的流量表达式与薄壁小孔的相同，即 $q = C_q A_T \sqrt{\frac{2\Delta p}{\rho}}$，但流量系数 C_q 增大了。Re 较大时，C_q 基本稳定在 0.8。C_q 增大的原因是：液体经过短孔出流时，收缩断面发生在短孔内，这样在短孔内形成了真空，产生了吸力，结果使得短孔出流的流量增大。由于短孔比薄壁小孔容易加工，因此短孔常用作固定节流器。

3. 细长孔

流经细长孔的液流，由于黏性的影响，流动状态一般为层流，所以细长孔的流量可用液流经圆管的流量公式，即 $q=\dfrac{\pi d^4}{128\mu l}\Delta p$。从此式可看出，液流经过细长孔的流量与孔前后压力差 Δp 成正比，而和液体黏度 μ 成反比，因此流量受液体温度影响较大，这是和薄壁小孔的不同之处。

纵观各小孔流量公式，可以归纳出一个通用公式

$$q=KA_T\Delta p^m \tag{2.46}$$

式中 K—— 由小孔口的形状、尺寸和液体性质决定的系数，对于细长孔：$K=d^2/(32\mu l)$；对于薄壁孔和短孔：$K=C_q\sqrt{2/\rho}$；

A_T—— 小孔口的通流截面面积；

Δp—— 小孔口两端的压力差；

m—— 由小孔口的长径比决定的指数，薄壁孔：$m=0.5$；细长孔：$m=1$。

2.5.2 缝隙流量

缝隙就是两固壁间的间隙与其宽度和长度相比小得多。液体流过缝隙时，会产生一定的泄漏，这就是缝隙流量。由于缝隙通道狭窄，液流受壁面的影响较大，故缝隙流动的流态基本为层流。

缝隙流动分为 3 种情况：一种是压差流动（固壁两端有压差）；另一种是剪切流动（两固壁间有相对运动）；还有一种是这两种的组合，即压差剪切流动（两固壁间既有压差又有相对运动）。

1. 平行平板缝隙流量（压差剪切流动）

如图 2.21 所示的平行平板缝隙，缝隙的高度为 h，长度为 l，宽度为 b，$l\gg h$，$b\gg h$。在液流中取一个微元体 $dxdy$（宽度方向取 1，即单位宽度），其左右两端面所受的压力为 p 和 $p+dp$，上下两面所受的切应力为 $\tau+d\tau$ 和 τ，则微元体在水平方向上的受力平衡方程为

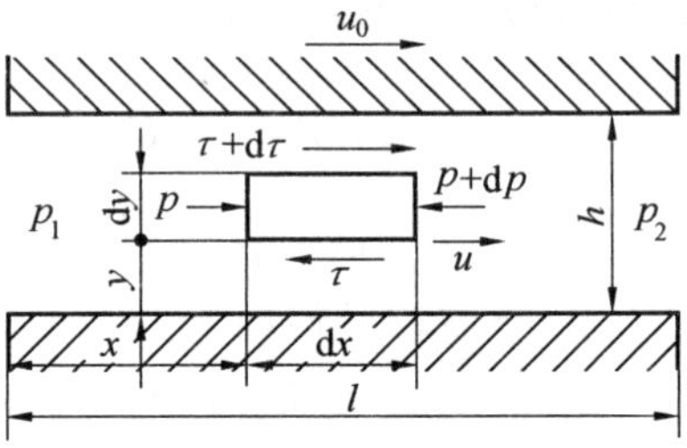

图 2.21 平行平板缝隙液流

$$pdy+(\tau+d\tau)dx=(p+dp)dy+\tau dx$$

整理后得

$$\frac{d\tau}{dy}=\frac{dp}{dx} \tag{2.47}$$

根据牛顿内摩擦定律有

$$\tau=\mu\frac{du}{dy}$$

故式(2.47)可变为

$$\frac{d^2u}{dy^2}=\frac{1}{\mu}\frac{dp}{dx} \tag{2.48}$$

将式(2.48)对 y 积分两次得

$$u=\frac{1}{2\mu}\frac{\mathrm{d}p}{\mathrm{d}x}y^2+C_1y+C_2 \tag{2.49}$$

当 $y=0$ 时，$u=0$，得 $C_2=0$；当 $y=h$ 时，$u=u_0$，得 $C_1=\frac{u_0}{h}-\frac{1}{2\mu}\frac{\mathrm{d}p}{\mathrm{d}x}h$。此外，液流做层流运动时 p 只是 x 的线性函数，即 $\frac{\mathrm{d}p}{\mathrm{d}x}=\frac{p_2-p_1}{l}=-\frac{\Delta p}{l}(\Delta p=p_1-p_2)$，将这些关系式代入式(2.49)并考虑到运动平板有可能反向运动，得

$$u=\frac{y(h-y)}{2\mu l}\Delta p\pm\frac{u_0}{h}y \tag{2.50}$$

由此得通过平行平板缝隙的流量为

$$q=\int_0^h ub\,\mathrm{d}y=\int_0^h\left[\frac{y(h-y)}{2\mu l}\Delta p\pm\frac{u_0}{h}y\right]b\,\mathrm{d}y=\frac{bh^3\Delta p}{12\mu l}\pm\frac{u_0}{2}bh \tag{2.51}$$

很明显，只有在 $u_0=-h^2\Delta p/(6\mu l)$ 时，平行平板缝隙间才不会有液流通过。对于式(2.51)中的"±"号是这样确定的：当动平板移动的方向和压差方向相同时，取"+"号；方向相反时，取"−"号。

当平行平板间没有相对运动($u_0=0$)时，为纯压差流动，其流量为

$$q=\frac{bh^3\Delta p}{12\mu l} \tag{2.52}$$

当平行平板两端没有压差($\Delta p=0$)时，为纯剪切流动，其流量为

$$q=\frac{u_0}{2}bh \tag{2.53}$$

从以上各式可以看到，在压差作用下，流过平行平板缝隙的流量与缝隙的三次方成正比，这说明液压元件内缝隙的大小对其泄漏量的影响是非常大的。

2. 圆环缝隙流量

在液压元件中，某些相对运动零件，如柱塞与柱塞孔，圆柱滑阀阀芯与阀体孔之间的间隙为圆环缝隙。根据二者是否同心可分为同心圆环缝隙和偏心圆环缝隙两种。

(1) 同心圆环缝隙。

如图 2.22 所示为同心圆环缝隙间液流，如果将环形缝隙沿圆周方向展开，就相当于一个平行平板缝隙。因此只要将 $b=\pi d$ 代入平行平板缝隙流量公式就可以得到同心圆环缝隙的流量公式，即

$$q=\frac{\pi dh^3}{12\mu l}\Delta p\pm\frac{\pi dh}{2}u_0 \tag{2.54}$$

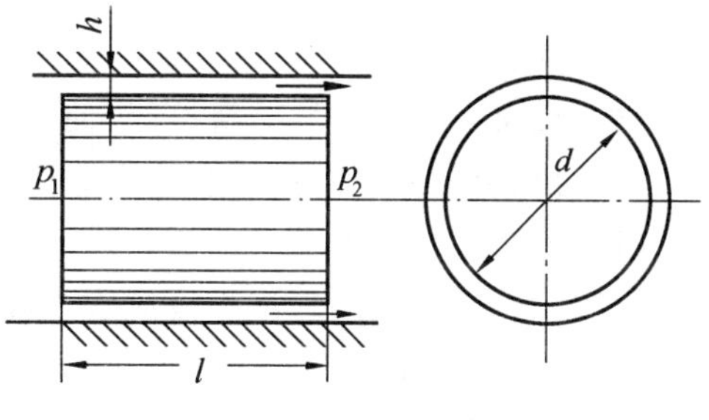

图 2.22　同心圆环缝隙间液流

若无相对运动，即 $u_0=0$，则同心圆环缝隙的流量公式为

$$q=\frac{\pi dh^3}{12\mu l}\Delta p \tag{2.55}$$

(2) 偏心圆环缝隙。

如图 2.23 所示为偏心圆环缝隙间液流，把偏心圆环缝隙简化为平行平板缝隙，然后

利用平行平板缝隙的流量公式进行积分，就得到了偏心圆环缝隙的流量公式，即

$$q=\frac{\pi dh^3\Delta p}{12\mu l}(1+1.5\varepsilon^2)\pm\frac{\pi dh}{2}u_0 \quad (2.56)$$

式中　h—— 内外圆同心时半径方向的缝隙值；

ε—— 相对偏心率，$\varepsilon=e/h$；

e—— 偏心距。

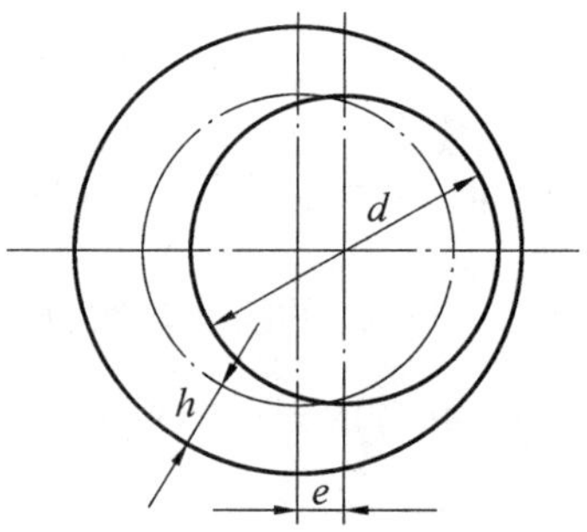

图 2.23　偏心圆环缝隙间液流

当内外圆之间没有轴向相对移动时，即 $u_0=0$ 时，其流量为

$$q=\frac{\pi dh^3\Delta p}{12\mu l}(1+1.5\varepsilon^2) \quad (2.57)$$

由式(2.57)可以看出，当 $\varepsilon=0$ 时，它就是同心圆环缝隙的流量公式；当偏心距 $e=h$，即 $\varepsilon=1$(最大偏心状态)时，其通过的流量是同心圆环缝隙流量的 2.5 倍。因此在液压元件中，有配合的零件应尽量使其同心，以减小缝隙泄漏量。

任务 2.6　空穴现象和液压冲击

2.6.1　空穴现象

在流动的液体中，由于压力的降低，使溶解于液体中的空气分离出来(压力低于空气分离压)或使液体本身汽化(压力低于饱和蒸气压)而产生大量气泡的现象，称为空穴现象。

空穴多发生在阀口和液压泵的进口处。由于阀口的通道狭窄，液流的速度增大，压力则下降，容易产生空穴；泵的安装高度过高，吸油管直径太小，吸油管阻力太大或泵的转速过高，都会造成进口处真空度过大，而产生空穴。此外，惯性大的液压缸和马达突然停止或换向时，也会产生空穴(见液压冲击)。

1. 空穴现象的危害

空穴现象会降低油的润滑性能，使油的压缩性增大(使液压系统的容积效率降低)，破坏压力平衡、引起强烈的振动和噪声，加速油的氧化，产生“气蚀”和“气塞”现象。

(1) 气蚀。

溶解于液压油中的气泡随液流进入高压区后急剧破灭，高速冲向气泡中心的高压油互相撞击，动能转化为压力能和热能，产生局部高温高压。如果发生在金属表面上，将加剧金属的氧化腐蚀，使镀层脱落，形成麻坑，这种由于空穴引起的损坏，称为气蚀。

(2) 气塞。

溶解于液压油中的气泡分离出来以后，互相聚合，体积膨大，形成具有相当体积的气泡，引起流量的不连续。当气泡达到管道最高点时，会造成断流。这种现象称为气塞。

2. 减少空穴现象的措施

空穴现象的产生对液压系统是非常不利的，必须加以防止。一般采取如下措施：

① 减小阀孔或其他元件通道前后的压力降，一般使压力比 $p_1/p_2 < 3$。

② 尽量降低液压泵的吸油高度，采用内径较大的吸油管，并少用弯头，吸油管端的过滤器容量要大，以减少管道阻力。必要时可采用辅助泵供油。

③ 各元件的连接处要密封可靠，防止空气进入。

④ 对容易产生气蚀的元件，如泵的配油盘等，要采用抗腐蚀能力强的金属材料，增强元件的机械强度。

要计算产生空穴的可能程度，规定判别允许的和不允许的空穴界限。到目前为止，还没有判别空穴界限的通用标准，例如，对液压泵吸油口的空穴、液压缸和液压马达中的空穴、压力脉动所引起的空穴，都有各自的专用判别系数，在此不予讨论。

2.6.2　液压冲击

在输送液体的管路中，由于流速的突然变化，常伴有压力的急剧增大或降低，并引起强烈的振动和剧烈的撞击。这种现象称为液压冲击。

1. 液压冲击的危害

液压冲击会引起振动和噪声；使管接头松动，密封装置遭到破坏，产生泄漏；或使某些工作元件产生错误动作。在压力降低时，会产生空穴现象。

2. 液压冲击产生的原因

在阀门突然关闭或运动部件快速制动等情况下，液体在系统中的流动会突然受阻。这时，由于液流的惯性作用，液体就从受阻端开始，迅速将动能逐层转换为压力能，因而产生压力冲击波；此后，这个压力波又从该端开始反向传递，将压力能逐层转化为动能，这使得液体又反向流动；然后，在另一端又再次将动能转化为压力能，如此反复地进行能量转换。由于这种压力波的迅速往复传播，便在系统内形成压力振荡。这一振荡过程，由于液体受到摩擦力以及液体和管壁的弹性作用不断消耗能量，才使振荡过程逐渐衰减而趋于稳定。

3. 减小液压冲击的措施

减小液压冲击的措施包括：

① 延长阀门关闭和运动部件制动、换向的时间。在液压传动中采用换向时间可调的换向阀就可做到这一点。

② 正确设计阀口，限制管道流速及运动部件速度，使运动部件制动时速度变化比较均匀。

③ 加大管径或缩短管道长度。加大管径不仅可以降低流速，而且可以减少压力冲击波速 c 值；缩短管道长度的目的是减小压力冲击波的传播时间 t_c。

④ 设置缓冲用蓄能器或用橡胶软管。

⑤ 装设专门的安全阀。

思考题与习题

2.1　何谓液压油的黏度？影响黏度的因素有哪些？

2.2　何谓相对压力？何谓绝对压力？何谓真空度？三者之间的关系如何？

2.3 何谓流线？有什么特点？

2.4 解释下列概念：理想液体、定常流动、通流截面、流量、平均流速、层流、湍流、雷诺数、液压冲击和空穴现象。

2.5 说明伯努利方程的物理意义，并指出其应用时要注意哪些问题？

2.6 如图2.24所示的U形管中装有水银和水，试求：(1)A、C两点的绝对压力及表压力各为多少？(2)A、B两点的高度差h为多少？

2.7 如图2.25所示液压泵的流量$q=0.001\ m^3/s$，吸油管的直径$d=0.025\ m$，管长$l=2\ m$，滤油器的压力降$\Delta p_\xi=0.05\ MPa$(不计其他局部损失)。液压油的运动黏度$\nu=1.42\times10^{-5}\ m^2/s$，密度$\rho=900\ kg/m^3$，空气分离压$p_d=0.04\ MPa$。求泵的最大安装高度$H_{max}$。

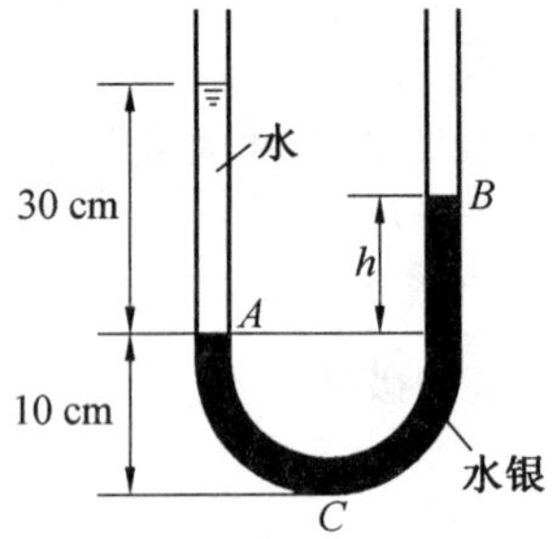

图2.24 题2.6图

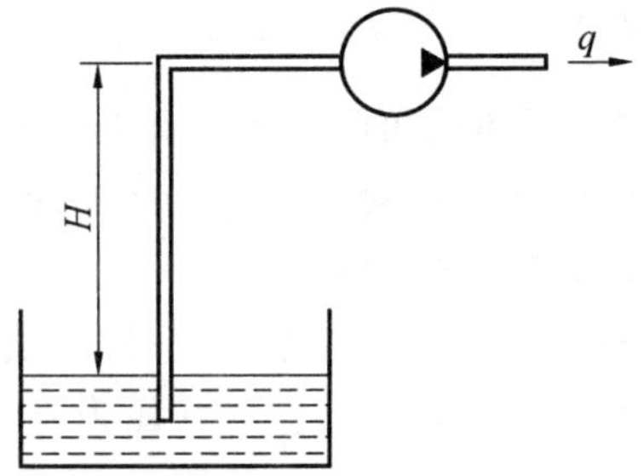

图2.25 题2.7图

2.8 如图2.26所示的渐扩水管，已知$d=0.01\ m$，$D=0.02\ m$，$p_A=3.58\times10^4\ Pa$，$p_B=2.18\times10^4\ Pa$，$h=1\ m$，$v_B=1\ m/s$。试判断水流的方向并计算A、B两点间的压力损失。

2.9 如图2.27所示，水平放置的光滑圆管由两段组成，直径分别为$d_1=0.01\ m$和$d_2=0.006\ m$，每段长度$l=3\ m$，液体密度$\rho=900\ kg/m^3$，运动黏度$\nu=2\times10^{-5}\ m^2/s$，通过的流量为$q=3\times10^{-4}\ m^3/s$，管道突然缩小处的局部阻力系数$\xi=0.35$(对应断面突变后的速度)。试求管内的总压力损失及两端的压力差。

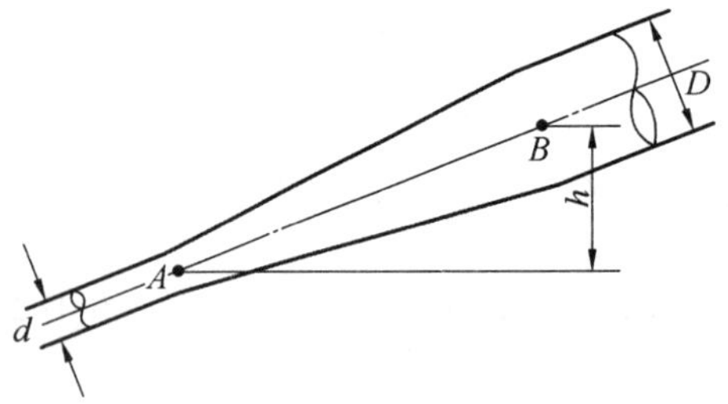

图2.26 题2.8图

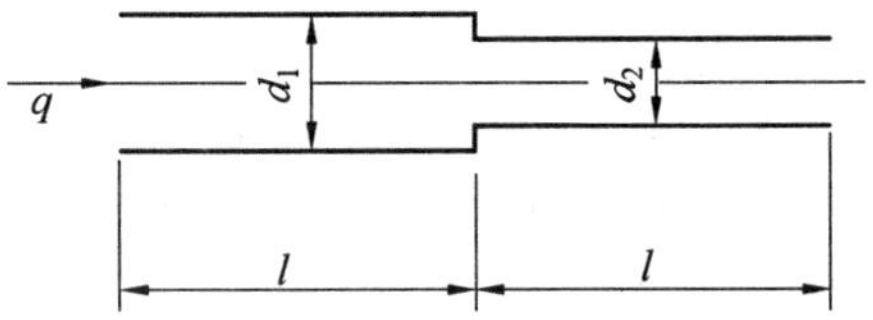

图2.27 题2.9图

项目3

液压泵

任务3.1　液压泵概述

3.1.1　液压泵的基本工作原理

液压泵是液压系统的动力元件，功能是将原动机输出的机械能转变为油液的压力能。它是液压系统的心脏，为整个液压系统提供能量。

容积式液压泵的工作原理如图3.1所示。一个单缸液压泵由偏心轮、柱塞、缸体、弹簧和单向阀等组成。其工作原理如下：柱塞2装在缸体3中形成一个密封容积a，柱塞在弹簧4的作用下始终压紧在偏心轮1上。原动机驱动偏心轮1旋转使柱塞2做往复运动，使密封容积a的大小发生周期性的交替变化。当a由小变大时就形成部分真空，使油箱中油液在大气压作用下，经吸油管顶开单向阀6进入油腔a而实现吸油；反之，当a由大变小时，a腔中吸满的油液将顶开单向阀5流入系统而实现压油。这样液压泵就将原动机输入的机械能转换成液体的压力能，原动机驱动偏心轮不断旋转，液压泵就不断地吸油和压油。

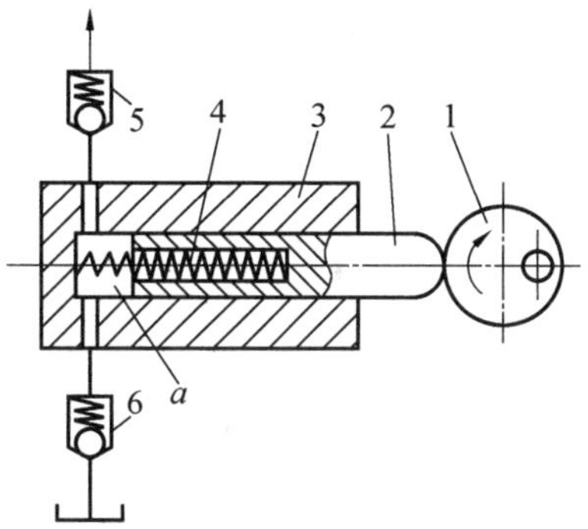

图3.1　容积式液压泵工作原理图

1—偏心轮；2—柱塞；3—缸体；4—弹簧；5、6—单向阀

由上所述，容积式液压泵工作的基本原理就是密封腔容积变化，配油装置与之配合，将原动机输出的机械能转变为压力能。泵输出的流量取决于密封腔容积大小及其变化次数。泵输出的压力取决于负载，并与结构强度有关。容积式液压泵工作必须具备3个要素：

①密封腔容积变化。这是容积式液压泵能够吸、排油的根本原因。

②油箱内液体的绝对压力必须恒等于或大于大气压力。这是容积式液压泵能够吸入油液的外部条件。因此，为保证液压泵正常吸油，油箱必须与大气相通，或采用密闭的充

压油箱。

③有配油装置配合。将吸液腔和排液腔隔开，保证液压泵有规律地连续吸排液体。液压泵的结构原理不同，其配油装置也不相同。图 3.1 所示的配油装置就是单向阀 5、6。

3.1.2 液压泵的分类和图形符号

1. 液压泵的分类

(1)按液压泵单位时间内输出油液的体积能否变化分为定量泵和变量泵。

定量泵：单位时间内输出的油液体积不能变化。例如齿轮泵。

变量泵：单位时间内输出油液的体积能够变化。例如单作用叶片泵、轴向柱塞泵。

(2)按泵的结构来分主要有齿轮泵、叶片泵、柱塞泵、螺杆泵。

2. 液压泵的图形符号

液压泵的图形符号如图 3.2 所示。

(a) 单向定量液压泵　(b) 双向定量液压泵　(c) 单向变量液压泵　(d) 双向变量液压泵

图 3.2　液压泵的图形符号

3.1.3 液压泵的主要性能参数

液压泵性能参数主要指液压泵的压力、流量、功率和效率等。

1. 压力

(1) 工作压力 p。

液压泵实际工作中的压力。其大小由外界负载决定。

(2) 额定压力 p_n。

在正常工作条件下，液压泵能够连续运转的最高压力。液压泵按额定压力大小不同，主要分为低压($\leqslant$ 2.5 MPa)、中压(2.5 ～ 8 MPa)、中高压(8 ～ 16 MPa)、高压(16 ～ 32 MPa)、超高压($>$ 32 MPa)5 个等级。

2. 流量

(1) 理论流量 q_t。

是指在无泄漏情况下，液压泵单位时间内输出的油液体积，根据泵的几何尺寸及转速计算而得到的流量。(工程上常把零压差下的流量视为理论流量)

$$q_t = Vn \tag{3.1}$$

式中　V—— 排量，液压泵每转所排出液体的体积；

　　n—— 液压泵输入转速。

(2) 额定流量 q_n。

指液压泵在额定转速和额定压力下输出的最大流量(出厂测得)。

(3) 实际流量 q。

指液压泵工作时的实际流量。

$$q = q_t - \Delta q \tag{3.2}$$

式中　Δq——泵的泄漏量，它随着泵工作压力的升高而增大。

所以这3个流量中理论流量 q_t 最大。

3. 功率

液压泵的输入能量为机械能，其表现为转矩 T_i 和转速 ω；液压泵的输出能量为液压能，表现为压力 p 和流量 q。

(1) 输入功率 P_i：它是实际驱动泵轴所需要的机械功率，即

$$P_i = \omega T_i = 2\pi n T_i \tag{3.3}$$

(2) 输出功率 P_o：液压泵输出的液体功率，它等于泵实际输出流量 q 与泵输出压力 p 的乘积，即

$$P_o = pq \tag{3.4}$$

其中，p 的单位为Pa，q 的单位为 m^3/s，则 P_o 的单位为W。

4. 效率

液压泵在实际工作时有能量损失，液压泵损失主要分为容积损失和机械损失。

(1) 容积损失和容积效率 η_v。

容积损失主要指液压泵内部泄漏造成的流量损失。容积效率是液压泵实际流量与理论流量之比，即

$$\eta_v = \frac{q}{q_t} = \frac{q_t - \Delta q}{q_t} = 1 - \frac{\Delta q}{q_t} = 1 - \frac{\Delta q}{Vn} \tag{3.5}$$

容积损失的大小用容积效率表征，容积效率表示泵抵抗泄漏的能力。容积效率与泵的工作压力、泵腔中的间隙大小、工作液体的黏度及泵的转速等有关。

(2) 机械效率 η_m。

由于泵内各种摩擦(机械摩擦、液体摩擦)，液压泵的实际输入转矩 T_i 总是大于其理论输出转矩 T_t，这种损失称为机械损失。它是泵所需要的理论转矩 T_t 与实际输入转矩 T_i 之比，即

$$\eta_m = \frac{T_t}{T_i} \tag{3.6}$$

也可以定义为泵的理论输出功率与其输入功率的比值，即

$$\eta_m = \frac{pq_t}{P_i} \tag{3.7}$$

忽略各种损失，泵的理论输出功率与理论输入功率是相等的，即

$$pq_t = T_t \omega \tag{3.8}$$

机械损失的大小用机械效率表征，机械效率表示了泵体内的摩擦情况。它与泵的工作压力、运动件间的间隙大小、工作液体的黏度等有关。

(3) 总效率 η。

泵的总效率是泵输出功率 P_o 与输入功率 P_i 的比值，即

$$\eta_p = \frac{P_o}{P_i} = \frac{pq}{P_i} = \frac{pq_t \eta_v}{P_i} = \eta_v \eta_m \tag{3.9}$$

液压泵的总效率等于容积效率和机械效率的乘积，液压泵的总效率、容积效率和机械

效率可以通过实验测得。

任务 3.2　齿 轮 泵

3.2.1　齿轮泵的结构及工作原理

1. 齿轮泵分类

齿轮泵按啮合形式的不同,可分为外啮合式和内啮合式两种。

2. 外啮合齿轮泵结构与工作原理

外啮合齿轮泵的工作原理如图 3.3 所示,外啮合齿轮泵主要由泵体、一对(模数相同、齿数相同的) 互相啮合的齿轮和端盖等组成。其工作原理是:壳体、端盖和齿轮的各个齿间槽组成了许多密封腔,一个齿轮由电动机带动旋转,另一个齿轮被动旋转,脱开啮合的一侧容积扩大,形成真空,完成吸油。吸入的油被齿间带到另一侧,进入啮合的一侧容积减少,油被挤出去,完成压油。吸油腔和压油腔是由相互啮合的齿轮以及泵体分隔开的(相当于配油装置)。

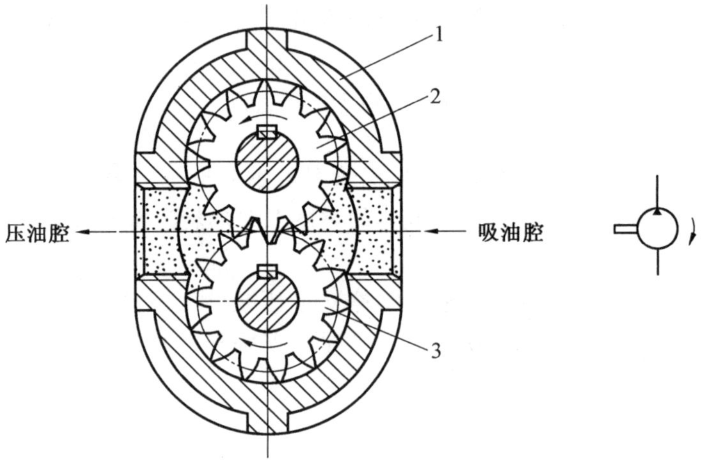

图 3.3　外啮合齿轮泵工作原理

1— 泵体;2— 主动轮;3— 从动轮

3. 内啮合齿轮泵结构与工作原理

内啮合齿轮泵有渐开线齿轮泵和摆线齿轮泵(转子泵) 两种,如图 3.4 所示。它们的工作原理和主要特点与外啮合齿轮泵完全相同。在渐开线齿形的内啮合齿轮泵中,小齿轮和内齿轮之间要装一块隔板 3,以便把吸油腔 1 和排油腔 2 隔开,如图 3.4(a) 所示。在摆线齿形的内啮合齿轮泵中,小齿轮和内齿轮只相差一个齿,因而不需设置隔板,如图 3.4(b) 所示。内啮合齿轮泵中的小齿轮是主动轮。

3.2.2　齿轮泵的流量计算

外啮合齿轮泵的排量就是齿轮每转一圈齿间工作腔从吸油区带入压油区的油液容积的总和,其精确的计算要根据齿轮的啮合原理来进行,计算过程比较复杂。一般情况下用

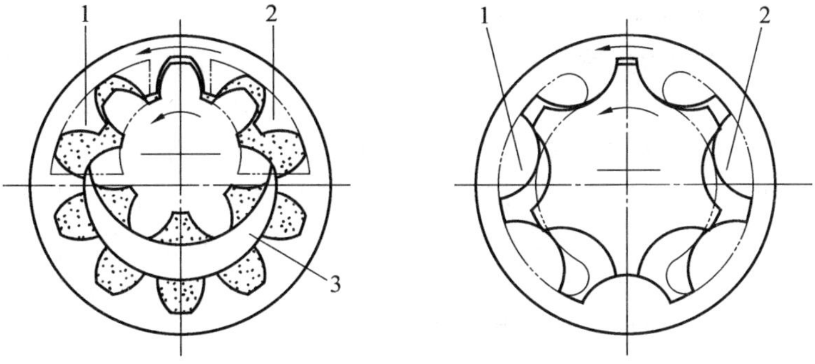

图 3.4　内啮合齿轮泵

1— 吸油腔；2— 排油腔；3— 隔板

近似计算来考虑，认为齿间槽的容积近似于齿轮轮齿的体积。因此，设齿轮齿数为 z，节圆直径为 $D=mz$，齿高为 $h=2m$，模数为 m，齿宽为 b，此时泵的排量近似计算为

$$V=\pi Dhb=2\pi zm^2b \tag{3.10}$$

但实际上，泵的齿间槽的容积要大于轮齿的体积，所以，将 2π 修正为 6.66。齿轮泵的流量通常计算为

$$q=nV=6.66zm^2nb\eta_v \tag{3.11}$$

式(3.11)只是齿轮泵的平均流量，实际上齿轮啮合过程中瞬时流量是脉动的(这是因为压油腔容积变化率是不均匀的)。设最大流量和最小流量为 q_{max}、q_{min}。则流量脉动率为

$$\sigma=\frac{q_{max}-q_{min}}{q} \tag{3.12}$$

流量脉动率是衡量容积式泵流量品质的一个重要指标。在容积式泵中，外啮合齿轮泵的流量脉动最大，并且齿数越少，脉动率越大，相应的内啮合齿轮泵比外啮合齿轮泵的流量脉动率要小得多。例如，汽车的自动变速器用内啮合齿轮泵提供所需的稳定液压油。

3.2.3　齿轮泵存在的问题

1. 泄漏问题

齿轮泵在工作中其实际输出流量比理论流量要小，主要原因是泄漏。齿轮泵从高压腔到低压腔的油液泄漏主要通过 3 个渠道：一是通过齿轮两侧面与两面侧盖板之间的间隙；二是通过齿轮顶圆与泵体内孔之间的径向间隙；三是通过齿轮啮合处的间隙。其中，第一种间隙为主要泄漏渠道，占泵总泄漏量的 75％～85％。正是由于这个原因，使得齿轮泵的输出压力上不去，影响了齿轮泵的使用范围。所以，解决齿轮泵输出压力低的问题，就要从解决端面泄漏入手。一些厂家采用在齿轮两侧面加浮动轴套或弹性挡板的方法，将齿轮泵输出的压力油引到浮动轴套或弹性挡板外部，增加对齿轮侧面的压力，以减小齿侧间隙，达到减少泄漏的目的，目前不少厂家生产的高压齿轮泵都采用这种措施。

2. 径向不平衡力的问题

在齿轮泵中，作用于齿轮外圆上的压力是不相等的，在吸油腔中压力最低，而在压油腔中压力最高，在整个齿轮外圆与泵体内孔的间隙中，压力是不均匀的，存在着压力的逐渐升级，因此，对齿轮的轮轴及轴承产生了一个径向不平衡力。这个径向不平衡力不仅加速了轴承的磨损，还影响了它的使用寿命，并且可能使齿轮轴变形，造成齿顶与泵体内孔的摩擦，损坏泵体，使泵不能正常工作。解决的办法一种是可以开压力平衡槽，将高压油引到低压区，但这会造成泄漏量增加，影响容积效率；另一种是采用缩小压油腔的办法，使作用于轮齿上的压力区域减小，从而减小径向不平衡力。

3. 困油问题

为了使齿轮泵能够平稳地运转及连续均匀地供油，在设计上就要保证齿轮啮合的重叠系数大于1($\varepsilon > 1$)，也就是说，齿轮泵工作时，在啮合区有两对齿轮同时啮合，形成封闭的容腔，如果此时既不与吸油腔相通，又不与压油腔相通，便会使油液困在其中，如图 3.5 所示。齿轮泵在运转中，封闭腔的容积不断地变化，当封闭腔容积变小时，油液受很高压力，从各处缝隙挤压出去，造成油液发热，并使机件承受额外负载。而当封闭腔容积增大时，又会造成局部真空，使油液中溶解的气体分离出来，并使油液本身气化，加剧流量不均匀，两者都会造成强烈的振动与噪声，降低泵的容积效率，影响泵的使用寿命，这就是齿轮泵的困油现象。

解决这一问题的方法是在两侧端盖各铣两个卸荷槽，如图 3.5 中的双点画线所示。两个卸荷槽间的距离应保证困油空间在达到最小位置以前与压油腔连通，通过最小位置后与吸油腔连通，同时又要保证任何时候吸油腔与压油腔之间不能连通，以避免泄漏，降低容积效率。

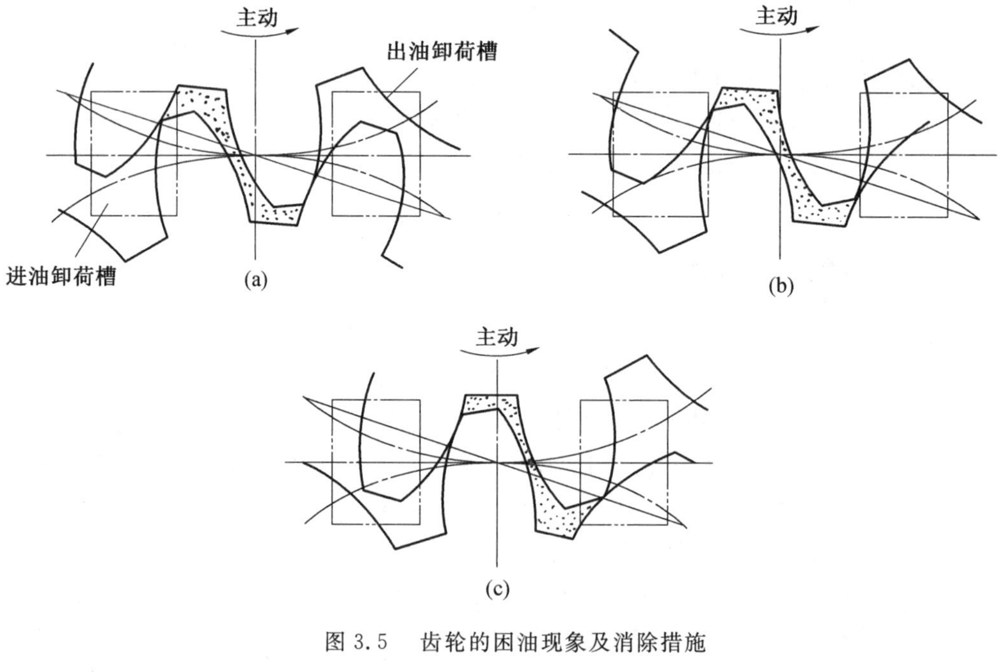

图 3.5　齿轮的困油现象及消除措施

3.2.4　齿轮泵的优缺点

齿轮泵的优点是，结构简单紧凑，体积小，质量轻；自吸性能好，对油的过滤精度要求低；工作可靠、寿命长、便于维护修理、成本低；允许的转速高。可广泛用于压力要求不高的场合，如磨床、珩磨机等中低压机床中。它的缺点是内泄漏较大，轴承上承受不平衡力，压力脉动和噪声较大，不能变量。

3.2.5　常用齿轮泵型号

常用外啮合齿轮泵型号主要有CB系列、QZCB－HB等系列，CB系列具体型号主要有CB、CB－A、CB－B、CB－C等，QZCB系列主要用于自卸汽车专用液压泵。

常用内啮合渐开线齿轮泵型号有NB系列，常用内啮合摆线齿轮泵型号有BB－B系列。

任务3.3　叶片泵

叶片泵也是一种常见的液压泵。相对齿轮泵来说，它的输出流量均匀，脉动小，噪声小，主要用于速度平稳性要求较高的中低压系统。

根据吸油、压油次数的不同，叶片泵分为单作用和双作用两种。单作用叶片泵又称非平衡式泵，指内转子转一圈只完成一次吸油和压油动作，可以变量；双作用叶片泵也称平衡式泵，指内转子转一圈需要完成两次吸油和压油动作，压力更稳定，不能变量。

3.3.1　单作用叶片泵

1. 工作原理

单作用叶片泵的工作原理示意图如图3.6所示，泵由转子1、定子2、叶片3、配油盘和泵体组成。定子2的内曲线是圆形的，定子2与转子1的安装是偏心的。正由于存在偏心，由叶片3、转子1、定子2和配油盘形成的封闭工作腔在转子旋转工作时，才会出现容积的变化。转子逆时针旋转时，工作腔从最下端向上通过右边区域，容积由小变大，产生真空，通过配油窗口将油吸入工作腔。而工作腔从最上端向下通过左边区域，容积由大变小，油液受压，从左边的配油窗口进入系统中。在吸油窗口和压油窗口之间，有一段封油区，将吸油区和压油区隔开。

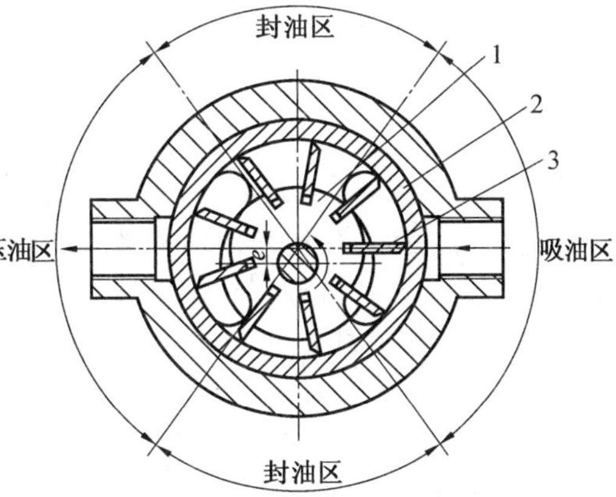

图3.6　单作用叶片泵工作原理示意图

1—转子；2—定子；3—叶片

2. 输出流量

单作用叶片泵的实际输出流量可用下式计算：

$$q=2\pi beDn\eta_v \tag{3.13}$$

式中　b—— 叶片宽度；

e—— 转子和定子间的偏心量；

D—— 定子内径。

单作用叶片泵的流量也是有脉动的，泵内叶片数越多，流量脉动率越小。此外，奇数叶片泵的脉动率比偶数叶片泵的脉动率小，所以单作用叶片泵的叶片数总取奇数，一般为13或15片。

在单作用叶片泵中，为保证叶片顶部可靠地与定子内表面相接触，排油腔一侧的叶片底部要通过特殊的沟槽和排油腔相通，吸油腔一侧的叶片底部要和吸油腔相通。另外，单作用叶片泵在工作时，转子受不平衡的径向液压作用力。

3.3.2　双作用式叶片泵

1. 工作原理

双作用叶片泵的工作原理示意图如图3.7所示。其也是由转子3、定子2、叶片1、配油盘和泵体组成的。转子3和定子2是同心的，定子内表面由两段大半径为 R 的圆弧面、两段小半径为 r 的圆弧面以及连接4段圆弧面的4段过渡曲面组成(可以看成椭圆形)。当转子沿图示方向转动时，在离心力的作用下，使叶片伸出并紧贴在定子的内表面上，在每相邻两叶片之间形成密封容积。当相邻两叶片从定子小半径 r 的圆弧面经过渡曲面向定子大半径 R 的圆弧面滑动时，叶片向外伸，使两叶片之间的密封容积变大形成真空，油箱中的油液从配流盘吸油窗口a进入并充满密封容积，这是叶片泵的吸油过程；当转子继续转动，两叶片从定子大半径 R 的圆弧面经过渡曲面向定子小半径 r 的圆弧面滑动时，叶片受定子内壁面的作用缩回转子槽内，使两叶片之间的密封容积变小，油液受到挤压，并从配流盘的压油窗口b压出进入到液压系统中，这是叶片泵的压油过程。叶片泵的转子每转一周，两相邻叶片之间的密封容积吸油和压油两次，因此这种泵称为双作用式叶片泵。又因吸、压油口对称分布，转子和轴承所受的径向液压力基本平衡，使泵轴及轴承的寿命变长，所以该泵又称卸荷式叶片泵。这种泵的流量均匀，噪声低。

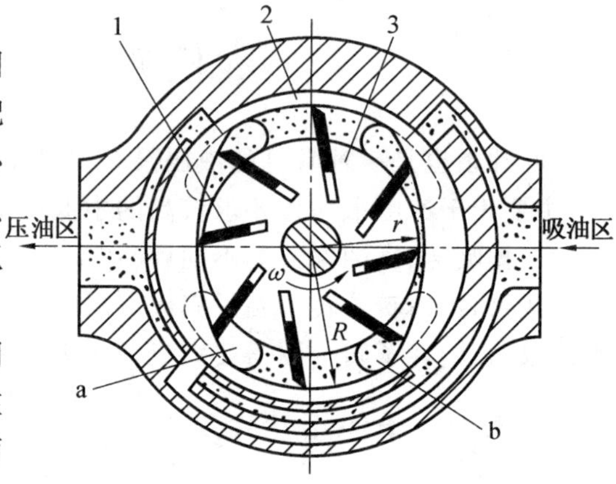

图3.7　双作用式叶片泵工作原理示意图

1—叶片；2—定子；3—转子

双作用叶片泵的流量与定子的宽度和定子长短半径之差有关，定子的宽度和定子长短半径之差越大，流量越大；反之，流量越小。这种泵的排量是不可调的，只能做成定量泵。

2. 输出流量

双作用叶片泵的实际输出流量用下式计算：

$$q=2b\left[\pi\left(R^2-r^2-\frac{R-r}{\cos\theta}sz\right)n\eta_v\right] \tag{3.14}$$

式中　R,r—— 定子圆弧部分的长短半径；

θ—— 叶片的倾角(按转子旋转方向向前倾斜一角度)，一般为 10°～14°；

s—— 叶片的厚度；

z— 叶片数。

双作用叶片泵瞬时流量是脉动的，当叶片数为 4 的倍数时最小。为此双作用叶片泵的叶片数一般都取 12 或 16 片。

3. 双作用叶片泵的特点

(1) 保证叶片紧贴定子内表面。

双作用叶片泵的叶片是靠离心力的作用紧贴定子内表面的。在排油区，叶片顶部受液压力的作用，使叶片不能可靠地紧贴定子内表面，因此将叶片底部通过特制油道与排油区相通。这样，在排油区，作用在叶片底部和顶部的液压力相互平衡，可保证叶片可靠地紧贴在定子内表面。但在吸油区，叶片在液压力和离心力的共同作用下紧贴定子内表面，使叶片产生较大的压力，加速了定子内表面的磨损。在高压叶片泵中，这一问题尤为突出，为解决这一问题，常采用特种叶片结构，如图 3.8 所示。图 3.8(a) 为子母叶片的结构，母叶片 3 和子叶片 4 之间的油室 f 始终经槽 e、d、a 和压力油相通，而母叶片的底腔 g 则经转子 1 上的孔 b 和所在油腔相通。这样叶片处于吸油腔时，母叶片只有在油室 f 的高压油作用下压向定子 2 内表面，使作用力不致过大。图 3.8(b) 为双叶片结构，在两叶片间开有小孔，当压力油进入叶片底部时，通过小孔进入到叶片顶端使叶片的顶部和底部油压力基本保持平衡，减小了对定子表面的压紧力。

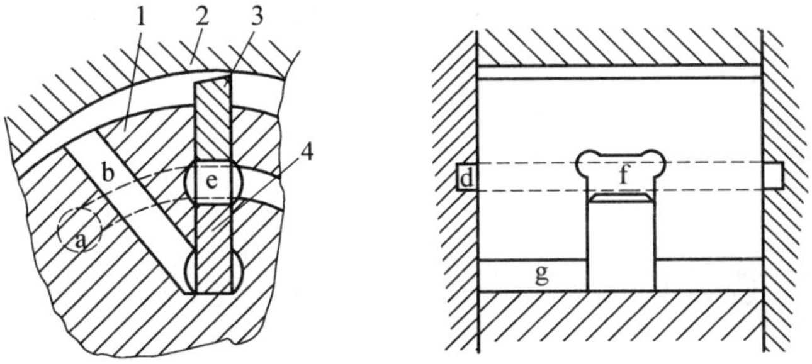

(a) 子母叶片

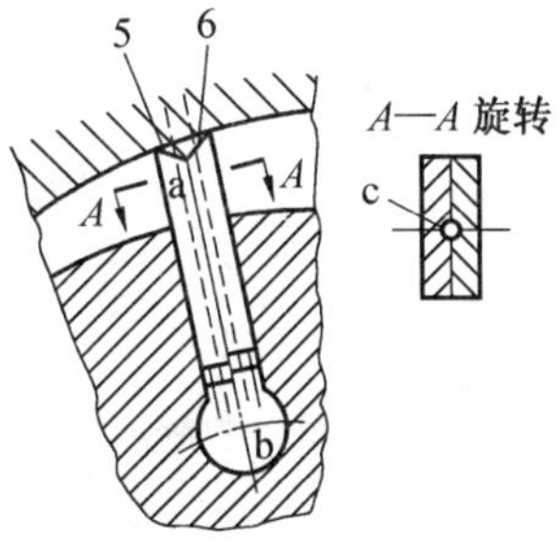

(b) 双叶片结构

图 3.8　特种叶片结构

1— 转子；2— 定子；3— 母叶片；4— 子叶片；5、6— 叶片

(2) 定子内曲线。

双作用叶片泵的定子内曲线是由 4 段圆弧和 4 段过渡曲线组成的。为减小冲击，应使叶片在转子槽中做径向运动时的速度没有突变，因此等加速 — 等减速曲线是一种常用的过渡曲线。

3.3.3 变量叶片泵

单作用叶片泵按工作特性的不同，分为限压式、恒压式、稳流量式3类，下面以限压变量叶片泵为例说明变量叶片泵的工作原理。

限压变量叶片泵的工作原理如图3.9所示。转子1的中心是固定不动的，定子3可以左右移动。在定子左边安装有弹簧2，在右边安装有一个柱塞油缸5，它与泵的输出油路相连。在泵的两侧面有两个配流盘，其配流窗口上下对称，当泵以图示的逆时针旋转时，在上半部工作腔的容积由大到小，为压油区；而在下半部，工作腔的容积由小到大，为吸油区。

叶片泵开始工作时，在弹簧力 F_s 的作用下定子处于最右端，此时偏心距 e 最大，泵的输出流量也最大。调节螺钉6用来调节定子能够达到的最大偏心位置，也就是由它来决定泵在本次调节中的最大流量为多少。当油泵开始工作后，其输出压力升高，通过油路返回到柱塞油缸的油液压力也随之升高，在作用于柱塞上的液压力小于弹簧力时，定子不动，泵处于最大流量；当作用于柱塞上的液压力大于弹簧力后，定子的平衡被打破，定子开始向左移动，于是定子与转子间的偏心距开始减小，从而泵输出的流量开始减少，直至偏心距为零，此时，泵输出流量也为零，不管外负载再如何增大，泵的输出压力再不会增高。因此，这种泵被称为限压式变量泵。

限压式变量泵的流量－压力特性曲线如图3.10所示，此曲线分为两段。第一段 AB 是在泵的输出油液作用于活塞上的力还没有达到弹簧的预压紧力时，定子不动，此时，影响泵的流量只是随压力增加而使泄漏量增加，相当于定量泵；第二段出现在泵输出油液作用于活塞上的力大于弹簧的预压紧力后，转子与定子的偏心距改变，泵输出的流量随着压力的升高而降低；当泵的工作压力接近于曲线上的 C 点时，泵的流量已很小，这时，压力已较高，泄漏也较多，当泵的输出流量完全用于补偿泄漏时，泵实际向外输出的流量已为零。

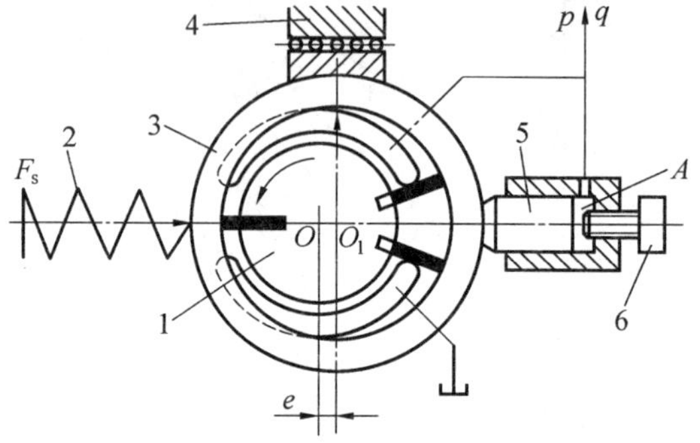

图3.9　限压变量叶片泵的工作原理图

1—转子；2—弹簧；3—定子；4—滑动支撑；5—柱塞油缸；6—调节螺钉

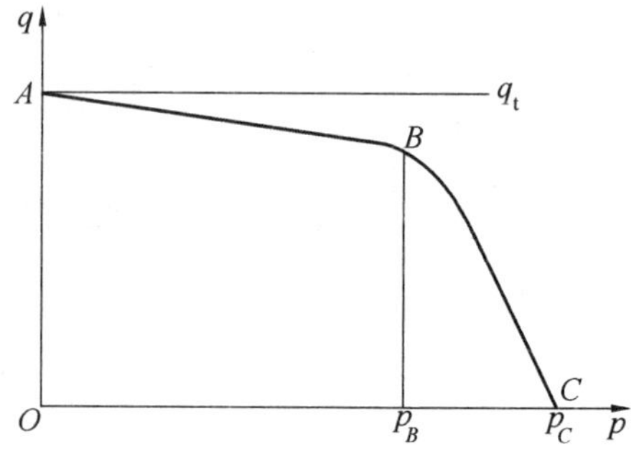

图3.10　限压式变量泵的流量－压力特性曲线

从上面的讨论可以看出，限压式变量泵特别适用于工作机构有快、慢速进给要求的情况，例如组合机床的动力滑台等。此时，当需要有一个快速进给运动时，所需流量最大，正好应用曲线的 AB 段；当转为工作进给时，负载较大，速度不高，所需的流量也较小，正好应用曲线的 BC 段。这样，可以降低功率损耗，减少油液发热，与其他回路相比，简化了液压系统。

3.3.4　叶片泵的优缺点

叶片泵的优点是流量较均匀，运转平稳，噪声小；工作压力和容积效率高。特别适合中高压系统，因此，其在机床、工程机械、船舶、压铸及冶金设备中得到广泛的应用。它的缺点是吸油特性不太好，间隙小，对油的过滤精度要求高，转速受限；结构复杂，价格高。

3.3.5　常用叶片泵型号

常用定量叶片泵型号主要有YB、YB－D、YB－E等系列，常用度量叶片泵型号主要有YBN、YBX、YBX等系列。

任务3.4　柱塞泵

柱塞泵是依靠柱塞在缸体内做往复运动使泵内密封工作腔容积发生变化实现吸油和压油的。柱塞泵常用于需要高压大流量的液压系统，如龙门刨床、拉床、液压机、起重机械等设备的液压系统。按柱塞排列方向的不同，柱塞泵分为轴向柱塞泵和径向柱塞泵。

3.4.1　轴向柱塞泵

轴向柱塞泵可分为斜盘式和斜轴式两种，下面主要介绍斜盘式轴向柱塞泵。

1. 工作原理

斜盘式轴向柱塞泵的工作原理如图3.11所示。轴向柱塞泵由斜盘1、柱塞2、配油盘4、缸体3和转轴5等组成。柱塞2轴向均匀排列安装在缸体3同一半径圆周处，缸体由电动机带动旋转，柱塞靠机械装置或在低压油的作用下顶在斜盘上。当缸体旋转时，柱塞即在轴向左右移动，使得工作腔容积发生变化。轴向柱塞泵是靠配油盘来配油的，配油盘上的配油窗口分为左右两部分。若缸体如图示方向顺时针旋转，则图中左边配油窗口a为吸油区（柱塞向左伸出，工作腔容积变大）；右边b为压油区（柱塞向右缩回，工作腔容积变小）。轴向柱塞泵每旋转一圈，工作腔容积变化一次，完成吸油、压油各一次。轴向柱塞泵是靠改变斜盘的倾角，从而改变每个柱塞的行程使得泵的排量发生变化的。

2. 流量计算

轴向柱塞泵的排量计算也是泵转一圈每个工作腔容积变化的总和，实际流量的计算公式为

$$q=\frac{\pi}{4}d^2 D\tan\delta z n\eta_v \tag{3.15}$$

式中　δ—— 斜盘的倾角；

D—— 柱塞的分布圆直径；

d—— 柱塞的直径；

n—— 柱塞泵的转速；

z—— 柱塞数。

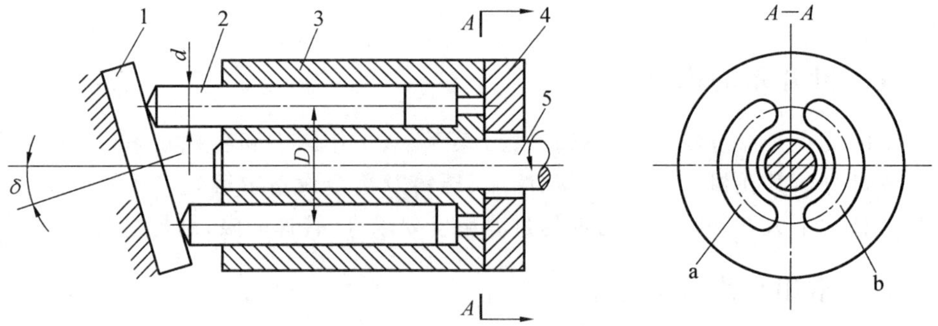

图 3.11　斜盘式轴向柱塞泵工作原理

1— 斜盘；2— 柱塞；3— 缸体；4— 配油盘；5— 转轴

以上计算的流量是泵的实际平均流量。实际上，由于该泵在工作时，其柱塞轴向移动的速度是不均匀的，是随着转子旋转的转角而变化的，因此泵在某一瞬时的输出流量也是随转子的旋转而变化的。当柱塞数 z 为单数时，脉动较小，其脉动率为

$$\sigma = \frac{\pi}{2z}\tan\frac{\pi}{4z} \tag{3.16}$$

因此，一般常用的柱塞个数为 7、9 或 11 个。

3.4.2　径向柱塞泵

径向柱塞泵的工作原理如图 3.12 所示。径向柱塞泵是由定子 4、转子 2、配油轴 5、柱塞 1 及衬套 3 等组成。柱塞 1 径向排列安装在缸体中，配油套(转子) 由电动机带动旋转，柱塞靠离心力(或在低压油的作用下) 顶在定子的内壁上。由于转子与定子是偏心安装的，所以，转子旋转时，柱塞即沿径向里外移动，使得工作腔容积发生变化。径向柱塞泵是靠配油轴来配油的，轴中间分为上下两部分，中间隔开。若转子顺时针旋转，则上部为吸油区(柱塞向外伸出)，下部为压油区，上下区域轴向各开有两个油孔，上半部的 a、b 孔为吸油孔，下半部的 c、d 孔为压油孔。衬套与工作腔对应开有油孔，安装在配油轴与转子中间。径向柱塞泵每旋转一圈，工作腔容积变化一次，完成吸油、压油各一次。改变其偏心距可使其输出流量发生变化，成为变量泵。

由于径向柱塞泵径向尺寸大，结构较复杂，自吸能力差，工作时受到径向不平衡力等缺点限制了它的应用，已逐渐被轴向柱塞泵替代。

3.4.3　柱塞泵的优缺点

柱塞泵的优缺点如下：

①工作压力和容积效率高。由于柱塞泵的密封工作腔是柱塞在缸体内孔中往复移动得到的，其相对配合的柱塞外圆及缸体内孔加工精度容易保证，其工作中泄漏较小。

②结构紧凑。特别是轴向柱塞泵其径向尺寸小，转动惯量也较小。不足的是它的轴向尺寸较大，轴向作用力也较大，结构较复杂。

③流量调节方便。只要改变柱塞行程便可改变液压泵的流量，并且易于实现单向或双向变量。

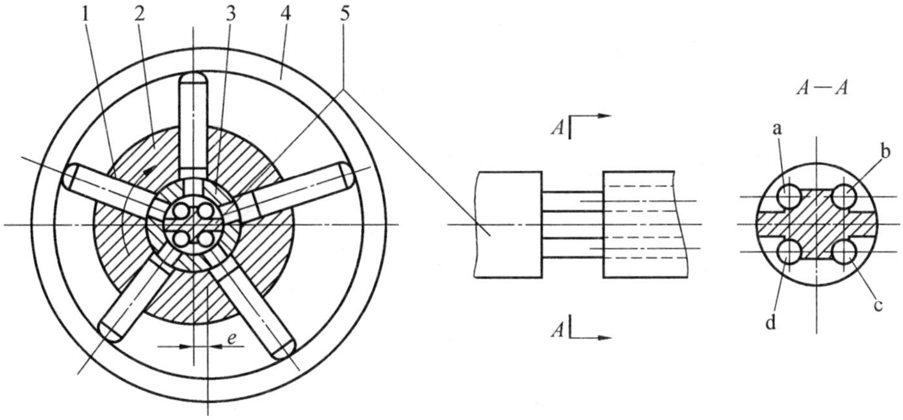

图 3.12　径向柱塞泵的工作原理

1—柱塞；2—配油套(转子)；3—衬套；4—定子；5—配油轴

柱塞泵特别适用于高压、大流量和流量需要调节的场合，如工程机械、液压机、重型机床等设备中。

3.4.4　常用柱塞泵型号

常用斜盘式轴向柱塞泵型号主要有 CY14－1B、XB 等系列，常用斜轴式轴向柱塞泵型号主要有 AXV、AXF 等系列，常用径向柱塞泵型号主要有 JB－G、JB－H 等系列。

任务 3.5　螺杆泵

螺杆泵实质上是一种外啮合摆线齿轮泵，按其螺杆根数不同可分为单螺杆泵、双螺杆泵、三螺杆泵、四螺杆泵和五螺杆泵等；按螺杆横截面的不同有摆线齿形、摆线一渐开线齿形和圆形齿形 3 种不同形式的螺杆泵。

螺杆泵的结构简图如图 3.13 所示，在螺杆泵壳体 2 内平行地安装着 3 根互相啮合的双头螺杆，主动螺杆为中间凸螺杆 3，上、下两根凹螺杆 4 和 5 为从动螺杆。3 根螺杆的外圆与壳体对应弧面保持着良好的配合，螺杆的啮合线将主动螺杆和从动螺杆的螺旋槽分割成多个相互隔离的、互不相通的密封工作腔。当传动轴(与凸螺杆为一整体)如图示方向旋转时，这些密封工作腔随着螺杆的转动一个接一个地在左端形成，并不断地从左向右移动，在右端消失。主动螺杆每转一周，每个密封工作腔便移动一个导程。密封工作腔在左端形成时逐渐增大，将油液吸入来完成吸油工作，最右面的工作腔逐渐减小直至消失，以将油液压出完成压油工作。螺杆直径越大，螺旋槽越深，螺杆泵的排量越大；螺杆越长，吸、压油口之间的密封层次越多，密封就越好，螺杆泵的额定压力就越高。

螺杆泵与其他容积式液压泵相比，具有结构紧凑，体积小，质量轻，自吸能力强，运转平稳，流量无脉动，噪声小，对油液污染不敏感，工作寿命长等优点。目前常用在精密机床上和用来输送黏度大或含有颗粒物质的液体。螺杆泵的缺点是其加工工艺复杂，加工精度高，所以应用受到限制。

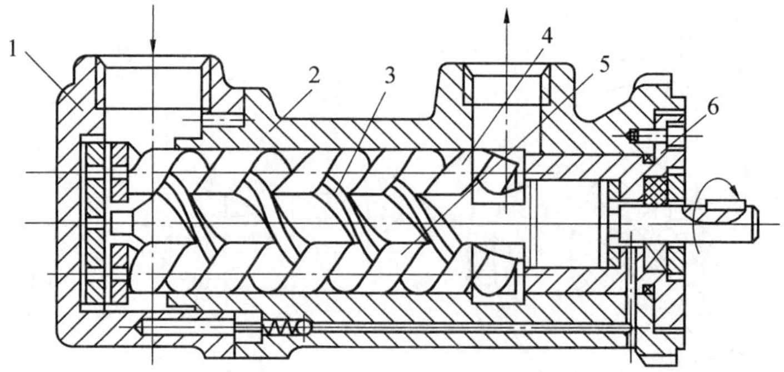

图 3.13　螺杆泵结构简图

1—后盖；2—壳体；3—主动螺杆（凸螺杆）；4、5—从动螺杆（凹螺杆）；6—前盖

任务 3.6　液压泵的性能比较及选用

选择液压泵的原则是：根据主机工况、功率大小和系统对工作性能的要求，首先确定液压泵的类型，然后按系统所要求的压力、流量大小确定其规格型号。各种常用液压泵的性能及应用见表 3.1。

表 3.1　各种常用液压泵的性能及应用

泵类型 / 特性及应用场合	齿轮泵			叶片泵		柱塞泵			螺杆泵
	内啮合		外啮合	双作用	单作用	轴向		径向	
	渐开线	摆线				斜轴式	斜盘式		
压力范围	低压	低压	低压	中压	中压	高压	高压	高压	低压
排量调节	不能	不能	不能	不能	能	能	能	能	不能
输出流量脉动	小	小	很大	很小	一般	一般	一般	一般	最小
自吸特性	好	好	好	较差	较差	差	差	差	好
对油的污染敏感性	不敏感	不敏感	不敏感	较敏感	较敏感	很敏感	很敏感	很敏感	不敏感
噪声	小	小	大	小	较大	大	大	大	最小
价格	较低	低	最低	较低	一般	高	高	高	高
功率质量比	一般	一般	一般	一般	小	一般	大	小	小
效率	较高	较高	低	较高	较高	高	高	高	较高
应用场合	机床，农业机械，工程机械，飞机，船舶，一般机械的润滑等系统			机床，工程机械液压机，起重机，飞机等		工程机械，运输机械，锻压机械，农业机械，飞机等			精密机床、食品化工、石油、纺织机械等

任务3.7 液压泵常见故障及排除方法

液压泵常见故障及排除方法见表3.2。

表3.2 液压泵常见故障及排除方法

故障现象	原因分析	排除方法
不排出油或无压力	1.原动机和液压泵转向不一致 2.油箱油位过低 3.吸油管或滤油器堵塞 4.启动时转速过低 5.油液黏度过大或叶片移动不灵活 6.叶片泵配油盘与泵体接触不良或叶片在滑槽内卡死 7.进油口漏气 8.组装螺钉过松	1.纠正转向 2.补油至油标线 3.清洗吸油管路或滤油器,使其畅通 4.使转速达到液压泵的最低转速以上 5.检查油质,更换黏度适合的液压油或提高油温 6.修理接触面,重新调试,清洗滑槽和叶片,重新安装 7.更换密封件或接头 8.拧紧螺钉
流量不足或压力不能升高	1.吸油管滤油器部分堵塞 2.吸油端连接处密封不严,有空气进入,吸油位置太高 3.叶片泵个别叶片装反,运动不灵活 4.泵盖螺钉松动 5.系统漏油 6.齿轮泵轴向和径向间隙过大 7.叶片泵定子内表面磨损 8.柱塞泵柱塞与缸体或配油盘与缸体间磨损,柱塞回程不够或不能回程,引起缸体与配油盘间失去密封 9.柱塞泵变量机构失灵 10.侧板端磨损严重,漏损增加 11.溢流阀失灵	1.除去脏物,使吸油管畅通 2.在吸油端连接处涂油,若有好转,则紧固连接件,或更换密封,降低吸油高度 3.逐个检查,不灵活叶片应重新研配 4.适当拧紧 5.对系统进行顺序检查 6.找出间隙过大部位,采取措施 7.更换零件 8.更换柱塞,修磨配流盘与缸体的接触面,保证接触良好,检查或更换中心弹簧 9.检查变量机构,纠正其调整误差 10.更换零件 11.检修溢流阀
噪声严重	1.吸油管或滤油器部分堵塞 2.吸油端连接处密封不严,有空气进入,吸油位置太高 3.从泵轴油缝处有空气进入 4.泵盖螺钉松动 5.泵与联轴器不同心或松动 6.油液黏度过高,油中有气泡 7.吸入口滤油器通过能力太小 8.转速太高 9.泵体腔道阻塞 10.齿轮泵齿形精度不高或接触不良,泵内零件损坏 11.齿轮泵轴向间隙过小,齿轮内孔与端面垂直度或泵盖上两孔平行度超差 12.溢流阀阻尼孔堵塞 13.管路振动	1.除去脏物,使吸油管畅通 2.在吸油端连接处涂油,若有好转,则紧固连接件或更换密封,降低吸油高度 3.更换油封 4.适当拧紧 5.重新安装,使其同心,紧固连接件 6.换黏度适当液压油,提高油液质量 7.改用通过能力较大的滤油器 8.使转速降至允许最高转速以下 9.清理或更换泵体 10.更换齿轮或研磨修整,更换损坏零件 11.检查并修复有关零件 12.拆卸溢流阀清洗 13.采取隔离消振措施

续表 3.2

故障现象	原因分析	排除方法
泄漏	1. 柱塞泵中心弹簧损坏，使缸体与配油盘间失去密封性 2. 油封或密封圈损伤 3. 密封表面不良 4. 泵内零件间磨损、间隙过大	1. 更换弹簧 2. 更换油封或密封圈 3. 检查修理 4. 更换或重新配研零件
过热	1. 油液黏度过高或过低 2. 侧板和轴套与齿轮端面严重摩擦 3. 油液变质，吸油阻力增大 4. 油箱容积太小，散热不良	1. 更换黏度适合的液压油 2. 修理或更换侧板和轴套 3. 换油 4. 加大油箱，扩大散热面积
柱塞泵变量机构失灵	1. 在控制油路上，可能出现阻塞 2. 变量活塞以及弹簧心轴卡死	1. 净化油，必要时冲洗油路 2. 如机械卡死，可研磨修复；如油液污染，则清洗零件并更换油液
柱塞泵不转	1. 柱塞与缸体卡死 2. 柱塞球头折断，滑履脱落	1. 研磨、修复 2. 更换零件

思考题与习题

3.1　容积式液压泵工作的三要素是什么？

3.2　什么是泵的工作压力、额定压力、排量、流量？

3.3　什么是泵的容积效率、机械效率？

3.4　齿轮泵的径向不平衡力产生的原因是什么？应如何消除？

3.5　什么是齿轮泵的困油现象？应如何解决？其他泵有无困油现象？

3.6　何谓变量泵？何谓定量泵？

3.7　齿轮泵、叶片泵及柱塞泵的优缺点是什么？

3.8　某液压泵的工作压力为 15 MPa，输出流量为 60 L/min，容积效率为 0.9，机械效率为 0.9，试求直接驱动泵的电机功率和泵的输出功率。

3.9　某液压泵在转速为 $n=950$ r/min 时，理论流量 $q_t=160$ L/min，在同样转速和压力 $p=29.5$ MPa 时，测得泵的实际流量 $q=150$ L/min，总效率 $\eta=0.85$，试求：

(1)泵的容积效率。

(2)泵在上述工况下所需的电动机功率。

(3)泵在上述工况下的机械效率。

项目4

液压执行元件

任务 4.1 液压缸的类型及特点

液压缸是液压系统中常用的执行元件之一，它的功能是把液体压力能转变为机械能，主要用于实现执行元件的直线往复运动或摆动，其结构简单，工作可靠，应用广泛。

4.1.1 液压缸类型

液压缸的分类如下：

①按基本结构形式不同，液压缸可分为活塞缸(单杆活塞缸和双杆活塞缸)、柱塞缸和摆动缸(单叶片式、双叶片式)。

②按作用方式不同，液压缸可分为单作用和双作用两种。单作用缸是缸单方向的运动靠液压油驱动，反向运动必须靠外力(如弹簧力或重力)来实现；双作用缸是缸两个方向的运动均靠液压油驱动。

③按缸的特殊用途可分为串联缸、增压缸、增速缸、步进缸和伸缩套筒缸等。此类缸都不是一个单纯的缸筒，而是和其他缸筒和构件组合而成，所以从结构的观点看，这类缸又称组合缸。

4.1.2 活塞缸

1. 双作用双活塞杆液压缸

双作用双活塞杆液压缸的活塞两侧均有活塞杆伸出，两腔有效面积相等，安装形式分为缸筒固定式和活塞杆固定式两种，如图 4.1 所示。缸筒固定式的双作用双活塞杆液压缸如图 4.1(a)所示，活塞杆 2 与工作台 4 相连。活塞通过活塞杆带动工作台移动，当活塞的有效行程为 l 时，整个工作台的运动范围为 $3l$，所以机床占地面积大，一般适用于小型机床。活塞杆固定式的双作用双活塞杆液压缸如图 4.1(b)所示，缸筒与工作台相连，活塞杆通过支架固定在机床上，动力由缸筒传出，整个工作台的运动范围为 $2l$，因此占地面积小。

双作用双活塞杆液压缸的工作原理图如图 4.2 所示。

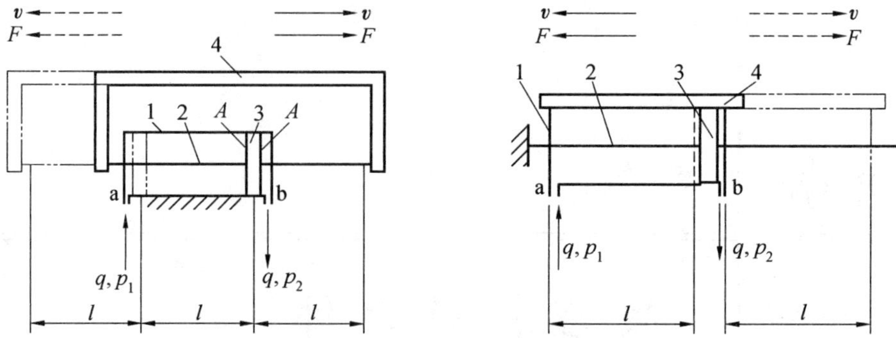

图 4.1 双作用双活塞杆液压缸安装方式简图

1—缸筒；2—活塞杆；3—活塞；4—工作台

(1)往复运动的速度(供油流量相同)。

$$v=\frac{q\eta_v}{A}=\frac{4q\eta_v}{\pi(D^2-d^2)} \tag{4.1}$$

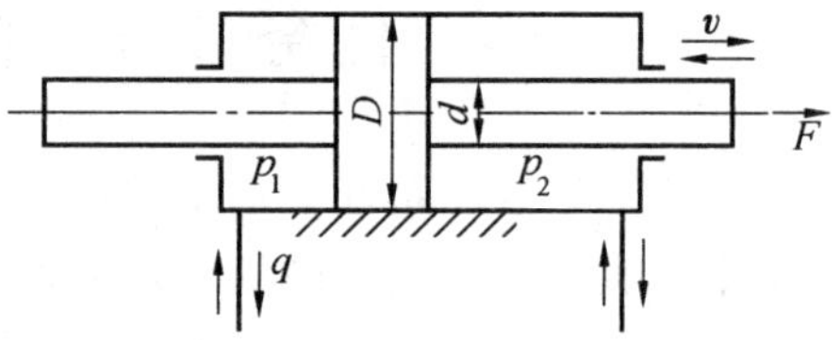

图 4.2 双作用双活塞杆液压缸原理

式中 q—— 缸的输入流量；

A—— 活塞有效工作面积；

D、d—— 活塞直径(缸筒内径)和活塞杆直径；

η_v—— 缸的容积效率。

(2) 往复推力(供油压力相同)。

$$F=A(p_1-p_2)\eta_m=\frac{\pi}{4}(D^2-d^2)(p_1-p_2)\eta_m \tag{4.2}$$

式中 p_1、p_2—— 缸的进口压力和出口压力；

η_v、η_m—— 机械效率。

(3) 双作用双活塞杆液压缸的特点。

① 往复运动的速度和推力相等。

② 长度方向占有的空间，当缸筒固定时约为缸筒长度的 3 倍；当活塞杆固定时约为缸筒长度的两倍。

2. 双作用单活塞杆液压缸

双作用单活塞杆液压缸(缸筒固定)的工作原理图如图 4.3 所示。其中仅有一端有活塞杆，两腔有效面积不相等。活塞双向运动可以获得不同的速度和输出推力。油路连接方式有无杆腔进油有杆腔回油、有杆腔进油无杆腔回油和差动连接 3 种。

(1) 无杆腔进油有杆腔回油。

无杆腔进油有杆腔回油时(图 4.3(a))，运动方向、活塞的运动速度 v_1 和推力 F_1 如下。

① 运动方向：活塞杆从左向右运动伸出。

② 运动速度：

$$v_1=\frac{q\eta_v}{A_1}=\frac{q\eta_v}{\frac{\pi}{4}D^2} \tag{4.3}$$

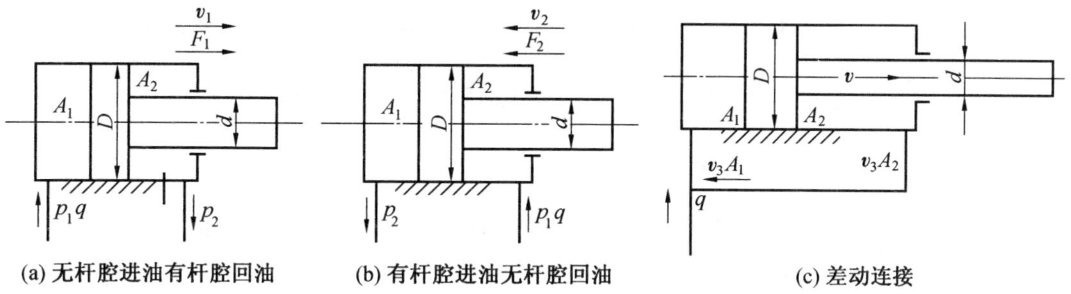

图 4.3　双作用单活塞杆液压缸原理

③ 推力：

$$F_1=(p_1A_1-p_2A_2)\eta_m=\frac{\pi}{4}[p_1D^2-p_2(D^2-d^2)]\eta_m \tag{4.4}$$

(2) 有杆腔进油无杆腔回油。

有杆腔进油无杆腔回油时(图 4.3(b))，运动方向、活塞的运动速度 v_2 和推力 F_2 如下。

① 运动方向：活塞杆从右向左运动退回。

② 运动速度：

$$v_2=\frac{q\eta_v}{A_2}=\frac{q\eta_v}{\frac{\pi}{4}(D^2-d^2)} \tag{4.5}$$

③ 推力：

$$F_2=(p_1A_2-p_2A_1)\eta_m=\frac{\pi}{4}[p_1(D^2-d^2)-p_2D^2]\eta_m \tag{4.6}$$

(3) 差动连接。

差动连接时(图 4.3(c))，运动方向、活塞的运动速度 v_3 和推力 F_3 如下。

① 运动方向：活塞杆从左向右运动伸出。当单活塞杆液压缸两腔同时通入压力油时，由于无杆腔有效工作面积大于有杆腔的有效工作面积，使得活塞向右的作用力大于向左的作用力，因此，活塞杆从左向右运动伸出。

② 与此同时，有杆腔的油液挤出，又进入到无杆腔，从而加快了活塞杆的伸出速度。

$$q+v_3A_2=v_3A_1$$

$$v_3=\frac{q\eta_v}{A_1-A_2}=\frac{q\eta_v}{A_3}=\frac{q\eta_v}{\frac{\pi}{4}d^2} \tag{4.7}$$

③ 推力：

$$F_3=(p_1A_1-p_1A_2)\eta_m=\frac{\pi}{4}[p_1D^2-p_1d^2]\eta_m \tag{4.8}$$

式中　q—— 缸的输入流量；

A_1、A_2、A_3—— 无杆腔有效工作面积、有杆腔有效工作面积和活塞杆面积；

D、d—— 活塞直径(缸筒内径)和活塞杆直径；

p_1、p_2—— 缸的进口压力和出口压力；

η_v、η_m—— 缸的容积效率和机械效率。

在设计液压缸时，根据设计手册可知，一般选取活塞杆直径 $d \leqslant 0.7D$，即 $\frac{\pi}{4}d^2 \leqslant 0.49\frac{\pi}{4}D^2$，即可知活塞杆的面积一般比无杆腔面积的一半还要小，也就是说活塞杆面积 A_3 比有杆腔面积 A_2 要小（$\frac{\pi}{4}d^2 \leqslant \frac{\pi}{4}(D^2-d^2)$）。

通过双作用单活塞杆液压杆的 3 种连接方式可知，在供油流量相同情况下，运动速度关系为 $v_1 < v_2 < v_3$，在供油压力相同情况下，推力关系为 $F_1 < F_2 < F_3$。

双作用单活塞杆液压缸的速比 φ 是指采用有杆腔进油活塞杆退回的速度 v_2 和采用无杆进油活塞杆伸出速度 v_1 的比值。

$$\varphi = \frac{v_2}{v_1} = \frac{D^2}{D^2-d^2} \tag{4.9}$$

3. 常用双作用单活塞杆液压缸型号

常用双作用单活塞杆液压缸型号主要有 HSG 系列用于工程机械、DG－J 系列用于车辆运输和矿山机械，UY 系列用于冶金设备，CG 系列用于钢铁、铸造和机械制造等设备，TG 伸缩式液压缸用于载重汽车、倾翻车斗。

4.1.3 柱塞缸

柱塞缸是指缸筒内没有活塞，只有一个柱塞，如图 4.4(a) 所示。柱塞端面是承受油压的工作面，动力通过柱塞本身传递；缸筒内壁和柱塞不接触，因此缸筒内孔可以只做粗加工或不加工，简化加工工艺；由于柱塞较粗，刚度强度足够，所以适用于工作行程较长的场合，如大型拉床、矿用液压支架等；只能单方向运动，工作行程靠液压驱动，回程靠其他外力或自重驱动，可以用两个柱塞缸来实现双向运动（往复运动），如图 4.4(b) 所示。

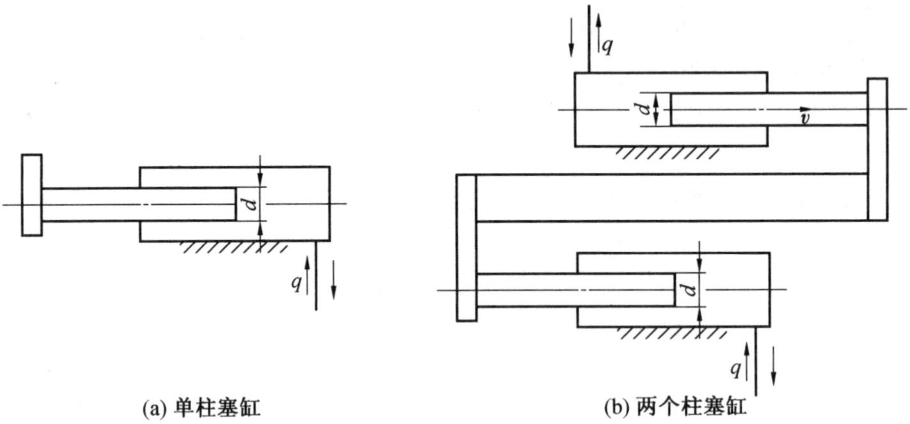

(a) 单柱塞缸　　(b) 两个柱塞缸

图 4.4　柱塞缸

柱塞缸的运动速度和出力分别为

$$v = \frac{q\eta_{v}}{\frac{\pi}{4}d^2} \tag{4.10}$$

式中　d—— 柱塞直径；

q—— 液压缸的输入流量。

$$F = p\frac{\pi}{4}d^2\eta_m \tag{4.11}$$

式中　p—— 液体的工作压力。

4.1.4　摆动缸

摆动缸能实现小于 360° 的往复摆动运动，由于直接输入的是压力和流量，输出的是转矩和角速度，故又称为摆动液压马达。它有单叶片式和双叶片式两种形式。

图 4.5(a) 和图 4.5(b) 所示分别为单叶片式和双叶片式摆动缸，单叶片的摆动角度为 300° 左右，双叶片的摆动角度为 150° 左右。

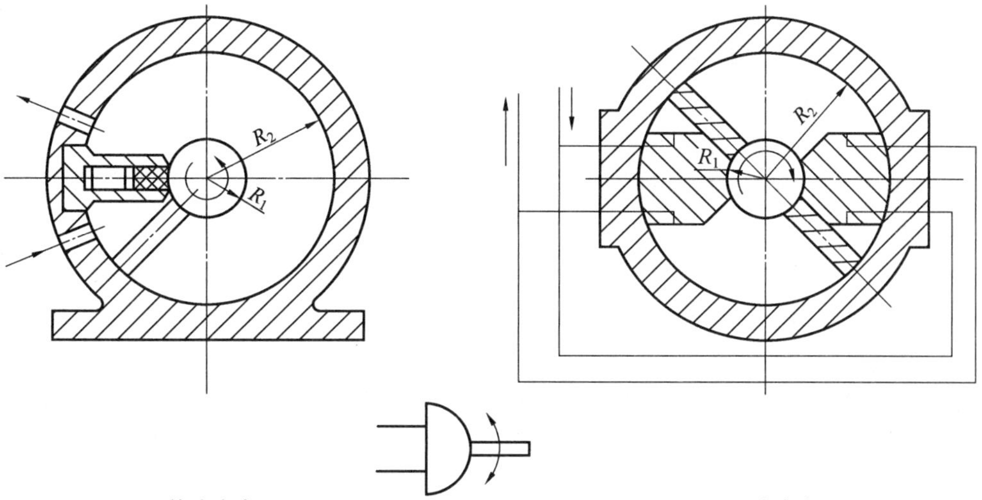

(a) 单叶片式　　(b) 双叶片式

图 4.5　摆动缸

4.1.5　其他形式液压缸

1. 伸缩套筒缸

伸缩套筒缸是由两个或多个活塞式液压缸套装而成的，前一级活塞缸的活塞是后一级活塞缸的缸筒。伸出时，由大到小逐级伸出；缩回时，由小到大逐级缩回，如图 4.6 所示。这种缸的最大特点是工作时行程长，停止工作时长度较短。伸缩套筒缸特别适用于工程机械和步进式输送装置。

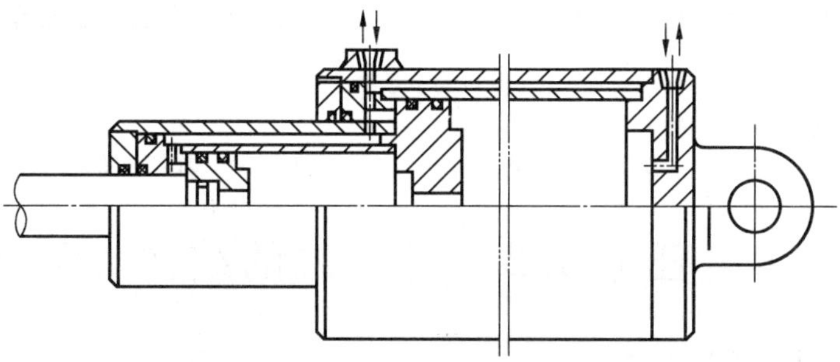

图 4.6　伸缩套筒缸

2. 增压缸

增压缸又称增压器，如图 4.7 所示。它是在同一个活塞杆的两端接入两个直径不同的活塞，利用两个活塞有效面积之差来使液压系统中的局部区域获得高压。工作过程为：在大活塞侧输入低压油，根据力平衡原理，在小活塞侧必获得高压油（有足够负载的前提下）。即

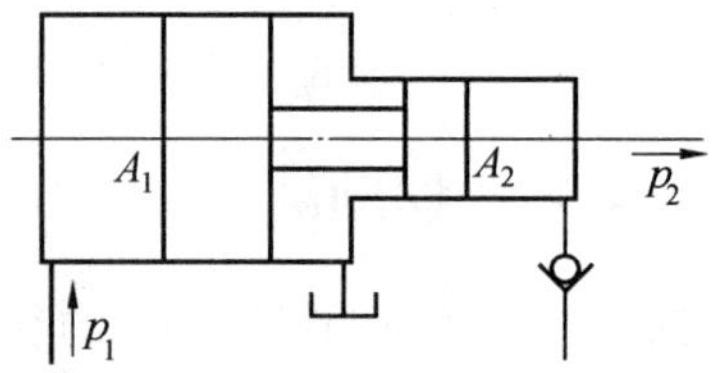

图 4.7　增压缸

$$p_1A_1 = p_2A_2 \quad (A_1 > A_2)$$

$$p_2 = p_1\frac{A_1}{A_2} = p_1K \tag{4.12}$$

式中　p_1—— 输入的低压；

p_2—— 输出的高压；

A_1—— 大活塞的面积；

A_2—— 小活塞的面积；

K—— 增压比，$K = A_1/A_2$。

增压缸不能直接作为执行元件，只能向执行元件提供高压，常与低压大流量泵配合使用来节约设备的费用。

3. 增速缸

增速缸的结构图如图 4.8 所示。先从 a 口供油使活塞 2 以较快的速度右移，活塞 2 运动到某一位置后，再从 b 口供油，活塞以较慢的速度右移，同时输出力也相应增大。常用于卧式压力机上。

4. 齿轮齿条液压缸

齿轮齿条液压缸由带有齿条杆的双活塞缸和齿轮齿条机构组成，如图 4.9 所示。它将活塞的往复直线运动经齿轮齿条机构转变为齿轮轴的转动，多用于回转工作台和组合机床的转位、液压机械手和装载机铲斗的回转等。

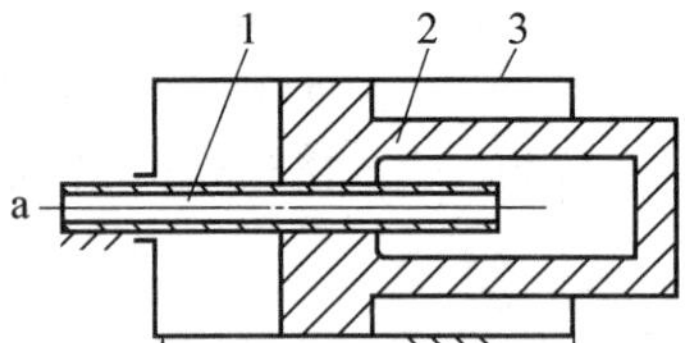

图 4.8　增速缸

1— 活塞杆；2— 活塞；3— 缸体

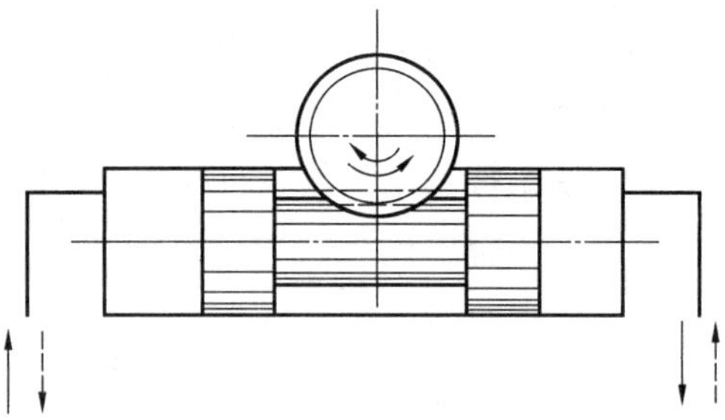

图 4.9　齿轮齿条液压缸

任务 4.2　液压缸的结构

最具有代表性的液压缸的结构就是双作用单活塞杆液压缸，如图 4.10 所示。液压缸的结构基本由缸筒和缸盖组件、活塞和活塞杆组件、密封装置、缓冲装置和排气装置 5 部

分组成。

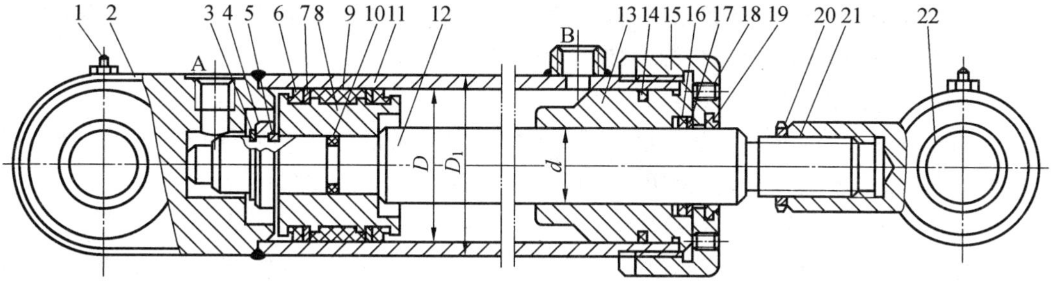

图 4.10　双作用单活塞杆液压缸的结构

1— 螺钉；2— 缸底；3— 弹簧卡圈；4— 挡环；5— 卡环(由 2 个半圆组成)；6— 密封圈；7— 挡圈；8— 活塞；9— 支承环；10— 活塞与活塞杆之间的密封圈；11— 缸筒；12— 活塞杆；13— 导向套；14— 导向套和缸筒之间的密封圈；15— 端盖；16— 导向套和活塞杆之间的密封圈；17— 挡圈；18— 锁紧螺钉；19— 防尘圈；20— 锁紧螺母；21— 耳环；22— 耳环衬套圈

4.2.1　缸筒和缸盖组件

1. 连接形式

(1) 法兰连接式(图 4.11(a))。

该结构简单、容易加工、装拆方便；缸筒端部有足够的壁厚，外形尺寸和质量较大。

(2) 半环连接式(图 4.11(b))。

这种连接分为外半环连接和内半环连接两种形式(图 4.11(b) 为外半环连接)。其容易加工，装拆方便，质量轻，但半环槽削弱了缸筒强度。

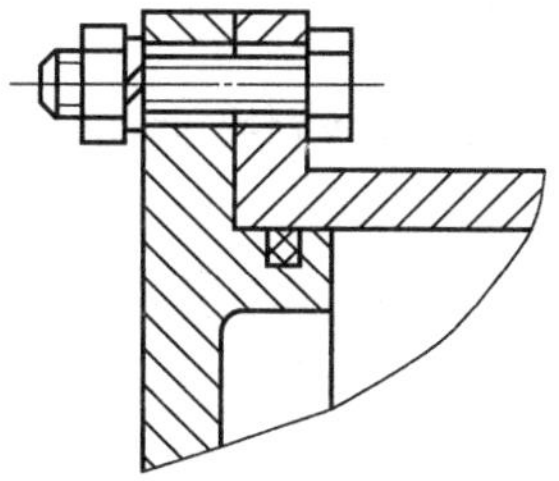

(a) 法兰连接式

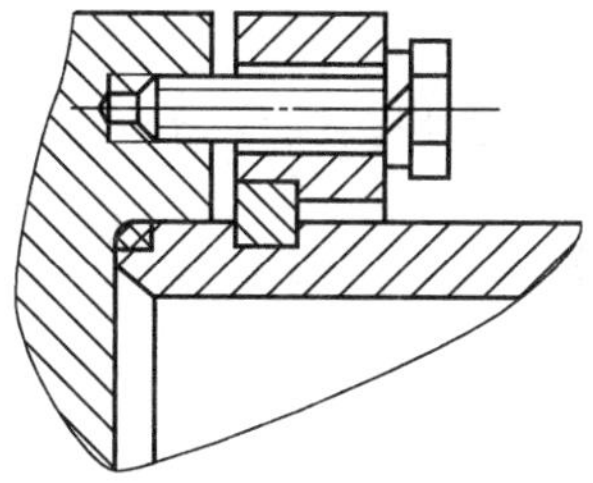

(b) 半环连接式

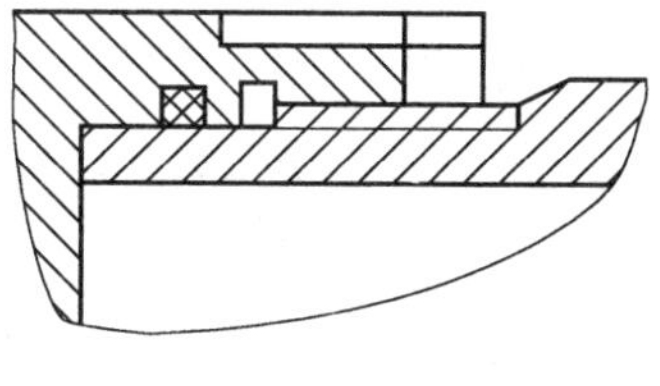

(c) 外螺纹连接式

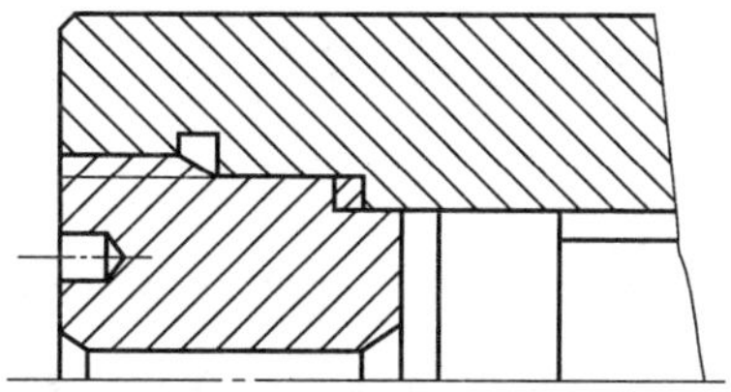

(d) 内螺纹连接式

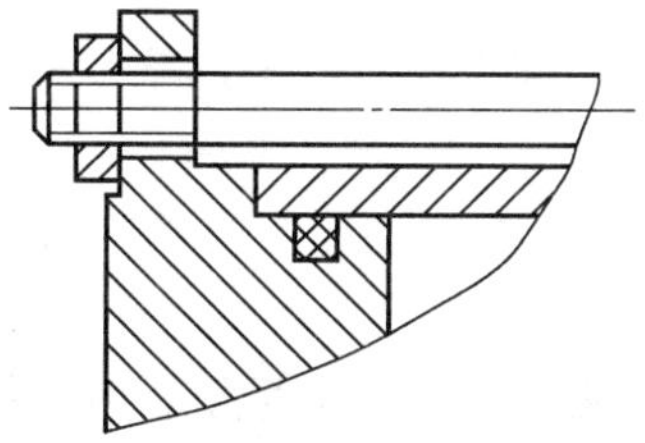

(e) 拉杆连接式

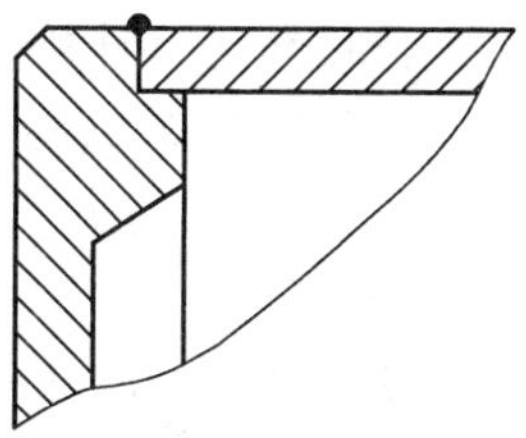

(f) 焊接连接式

图 4.11　缸筒和缸盖组件的连接形式

(3) 螺纹连接式(图 4.11(c)、(d))。

这种连接有外螺纹连接和内螺纹两种形式。外形尺寸和质量较小;但结构复杂,外径加工时要求保证与内径同心,装拆要使用专用工具。

(4) 拉杆连接式(图 4.11(e))。

其结构简单,工艺性好,通用性强,易于装拆;但端盖的体积和质量较大,拉杆受力后会拉伸变长,影响密封效果,仅适用于长度不大的低、中压液压缸。

(5) 焊接连接式(图 4.11(f))。

这种连接形式只适用缸底与缸筒间的连接,其外形尺寸小,连接强度高,制造简单;但焊后易使缸筒变形。

2. 密封形式

缸筒与缸盖间的密封属于静密封,主要的密封形式是采用"O" 形密封圈密封。

3. 导向与防尘

对于缸前盖还应考虑导向和防尘问题。导向的作用是保证活塞的运动不偏离轴线,以免产生"拉缸" 现象,并保证活塞杆的密封件能正常工作。导向套是用铸铁、青铜、黄铜或尼龙等耐磨材料制成的,可与缸盖做成整体或另外制作。导向套不应太短,以保证受力良好,如图 4.10 所示的 13 号件。防尘就是防止灰尘被活塞杆代入缸体内,造成液压油的污染。通常是在缸盖上装一个防尘圈,如图 4.10 所示的 19 号件。

4. 缸筒与缸盖的材料

(1) 缸筒。

缸筒采用 35 或 45 调质无缝钢管;也有采用锻钢、铸钢或铸铁等材料的,在特殊情况下也有采用合金钢的。

(2) 缸盖。

缸盖采用 35 或 45 锻件、铸件、圆钢或焊接件;也有采用球墨铸铁或灰口铸铁的。

4.2.2 活塞和活塞杆组件

1. 连接形式

(1) 螺纹连接式(图 4.12(a))。

结构简单,装拆方便;但高压时会松动,必须加防松装置。

(2) 半环连接式(图 4.12(b))。

工作可靠,但结构复杂,装拆不便,多用于高压大负载和振动较大的场合。

(3) 锥销连接式(图 4.12(c))。

加工容易,装拆方便,但承载能力小,多用于中、低压轻载液压缸中。

2. 密封形式

活塞与活塞杆间的密封属于静密封,通常采用"O" 形密封圈来密封。活塞与缸筒间的密封属于动密封。动密封既要封油,又要相对运动,对密封的要求较高,通常采用的形式有以下几种。

(1) 间隙密封(图 4.13(a))。

依靠运动件间的微小间隙来防止泄漏,为了提高密封能力,常制出几条环形槽,增加

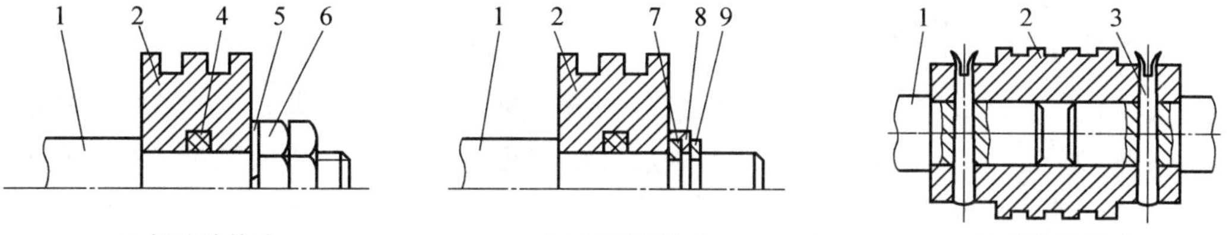

(a) 螺纹连接式　(b) 半环连接式　(c) 锥销连接式

图 4.12　活塞和活塞杆组件的连接形式

1— 活塞杆；2— 活塞；3— 锥销；4— 密封圈；5— 弹簧圈；6— 螺母；7— 半环；8— 套环；9— 弹簧卡环

油液流动时的阻力。它的特点是结构简单、摩擦阻力小、可耐高温。但泄漏大、加工要求高、磨损后无法补偿。用于尺寸较小、压力较低、相对运动速度较高的情况下。

(2) 摩擦环密封(图 4.13(b))。

依靠摩擦环支承相对运动，靠"O"形密封圈来密封。它的特点是密封效果较好，摩擦阻力较小且稳定，可耐高温，磨损后能自动补偿；但加工要求高，装拆较不便。

(3) 密封圈密封(图 4.13(c)、(d))。

采用橡胶或塑料的弹性使各种截面的环形圈贴紧在静、动配合面之间来防止泄漏。它的特点是结构简单、制造方便、磨损后能自动补偿，性能可靠。

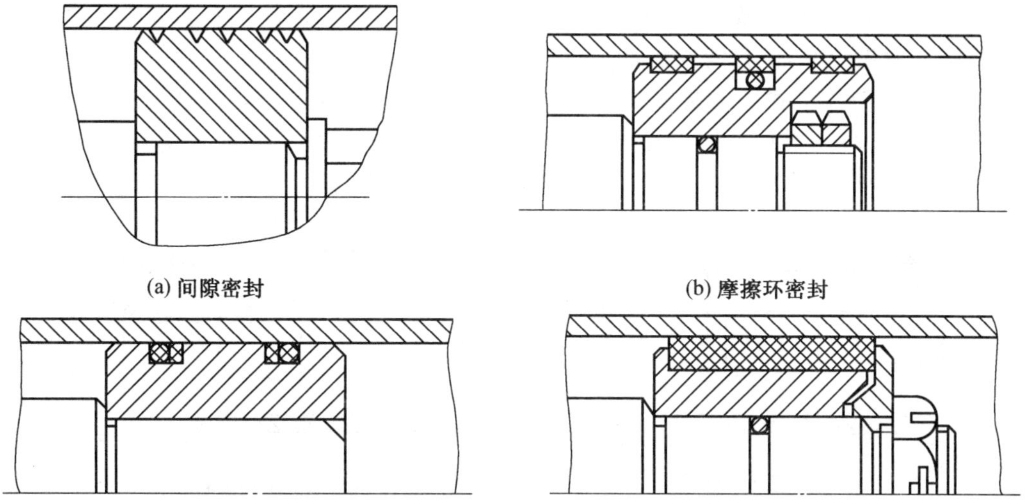

(a) 间隙密封　(b) 摩擦环密封

(c) 密封圈密封 I　(d) 密封圈密封 II

图 4.13　活塞与缸筒间的密封形式

3. 活塞和活塞杆的材料

(1) 活塞。

活塞通常采用铸铁和钢；也有用铝合金制成的。

(2) 活塞杆。

活塞杆采用 35、45 的空心杆或实心杆。

4.2.3 缓冲装置

液压缸一般都设置缓冲装置,特别是活塞运动速度较高和运动部件质量较大时都有较大惯性,为了防止活塞在行程终点与缸盖或缸底发生机械碰撞,引起噪声、冲击,甚至造成液压缸或被驱动件的损坏,必须设置缓冲装置。其常用方法是利用活塞或缸筒在走向行程终端时在活塞和缸盖之间封住一部分油液,强迫它从小孔后的细缝中挤出,产生很大阻力,使工作部件受到制动,逐渐减慢运动速度。

液压缸中常用的缓冲装置有下面几种形式。

(1) 圆柱形环隙式缓冲装置。

圆柱形环隙式缓冲装置如图 4.14(a) 所示,当缓冲柱塞 1 进入缸盖上的内孔时,缸盖和柱塞间形成环形缓冲油腔 2,被封闭的油液只能经环状间隙 δ 排出,产生缓冲压力,从而实现减速缓冲。这种装置在缓冲过程中,由于回油通道的节流面积不变,故缓冲开始产生的缓冲制动力很大,其缓冲效果很差,液压冲击很大,且实现减速所需行程较长,但这种装置结构简单,便于设计和降低成本,所以在一般系列化的成品液压缸中多采用这种缓冲装置。

(2) 圆锥形环隙式缓冲装置。

圆锥形环隙式缓冲装置如图 4.14(b) 所示,由于缓冲柱塞 1 为圆锥形,所以缓冲环状间隙 δ 随位移量不同而改变,即节流面积随缓冲行程的增大而缩小,使机械能的吸收较均匀,其缓冲效果较好,但仍有液压冲击。

(3) 可变节流槽式缓冲装置。

可变节流槽式缓冲装置如图 4.14(c) 所示,在缓冲柱塞 1 上开有三角节流沟槽,节流面积随着缓冲行程的增大而逐渐减小,其缓冲压力变化较平缓。

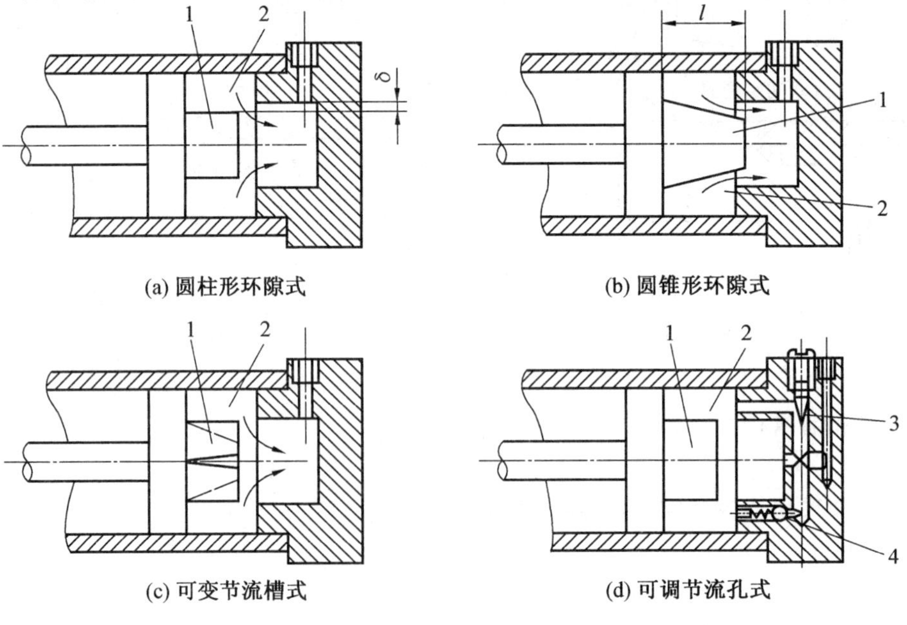

(a) 圆柱形环隙式　(b) 圆锥形环隙式

(c) 可变节流槽式　(d) 可调节流孔式

图 4.14　液压缸缓冲装置

1— 缓冲柱塞;2— 缓冲油腔;3— 节流阀;4— 单向阀

(4) 可调节流孔式缓冲装置。

可调节流孔式缓冲装置如图4.14(d)所示，当缓冲柱塞1进入缸盖内孔时，回油口被柱塞堵住，只能通过节流阀3回油，调节节流阀的开度，可以控制回油量，从而控制活塞的缓冲速度。当活塞反向运动时，压力油通过单向阀4很快进入到液压缸内，并作用在活塞的整个有效面积上，故活塞不会因推力不足而产生启动缓慢现象。这种缓冲装置可以根据负载情况调整节流阀开度的大小，改变缓冲压力的大小，因此适用范围较广。

4.2.4　排气装置

液压系统在安装过程中或长时间停止工作后会渗入空气，油中也会混有空气，由于气体有很大的可压缩性，会使执行元件产生爬行、噪声和发热等一系列不正常现象，因此在设计液压缸时，必须考虑排除空气。

排除方法是利用空气比较轻的特点，在液压缸的最高处设置进出油口把气体带走，如不能在最高处设置油口时，可在最高处设置放气孔或专门的放气阀等放气装置。如图4.15所示。

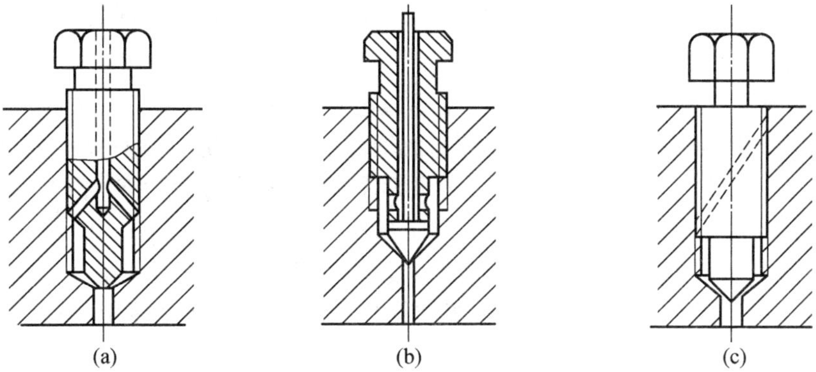

图4.15　排气装置

任务4.3　液压马达

液压马达是液压执行元件，液压马达和液压泵工作原理有相似之处，都是依靠密封工作容积的变化实现能量的转换，都属于容积式，同样具有配油机构。液压马达和液压缸的不同之处在于：液压马达将液压系统的压力能转化为旋转的机械能，输出转矩和角速度，液压缸实现执行元件的直线往复运动或摆动，输出机械能的形式是力和速度(或扭矩和角速度)。

4.3.1　液压马达的分类

液压马达的分类与液压泵相似，其图形符号如图4.16所示。

液压马达按其结构分为齿轮马达、叶片马达及柱塞马达。按其输入油液的流量能否变化可以分为变量液压马达及定量液压马达。

(a) 单向定量液压马达　(b) 双向定量液压马达　(c) 单向变量液压马达　(d) 双向变量液压马达

图 4.16　液压马达的图形符号

4.3.2　液压马达的工作原理

从能量转换的观点来看，液压泵与液压马达是可逆的。也就是说，液压泵也可作液压马达使用。但由于液压泵和液压马达的工作条件不同，对它们的性能要求也不一样，所以同结构类型的液压泵和液压马达之间，仍存在许多差别。首先液压马达一般要求能够正、反转，因而要求其内部结构对称；液压马达的转速范围需要足够大，特别对它的最低稳定转速有一定要求；其次液压马达由于在输入压力油条件下工作，因而不必具备自吸能力，但需要一定的初始密封性，才能提供必要的启动转矩。由于存在着这些差别，使得液压马达与液压泵在结构上比较相似，但不能可逆工作。

以轴向柱塞式液压马达为代表说明液压马达的工作原理，轴向柱塞式液压马达工作原理图如图 4.17 所示，图中斜盘和配油盘固定不动，柱塞轴向安装在缸体内，缸体与马达轴相连一起旋转，斜盘倾角为 γ。当压力油通过配油窗口进入柱塞上的底腔之后，柱塞在液压力的作用下压向斜盘，当压力油在柱塞的轴向产生一个力时，在柱塞与斜盘的接触点上，斜盘会对柱塞产生支反力 F。F 可分解成两个分力，轴向分力为 F_x，沿柱塞轴线向右，与柱塞所受液压力平衡；径向分力为 F_y，与柱塞轴线垂直向下，使得压油区的柱塞都对转子中心产生一个转矩，驱动液压马达旋转做功。瞬时驱动转矩的大小随柱塞所在位置的变化而变化。压油区所有柱塞产生的转矩和构成了液压马达的总转矩，而且液压马达的总转矩是随外负载而变化的。

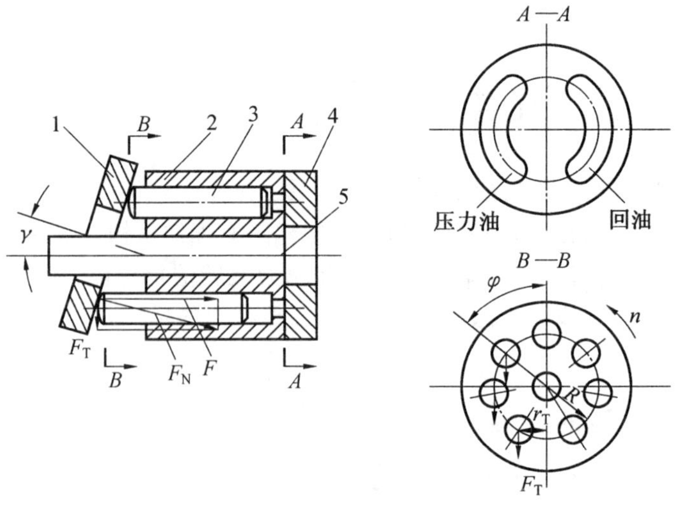

图 4.17　轴向柱塞式液压马达工作原理

1— 斜盘；2— 转子；3— 柱塞；4— 配油盘；5— 转轴

4.3.3　液压马达的主要性能参数

1. 液压马达的压力

(1) 工作压力(工作压差 Δp)。

工作压力指液压马达在实际工作时的输入压力。马达的入口压力与出口压力的差值为马达的工作压差，一般在马达出口直接回油箱的情况下，近似认为马达的工作压力就是马达的工作压差。

(2) 额定压力。

额定压力指液压马达在正常工作状态下，按实验标准连续使用允许达到的最高压力。

2. 液压马达的排量

液压马达的排量V是指马达在没有泄漏的情况下每转一圈所需输入的油液的体积。它是通过液压马达工作容积的几何尺寸变化计算得出的。

3. 液压马达的流量

(1) 理论流量 q_t。

理论流量指马达在没有泄漏的情况下单位时间内其密封容积变化所需输入的油液体积，可见，它等于马达的排量和转速的乘积。

(2) 实际流量 q。

实际流量指马达在单位时间内实际输入的油液的体积。由于存在着油液的泄漏，马达的实际输入流量大于理论流量。

4. 功率

(1) 输入功率。

液压马达的输入功率就是驱动马达运动的液压功率，它等于液压马达的输入压力 Δp 乘以输入流量 q，即

$$P_i = \Delta p q \tag{4.13}$$

(2) 输出功率。

液压马达的输出功率就是马达带动外负载所需的机械功率，它等于马达的输出转矩 T 乘以角速度 ω，即

$$P_o = T\omega \tag{4.14}$$

5. 效率

(1) 液压马达的容积效率 η_v。

液压马达的容积效率是理论流量 q_t 与实际输入流量 q 的比值，即

$$\eta_v = \frac{q_t}{q} = \frac{q - \Delta q}{q} = 1 - \frac{\Delta q}{q} \tag{4.15}$$

式中　Δq—— 液压马达的泄漏量。

(2) 液压马达的机械效率 η_m。

液压马达的机械效率是液压马达的实际输出转矩 T 与理论输出转矩 T_t 的比值，即

$$\eta_m = \frac{T}{T_t} = \frac{T}{T + \Delta T} \tag{4.16}$$

式中　ΔT—— 液压马达的转矩损失。

(3) 液压马达的总效率 η。

液压马达的总效率是液压马达的容积效率和液压马达的机械效率的乘积，即

$$\eta = \eta_v \eta_m \tag{4.17}$$

6. 转矩和转速

对于液压马达的参数计算，常常是要计算马达能够驱动的负载及输出的转速为多少，由前面计算可推出，液压马达的输出转矩为

$$T = \frac{\Delta p V}{2\pi} \eta_m \tag{4.18}$$

马达的输出转速为

$$n = \frac{q \eta_v}{V} \tag{4.19}$$

4.3.4　常用马达型号

常用齿轮马达型号主要有 GM、CM、CM－FM、CM－FE 等系列，常用摆线齿轮马达主要 BM、BYM 等系列，常用叶片马达型号主要有 YM、YM－F－E 等系列，常用柱塞式马达型号要有 JM、NJM、QJM 等系列。

任务 4.4　液压执行元件的常见故障及排除方法

4.4.1　液压缸的常见故障及排除方法

液压缸的常见故障及排除方法见表 4.1。

表 4.1　液压缸的常见故障及排除方法

故障现象	原因分析	排除方法
爬行	1. 混入空气	1. 排除空气
	2. 运动密封件装配过紧	2. 调整密封圈，使之松紧适当
	3. 活塞杆与活塞不同轴	3. 校正、修正或更换
	4. 导向套与缸筒不同轴	4. 修正调整
	5. 活塞杆弯曲	5. 校直活塞杆
	6. 液压缸安装不良，其中心线与导轨不平行	6. 重新安装
	7. 缸筒内径圆柱度超差	7. 镗磨修复，重配活塞或增加密封件
	8. 缸筒内孔锈蚀，拉毛	8. 除去锈蚀、毛刺或重新镗磨
	9. 活塞杆两端螺母拧得过紧，使其同轴度降低	9. 略松螺母，使活塞杆处于自然状态
	10. 活塞杆刚性差	10. 加大活塞杆直径
	11. 液压缸运动件之间间隙过大	11. 减小配合间隙
	12. 导轨润滑不良	12. 保持良好润滑

续表 4.1

故障现象	原因分析	排除方法
冲击	1.减缓间隙过大 2.缓冲装置中的单向阀失灵	1.减小缓冲间隙 2.修理单向阀
推力不足或工作速度下降	1.缸筒和活塞的配合间隙过大，或密封件损坏，造成内泄漏 2.缸筒与活塞的配合间隙过小，密封过紧，运动阻力大 3.运动零件制造存在误差和装配不良，引起不同心或单面剧烈摩擦 4.活塞杆弯曲，引起剧烈摩擦 5.缸筒内孔拉伤与活塞咬死，或缸筒内孔加工不良 6.液压油中杂质过多，使活塞卡死 7.油温过高，加剧泄漏	1.修理或更换不合精度要求的零件，重新装配、调整或更换密封件 2.增加配合间隙，调整密封件的压紧装置 3.修理误差较大的零件重新装配 4.校直活塞杆 5.镗磨、修复缸筒或更换缸筒 6.清洗液压系统，更换液压油 7.分析温升原因，改进密封结构，避免温升过高
外泄漏	1.密封件咬边，拉伤或破坏 2.密封件方向装反 3.缸盖螺钉未拧紧 4.运动零件之间有纵向拉伤和沟痕	1.更换密封件 2.改正密封件方向 3.拧紧螺钉 4.修理或更换零件

4.4.2　液压马达的常见故障及排除方法

液压马达的常见故障及排除方法见表 4.2。

表 4.2　液压马达的常见故障及排除方法

故障现象	原因分析	排除方法
转速低、输出转矩小	1.由于滤油器阻塞，油液黏度过大，泵间隙过大，泵效率低，使供油不足 2.电机转速低，功率不匹配 3.密封不严，有空气进入 4.油液污染，堵塞马达内部通道 5.油液黏度小，内泄漏增大 6.油箱中油液不足、管径过小或过长 7.齿轮马达侧板和齿轮两侧面、叶片马达配油盘和叶片等零件磨损造成内泄漏和外泄漏 8.单向阀密封不良，溢流阀失灵	1.清洗滤油器、更换黏度适当的油液，保证供油量 2.更换电机 3.紧固密封 4.拆卸、清洗马达，更换油液 5.更换黏度适合的油液 6.加油，加大吸油管径 7.对零件进行修复 8.修理阀芯和阀座

续表 4.2

故障现象	原因分析	排除方法
噪声过大	1. 进油口滤油器堵塞，进油管漏气 2. 联轴器与马达轴不同心或松动 3. 齿轮马达齿形精度低，接触不良，轴向间隙小，内部个别零件损坏，齿轮内孔与端面不垂直，端盖上两孔不平行，滚针轴承断裂，轴承架损坏 4. 叶片和主配油盘接触的两侧面、叶片顶端或定子内表面磨损或刮伤，扭力弹簧变形或损坏 5. 径向柱塞马达的径向尺寸严重磨损	1. 清洗，紧固接头 2. 重新安装调整或紧固 3. 更换齿轮，或研磨修整齿形，研磨有关零件，重配轴向间隙，对损坏零件进行更换 4. 根据磨损程度修复或更换 5. 修磨缸孔，重配柱塞
泄漏	1. 管接头未拧紧 2. 接合面螺钉未拧紧 3. 密封件损坏 4. 配油装置发生故障 5. 相互运动零件的间隙过大	1. 拧紧管接头 2. 拧紧螺钉 3. 更换密封件 4. 检修配油装置 5. 重新调整间隙或修理、更换零件

思考题与习题

4.1　液压缸的缓冲装置起什么作用？有哪些形式？各有什么特点？

4.2　单活塞杆液压缸有哪 3 种结构形式？活塞直径为 D、活塞杆直径为 d，若进入缸的压力油流量为 q、压力为 p，分析各缸产生的推力、速度大小以及运动方向。

4.3　增压缸的工作原理是什么？用于什么场合？

4.4　柱塞缸的工作原理是什么？有什么特点？

4.5　如图 4.18 所示的液压系统中，液压泵的额定流量 $q=20$ L/min，额定压力 $p=8$ MPa，设活塞直径 $D=0.1$ m，活塞杆直径 $d=0.05$ m，负载 $F=20\ 000$ N。在不计压力损失情况下，试求在各图示情况下压力表的读数。

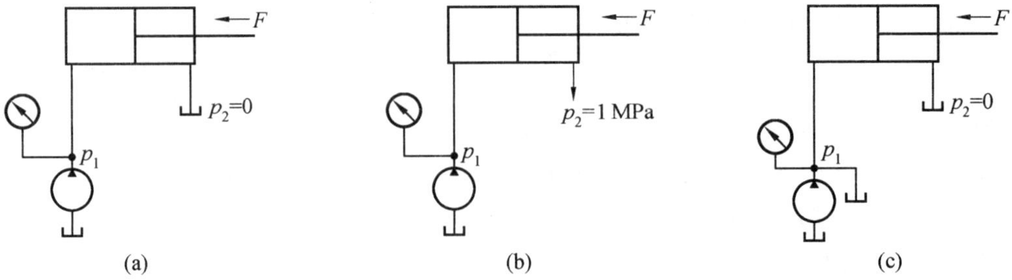

图 4.18　题 4.5 图

4.6　如图 4.19 所示的两个结构相同相互串联的液压缸，无杆腔的面积 $A_1=0.01\ m^2$，有杆腔的面积 $A_2=0.008\ m^2$，缸 1 的输入压力 $p_1=6\times10^5$ Pa，输入流量 $q_1=$

10 L/min,不计损失和泄漏,求:

(1)两缸负载相同($F_1=F_2$)时,该负载的大小及两缸的运动速度;

(2)缸 2 不受负载($F_2=0$)时缸 1 能承受多少负载?

(3)缸 1 不受负载($F_1=0$)时缸 2 能承受多少负载?

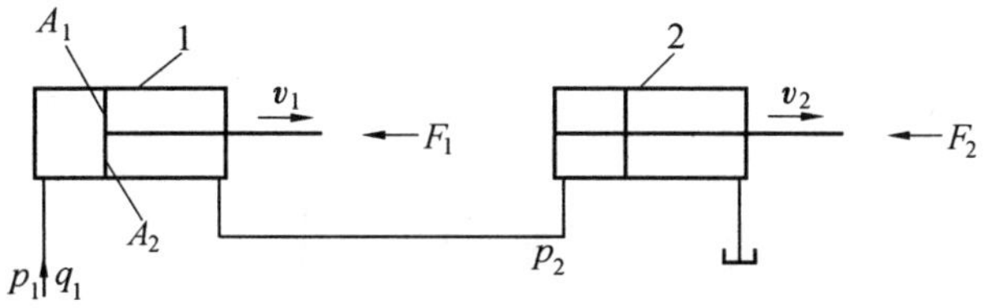

图 4.19　题 4.6 图

4.7　如图 4.20 所示的并联液压缸中,$A_1=A_2$,$F_1>F_2$,当缸 2 的活塞运动时,试求 v_1、v_2 和液压泵的出口压力 p。

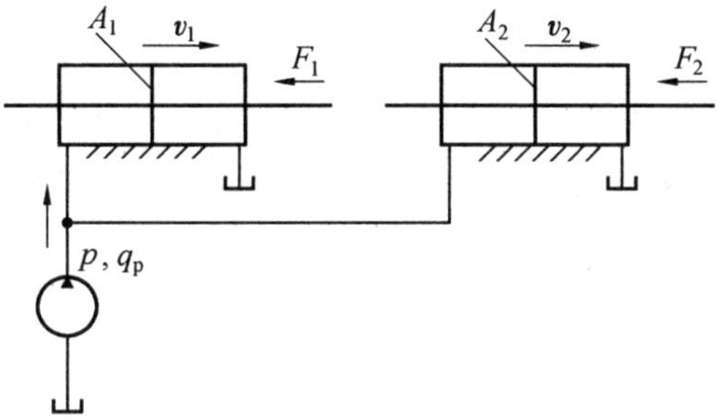

图 4.20　题 4.7 图

4.8　某液压马达的工作压力为 10 MPa,排量为 200 mL/r,容积效率为 0.9,机械效率为 0.9,若输入流量为 100 L/min,试求马达的输出转矩及转速?

项目5

液压控制阀

任务5.1 液压控制阀概述

在液压系统中，除需要液压泵供油和液压执行元件来驱动工作装置外，还要配置一定数量的液压控制阀来对液流的流动方向、压力的高低以及流量的大小进行预期的控制，以满足负载的工作要求。

液压阀的种类较多，常见分类见表5.1。

表5.1 液压阀的种类

分类方法	种类	常用液压件
按用途分	方向控制阀	单向阀、换向阀等
	压力控制阀	溢流阀、减压阀、顺序阀等
	流量控制阀	节流阀、调速阀等
按安装连接方式分	管式连接方式	螺纹连接、法兰连接等
	板式及叠加连接方式	单层连接板、双层连接板、集成块连接、叠加阀等
	插装阀连接方式	螺纹插装、法兰插装等
按操纵方式分	人力操纵阀	手轮、踏板、杠杆等
	机械操纵阀	行程阀、行程开关等
	电动操纵阀	电磁、电液等
按阀芯结构形式分	滑阀、锥阀、球阀、转阀	滑阀、锥阀、球阀、转阀等

任务5.2 方向控制阀

方向控制阀主要用来通断油路或改变油液流动的方向，从而控制液压执行元件的启动或停止，改变其运动方向。方向控制阀主要包括单向阀和换向阀两大类。

5.2.1　单向阀

液压系统中，常用的单向阀有普通单向阀和液控单向阀两种。

1. 普通单向阀

普通单向阀的作用就是使油液只能向一个方向流动，反向则不能流过。

普通单向阀是由阀芯、阀体及弹簧等组成。常用的阀芯主要有钢球形和圆锥形两种，钢球形阀芯的普通单向阀的结构如图 5.1(a) 所示，一般用于小流量的场合。圆锥形阀芯的普通单向阀的结构如图 5.1(b) 所示。静态时，阀芯 2 在弹簧力的作用下顶在阀座上，当液压油从阀的左端(P_1) 进入，即正向通油时，液压力克服弹簧力使阀芯右移，打开阀口，油液经阀口从右端(P_2) 流出；而当液压油从右端进入，即反向通油时，阀芯在液压力与弹簧力的共同作用下，紧贴在阀座上，油液不能通过。普通单向阀的图形符号如图 5.1(c) 所示。

对单向阀的要求是：通油方向(正向) 要求液阻尽量小，保证阀的动作灵敏，因此弹簧刚度适当小些，一般开启压力为 0.035 ～ 0.05 MPa；而对截止方向(反向) 要求密封尽量好一些，保证反向不漏油。如果采用单向阀做背压阀时，弹簧刚度要取得较大一些，一般取 0.2 ～ 0.6 MPa。

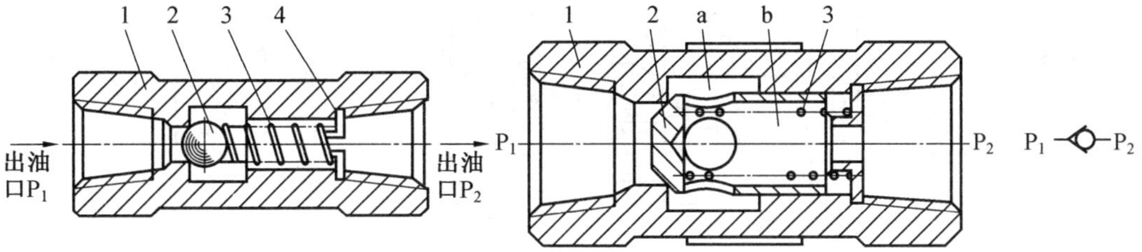

(a) 钢球式　　(b) 锥阀式　　(c) 图形符号

图 5.1　单向阀

1— 阀体；2— 阀芯； 3— 弹簧；4— 挡圈；a— 径向吼孔；b— 内孔

2. 液控单向阀

液控单向阀是一种通入控制压力油后即允许油液双向流动的单向阀。它由一个普通单向阀和一个小型控制液压装置组成。液控单向阀如图 5.2(a) 所示，当控制口 K 处没有压力油输入时，液控单向阀相当于普通单向阀，油液从 P_1 口进入，顶开阀芯，从 P_2 口流出，而当油液从 P_2 口进入时，由于在油液的压力和弹簧力共同作用下使阀芯关闭，油路不通；当控制口 K 有压力油输入时，活塞在压力油作用下右移，使阀芯打开，进油口 P_1、出油口 P_2 接通，在单向阀中形成通路，油液在两个方向可自由流通，不起单向阀的作用。

液控单向阀的作用是可以根据需要控制单向阀在油路中的存在，它的锥阀阀口应具有良好的反向密封性能，它通常用于保压、锁紧和平衡等回路中。

3. 双向液压锁

双向液压锁实际上是两个液控单向阀的组合，结构如图 5.3(a) 所示。两个液控单向阀共用一个阀体 1 和控制活塞 2，两个锥阀芯 4 分别置于控制活塞的两侧，锥阀芯 4 中装有卸荷阀芯 3。当 P_1 腔通压力油时，一方面顶开左面的锥阀芯使 P_1 腔和 P_2 腔接通；另一方

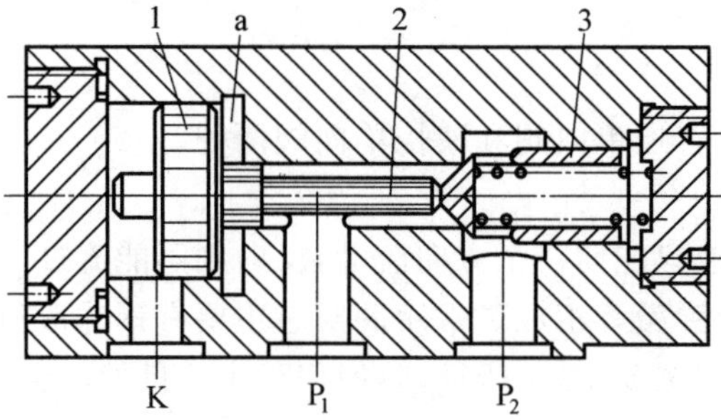

(a) 结构图

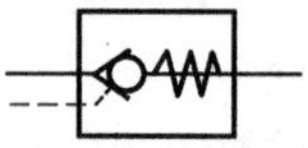

(b) 图形符号

图 5.2　液控单向阀

1— 活塞;2— 顶杆;3— 阀芯

面由于控制活塞右移,顶开右面的锥阀芯,使 P_3 腔和 P_4 腔接通。同时 P_3 腔通压力油时也可使两个锥阀同时打开。即 P_1、P_3 任一腔通压力油都可使 P_1 与 P_2、P_3 与 P_4 腔接通,而 P_1、P_3 腔都不通压力油时,P_3 和 P_4 腔被两个液控单向阀封闭。双向液压锁的图形符号如图 5.3(b) 所示。汽车起重机的支腿锁紧机构就是采用双向液压锁来实现整个起重机支撑的,在系统停止供油时,支腿仍能保持锁紧。

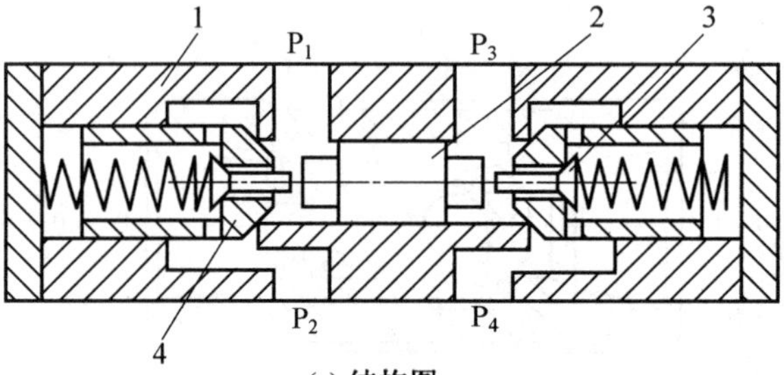

(a) 结构图

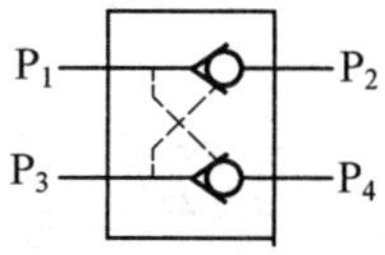

(b) 图形符号

图 5.3　双向液压锁结构原理图

1— 阀体;2— 控制活塞;3— 卸荷阀芯;4— 锥阀(主阀) 芯

5.2.2　换向阀

1. 换向阀的分类

换向阀是液压系统中用途较广的一种阀,它是利用阀芯在阀体中的相对运动,使液流的通路接通、关断,或变换流动方向,从而使执行机构开启、停止或变换运动方向。换向阀的种类见表 5.2。

表 5.2　换向阀的种类

分类方式	类型
按阀芯运动方式	转阀、滑阀等
按阀的操纵方式	手动、机动、液动、电磁、电液等
按阀的工作位置和通路数	二位二通、二位三通、三位四通、三位五通等

2. 换向阀的结构及工作原理

滑阀式换向阀是液压系统中使用最为广泛的换向阀，应用转阀式换向阀较少。任何换向阀都是由阀体和阀芯两部分组成。滑阀式换向阀工作原理图见表 5.3 中三位五通结构原理图所示，滑阀型的阀芯是具有多段环形槽的圆柱体，直径大的凸起部分称为凸肩，与阀体内孔间隙配合；阀体内孔也加工环形槽，称为沉割槽，与通油口相连。在外力作用下，阀芯在阀体内做相对运动，以堵塞或开启阀孔，开闭油路，使进油口与不同的排油口接通，达到换向的目的。当阀芯往右运动时，P 与 A 通，B 与 T_2 通；当阀芯往左运动时，P 与 B 通，A 与 T_1 通；当阀芯在图示位置时，这些阀口均不通。P 口是接压力油的，A 口和 B 口是接执行元件的，T_1 口和 T_2 口是接油箱的。通过以上分析可知，阀芯在阀体内相对运动时，可以改变油路间的通断关系，使执行元件完成换向和停止。同时我们也知道此阀有 3 个工作位置、5 个通油口，所以此阀是三位五通阀。常见滑阀的结构形式与图形符号见表 5.3。

表 5.3　常见滑阀的结构形式与图形符号

滑阀名称	结构原理图	图形符号
二位二通	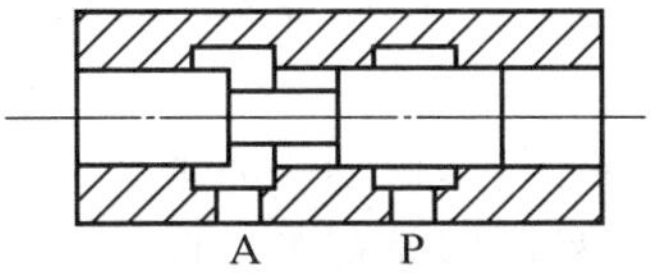	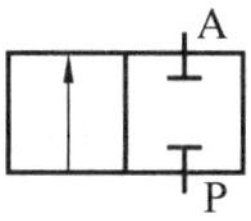
二位三通	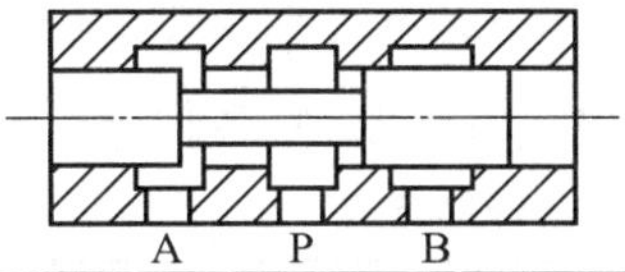	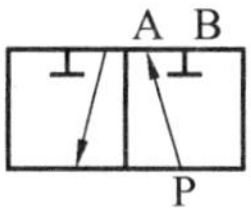
二位四通	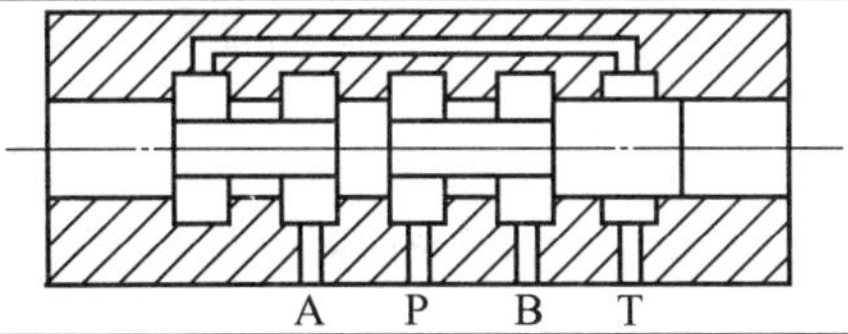	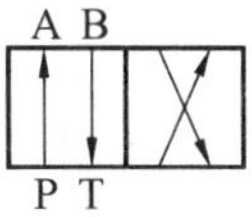
二位五通	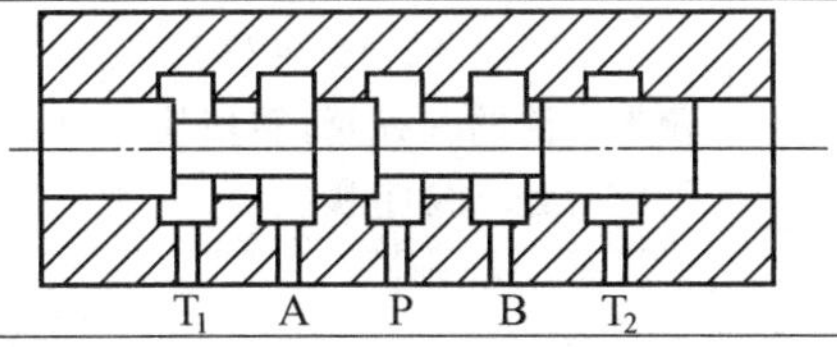	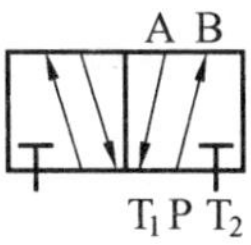
三位四通	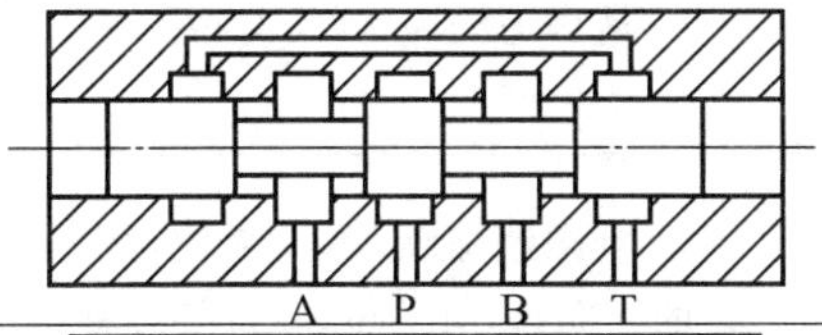	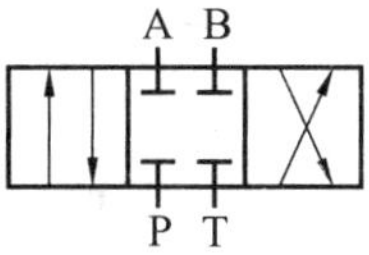
三位五通	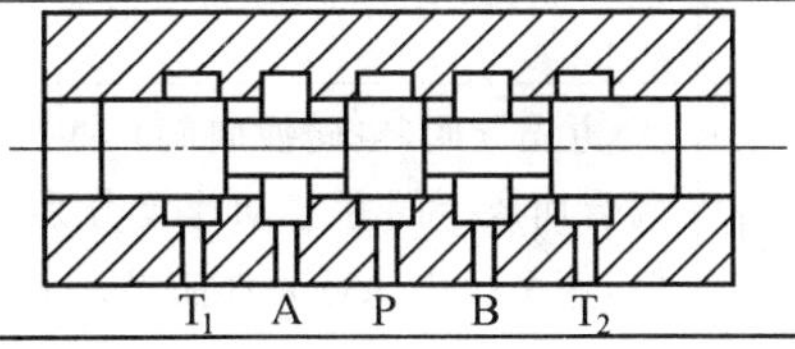	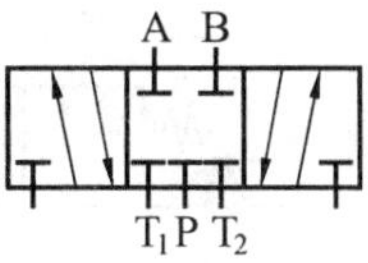

3. 换向阀的图形符号

这些图形符号可使液压系统图简单明了，且便于绘图，液压系统的图形符号应按我国制订的液压系统图图形符号(GB 786.1—2009) 执行。对于这些图形符号有以下几条基本规定：

① 符号只表示元件的职能，连接系统的通路，不表示元件的具体结构和参数，也不表示元件在机器中的实际安装位置。

② 用方框表示换向阀的工作位置，有几个方框就表示有几位。

③ 一个方框的上边和下边与外部连接的接口数即为通路数。

④ 元件符号内的油液流动方向用箭头表示，线段两端都有箭头的，表示流动方向可逆。

⑤ 方框内的箭头表示此位置上油路的通断状态，但箭头的方向并不一定代表油液实际流动的方向。

⑥ 符号均以元件的静止位置或中间常态位置表示(三位阀的中间方框和二位阀靠近弹簧的方框为阀的常态位置)，当系统的动作另有说明时，可做例外。

⑦ 一般用 P 表示进油口，T 或 O 表示回油口，A、B、C 等表示与接执行元件连接的油口，用 K 表示控制油口。

⑧ 方框内的"┬""┴"表示此通路被阀芯封闭，即此油路不通。

详细图形符号见附录或液压系统图图形符号的国家标准 GB 786—2009。

4. 换向阀的操纵方式

换向阀的操纵方式有手动、机动、液动、电磁、电液 5 种，各种操纵方式见表 5.4。

表 5.4 换向阀的操纵方式

操纵方式	图形符号	说明
手动	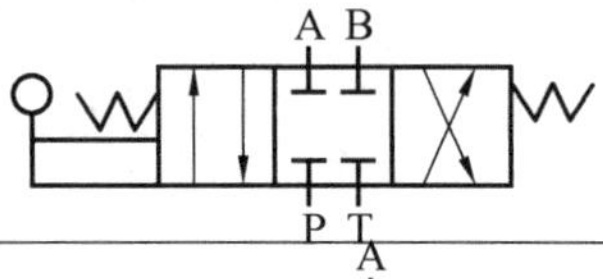	手动操纵，弹簧复位，属于自动复位；还有靠钢球定位的，复位时需要人来操纵
机动	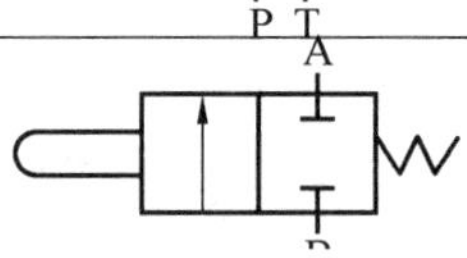	二位二通机动换向阀也称行程阀，是实际应用较为广泛的一种阀，靠挡块操纵，弹簧复位，初始位置时处于常闭状态
液动	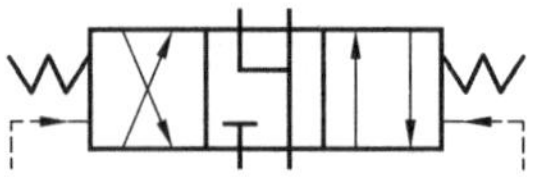	液压力操纵，弹簧复位
电磁	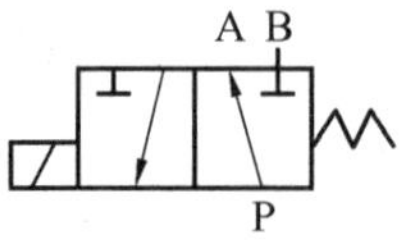	电磁铁操纵，弹簧复位，是实际应用中最常见的换向阀，有二位、三位等多种结构形式
电液	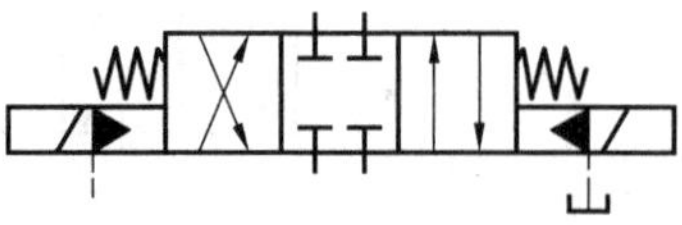	由先导阀(电磁换向阀)和主阀(液动换向阀)复合而成。阀芯移动速度分别由两个节流阀控制，使系统中执行元件能得到平稳的换向

电磁换向阀是目前最常用的一种换向阀，其利用电磁铁的吸力推动阀芯换向，电磁换向阀分为直流电磁阀和交流电磁阀。电磁阀使用方便，特别适合自动化作业。

液动换向阀的阀芯移动是靠两端密封腔中的油液压差来实现的，推力较大，适用于压力高、流量大、阀芯移动长的场合。

电液换向阀是一种组合阀。电磁阀起先导作用，而液动阀是以其阀芯位置变化而改变油路上油流方向，起“放大”作用。

5. 换向阀的中位机能

三位换向阀处于中位时，各通口的连通形式称为换向阀的中位机能。常见的三位阀的中位机能见表 5.5。

表 5.5　三位换向阀的中位机能

滑阀机能	中位时的滑阀状态	中位符号		中位时的性能特点
		三位四通	三位五通	
O	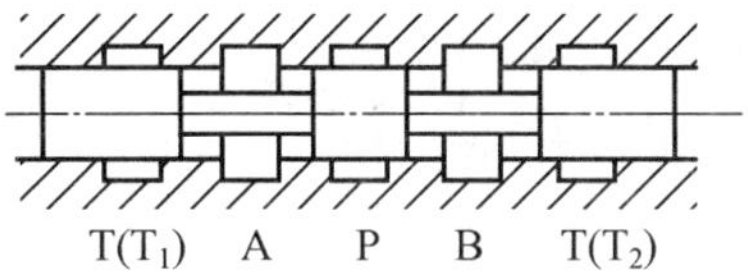	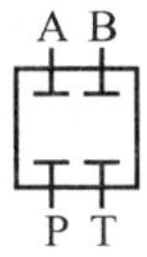	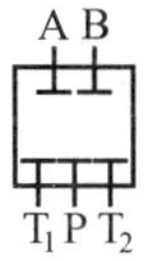	各油口全部封闭，系统保持压力
H	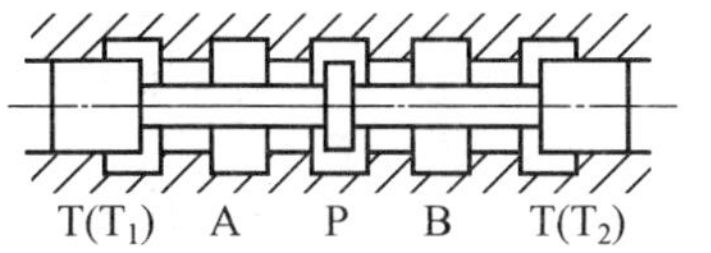	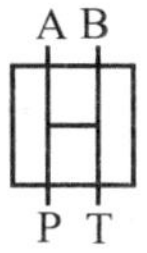	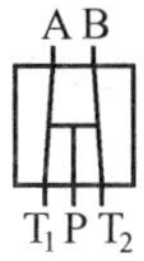	各油口全部连通，泵卸荷
Y	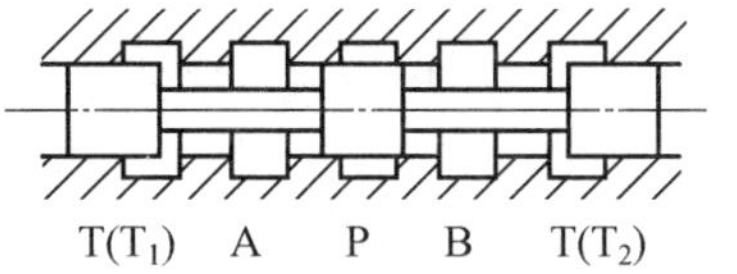	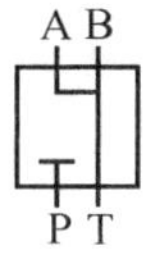	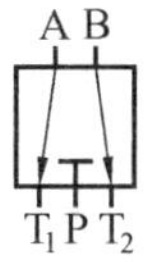	P 口封闭保压，执行元件两腔与回油腔连通
M	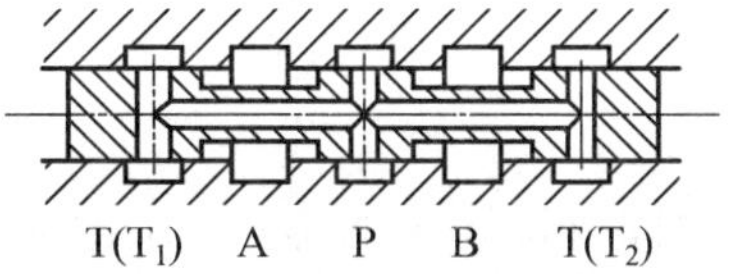	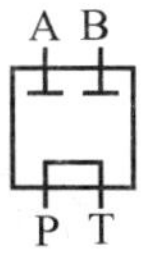	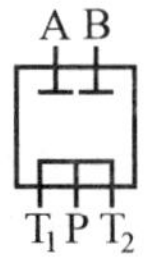	P 与 T 口相通，泵卸荷，A、B 口封闭
P	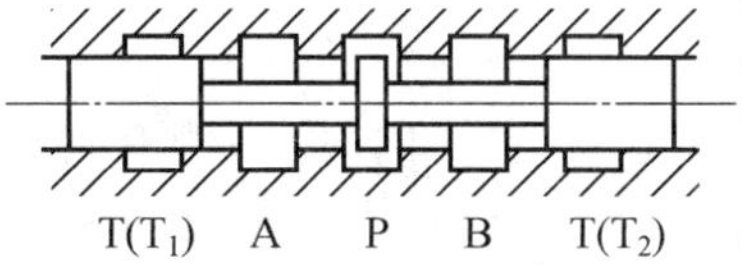	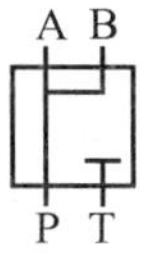	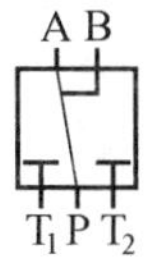	P 口与 A、B 口相连，可形成差动回路
J	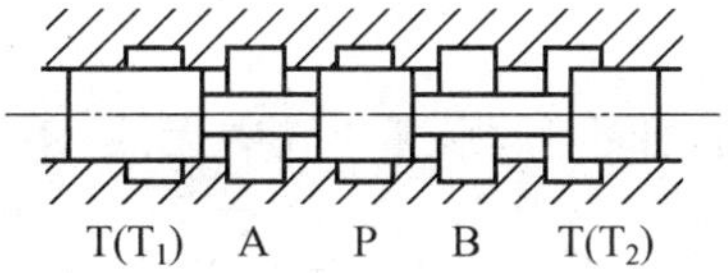	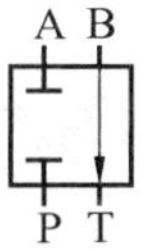	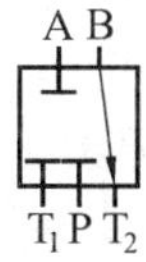	P 口封闭保持压力，B 口与回油相通

续表 5.5

滑阀机能	中位时的滑阀状态	中位符号		中位时的性能特点
		三位四通	三位五通	
C	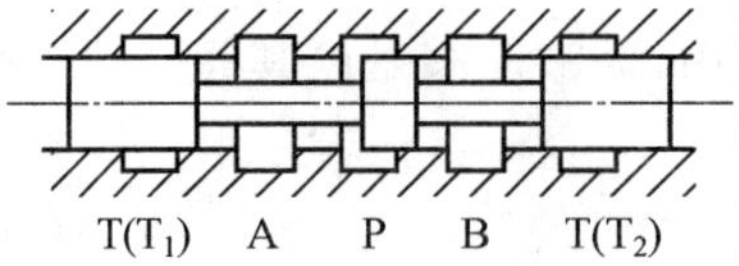	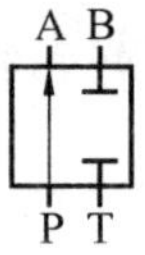	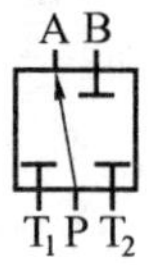	执行元件 A 口与 P 口相通,而 B 口封闭
K	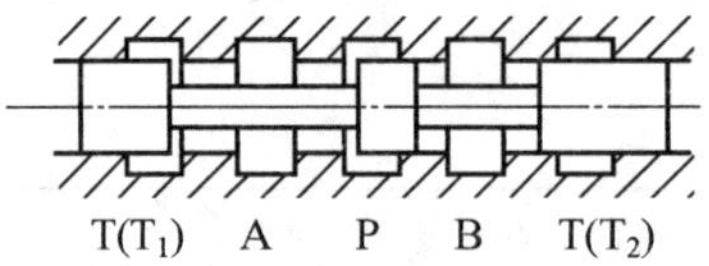	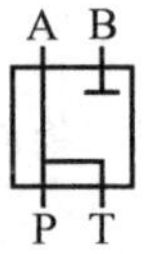	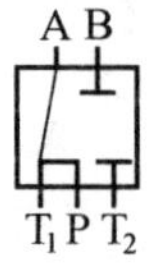	P 口与 A、T 口相通,泵卸荷,B 口封闭
X	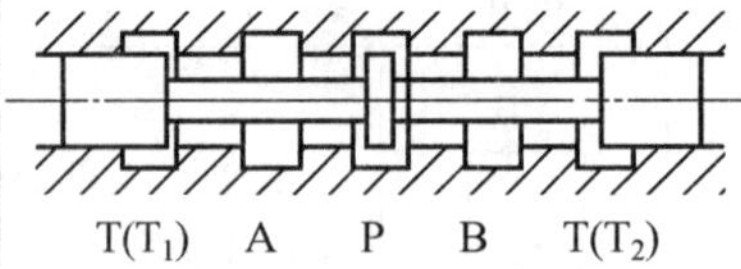			P、T、A、B 口半开启接通,P 口保持一定压力
U	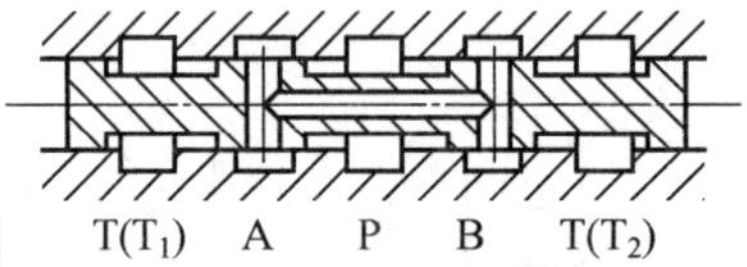	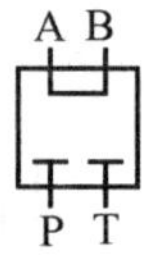	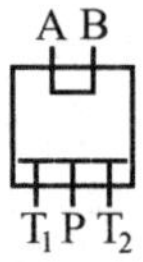	P 口封闭保持压力,A 口与 B 口连通

换向阀的中位机能不仅在换向阀阀芯处于中位时对系统工作状态有影响,而且在换向阀切换时对液压系统的工作性能也有影响。选择换向阀的中位机能时应注意以下几点:

(1) 系统保压。

在三位阀的中位时,P 口堵住,油泵即可保持一定的压力,这种中位机能,如 O、Y、J、U 型,适用于一泵多缸的情况。如果在 P、O 口之间有一定的阻尼,如 X 型中位机能,系统也能保持一定压力,可供控制油路使用。

(2) 系统卸荷。

系统卸荷即在三位阀处于中位时,泵的油直接回油箱,让泵的出口无压力,这时只要将 P 口与 O 口接通即可,如 M 型中位机能。

(3) 换向平稳性。

在三位阀处于中位时,A、B 口各自堵塞,如 O、M 型,当换向时,一侧有油压,一侧负压,换向过程中容易产生液压冲击,换向不平稳,但位置精度好。 若 A、B 口与 O 口接通,如 Y 型则作用相反,换向过程中无液压冲击,但位置精度差。

(4) 启动平稳性。

当三位阀处于中位时,有一工作腔与油箱接通,如 J 型,则工作腔中无油,不能形成缓冲,液压缸启动不平稳。

(5) 液压缸在任意位置上的停止和“浮动”。

当 A、B 口各自封死时,如 O、M 型,液压缸可在任意位置上锁死;当 A、B 口与 P 口接通时，如P型，若液压缸是单作用式液压缸时，则形成差动回路，若液压缸是双作用式液压缸时，则液压缸可在任意位置上停留。

当A、B口与O口接通时，如H、Y型，则三位阀处于中位时，卧式液压缸任意浮动，可用手动机构调整工作台。

任务5.3 压力控制阀

压力控制阀对液体压力进行控制或利用压力作为信号来控制其他元件动作，以满足执行元件对力、速度、转矩等的要求。按照功能和用途不同可分为溢流阀、减压阀、顺序阀和压力继电器等。这类阀的共同特点是利用作用于阀芯上的液压作用力和弹簧力相平衡进行工作。

5.3.1 溢流阀

溢流阀的基本功能是当压力达到其调定值时打开阀口，通过阀口对液压系统相应液体进行溢流，实现稳压、调压或限压的作用。经常与定量泵和节流阀配合实现节流调速，也可以对液压系统实现过载保护。

1. 溢流阀的结构和工作原理

溢流阀按结构可分为直动式和先导式两种。一般来说，直动式溢流阀用于压力较低的液压系统，先导式溢流阀用于中、高压的液压系统。

(1) 直动式溢流阀。

直动式溢流阀的工作原理图如图5.4所示。通过溢流的方法，使入口压力稳定为常值，从进油口P进入油腔c的油液经阀芯4的径向小孔e、阀芯下部的阻尼小孔f进入阀芯下端的油腔d，同时对阀芯产生向上的推力。当进油压力较低时，向上推力还不足以克服调压弹簧2的作用力时，阀芯处于最下端位置，阀口关闭，溢流阀不起作用。当油压增高产生向上的推力大于弹簧的作用力时，阀芯被顶起向上移动并停止在某一平衡位置上，这时进油口P与回油口O接通，油液从回油口O排回油箱，实现溢流，使阀入口处油压不再增高，且与此时的弹簧相平衡为某一确定的常值，这就是定压原理。

直动式溢流阀的动态稳压过程：溢流阀入口压力为一初始定值 p_1，当 p_1 油压突然升高时，d腔油压也同时等值升高，这样就破坏了阀芯初始的平衡状态，阀芯上移至某一个新的平衡位置，阀口开度加大，将油液多放出去一些(即阀的过流量增加)，因而使瞬时升高的入口油压又很快降了下来，并基本上回到原来的数值上。反之，当入口油压降低(但仍然大于阀的开启压力)时，d油腔油压也同时等值降低，于是阀芯下移至某一新的平衡位置，阀口开度减少，使油液少流出去一些(阀的过流量减少)，从而使入口油压又升上去，即基本上又回升到原来的数值上。此时作用于阀芯上的力的平衡方程为

$$p_1 A = F_s + G + F_f + F_y \tag{5.1}$$

式中 $p_1 A$—— 液体用于阀底部的作用力；

F_s—— 弹簧力；

G—— 阀芯重力；

F_f—— 摩擦力；

F_y—— 液动力。

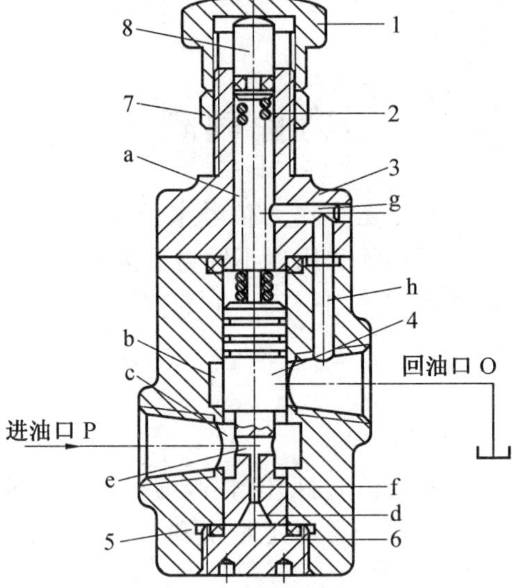

(a) 结构图

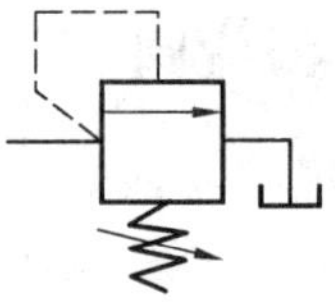
(b) 图形符号

图 5.4　直动式溢流阀

1— 调节螺母；2— 调压弹簧；3— 阀盖；4— 阀芯；5— 阀体；6— 塞堵；7— 推杆；8— 锁紧螺母；

a、b、c、d— 油腔；e— 径向小孔；f— 阻尼小孔；g，h— 小孔

当阀芯上移时，调节弹簧受压，阀芯上部油液体积缩小，压力增大，阀芯上部油液经上盖的小孔 g、阀体的小孔 h，经回油口 O 流回油箱，而阀芯下部体积增大，压力减小，入口的油液经油腔 c、阀芯 4 的径向小孔 e、阀芯下部的阻尼小孔 f 进入阀芯下端的油腔 d 进行补油，保证阀芯上移顺畅平稳振动小；而当阀芯下移时，调节弹簧复位，阀芯上部油液体积增大，压力减小，油箱的油液经回油口 O、阀体的小孔 h、上盖的小孔 g 被吸入到阀芯上部进行补油，而阀芯下部体积减小，压力增大，阀芯下端的油腔 d 的油液经阻尼小孔 f、径向小孔 e、油液经油腔 c，流回入口，保证阀芯下移顺畅平稳振动小。这样无论阀芯上移溢流口放油，还是阀芯下移溢流口关闭，都能保证平稳打开或关闭溢流口，阀芯移动平稳，减少入口油压压力波动。阀芯移动过程的稳定需要过渡阶段，该过程经振荡后达到平衡，这时由于阻尼小孔的存在使振幅逐渐衰减而趋于稳定。

由以上可知，调节螺母 1 可以改变高压弹簧 2 的预紧力，就可改变阀入口油液的压力值。故溢流阀入口压力的调定值由溢流阀弹簧的调整压力决定，当调到某一个位置时，溢流阀入口压力就是某一个常值。这种直动式溢流阀当压力较高、流量较大时，要求弹簧的结构尺寸较大，给设计制造过程和使用带来较大的不便，因此，不适合控制高压的场合。

(2) 先导式溢流阀。

先导式溢流阀一般用于中、高压液压系统，在结构上主要是由先导阀和主阀两部分组成，先导式溢流阀如图 5.5 所示，溢流阀工作时，油液从进油口 P 进入(油液的压力为 p_1)，并通过阻尼孔 5 进入主阀阀芯上腔(油液的压力为 p_2)，由于主阀上腔通过阻尼孔 a 与先

导阀相通，因此油液通过阻尼孔 a 进入到先导阀的右腔中（远程控制口 K）。先导阀阀芯 1 的开启压力是通过调压手轮 11 和先导阀调压弹簧 9 的预压紧力来确定的，在进油压力没有达到先导阀的调定压力时，先导阀关闭，主阀的上、下腔油液压力基本相等（实际上主阀的上端面积略大于下端面积，因此上腔作用力略大于下腔作用力），而在弹簧力的作用下，主阀阀芯关闭。当进油压力增高至打开先导阀时，油流通过阻尼孔 5 和 a、先导阀阀口、主阀中心孔至阀底下部的出油口 O 溢流回油箱。当油液通过主阀阀芯上的阻尼孔 5 时，在阻尼孔 5 的两端产生了压差，而这个压差是随通过的流量而变化的，当它足够大时，主阀阀芯开始向上移动，阀口打开，溢流阀就开始溢流。而当油液的压力为 p_1 减少时，先导阀远程控制口 K 的压力也相应减少，先导阀阀芯和主阀阀芯均回位关闭，工作过程正好相反。

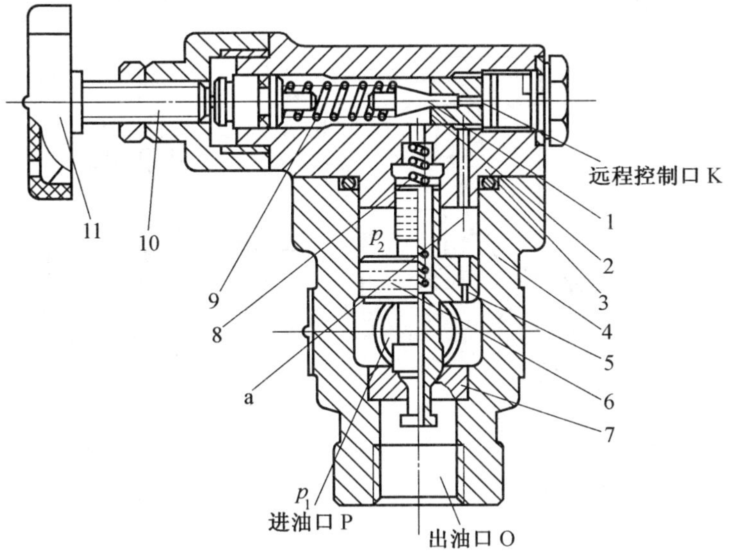

(a) 结构图

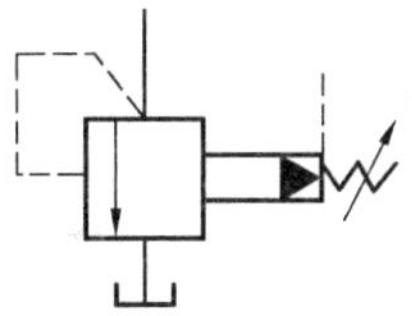
(b) 图形符号

图 5.5　先导式溢流阀

1— 先导阀阀芯；2— 先导阀阀座；3— 先导阀阀体；4— 主阀阀体；5、a— 阻尼孔；6— 主阀阀芯；7— 主阀座；8— 主阀弹簧；9— 先导阀调压弹簧；10— 调节螺钉；11— 调压手轮

在这种先导式溢流阀中，作用于主阀阀芯上的力平衡方程为

$$p_1 A = p_2 A + F_s + G + F_f + F_y$$

即

$$(p_1 - p_2)A = F_s + G + F_f + F_y \tag{5.2}$$

式中　$p_1 A$—— 液体用于阀芯下腔的作用力；

$p_2 A$—— 液体用于阀芯上腔的作用力；

F_s—— 主阀弹簧力；

G—— 主阀芯重力；

F_f—— 摩擦力；

F_y—— 液动力。

式(5.2)与(5.1)比较，在直动式溢流阀与先导式溢流阀的主阀弹簧力 F_s、主阀芯重力 G、摩擦力 F_f、作用面积 A 等都相同的情况下，直动式溢流阀的液压力 F_y 由阀芯底部的压力 p_1 决定，而先导式溢流阀的液压力 F_y 由主阀阀芯下腔的油液压力与主阀阀芯上腔的油液压力的差值决定，即 p_1-p_2。因此，先导式溢流阀可以在弹簧较软，结构尺寸较小的条件下，控制较高的油液压力。

在阀体上有一个远程控制口 K，它的作用是使溢流阀卸荷或进行二级调压。当把它与油箱连接时，溢流阀上腔的油直接回油箱，而上腔油压为零，由于主阀阀芯弹簧较软，因此，主阀阀芯在进油压力作用下迅速上移，打开阀口，使溢流阀卸荷；若将该口与一个远程调压阀连接，溢流阀的溢流压力可由该远程调压阀在溢流阀调压范围内调节。

2. 溢流阀的应用

溢流阀在不同的场合，可以有不同的用途。如图 5.6 所示。

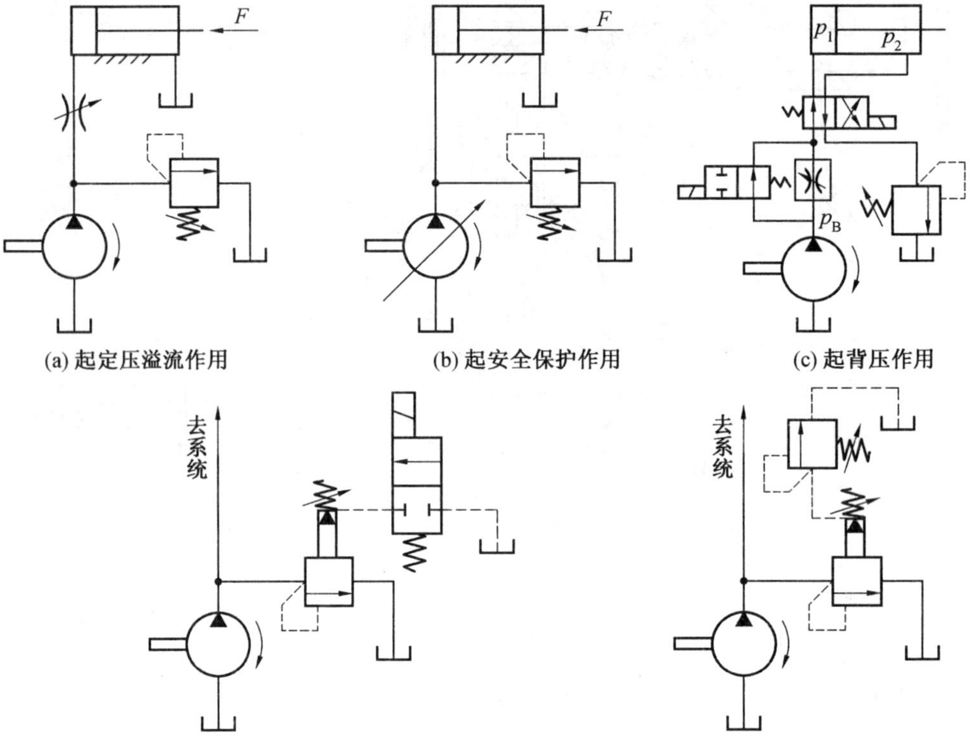

(a) 起定压溢流作用　(b) 起安全保护作用　(c) 起背压作用

(d) 起卸荷作用　(e) 起远程调压作用

图 5.6　溢流阀的应用

5.3.2　减压阀

1. 功用和性能

在一个液压系统中，往往使用一个液压泵，但需要供油的执行元件一般不止一个，而各执行元件工作时的液体压力不尽相同。一般情况下，液压泵的工作压力依据系统各执行元件中需要压力最高的那个执行元件的压力来选择，这样，由于其他执行元件的工作压力都比液压泵的供油压力低，则可以在各个分支油路上串联一个减压阀，通过调节减压阀使各执行元件获得合适的工作压力。减压阀的用途是用来降低液压系统中某一部分回路上的压力，使这一回路得到比液压泵所供油压力较低的稳定压力。减压阀常用在系统的夹紧装置、电液换向阀的控制油路、系统的润滑装置等中。

减压阀的工作原理是利用液体流过狭小的缝隙产生压力损失，使其出口压力低于进口压力。减压阀出口压力维持恒定，不受进口压力及通过油液流量大小的影响。

2. 分类

减压阀按照结构形式和工作原理，可以分为直动型和先导型两大类。

按照压力调节要求的不同，分为定值减压阀、定差减压阀和定比减压阀 3 类。定值减压阀用于保证出口压力为定值的减压阀；定差减压阀用于保证进出口压力差不变的减压阀；定比减压阀用于保证进出口压力成比例的减压阀。定值减压阀（简称减压阀）应用最为广泛，如果不特殊说明，都是指定值减压阀。

3. 减压阀的结构和工作原理

（1）直动式减压阀的结构和工作原理。

直动式减压阀的结构示意图和图形符号如图 5.7 所示。阀不工作时，阀芯在弹簧作用下处于最下端位置，阀的进、出油口是相通的，即阀是常开的，若出口压力增大，使作用在阀芯下端的压力大于弹簧力时，阀芯上移，关小阀口，这时阀处于工作状态，若忽略其他阻力，仅考虑作用在阀芯上的液压力和弹簧力相平衡的条件，则认为出口压力基本上维持在某一个定值（调定值）上。工作过程：出口压力减小，阀芯下移，阀口开大，阀口处阻力减小，压降减小，使出口压力回升到调定值；反之，若出口压力增大，则阀芯上移，阀口关小，阀口处阻力加大，压降增大，使出口压力下降到调定值。当稳态时（忽略液动力），受力平衡方程为

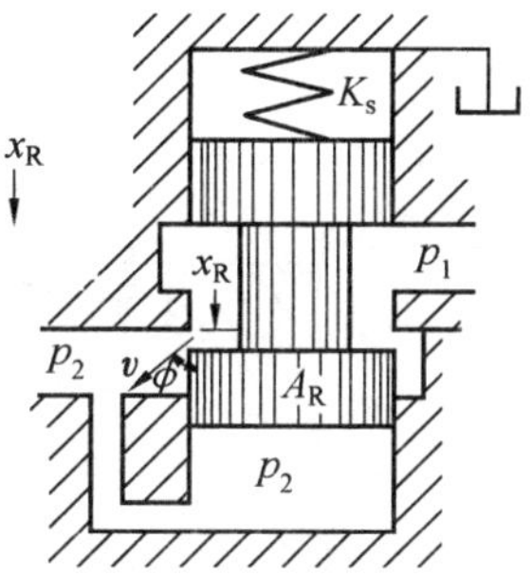

(a) 结构示意图

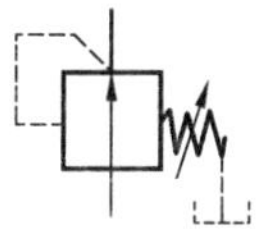
(b) 图形符号

图 5.7　直动减压阀

$$p_2 A_R = k_s(x_c + x_R) \tag{5.3}$$

式中　p_2—— 出口液压油压力；

A_R—— 阀芯的承压面积；

k_s—— 弹簧的屈服系数；

x_c—— 阀不工作时，阀口最大时，弹簧的预压缩量；

x_R—— 当阀口最小时，弹簧的预压缩量。

当 $x_R \ll x_c$ 时，式(5.3) 变为

$$p_2 = \frac{k_s(x_c + x_R)}{A_R} \approx \frac{k_s x_c}{A_R} = \text{常数} \tag{5.4}$$

（2）先导式减压阀的结构和工作原理。

先导式减压阀的结构示意图和图形符号如图 5.8 所示。高压油从进油口 P_1 进入阀

内，初始时，减压阀阀芯处于最下端，进油口 P_1 与出油口 P_2 是相通的，因此，高压油可以直接从出油口出去。但在出油口中，压力油又通过端盖 8 上的通道进入主阀阀芯 7 的下部，同时又可以通过主阀阀芯 7 中的阻尼孔 9 进入主阀芯的上端，从先导式溢流阀的讨论可知，此时主阀阀芯正是在上下油液的压力差与主阀弹簧力的作用下工作的。当出油口的油液压力较小时，即没有达到克服先导阀阀芯弹簧力的时候，先导阀阀口关闭，通过阻尼孔 9 的油液没有流动，此时，主阀阀芯上下端无压力差，主阀阀芯在弹簧力的作用下处于最下端；而当出油口的油液压力大于先导阀弹簧的调定压力时，油液经先导阀从泄油口 L 流出，此时，主阀阀芯上下端有压力差，当这个压力差大于主阀阀芯弹簧力时，主阀阀芯上移，阀口减小，从而降低了出油口油液的压力，并使作用于减压阀阀芯上的油液压力与弹簧力达到新的平衡，当进出口压力发生变化(大于调定值的前提下变化)时，减压阀阀芯还得回到这个平衡状态，这样出口压力基本保持不变。由此可见，减压阀以出口油压力为控制信号，自动调节主阀阀口开度，改变液阻，保证出口压力的稳定。

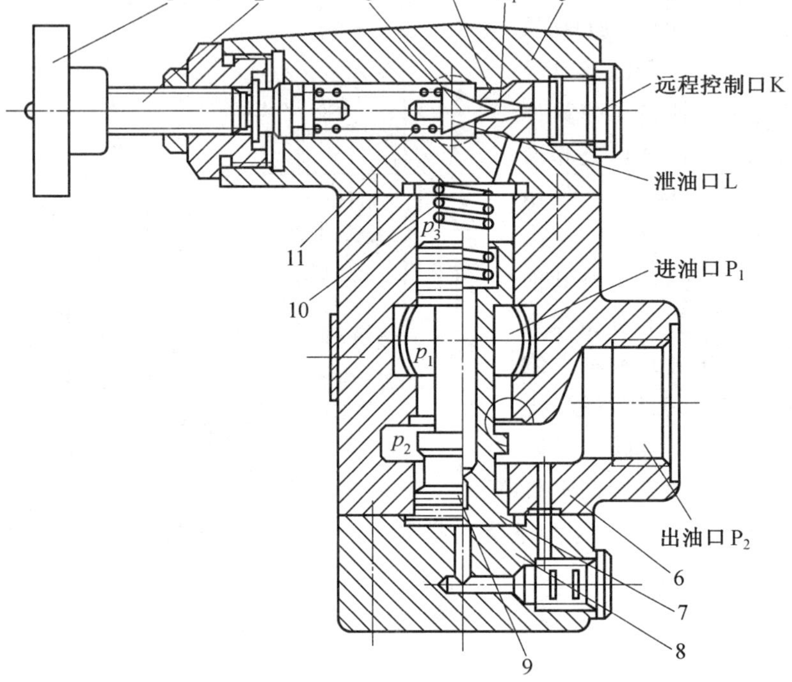

(a) 结构示意图

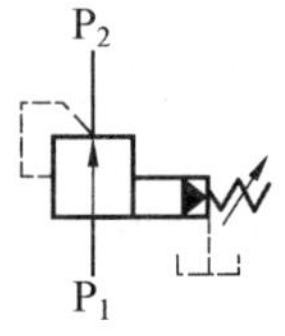

(b) 图形符号

图 5.8　先导式减压阀

1— 调压手轮；2— 调节螺钉；3— 锥阀；4— 阀座；5— 先导阀体；6— 阀体；7— 主阀阀芯；8— 端盖；9— 阻尼孔；10— 主阀弹簧；11— 调压弹簧

5.3.3　顺序阀

在液压系统中，有些动作是有一定规律的，顺序阀主要是利用油路本身的压力或者外部压力来控制液压系统中执行元件的先后动作顺序，也可用来作为背压阀、平衡阀及卸荷阀等。

根据控制油液方式的不同，顺序阀分为内控式（直控）和外控式（远控）两种。直控式就是利用进油口的油液压力来控制阀芯移动；外控式就是引用外来油液的压力来遥控顺序阀。同溢流阀和减压阀相同，在结构上顺序阀也有直动式和先导式两种，直动顺序阀应用得较多。

先导式顺序阀的结构原理图及图形符号如图 5.9 所示。从结构上看，顺序阀与溢流阀的基本结构相同。所不同的是由于顺序阀出口的油液不是回油箱，而是直接输出到工作机构。因此，顺序阀打开后，出口压力可继续升高，因此，通过先导阀的泄油需单独接回油箱。图 5.9(b) 所示的是直控先导式顺序阀的结构，若将底盖旋转 90° 并打开螺堵，它将变成外控先导式顺序阀，如图 5.9(a) 所示。

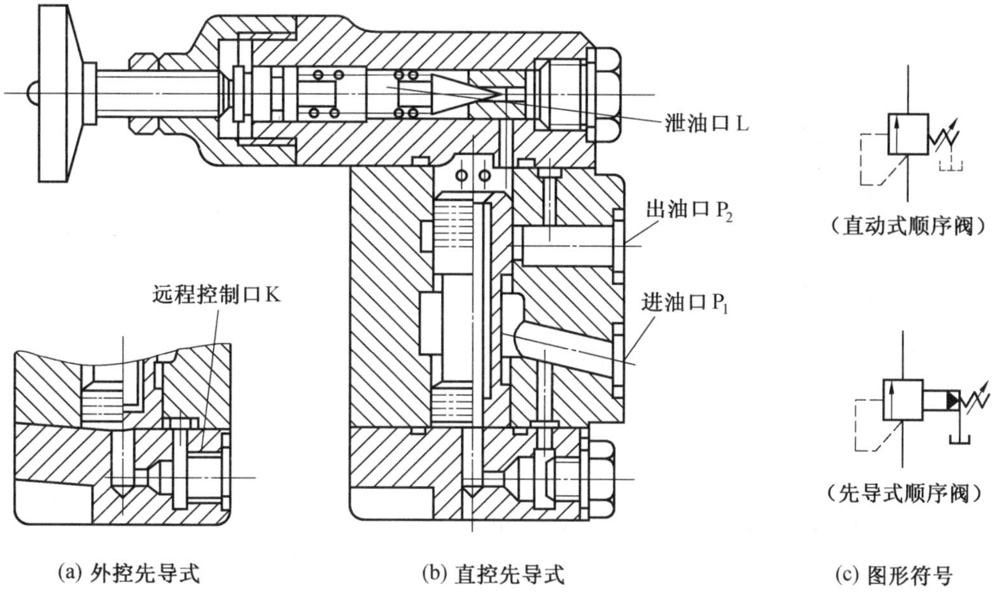

图 5.9　先导式顺序阀

直控式顺序阀在使用时，当压力没有达到阀的调定压力之前，阀口关闭。当压力达到阀的调定压力后，阀口开启，压力油从出口输出，驱动执行机构工作，此时，油液的压力取决于负载，可随着负载的增大继续增加，而不受顺序阀调定压力的影响。

外控式顺序阀底部的远程控制口 K 的作用是在顺序阀需要遥控时使用，当该控制口接到控制油路中时，其阀芯的移动就取决于控制油路上油液的压力，同顺序阀的入口油液压力无关。

5.3.4　压力继电器

压力继电器是一个靠液压系统中油液的压力来启闭电气触点的电气转换元件。在输入压力达到调定值时，它发出一个电信号，以此来控制电气元件的动作，实现液压回路的动作转换、系统遇到故障的自动保护等功能。压力继电器实际上是一个压力开关。机械方式的压力继电器如图 5.10 所示，当液压力达到调定压力时，柱塞 1 上移通过顶杆 2 合上微动开关 4，发出电信号。

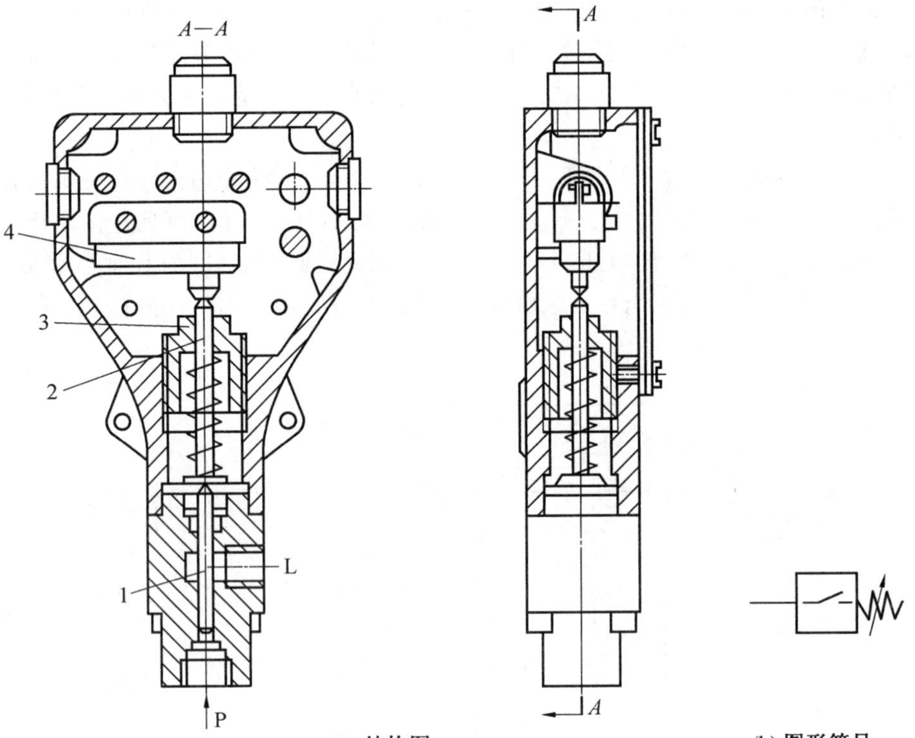

(a) 结构图　　(b) 图形符号

图 5.10　压力继电器

1— 柱塞；2— 顶杆；3— 调节螺钉；4— 微动开关

5.3.5　压力控制阀的性能比较和使用场合

目前所广泛使用的压力控制阀在结构和原理方面十分相似，所不同的只是结构上的局部差别，比如进出油口连接的不同、阀芯结构形状的局部改变等。

压力控制阀有各种不同的类别，可以用在不同的场合。如果熟悉各类压力控制阀的结构，性能以及各自的不同特点，会对分析、使用、排除故障有很大的帮助。

各类溢流阀、减压阀和顺序阀的性能比较、使用场合等见表 5.6。

表 5.6　溢流阀、减压阀和顺序阀的性能比较、使用场合

名称	溢流阀	减压阀	顺序阀
控制油路特点	把进口油液引到阀芯底部与弹簧力平衡，所以是控制进油口油路的压力	把阀的出口油液引到阀芯底部，与弹簧力平衡，所以是控制出口油路的压力	同溢流阀，把进口油液引到阀芯底部，所以是控制进口油路压力
回油特点	阀的出油直接流回油箱，故泄漏油可在阀体内与回油口连通，属内泄漏式	阀的出油是低于进油压力的二次压力油，供给辅助油路，所以要单独设置泄漏油口，属外泄式	阀的出油是低于进油压力的二次压力油，出口油液接另一个缸，所以要单独设置泄油口，也属外泄式

续表 5.6

名称	溢流阀	减压阀	顺序阀
基本用法	用作溢流阀、安全阀、卸荷阀，一般接在泵的出口，与主油路并联；若用作背压阀，则串联在回油路上，调定压力较低	串联在系统内，接在液压泵与分支油路之间	串联在系统中，控制执行机构的顺序动作，多数与单向阀并联作为单向顺序阀用
接口总数	2个(1个进油口、1个回油口)	3个(1个进油口、1个出油口、1个回油口)	3个(1个进油口、1个出油口、1个回油口)
开闭状态	常闭式	常开式	常闭式

任务 5.4　流量控制阀

在液压系统中，各种执行元件的有效面积一般都是固定不变的，那么执行元件的运动速度就取决于输入至执行元件内的液体流量的大小。用来控制油液流量的液压阀，统称为流量控制阀。其功用主要是通过改变阀口通流截面积来调节通过阀口的流量，从而调节执行机构的运动速度。常用的流量控制阀有节流阀和调速阀。

5.4.1　节流口的形式

常见的节流口的形式如图 5.11 所示。

(1) 针式(图 5.11(a))。

针阀做轴向移动，通过调节环形通道的大小以调节流量。

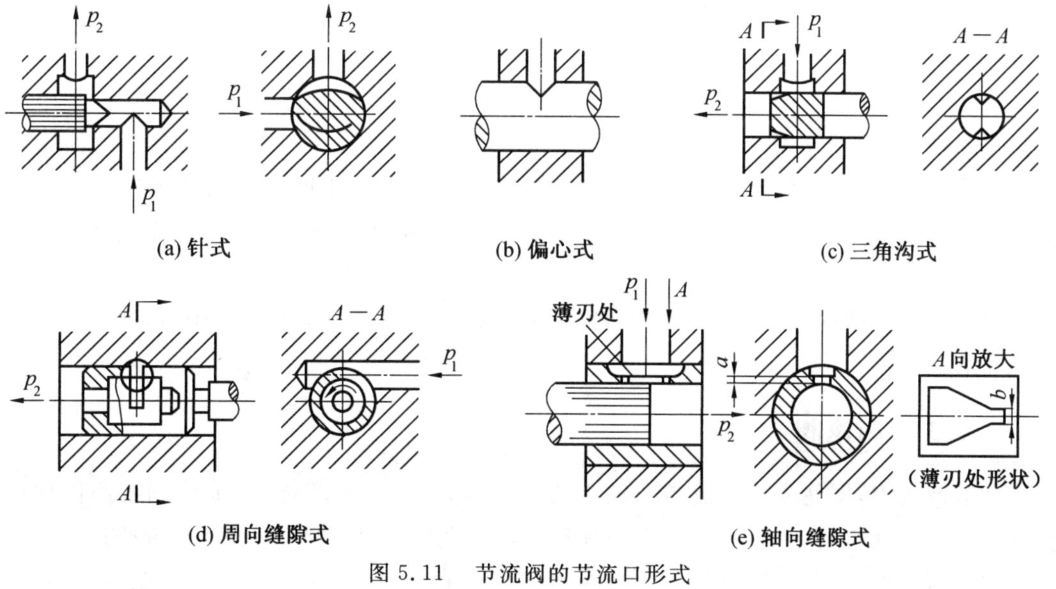

图 5.11　节流阀的节流口形式

(2) 偏心式(图 5.11(b))。

在阀芯上开一个偏心槽,转动阀芯即可改变阀开口的大小。

(3) 三角沟式(图 5.11(c))。

在阀芯上开一个或两个轴向的三角沟,阀芯轴向移动即可改变阀开口大小。

(4) 周向缝隙式(图 5.11(d))。

阀芯上沿圆周开有狭缝与内孔相通,转动阀芯可改变缝隙大小以改变阀口大小。

(5) 轴向缝隙式(见图 5.11(e))。

在套筒上开有轴向狭缝,阀芯轴向移动可改变缝隙大小以调节流量。

5.4.2 节流阀

1. 普通节流阀

普通节流阀的结构如图 5.12 所示,这种节流阀的阀口采用的是轴向三角沟式。该阀在工作时,油液从进油口 P_1 进入,经孔 b,通过阀芯 1 上左端的阀口进入孔 a,然后从出油口 P_2 流出。节流阀流量的调节是通过调节螺母 3,带动推杆 2,推动阀芯移动改变阀口的开度而实现的。

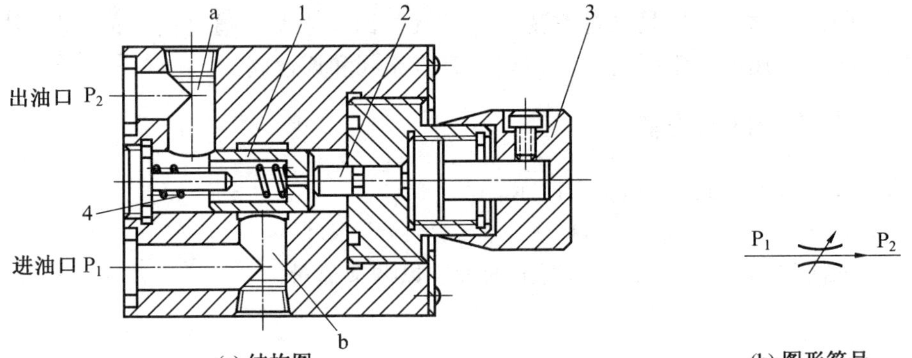

(a) 结构图　　(b) 图形符号

图 5.12　普通节流阀

1— 阀芯;2— 推杆;3— 调节螺母;4— 弹簧

2. 单向节流阀

在液压系统中,如果要求单方向控制油液流量一般采用单向节流阀。单向节流阀如图 5.13 所示。该阀在正向通油,即油液从 P_1 口进入,从 P_2 口输出时,其工作原理同普通节流阀。

但油液反向流动,即从 P_2 口进入时,则推动阀芯压缩弹簧全部打开阀口,实现单方向控制油液的目的。

5.4.3 调速阀

在节流阀中,即使采用节流指数较小的开口形式,当负载变化时,节流阀还不能保证流量稳定。要获得稳定的流量,就必须保证节流口两端压差不随负载变化,按照这个思想设计的阀就是调速阀。调速阀有两种形式,一种是节流阀与定差减压阀串联组成的,这种

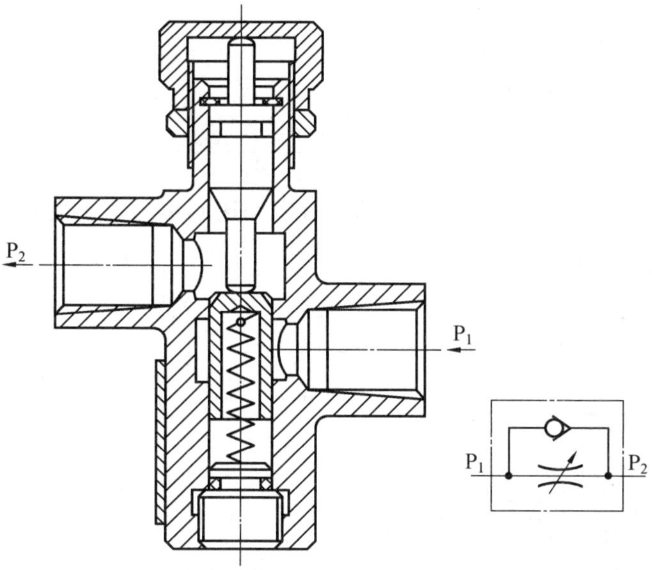

(a) 结构图　　(b) 图形符号

图 5.13　单向节流阀

就是通常所说的调速阀;另一种是节流阀与溢流阀并联组成的,这种称为溢流调速阀。下面对调速阀的工作原理进行介绍。

如图 5.14 所示调速阀是一种先减压、后节流的调速阀。调速阀进油口就是减压阀的入口,直接与泵的输出油口相接,入口的油液压力 p_1 是由溢流阀调定的,基本保持恒定。调速阀的出油口即节流阀的出油口与执行机构相连,其压力 p_2 由液压缸的负载 F 决定,p_2 通过孔 a 与减压阀上腔 b 相通。减压阀与节流阀中间的油液压力设为 p_m,当节流阀开口面积调定后,其流量主要是由节流阀阀口两端的压差 $p_m - p_2$ 决定的。当外负载 F 增大时,调速阀出口压力 p_2 随之增大,但由于 p_2 与减压阀上腔 b 连通,因此,减压阀的上腔的油液压力也增加,由于减压阀的阀口是受作用于减压阀阀芯上的弹簧力与上下腔油液的压力控制的,当上腔油液压力增大时,减压阀阀芯必然下移,使减压阀阀口 x_R 增大,减压作用减小,由于 p_1 基本不变,因此,势必有 p_m 增加,使得作用于节流阀两端的压差 $p_m - p_2$ 保持不变,保证了通过调速阀的流量基本恒定。如果外负载 F 减小,根据前面的讨论,不难得出,作用于节流阀阀口两端的压差 $p_m - p_2$ 仍保持不变。同样可保证调速阀的流量保持不变。

对减压阀的阀芯做受力分析,得阀芯的平衡方程为

$$p_2 A_b + k_s(x_c + x_R) = p_m A_c + p_m A_d \tag{5.5}$$

$$A_b = A_c + A_d \tag{5.6}$$

式中　p_2—— 出口液压油压力;

k_s—— 弹簧的屈服系数;

x_c—— 阀不工作,阀口最大时,弹簧的预压缩量;

x_R—— 当阀口最小时,弹簧的预压缩量;

A_b—— 阀芯 b 腔的承压面积;

A_c—— 阀芯 c 腔的承压面积；

A_d—— 阀芯 d 腔的承压面积。

由式(5.5) 与(5.6) 解得

$$p_m - p_2 = \frac{k_s(x_c + x_R)}{A_b} \tag{5.7}$$

又由于 $x_R \ll x_c$，所以 $p_m - p_2 =$ 常数，所以调速阀不随负载变化而改变流量。

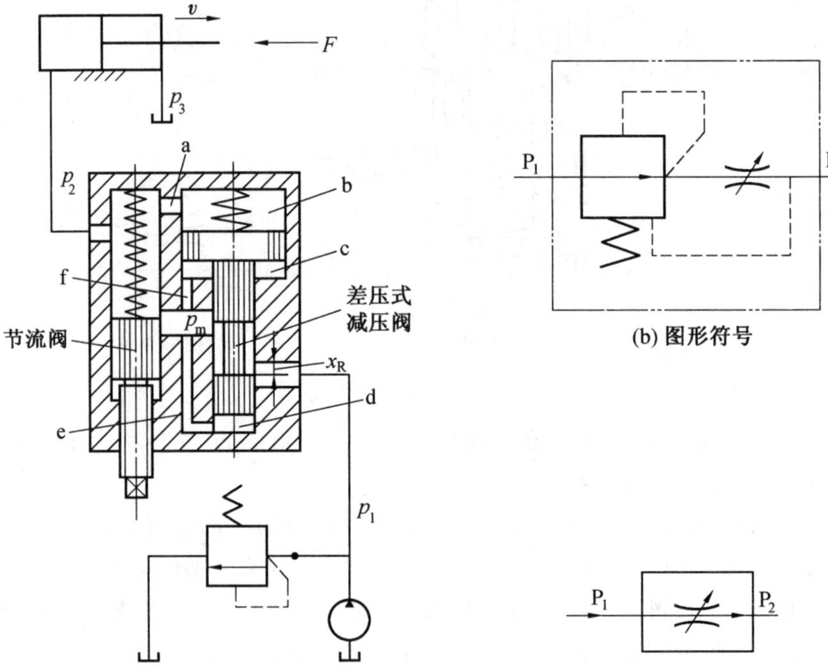

(a) 结构图　　(b) 图形符号　　(c) 简化的图形符号

图 5.14　调速阀的工作原理图

调速阀与节流阀的流量与压差的关系比较如图 5.15 所示，调速阀的流量稳定性要比节流阀好，基本可达到流量不随压差变化而变化。但是，调速阀特性曲线的起始阶段与节流阀重合，这是因为此时减压阀没有正常工作，阀芯处于最底端。要保证调速阀正常工作时，一般要达到 0.4 ～ 0.5 MPa 的压力差，这是减压阀能正常工作的最低要求。

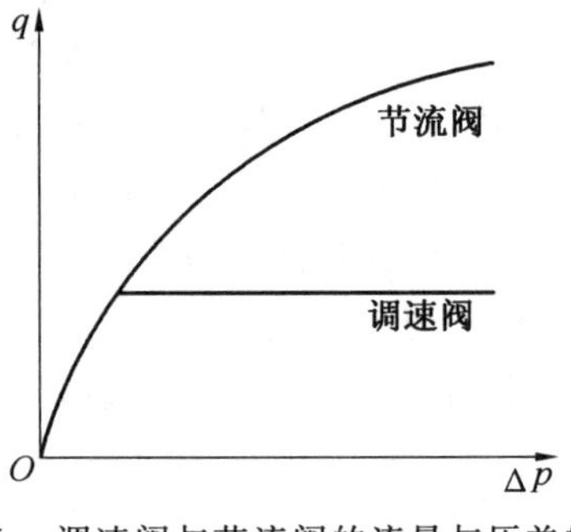

图 5.15　调速阀与节流阀的流量与压差的关系

5.4.4　分流集流阀

分流集流阀实际上是分流阀、集流阀与分流集流阀的总称。

分流阀的作用是使液压系统由同一个能源向两个执行机构提供相同的流量(等量分流)，或按一定比例向两个执行机构提供流量(比例分流)，以实现两个执行机构速度同步或有一个定比关系。而集流阀则是从两个执行机构收集等流量的液压油或按比例地收集回油量。同样实现两个执行机构在速度上的同步或按比例关系运动。分流集流阀则是实现上述两个功能的复合阀。

1. 分流阀的工作原理

分流阀的结构如图5.16所示。分流阀由阀体5、阀芯6、固定节流口2和复位弹簧7组成。工作时,若两个执行机构的负载相同,则分流阀的两个与执行机构相连接的出口油液压力 $p_3=p_4$,由于阀的结构尺寸完全对称,因而输出的流量 $q_1=q_2=q_0/2$。若其中一个执行机构的负载大于另一个(设 $p_3>p_4$),当阀芯还没运动,仍处于中间位置时,根据通过阀口的流量特性,必定使 $q_1<q_2$,而此时作用在固定节流口1、2两端的压差的关系为 $(p_0-p_1)<(p_0-p_2)$,因而使得 $p_1>p_2$,此时阀芯在作用于两端不平衡的压力下向左移,使节流口3增大,则节流口4减小,从而使 q_1 增大,q_2 减小,直到 $q_1=q_2$、p_1-p_2,阀芯在一个新的平衡位置上稳定下来,保证了通向两个执行机构的流量相等,使得两个相同结构尺寸的执行机构速度同步。

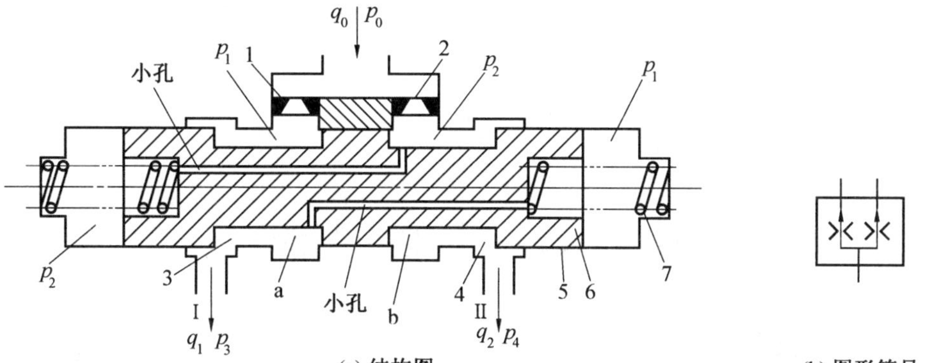

(a) 结构图　　(b) 图形符号

图5.16　分流阀的工作原理图

1、2— 固定节流口;3、4— 可变节流口;5— 阀体;6— 阀芯;7— 复位弹簧

2. 分流集流阀的工作原理

分流集流阀的结构图如图5.17所示。初始时,阀芯5、6在弹簧力的作用下处于中间平衡位置。工作时,分分流与集流两种状态。

分流工作时,由于 $p_0>p_1$ 且 $p_0>p_2$,所以阀芯5、6相互分离,且靠结构相互勾住,假设 $p_4>p_3$,必然使得 $p_2>p_1$,使阀芯向左移,此时,节流口3相应减小,使得 p_1 增加,直到 $p_1=p_2$,阀芯不再移动。由于两个固定节流口1、2的面积相等,所以通过的流量也相等,并不因 p_3、p_4 的变化而影响。

集流工作时,由于 $p_0<p_1$、$p_0<p_2$,所以阀芯5、6相互压紧,仍设 $p_4>p_3$,必然使得 $p_2>p_1$,使相互压紧的阀芯向左移,此时,节流口4相应减小,使得 p_2 下降,直到 $p_1=p_2$,阀芯不再移动。与分流工作时同理,由于两个固定节流口1、2的面积相等,所以通过的流量也相等,并不因 p_3、p_4 的变化而受影响。

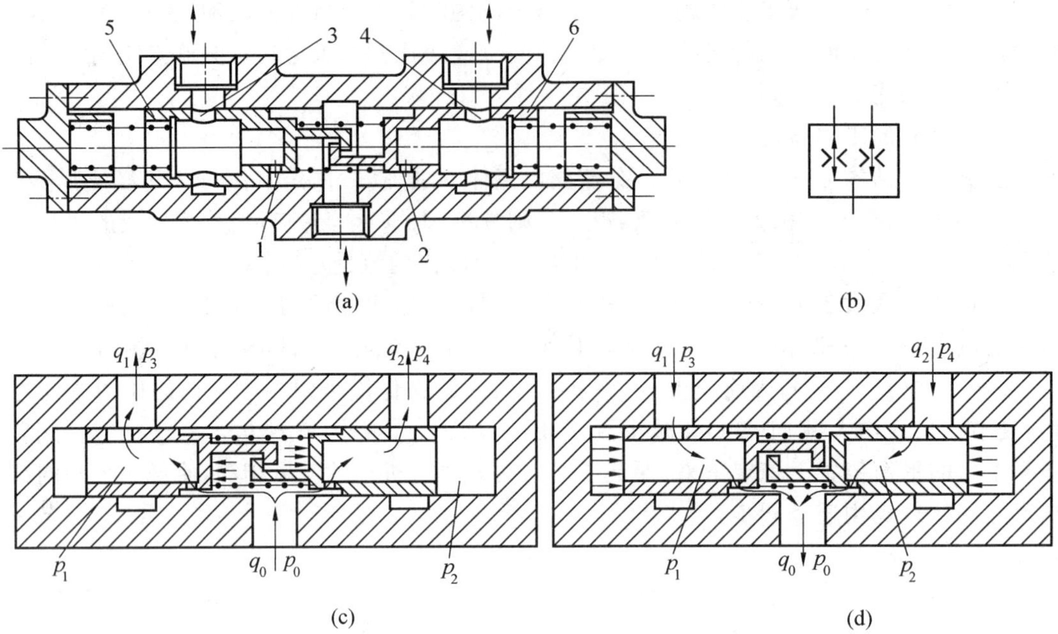

图 5.17　分流集流阀

1,2— 固定节流口;3,4— 可变节流口;5,6— 阀芯

任务 5.5　其他控制阀

5.5.1　插装阀

二通插装阀是 20 世纪 70 年代初研制出的一种新型的液压元件。由于其具有密封性能好,动作灵敏,结构简单和通用化程度高等优越性,插装阀在塑料成型机械、压力机械及重型机械等流量较大的液压系统方面得到了广泛的应用。

1. 插装阀的结构和工作原理

二通插装阀由控制盖板、插装阀单元(阀套、阀芯、弹簧及密封件等组成)、插装块体和先导元件等组成,如图 5.18 所示。

控制盖板可用来固定插装组件及密封,还能连接插装件与先导件、起控制作用的通道等。阀的功能(控制方向、压力、流量) 不同,控制盖板的结构也不相同。插装组件上配置不同的先导控制盖板,就能实现不同的工作机能。

二通插装阀的工作原理相当于一个液控单向阀。图中 A 和 B 为主油路仅有的两个工作油口,主要起通、断作用,所以又称二通插装阀。K 为控制油口(与先导阀相接)。当 K 口无液压力作用时,阀芯受到的向上的液压力大于弹簧力,阀芯开启,A 与 B 相通,至于液流的方向,视 A、B 口的压力大小而定。反之,当 K 口有液压力作用时,且 K 口的油液压力大于 A 和 B 口的油液压力时,才能保证 A 与 B 之间关闭。阀芯的结构有滑阀和锥阀两种,多采用锥阀。插装阀与各种先导阀组合,便可组成方向控制阀、压力控制阀和流量控制阀。

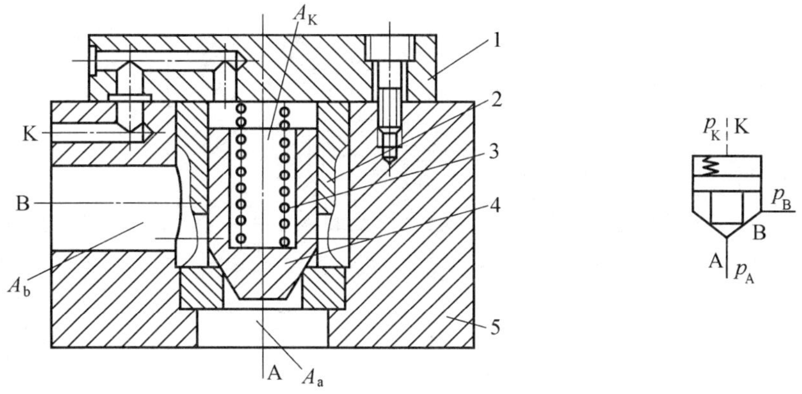

(a) 结构原理　　(b) 图形符号

图 5.18　插装阀逻辑单元

1— 控制盖板；2— 阀套；3— 阀芯；4— 弹簧；5— 插装块体

2. 插装阀的特点

插装阀的特点如下：

① 能实现一阀多能的控制。一个插装组件配上相应的先导控制机构，可以同时实现换向、调速或调压等多种功能，使一阀多用。

② 液体流动阻力小、通流能力大。特别适合高压、大流量的液压系统。

③ 结构简单、便于制造和集成化。插装阀不同的阀有相同的阀芯，加工工艺简单，非常便于集成化，一阀多能。

④ 动态性能好、换向速度快。

⑤ 密封性能好、内泄漏很小。油液经阀时的压力损失小。

⑥ 工作可靠、对工作介质适应性强。

5.5.2　叠加阀

叠加阀是在安装时以叠加的方式连接的一种液压阀，它是在板式连接的液压阀集成化的基础上发展起来的新型液压元件，不需要另外的连接块，以自身的阀体作为连接体直接叠合组成所需要的液压传动系统。叠加阀按功用的不同可分为压力控制阀、流量控制阀和方向控制阀 3 类。

1. 叠加式溢流阀的结构和工作原理

叠加式溢流阀由主阀和先导阀两部分组成，如图 5.19 所示。主阀芯 6 为单向阀二级同心结构，先导阀为锥阀式结构。

叠加式溢流阀的工作原理图如图 5.19(a) 所示。它利用主阀芯两端的压力差来移动主阀芯，以改变阀口的开度。油腔 e 和进油口 P 相通，孔 c 和回油口 T 相通。压力油作用于主阀芯 6 的右端，同时经阻尼孔 d 流入阀芯左端，并经小孔 a 作用于锥阀 3 上。当系统压力低于溢流阀的调定压力时，锥阀 3 关闭，阻尼孔 d 没有液流流过，主阀芯两端液压力相等，主阀芯 6 在弹簧 5 的作用下处于关闭位置。当系统压力升高并达到溢流阀的调定值时，锥阀 3 在液压力作用下压缩先导阀弹簧 2 并使阀口打开，于是油腔 b 的油液经锥阀

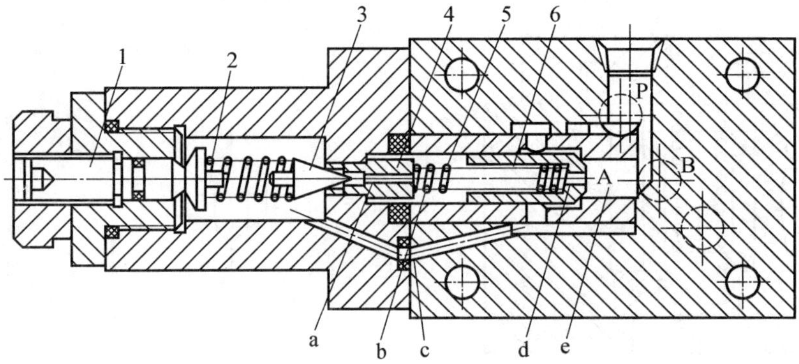

(a) 结构图

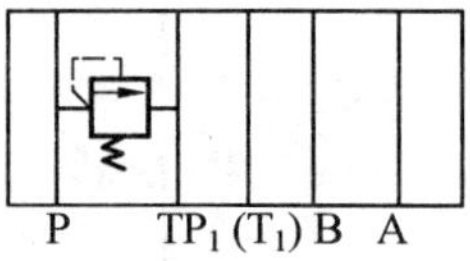

(b) 图形符号

图 5.19 叠加式溢流阀

1— 推杆;2,5— 弹簧;3— 锥阀;4— 阀座;6— 主阀芯;a,c— 孔;b,e— 油腔;d— 阻尼孔

阀口和孔 c 流入 T 口。当油液通过主阀芯上的阻尼孔 d 时产生压力降,使主阀芯两端产生压力差,在这个压力差的作用下,主阀芯克服弹簧力和摩擦力向左移动,使阀口打开,溢流阀便实现在一定压力下溢流。调节弹簧 2 的预压缩量便可改变该叠加式溢流阀的调整压力。

2. 叠加阀的特点

叠加阀的特点如下:

① 结构紧凑,减小了装置和安装的空间。

② 由于叠加阀是标准化元件,设计中仅需要绘出液压系统原理图即可,因而设计工作量小,设计周期短。

③ 不需要特殊的安装技能,而且能快速和方便地增加或改变液压回路。

④ 元件之间实现无管连接,消除了因油管、管接头等引起的泄漏、振动和噪声。

⑤ 整个系统配置灵活,维护保养容易。

⑥ 标准化、通用化和集成化程度较高。

5.5.3 伺服阀

电液伺服阀是一种将小功率电信号转换为大功率液压能输出,以实现对流量和压力控制的转换装置。它集中了电信号具有传递快,线路连接方便,便于遥控,容易检测、反馈、比较、校正和液压动力具有输出力大、惯性小、反应快等优点,而成为一种控制灵活、精度高、快速性好、输出功率大的控制元件。

1. 伺服阀的分类

伺服阀的分类如下:

① 按液压前置放大器结构形式的不同,可分为滑阀式、喷嘴挡板式(双喷嘴或单喷嘴)和射流管式 3 种。

② 按液压放大器串联级数的不同,可分为单级、二级和三级。

③ 按伺服阀功用的不同,可分为流量伺服阀(用于控制输出的流量)和压力伺服阀(用于力或压力控制系统)。

④ 按反馈方式的不同，可分为没有反馈、机械反馈、电气反馈、力反馈、负载压力反馈及负载流量反馈等数种。

2. 伺服阀的结构和工作原理

以喷嘴挡板式二级四通（力反馈）电液伺服阀为例来说明伺服阀的结构和工作原理。

喷嘴挡板式二级四通（力反馈）电液伺服阀的结构示意图如图5.20所示。图中上半部为衔铁式力矩马达，下半部为前置级（喷嘴挡板式）和功率级（滑阀式）液压放大器。衔铁3与挡板5和弹簧杆11连接在一起，由固定在阀体10上的弹簧管12支撑着。弹簧杆11下端为一球头，嵌放在滑阀9的凹槽内，永久磁铁1和导磁体2、4形成一个固定磁场。当线圈13中没有电流通过时，导磁体2、4和衔铁3间4个气隙中的磁通相等，且方向相同，衔铁3和挡板5都处于中间位置，因此滑阀没有液压油输出。当有控制电流流入线圈13时，一组对角方向的气隙中的磁通增加，另一组对角方向的气隙中的磁通减小，于是衔铁3就在磁力作用下克服弹簧管12的弹性反作用力而以弹簧管12中的某一点为支点偏转θ角，并偏转到磁力所产生的转矩与弹簧管的弹性反作用力所产生的反转矩平衡时为止。这时滑阀9尚未移动，而挡板5因随衔铁3偏转而发生挠曲，改变了它与两个喷嘴6间的间隙，一个间隙减小，另一个间隙加大。

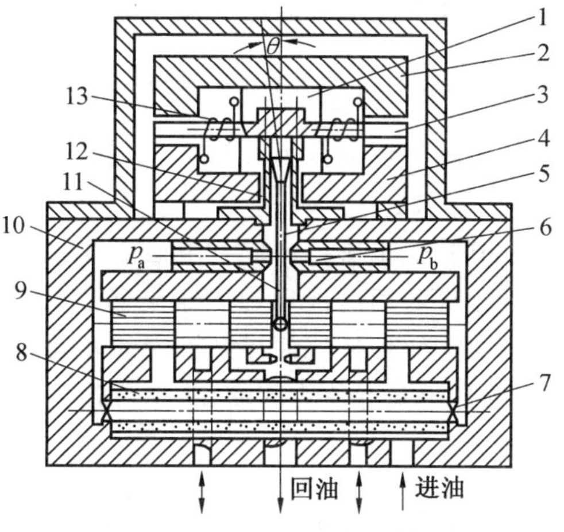

图5.20　喷嘴挡板式二级四通电液伺服阀

1—永久磁铁；2、4—导磁体；3—衔铁；5—挡板；6—喷嘴；7—固定节流口；8—滤油器；9—滑阀；10—阀体；11—反馈弹簧杆；12—弹簧管；13—线圈

通入伺服阀的压力油经滤油器8、两个对称的固定节流口7和左、右喷嘴6流出，通向回油。当挡板5挠曲，喷嘴挡板的两个间隙不相等时，两喷嘴后侧的压力就不相等，它们作用在滑阀9的左、右端面上，使滑阀9向相应方向移动一段距离，压力油就通过滑阀9上的一个阀口输向执行元件，由执行元件回来的油经滑阀9上另一个阀口通向回油。滑阀9移动时，弹簧杆11下端球头跟着移动。在衔铁挡板组件上产生了转矩，使衔铁3向相应方向偏转，并使挡板5在两喷嘴6间的偏移量减少，这就是所谓的力反馈。反馈作用的结果是使滑阀9两端的压差减小。当滑阀9通过弹簧杆11作用于挡板5的力矩、喷嘴液流作用于挡板的力矩以及弹簧管反力矩之和等于力矩马达产生的电磁力矩时，滑阀

9 不再移动，并一直使其阀口保持在这一开度上。通入线圈 13 的控制电流越大，使衔铁 3 偏转的转矩、弹簧杆 11 的挠曲变形、滑阀 9 两端的压差以及滑阀 9 的偏移量就越大，伺服阀输出的流量也越大。由于滑阀 9 的位移、喷嘴 6 与挡板 5 之间的间隙、衔铁 3 的转角都依次和输入电流成正比，因此这种阀的输出流量也和输入电流成正比。输入电流反向时，输出流量也反向。

这种伺服阀，由于力反馈的存在，使得力矩马达在其零点附近工作，即衔铁偏转角 θ 很小，这保证了阀的输出有良好的线性度。另外，改变反馈弹簧杆 11 的刚度，就使得在相同输入电流时滑阀的位移改变，这给伺服阀的研制和系列化带来了方便。这种伺服阀的结构很紧凑，外形尺寸小，响应快。但由于喷嘴挡板的工作间隙较小(0.025～0.05 mm)，故使用时对系统中油液的清洁度要求较高。

5.5.4 电液比例阀

电液比例阀是一种按输入信号连续地、按比例地控制液流的压力、流量和方向的控制阀。由于它具有压力补偿的性能，所以其输出压力和流量可不受载荷变化的影响。

按用途和工作特点的不同，比例阀可分为比例压力阀、比例流量阀和比例方向流量阀 3 类。比例压力阀按用途不同，又分为比例溢流阀、比例减压阀和比例顺序阀。比例流量阀主要有比例节流阀、比例调速阀。比例方向流量阀主要有比例方向节流阀和比例方向调速阀。

1. 比例压力阀

按结构特点的不同，分为直动型比例压力阀和先导型比例压力阀。以直动型比例压力阀为例说明电液比例阀的结构和工作原理。

直动锥阀式比例溢流阀如图 5.21 所示。比例电磁铁 1 通电后产生吸力经推杆 2 和传力弹簧 3 作用在锥阀上，当锥阀底面的液压力大于电磁吸力时，锥阀被顶开，溢流。连续地改变控制电流的大小，即可连续地按比例控制锥阀的开启压力。

直动型比例压力阀可作为比例先导压力阀使用，也可作为远程调压阀使用。

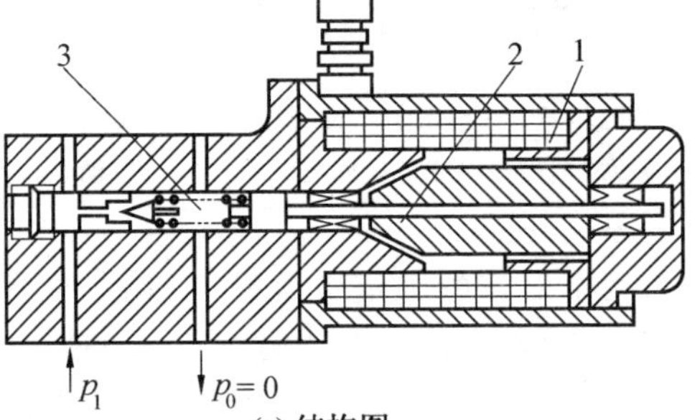

(a) 结构图

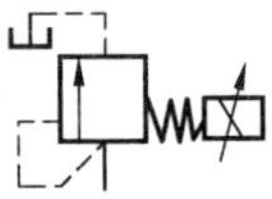
(b) 图形符号

图 5.21 直动锥阀式比例溢流阀

1—比例电磁铁；2—推杆；3—传力弹簧

2. 电液比例阀的特点

电液比例阀的特点如下：

①能实现自动控制、远程控制和程序控制。

②能把控制电流的快速、灵活等优点与液压传动功率大等特点结合起来。

③能连续地、按比例地控制执行元件的力、速度和方向，并能防止压力或速度变化及换向时的冲击现象。

④简化了系统，减少了元件的使用量。

⑤制造简便，价格比伺服阀低廉，但比普通液压阀高。由于在输入信号与比例阀之间需设置直流比例放大器，相应增加了投资费用。

⑥使用条件、保养和维护与普通液压阀相同。

⑦具有良好的静态性能和适当的动态性能。

⑧效率比较高。

⑨抗污染性能好。

5.5.5　电液数字阀

用计算机的数字信息直接控制的液压阀，称为电液数字阀，简称数字阀。数字阀可直接与计算机接口连接，不需要数/模转换器。与比例阀、伺服阀相比，这种阀结构简单，工艺性好，价廉，抗污染能力强，重复性好，工作稳定可靠，功率小。故在机床、飞行器、注塑机、压铸机等领域得到了应用。由于它将计算机和液压技术紧密结合起来，因而其应用前景十分广阔。按控制方式可将数字阀分为增量式数字阀和脉宽调制式数字阀两类。

增量式数字阀将普通液压阀的调节机构改用计算机发出的脉冲序列经驱动电源放大后驱动的步进电机直接驱动，即可构成增量式数字阀。步进电机直接用数字量控制，其转角与输入的数字式信号脉冲数成正比，其转速随输入的脉冲频率而变化；当输入反向脉冲时，步进电机将反向旋转。由于步进电机是根据增量控制方式进行工作的，所以它所控制的阀称为增量式数字阀。

直控式(由步进电机直接控制)数字节流阀如图5.22所示。步进电机4按计算机的指令而转动，通过滚珠丝杠5变为轴向位移，使节流阀芯6打开阀口，从而控制流量。该阀有两个面积梯度不同的节流口，阀芯移动时首先打开右节流口8，由于非全周边通流，故流量较小；继续移动时打开全周边通流的左节流口7，流量增大。阀开启时的液动力可抵消一部分向右的液压力。此阀从节流阀芯6、阀套1和连杆2的相对热膨胀中获得了温度补偿。零位移传感器3的作用是：每个控制周期结束时，控制阀芯自动返回零位，以保证每个工作周期都从零位开始，提高阀的重复精度。

任务5.6　液压控制阀常见故障及排除方法

5.6.1　方向控制阀的常见故障及排除方法

1.单向阀的常见故障及排除方法

单向阀的常见故障及排除方法见表5.7。

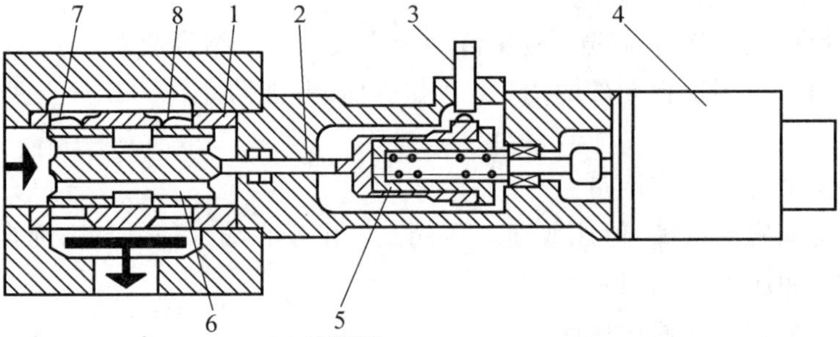

(a) 结构图

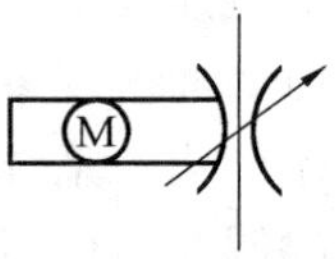

(b) 符号

图 5.22　直控式数字节流阀

1—阀套；2—连杆；3—零位移传感器；4—步进电机；5—滚珠丝杠；6—节流阀芯；7—左节流口；8—右节流口

表 5.7　单向阀的常见故障及排除方法

故障现象	原因分析	排除方法
产生噪声	1. 单向阀的流量超过额定流量 2. 单向阀与其他元件共振	1. 更换大规格的单向阀或减少通过阀的流量 2. 适当调节阀的工作压力或改变弹簧刚度
泄漏	1. 阀座锥面密封不严 2. 锥阀的锥面(或钢球)不圆或磨损 3. 油中有杂质，阀芯不能关死 4. 加工、装配不良，阀芯或阀座拉毛甚至损坏 5. 螺纹连接的结合部分没有拧紧或密封不严而引起外泄漏	1. 检查，研磨 2. 检查，研磨或更换 3. 清洗阀，更换液压油 4. 检查更换 5. 拧紧，加强密封
失灵	1. 阀体或阀芯变形、阀芯有毛刺、油液污染引起的单向阀阀芯卡死 2. 弹簧折断、漏装或弹簧刚度太大 3. 锥阀(或钢球)与阀座完全失去密封作用 4. 锥阀与阀座同轴度超差或密封表面有生锈麻点，从而形成接触不良及严重磨损等	1. 清洗，修理或更换零件，更换液压油 2. 更换或补装弹簧 3. 研配阀芯和阀座 4. 清洗，研配阀芯和阀座
液控单向阀反向时打不开	1. 控制油压力低 2. 泄油口堵塞或有背压 3. 反向进油口压力高，液控单向阀选用不当	1. 按规定压力调整 2. 检查外泄管路和控制油路 3. 选用带卸荷阀芯的液控单向阀

2. 换向阀的常见故障及排除方法

换向阀的常见故障及排除方法见表 5.8。

表 5.8　换向阀的常见故障及排除方法

故障现象	原因分析	排除方法
阀芯不动或不到位	1. 滑阀卡住	1. 检查滑阀
	(1)滑阀与阀体配合间隙过小，阀芯在阀孔中卡住不能动作或动作不灵活	(1)检查间隙情况，研修或更换阀芯
	(2)阀芯被碰伤，油液被污染	(2)检查、修磨或重配阀芯，换油
	(3)阀芯几何形状超差，阀芯与阀孔装配不同轴，产生轴向液压卡紧现象	(3)检查、修正形状误差及同轴度，检查液压卡紧情况
	(4)阀体因安装螺钉的拧紧力过大或不均而变形，使阀芯卡住不动	(4)检查，使拧紧力适当、均匀
	2. 液动换向阀控制油路有故障	2. 检查控制回路
	(1)油液控制压力不够，弹簧过硬，使滑阀不动，不能换向或换向不到位	(1)提高控制压力，检查弹簧是否过硬，更换弹簧
	(2)节流阀关闭或堵塞	(2)检查、清洗节流口
	(3)液动滑阀的两端(电磁阀的专用)泄油口没有接回油箱或泄油管堵塞	(3)检查，将泄油管接回油箱，清洗回油管，使之畅通
	3. 电磁铁故障	3. 检查电磁铁
	(1)因滑阀卡住，交流电磁铁的铁芯吸不到底面，烧毁	(1)清除滑阀卡住故障，更换电磁铁
	(2)漏磁，吸力不足	(2)检查漏磁原因，更换电磁铁
	(3)电磁铁接线焊接不良，接触不好	(3)检查并重新焊接
	(4)电源电压太低造成吸力不足，推不动阀芯	(4)提高电源电压
	4. 弹簧折断、漏装、太软，不能使滑阀恢复中位	4. 检查、更换或补装弹簧
	5. 电磁换向阀的推杆磨损后长度不够，使阀移动过小，引起换向不灵或不到位	5. 检查并修复，必要时更换推杆
电磁铁过热或烧毁	1. 电磁铁线圈绝缘不良	1. 更换电磁铁
	2. 电磁铁铁芯与滑阀轴线同轴度太差	2. 拆卸重新装配
	3. 电磁铁铁芯吸不紧	3. 修理电磁铁
	4. 电压不对	4. 改正电压
	5. 电线焊接不好	5. 重新焊接
	6. 换向频繁	6. 减少换向次数，或采用高频性能换向阀
电磁铁动作响声大	1. 滑阀卡住或摩擦力过大	1. 修研或更换滑阀
	2. 电磁铁不能压到底	2. 校正电磁铁高度
	3. 电磁铁接触不平或接触不良	3. 清除污物，修正电磁铁
	4. 电磁铁的磁力过大	4. 选用电磁力适当的电磁铁

5.6.2　压力控制阀的常见故障及排除方法

1. 先导式溢流阀的常见故障及排除方法

先导式溢流阀的常见故障及排除方法(表 5.9)。

表 5.9　先导式溢流阀的常见故障及排除方法

故障现象	原因分析	排除方法
无压力	1. 主阀芯阻尼孔堵塞 2. 主阀芯在开启位置卡死 3. 主阀平衡弹簧折断或弯曲使主阀芯不能复位 4. 调压弹簧弯曲或漏装 5. 锥阀(或钢球)漏装或破碎 6. 先导阀阀座破碎 7. 远程控制口通油箱	1. 清洗阻尼孔，过滤或换油 2. 检修，重新装配(阀盖螺钉紧固力要均匀)，过滤或换油 3. 换弹簧 4. 更换或补装弹簧 5. 补装或更换 6. 更换阀座 7. 检查电磁换向阀工作状态或远程控制通断状态
压力波动大	1. 主阀芯动作不灵活，时有卡住现象 2. 主阀芯和先导阀阀座阻尼孔时堵时通 3. 弹簧弯曲或弹簧刚度太小 4. 阻尼孔太大，消振效果差 5. 调压螺母未锁紧	1. 修换阀芯，重新装配(阀盖螺钉紧固力应均匀)，过滤或换油 2. 清洗缩小的阻尼孔，过滤或换油 3. 更换弹簧 4. 适当缩小阻尼孔(更换阀芯) 5. 调压后锁紧调压螺母
振动和噪声大	1. 主阀芯在工作状态时径向力不平衡，导致溢流阀性能不稳定 2. 锥阀和阀座接触不好(圆度误差太大)，导致锥阀受力不平衡，引起锥阀振动 3. 调压弹簧弯曲(或其轴线与端面不垂直)，导致锥阀受力不平衡，引起锥阀振动 4. 通过流量超过公称流量，在溢流阀口处引起空穴现象 5. 通过溢流阀的溢流量太小，使溢流阀处于启闭临界状态而引起液压冲击	1. 检查阀体孔和主阀芯的精度，修换零件，过滤或换油 2. 密封油面圆度误差控制在 0.005～0.010 以内 3. 更换弹簧或修磨弹簧端面 4. 限在公称流量范围内使用 5. 控制正常工作的最小溢流量

2. 减压阀的常见故障及排除方法。

减压阀的常见故障及排除方法(表 5.10)。

表 5.10　减压阀的常见故障及排除方法

故障现象	原因分析	排除方法
压力调整无效	1. 弹簧折断 2. 阀阻尼孔堵塞 3. 滑阀卡住 4. 先导阀座小孔堵塞 5. 泄油口的螺堵未拧出	1. 更换弹簧 2. 清洗阻尼孔 3. 清洗、修磨滑阀或更换滑阀 4. 清洗小孔 5. 拧出螺堵，接上泄油管
出口压力不稳定	1. 油箱液面低于回油管口或过滤器，空气进入系统 2. 主阀弹簧太软 3. 滑阀卡住 4. 泄漏 5. 锥阀与阀座配合不良	1. 补油 2. 更换弹簧 3. 清洗修磨滑阀或更换滑阀 4. 检查密封，拧紧螺钉 5. 更换锥阀

3. 顺序阀的常见故障及排除方法

顺序阀的常见故障及排除方法(表5.11)。

表5.11　顺序阀的常见故障及排除方法

故障现象	原因分析	排除方法
顺序阀不起顺序作用	1. 滑阀卡 2. 阻尼孔堵塞 3. 回油阻力过大 4. 调压弹簧变形 5. 油温过高 6. 控制油路堵塞	1. 清洗、修磨滑阀或更换 2. 清洗阻尼孔 3. 降低回油阻力 4. 更换弹簧 5. 降低油温至规定值 6. 清洗控制油路
流量不稳定	1. 油液中杂质污物黏附在节流口上,通流面积小,速度变慢 2. 节流阀性能差,由于振动使节流口变化 3. 节流阀内外泄漏大 4. 负载变化使速度突变 5. 油温升高,油液黏度降低,使速度加快 6. 系统中存在大量空气	1. 清洗元件,更换油液,加强过滤 2. 增加节流锁紧装置 3. 检查零件精度和配合间隙,修正或更换超差的零件 4. 改用调速阀 5. 采用温度补偿节流阀或调速阀,或设法减少温升,并采取散热冷 6. 排出空气

5.6.3　流量控制阀的常见故障及排除方法

1. 节流阀的常见故障及排除方法

节流阀的常见故障及排除方法(表5.12)。

表5.12　节流阀的常见故障及排除方法

故障现象	原因分析	排除方法
流量调节失灵或者调节范围小	1. 节流阀阀芯与阀体间隙过大,发生泄漏 2. 节流口阻塞或滑阀卡住 3. 节流阀结构不良 4. 密封件损坏	1. 修复或更换磨损零件 2. 清洗元件,更换液压油 3. 选用节流特性好的节流口 4. 更换密封件
流量不稳定	1. 油液中杂质污物黏附在节流口上,通流面积小,速度变慢 2. 节流阀性能差,由于振动使节流口变化 3. 节流阀内外泄漏大 4. 负载变化使速度突变 5. 油温升高,油液黏度降低,使速度加快 6. 系统中存在大量空气	1. 清洗元件,更换油液,加强过滤 2. 增加节流锁紧装置 3. 检查零件精度和配合间隙,修正或更换超差的零件 4. 改用调速阀 5. 采用温度补偿节流阀或调速阀,或设法减少温升,并采取散热冷却措施 6. 排出空气

2. 调速阀的常见故障及排除方法

调速阀的常见故障及排除方法(表 5.13)。

表 5.13 调速阀的常见故障及排除方法

故障现象	原因分析	排除方法
压力补偿装置失灵	1. 阀芯、阀孔尺寸精度及形位公差超差,间隙过小,压力补偿阀芯卡死 2. 弹簧弯拉、使压力补偿阀芯卡死 3. 油液污染物使补偿阀芯卡死 4. 调速阀进出油口压力差太小	1. 拆卸检查、修配或更换超差的零件 2. 更换弹簧 3. 清洗元件,疏通油路 4. 调整压力,使之达到规定值
流量调节失灵或者调节范围小	1. 节流阀阀芯与阀体间隙过大,发生泄漏 2. 节流口阻塞或滑阀卡住 3. 节流阀结构不良 4. 密封件损坏	1. 修复或更换磨损零件 2. 清洗元件,更换液压油 3. 选用节流特性好的节流口 4. 更换密封件
流量不稳定	1. 油液中杂质污物黏附在节流口上,通流面积小,速度变慢 2. 节流阀性能差,由于振动使节流口变化 3. 节流阀内外泄漏大 4. 负载变化使速度突变 5. 油温升高,油液黏度降低,使速度加快 6. 系统中存在大量空气	1. 清洗元件,更换油液,加强过滤 2. 增加节流锁紧装置 3. 检查零件精度和配合间隙,修正或更换超差的零件 4. 改用调速阀 5. 采用温度补偿节流阀或调速阀,或设法减少温升,并采取散热冷却措施 6. 排出空气

思考题与习题

5.1 说明方向阀、压力阀和流量阀的作用。

5.2 什么是三位滑阀的中位机能?

5.3 滑阀的位及通是如何定义的?试画出下列方向阀的图形符号:二位四通电磁换向阀、二位二通行程阀、三位五通液动换向阀(中位机能为 M、H、O)、双向液压锁。

5.4 滑阀式换向阀的控制方式有几种?说出各自的特点及适用场合。

5.5 说明溢流阀的工作原理。

5.6 试述溢流阀、减压阀的区别,顺序阀能否用溢流阀代替?为什么?

5.7 哪些阀可以用作背压阀,其差别有哪些?

5.8 调速阀的流量稳定性为什么比节流阀好?

5.9 叠加阀有什么特点?

5.10 插装阀由哪几部分组成?有何特点?

5.11 按用途比例阀可以分为几种?与普通阀相比有何特点?

5.12 如图 5.23 所示回路,若阀 1 的调定压力为 4 MPa,阀 2 的调定压力为 2 MPa,试回答下列问题:

（1）当液压缸运动时（无负载），A 点的压力值为（　　）、B 点的压力值为（　　）。

（2）当液压缸运动至终点碰到挡块时，A 点的压力值为（　　）、B 点的压力值为（　　）。

5.13　如图 5.24 所示回路中，两个油缸结构尺寸相同，无杆腔面积 $A_1=100\ \text{cm}^2$，溢流阀 1 调定压力为 10 MPa，减压阀 2 调定压力为 3 MPa，顺序阀 3 调定压力为 5 MPa，试确定在下列负载条件下，p_1、p_2、p_3的值为多少？

（1）$F_1=0$、$F_2=10\ 000$ N；

（2）$F_1=10\ 000$ N、$F_2=40\ 000$ N；

（3）$F_1=120\ 000$ N、$F_2=40\ 000$ N。

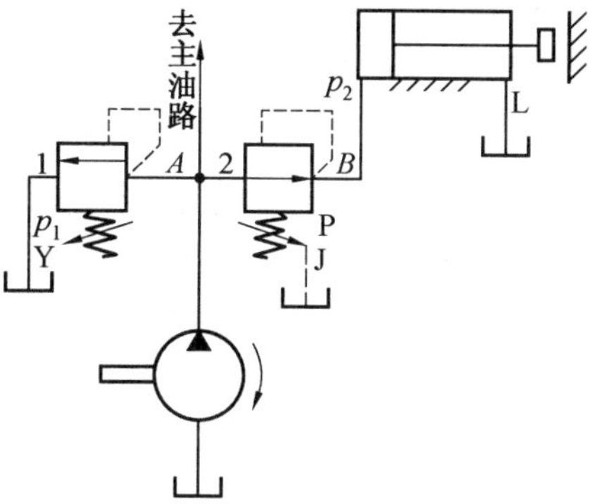

图 5.23　题 5.12 图

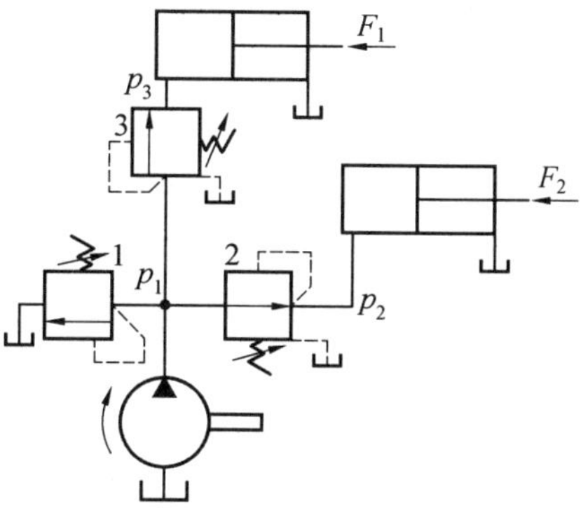

图 5.24　题 5.13 图

5.14　如图 5.25 所示的两个回路中，溢流阀 A 调定压力为 6 MPa，溢流阀 B 调定压力为 5 MPa，溢流阀 C 调定压力为 4 MPa，试求当系统负载无穷大时，液压泵的工作压力为多少？

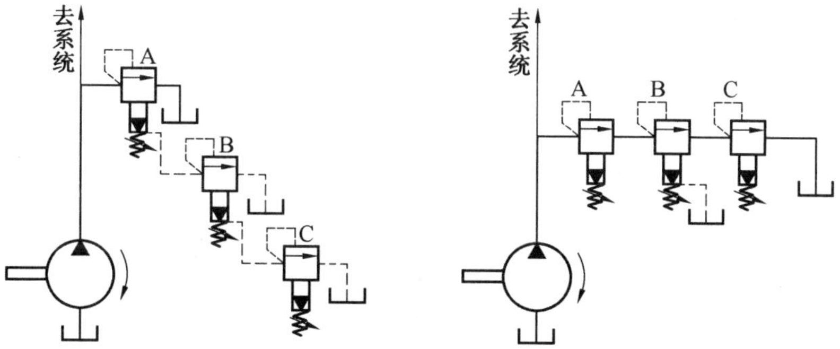

(a)　　(b)

图 5.25　题 5.14 图

5.15　如图 5.26 所示回路，溢流阀的调定压力为 4 MPa，当 YA 断电且负载压力为 2 MPa 时，压力表的读数为多少？当 YA 通电时，压力表的读数为多少？

5.16　3 个溢流阀调整压力如图 5.27 所示，试问泵的供油压力有几级？数值各为多少？

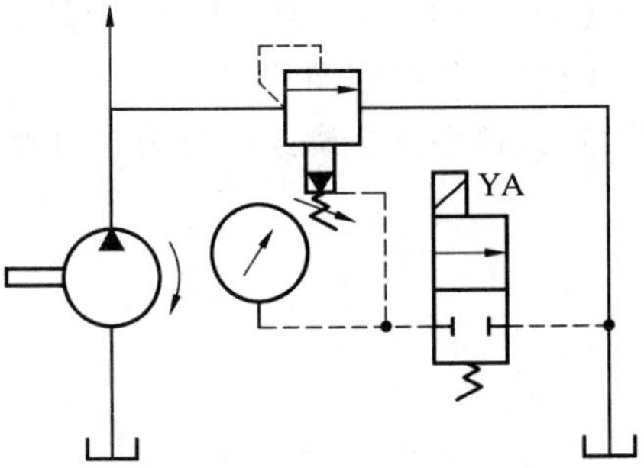

图 5.26　题 5.15 图

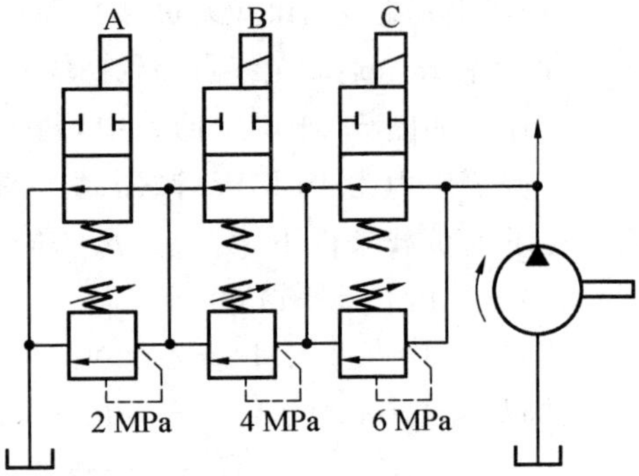

图 5.27　题 5.16 图

项目6 液压辅助装置

液压辅助装置主要包括油箱、蓄能器、滤油器、冷却器、加热器、油管及管接头和密封装置等。

任务6.1 油　箱

油箱的功用主要是储存油液，此外还起着散发油液中热量(在周围环境温度较低的情况下则是保持油液中热量)、释放出混在油液中的气体和沉淀油液中污物等作用。

按油箱液面是否与大气相通，油箱可分开式和闭式两种。开式油箱主要用于一般的液压系统；闭式油箱用于水下和对工作稳定性、噪声有严格要求的液压系统。

油箱的典型结构如图6.1所示。油箱内部用隔板7、9将吸油管1与回油管4隔开。顶部、侧部和底部分别装有滤油网2、油位计6和排放污油的放油阀8。安装液压泵及其驱动电机的安装板5则固定在油箱顶面上。

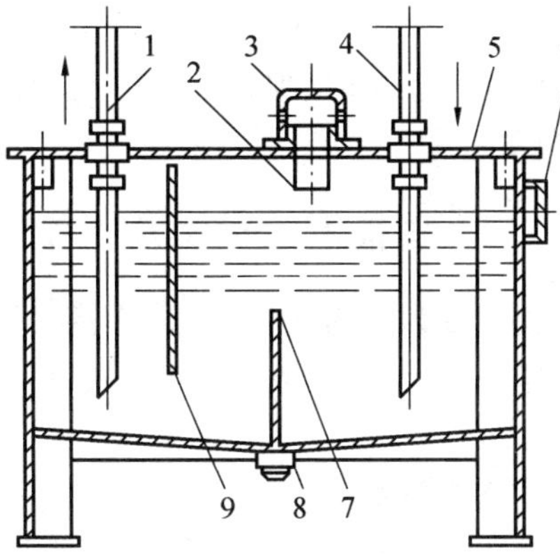

图6.1　油箱

1—吸油管；2—滤油网；3—盖；4—回油管；5—安装板；6—油位计；7、9—隔板；8—放油阀

任务6.2 蓄 能 器

6.2.1 蓄能器的功用

蓄能器是一种能够储存液体压力能，并在需要时把它释放出来的能量储存装置。其主要作用如下：

(1)贮存能量、减少油泵的传动功率。

当油缸需要大量压力油时,由蓄能器与油泵同时供出压力油。当油缸不工作时,油泵使蓄能器蓄压,满压后,油泵停止或卸荷。压铸机液压系统所采用的蓄能器就是起这种作用的典型实例。

(2)保持系统压力。

有些液压系统在油缸停止运动后,仍要求保持恒定的压力(如压力机、夹紧装置、合模装置等的保压回路)。此时,可利用蓄能器来保持系统压力并补偿泄漏,而使油泵卸荷。这样,可节省功率损耗和减少系统发热。当蓄能器压力下降到低于规定数值时,再开动油泵将高压油注入蓄能器。

(3)吸收脉动压力和冲击压力。

当液压系统采用齿轮泵和柱塞泵时,因其瞬时流量脉动将导致系统的压力脉动,从而引起振动和噪声。而液压冲击是因为液流的激烈变化所引起的,比如换向阀的突然换向,液压泵突然停止工作等。液压系统的脉动和冲击会引起工作机构运动不均匀,严重时还会引起故障,甚至使设备发生破坏。使用蓄能器可以吸收回路的冲击压力,起安全保护作用。另外,还可使系统的压力脉动均匀化。

(4)做紧急动力源。

某些液压系统要求在停电、液压泵发生故障或失去动力时,执行元件应能继续完成必要的动作以紧急避险、保证安全。为此可在系统中设置适当容量的蓄能器作为紧急动力源,避免事故发生。

6.2.2 蓄能器的种类及工作原理

蓄能器分为重力式蓄能器、弹簧式蓄能器和充气式蓄能器 3 种类型。常用的是充气式蓄能器,它又分为活塞式、气囊式和隔膜式 3 种。这里主要介绍活塞式和气囊式蓄能器。

1. 活塞式蓄能器

活塞式蓄能器如图 6.2 所示。它主要由活塞 1、缸筒 2 和气门 3 等组成。活塞 1 的上部为压缩气体(一般为氮气),下部为压力油,活塞 1 把缸筒中的液压油和气体隔开,压缩气体(氮气或净化空气)由气门 3 进入活塞 1 上部,液压油从 a 口进入活塞 1 的下部,液压油压力增加,活塞 1 上移,压缩气体,这一过程为储存能量过程;液压油压力降低,气体膨胀,活塞 1 下移,这一过程为输出能量过程。活塞式蓄能器的结构简单、寿命长。

2. 气囊式蓄能器

气囊式蓄能器如图 6.3 所示。它主要由壳体 1、气囊 2、充气阀 3 和限位阀 4 等组成。工作时,充气阀 3 向气囊 2 内充进一定压力的气体,然后关闭充气阀,使气体封闭在气囊 2 内,液压油从壳体底部限位阀 4 处引入气囊 2 外腔,使气囊受压缩而储存液压能。气囊式蓄能器优点是:气液密封可靠,能使油气完全隔离;气囊惯性小,反应灵敏;结构紧凑。其缺点是:气囊制造困难,工艺性较差。气囊有折合型和波纹型两种,前者容量较大,适用于蓄能,后者则是用于吸收冲击。

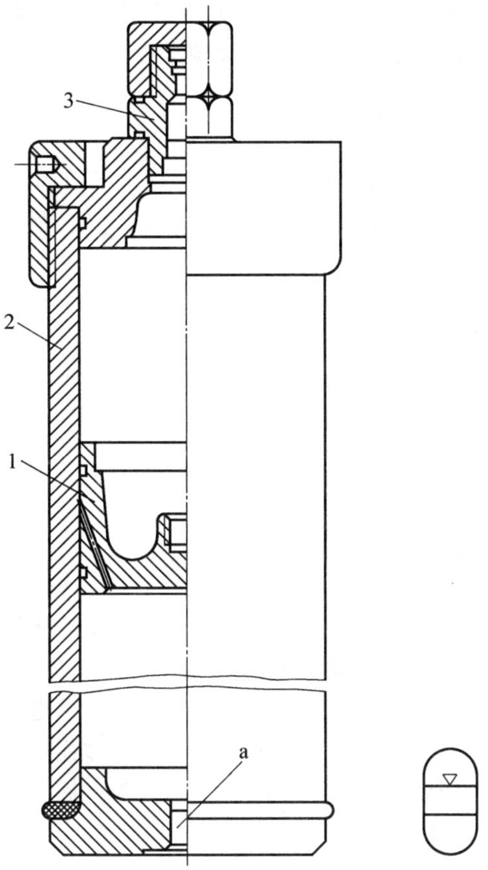

(a) 结构图　　(b) 图形符号

图 6.2　活塞式蓄能器

1—活塞;2—缸筒;3—气门

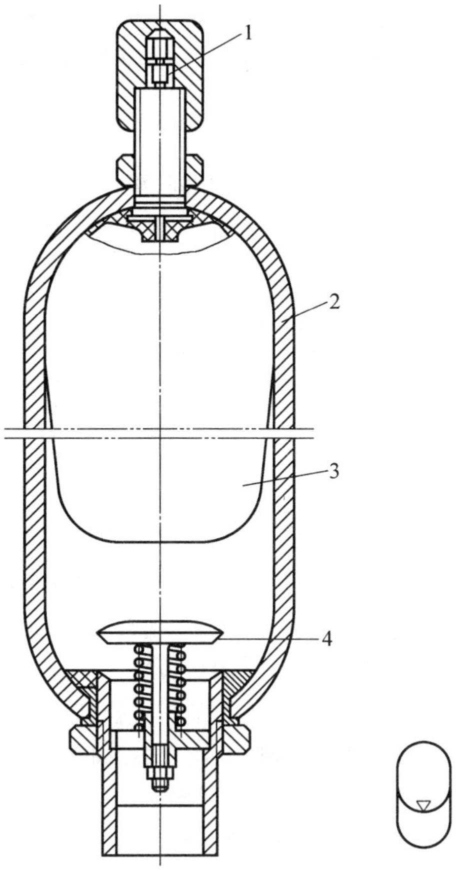

(a) 结构图　　(b) 图形符号

图 6.3　气囊式蓄能器

1—壳体;2—气囊;3—充气阀;4—限位阀

6.2.3　蓄能器的安装

蓄能器在液压系统中的安装位置随其功用而定,但在安装时应注意以下几个问题:

①气囊式蓄能器应垂直安装,油口向下。

②不能在蓄能器上进行焊接、铆焊或机械加工。

③用于吸收液压冲击和压力脉动的蓄能器应尽可能安装在振源附近。

④必须将蓄能器牢固地固定在托架或基础上。

⑤蓄能器与液压泵之间应安装单向阀,防止液压泵停止工作时,蓄能器储存的压力油倒流而使泵反转。

⑥蓄能器与管路之间应安装截止阀,供充气和检修之用。

任务 6.3　热交换器

液压系统的工作温度一般希望保持在 30～50 ℃范围内,最高不超过 65 ℃,最低不低于 15 ℃。当液压系统如依靠自然冷却仍不能使油温控制在上述范围内时,就需安装冷却器;反之,如环境温度太低无法使液压泵启动或正常运转时,则需安装加热器。

6.3.1 冷却器

液压系统中的冷却器,最简单的是蛇形管冷却器,如图 6.4 所示。它直接装在油箱内,冷却水从蛇形管内部通过,带走油液中的热量。这种冷却器结构简单,但冷却效率低,耗水量大。

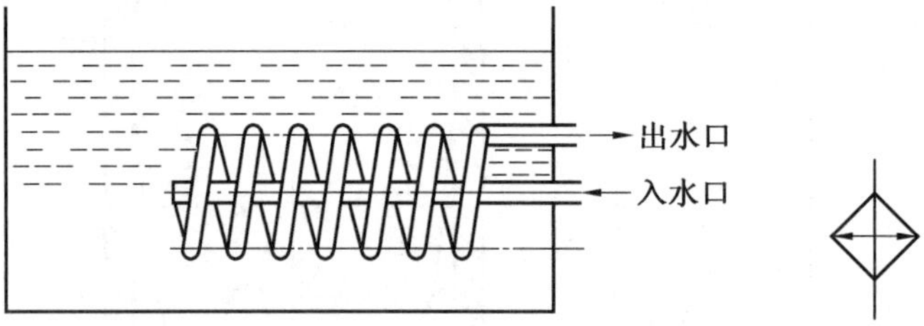

(a) 结构图　　(b) 图形符号

图 6.4　蛇形管冷却器

液压系统中用得较多的冷却器是强制对流式多管冷却器,如图 6.5 所示。油液从进油口 5 流入,从出油口 3 流出;冷却水从进水口 6 流入,通过多根水管后由出水口 1 流出。油液在水管外部流动时,它的行进路线因冷却器内设置了隔板而加长,因而增加了热交换效果。近年来出现一种翅片管式冷却器,如图 6.6 所示。其在水管外面增加了许多横向或纵向的散热翅片,大大扩大了散热面积,增强了热交换效果。它是在圆管或椭圆管外嵌套上许多径向翅片,其散热面积可达光滑管的 8～10 倍。椭圆管的散热效果一般比圆管更好。

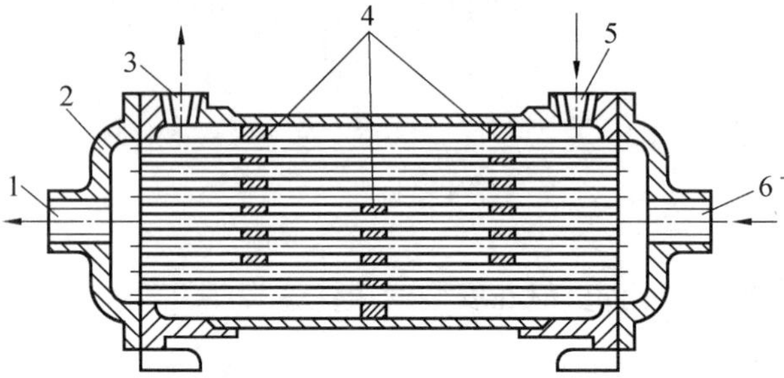

图 6.5　多管式冷却器

1—出水口;2—端盖;3—出油口;4—隔板;5—进油口;6—进水口

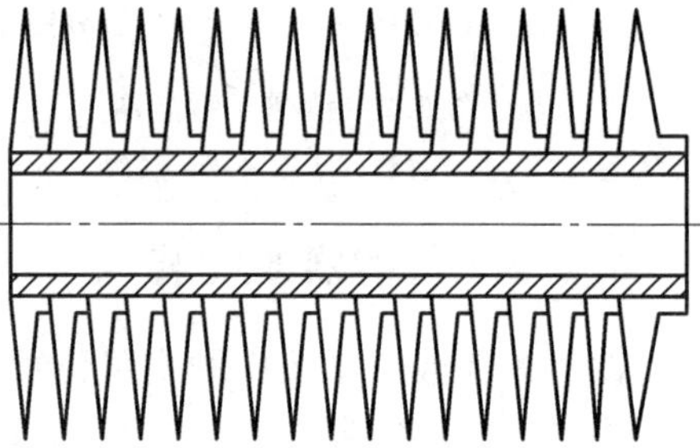

图 6.6　翅片管式冷却器

液压系统亦可以用汽车上的风冷式散热器来进行冷却。这种用风扇鼓风带走流入散热器内油液热量的装置不需另设通水管路,且结构简单、价格低廉,但冷却效果较水冷式差。冷却器一般应安放在回油管或低压管路上。如溢流阀的出口、系统的主回流路上或单独的冷却系统。冷却器所造成的压力损失一般为 0.01～0.1 MPa。

6.3.2 加热器

液压系统的加热一般常采用结构简单、能按需要自动调节最高和最低温度的电加热器。这种加热器的安装方式是用法兰盘横装在箱壁上,发热部分全部浸在油液内。加热器应安装在箱内油液流动处，以利于热量的交换。由于油液是热的不良导体，因此单个加热器的功率容量不能太大，以免其周围油液过度受热后发生变质现象。

任务 6.4　过 滤 器

6.4.1　过滤器的功用及结构

1. 过滤器的功用

过滤器的功用是滤除油液中的杂质。实践证明，液压系统近 80% 的故障都和油液的污染有关。因此，保持油液清洁是保证液压系统可靠工作的关键，而对油液进行过滤则是保持油液清洁的主要手段。

2. 过滤器分类

过滤器分类如下：

①过滤器按过滤精度可分为粗过滤器和精过滤器两大类。

②按滤芯结构可分为网式过滤器、线隙式过滤器、磁性过滤器、烧结式过滤器和纸质过滤器等。

③按过滤方式可分为表面型过滤器、深度型过滤器和吸附型过滤器。

④按过滤器的安装位置可分为吸油过滤器、压油过滤器和回油过滤器。

下面介绍几种常用的过滤器。

3. 过滤器结构

(1)网式过滤器。

如图 6.7 所示，网式过滤器由上盖 1、下盖 4、铜丝网 3 和塑料圆筒 2 等组成。铜丝网包在圆筒上（一层或两层），过滤精度由网孔大小和层数决定，有 80 μm、100 μm 和 180 μm 3 种规格。网式过滤器结构简单，清洗方便，通油能力强，压力损失小，但过滤精度低。常用于泵的吸油管路，对油进行粗过滤。

(2)线隙式过滤器。

线隙式过滤器如图 6.8 所示，由芯架 1、滤芯 2 和壳体 3 等组成。它的滤芯由用铜线或铝线密绕在筒形芯架 1 的外部而成。工作时，流入壳体内的油液经线间缝隙流入滤芯内，再从上部孔道流出。其过滤精度为 30～100 μm，常安装在压力管路上，用以保护系统中较精密或易堵塞的液压元件。其通油压力可达 6.3～32 MPa，用于吸油管路上的线隙式过滤器没有外壳，过滤精度为 50～100 μm，压力损失为 0.03～0.06 MPa，其作用是保护液压泵。线隙式过滤器过滤效果好，结构简单，通油能力强，机械强度好，缺点是不易清洗。

(3)烧结式过滤器。

如图 6.9 所示，烧结式过滤器由端盖 1、壳体 2 和滤芯 3 组成。其滤芯用球状青铜颗粒粉末压制并烧结而成。它利用颗粒间的微孔滤去油液中的杂质，其过滤精度为 10～100 μm，压力损失为 0.03～0.2 MPa。主要用于工程机械等设备的液压系统。

烧结式过滤器强度好、性能稳定、抗冲击性能好、耐高温、过滤精度高、制造比较简单，但清洗困难，若有脱粒时会影响过滤精度，甚至损伤液压元件。

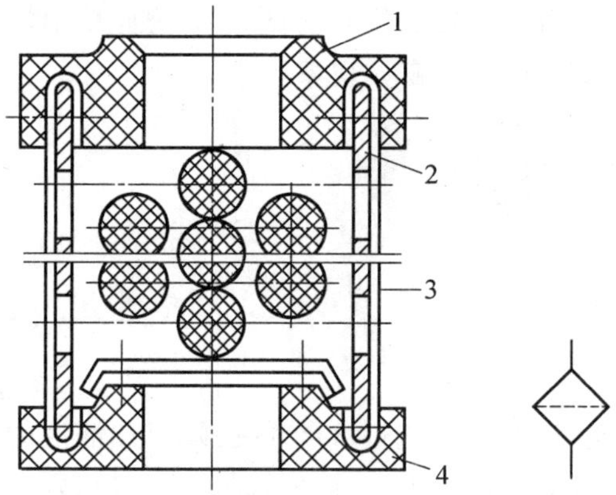

(a) 结构图　　(b) 图形符号

图 6.7　网式过滤器

1—上盖;2—塑料圆筒;3—铜丝网;4—下盖

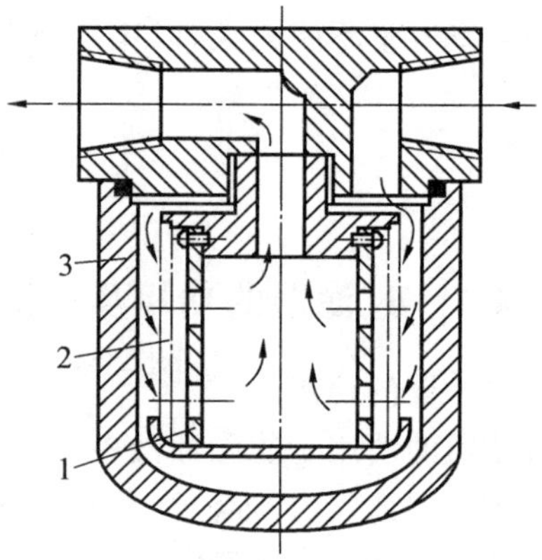

图 6.8　线隙式过滤器

1—芯架;2—滤芯;3—壳体

(4)纸芯式过滤器。

如图 6.10 所示,它由堵塞状态发讯装置 1、滤芯外层 2、滤芯中层 3、滤芯里层 4 和支撑弹簧 5 以及壳体等组成。纸芯过滤器的结构与线隙式过滤器类似,只是滤芯材质和组成结构不同。它的滤芯有 3 层:外层为粗眼钢板网,中层为折叠成 W 形的滤纸,内层由金属丝网与滤纸折叠而成。这种结构,提高了滤芯强度,增大了滤芯的过滤面积。其过滤精度为 5～30 μm,主要用于精密机床、数控机床、伺服机构、静压支撑等要求过滤精度高的液压系统,并常与其他类型的滤油器配合使用。

纸芯式过滤器结构紧凑,通油能力强,过滤精度高,滤芯价格低,但无法清洗,需要经常更换滤芯。

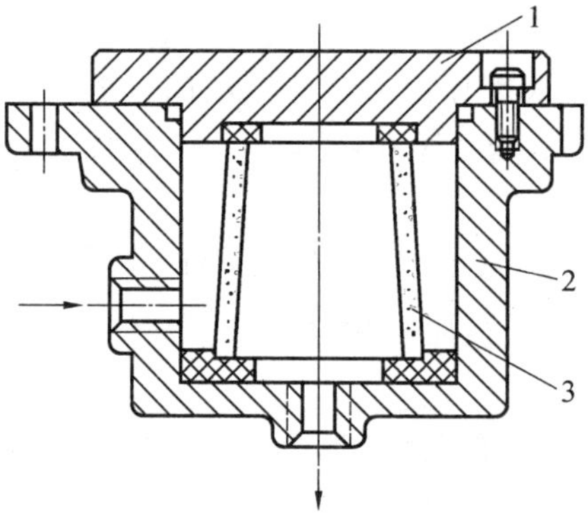

图 6.9　烧结式过滤器

1—端盖;2—壳体;3—滤芯

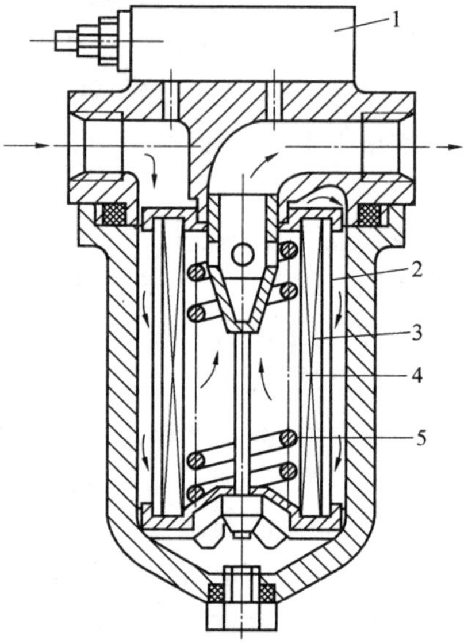

图 6.10　纸芯式过滤器

1—堵塞状态发讯装置;2—滤芯外层;3—滤芯中层;4—滤芯里层;5—支撑弹簧

6.4.2　过滤器的选用及安装

1. 过滤器的选用

选用过滤器时，应根据所设计液压系统的技术要求，按过滤精度、通油能力、工作压力、油的黏度和工作温度等来选择其类型及型号。

选用过滤器时，要考虑下列几点：

①过滤精度应满足预定要求。

②能在较长时间内保持足够的通流能力。

③滤芯具有足够的强度，不因液压的作用而损坏。

④滤芯抗腐蚀性能好，能在规定的温度下持久地工作。

⑤滤芯清洗或更换简便。

2. 过滤器的安装

过滤器在液压系统中的安装位置通常有以下几种：

(1)安装在泵的吸油口。

泵的吸油路上一般都装有过滤器，目的是滤去较大的杂质微粒，保护液压泵，不影响泵的吸油性能，防止气穴现象。安装在吸油路上的过滤器过滤能力应大于泵流量的两倍以上，压力损失不得超过 0.02 MPa。

(2)安装在泵的出口油路上。

安装在泵出口油路上的过滤器用来滤除可能侵入阀类等元件的污染物。一般采用 10～15 μm 过滤精度的过滤器，并应能承受油路上的工作压力和冲击压力，压力降应小于 0.35 MPa。为防止泵过载和滤芯损坏，应并联安全阀和设置堵塞状态发讯装置。

(3)安装在系统的回油路上。

这种连接方式只能间接地过滤。由于回油路压力低，可采用强度低的过滤器，其压力降对系统影响也不大。安装时，一般与单向阀并联，起旁通作用，当过滤器堵塞达到一定压力损失时，单向阀打开通油。

(4)单独过滤系统。

大型液压系统可专门设置由液压泵和过滤器组成的独立过滤回路，用来清除系统中的杂质，还可与加热器、冷却器、排气器等配合使用。

任务6.5　管　件

6.5.1　油管

液压系统中使用的油管种类有钢管、紫铜管、橡胶软管、尼龙管和塑料管等。

(1)钢管。

钢管分为焊接钢管和无缝钢管。焊接钢管用于压力小于 2.5 MPa，冷拔无缝钢管用于压力大于 2.5 MPa。

(2)紫铜管。

容易弯曲成形，适用于压力在 10 MPa 范围内的中小型液压系统，但价格高。

(3)橡胶软管。

常用于有相对运动部件的连接油管，分为高压和低压两种。高压管由耐油橡胶夹钢丝编织层制成，其最高承受压力可达 42 MPa；低压管由耐油橡胶夹帆布制成，承受压力一般在 1.5 MPa 以下。橡胶软管安装方便，不怕振动，并能吸收部分液压冲击。

(4)尼龙管。

一种新型油管，其承受压力范围为 2.5～8.0 MPa。

(5)耐油塑料管。

承受压力小于 0.5 MPa，只用作回油管和泄油管。

6.5.2 管接头

管接头是油管与油管，油管与液压元件间的可拆卸连接件。管接头性能的好坏直接影响液压系统的泄漏和压力损失。常用管接头的类型及特点见表 6.1。

各种管接头已标准化，选用时可查阅有关液压设计手册。

表 6.1 常用管接头的类型和特点

类型	结构图	特点
卡套式管接头	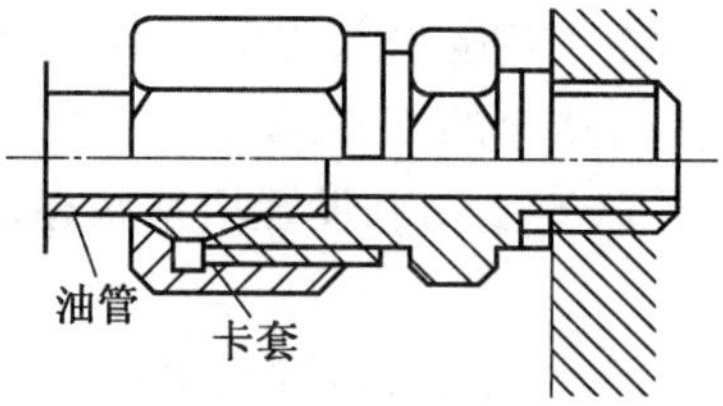	用卡套卡住油管进行密封，轴向尺寸要求不严，装拆简便，对油管径向尺寸精度要求较高，为此要采用冷拔无缝钢管
固定铰接管接头	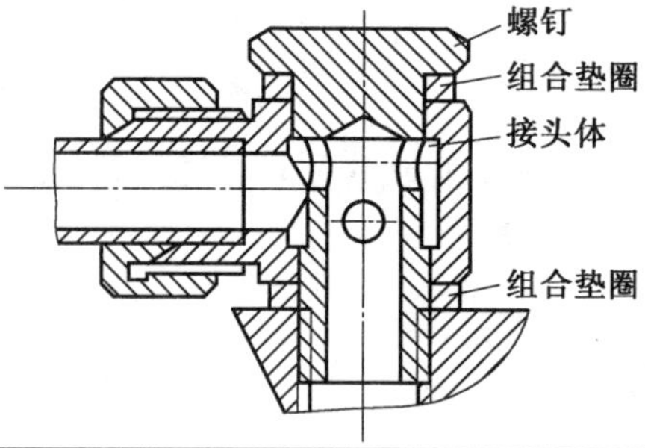	直角接头的优点是可以随意调整布管方向，安装方便，占空间小 中间有通油孔的固定螺钉把两个组合垫圈压紧在接头体上进行密封
扩口式管接头	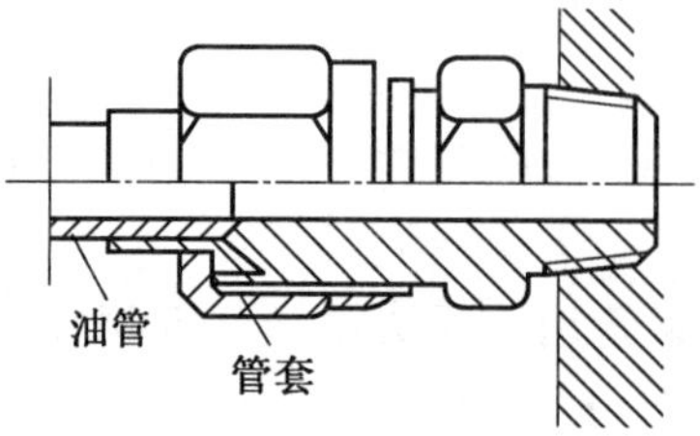	用油管管端的扩口在管套的压紧下进行密封，结构简单，适用于铜管、薄壁钢管、尼龙管和塑料管等低压管道的连接

续表 6.1

类型	结构图	特点
扣压式软管接头	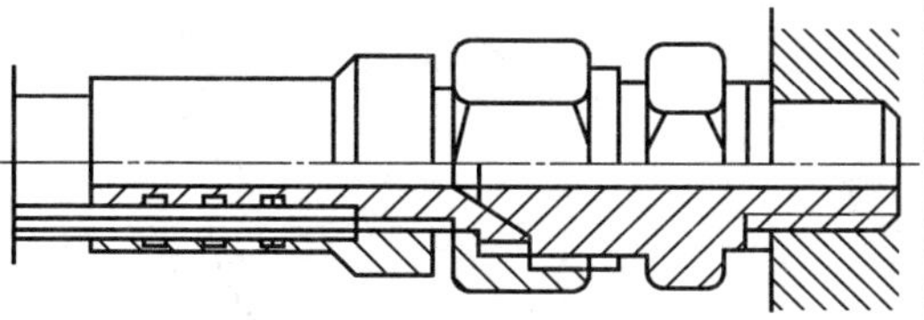	用来连接高压软管 在中、低压系统中应用
焊接式管接头	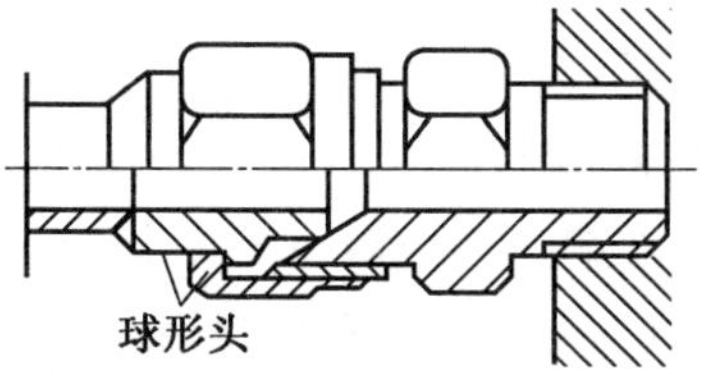	连接牢固，利用球面进行密封，简单可靠，焊接工艺必须保证质量，必须采用厚壁钢管，拆装不便

任务 6.6　密封装置

液压系统中的各元件都相当于一种压力容器，因此，在有可能泄漏的表面间和连接处都需要有可靠的密封。若是密封不良，会造成液压元件的内部或外部泄漏，从而降低液压系统的效率并污染工作环境。所以，密封装置性能的好坏是提高系统的压力、效率和延长元件使用寿命的重要因素之一。

密封装置按工作原理，可以分为非接触式密封（如间隙密封）和接触式密封（如密封圈等）两大类。

6.6.1　间隙密封

间隙密封是非接触式密封，靠相对运动的配合表面之间的微小间隙来防止泄漏，广泛应用于油泵、阀类和液压马达中，是一种非常简单的密封方式。常见的有柱塞油泵的配油盘和转子端面间的配合（平面配合）、滑阀的阀芯与阀套间的配合（圆柱面配合）。在圆柱形配合面的间隙密封中，往往在配合表面上开几条环形的平衡槽，如图 6.11 所示，其目的主要是为了提高密封能力。

间隙密封的特点是结构简单，阻力小，经久耐用。但磨损后不能自行补偿，对零件的加工精度要求很高。所以，这种密封方式只适于在低压和低速的情况下使用。

6.6.2　O 形密封圈

O 形密封圈的结构如图 6.12 所示。它一般用合成橡胶制成，截面为圆形，结构简单，密封可靠，体积小，寿命长，装卸方便，摩擦力小。主要用于静密封及滑动密封，转动密封用得较少，但也可用于圆周速度小于 0.2 m/s 的回转运动密封。其缺点是启动摩擦力较大(约为动摩擦力的 3～4 倍)；在高压下容易被挤入间隙。

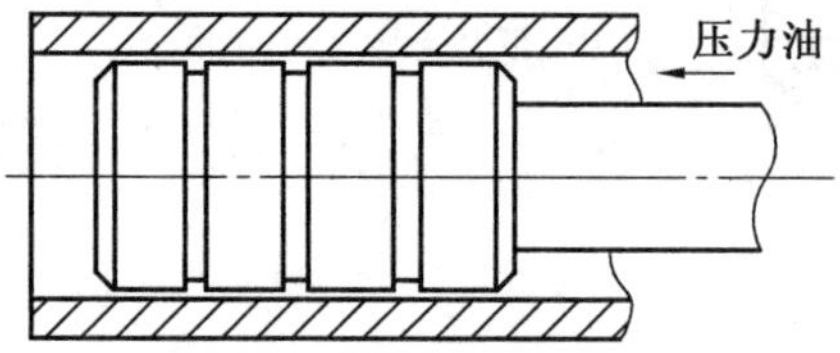

图 6.11 间隙密封

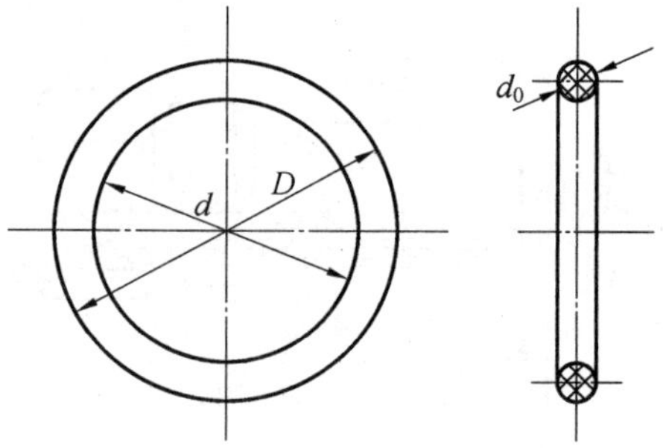

图 6.12 O 形密封圈

O 形密封圈属于挤压密封，它的工作原理如图 6.13 所示，在装配时，截面要受到一定的压缩变形，从而在密封面上产生预压紧力，实现初始密封；当密封面上的单位压紧力大于液体压力时，即构成了密封。而且当液体压力升高时，密封圈因为受到挤压而使密封面上的压紧力相应提高，因此仍能起密封作用。

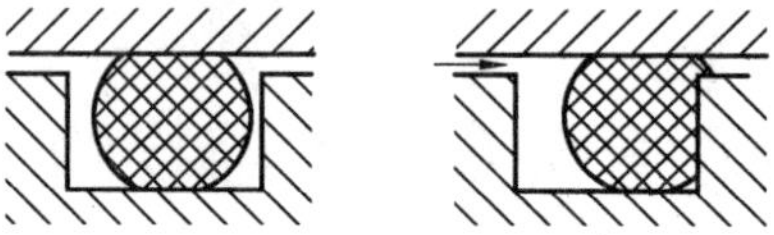

图 6.13 O 形密封圈的密封原理图

O 形密封圈损坏的主要原因之一是被挤入间隙，如图 6.14 所示。这会导致密封件被挤裂，最终造成漏油，这样很有可能导致被密封元件不能正常工作。油压越高、间隙越大、密封材料硬度越低，挤入现象越容易发生。在动密封中，O 形密封圈的侧面可以设置挡圈，防止 O 形圈被挤入间隙中而损坏。单向受压时，在不承受油压的一侧设置一个挡圈，如图 6.15(a)所示；双向受压时，在 O 形密封圈的两侧都设置挡圈，如图 6.15(b)所示。挡圈通常用聚四氟乙烯或尼龙来制作。

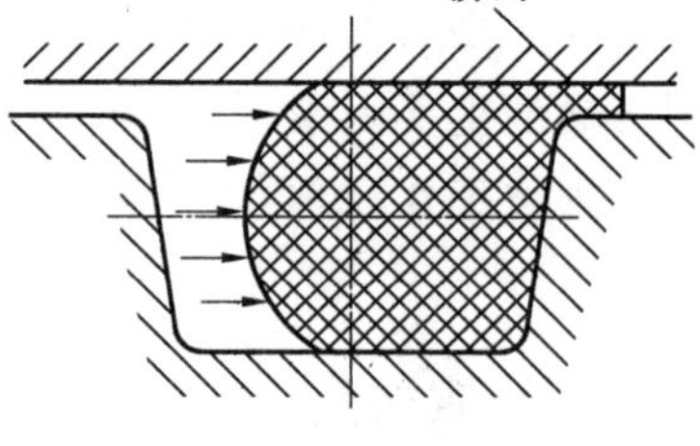

图 6.14 O 形密封圈的挤出现象

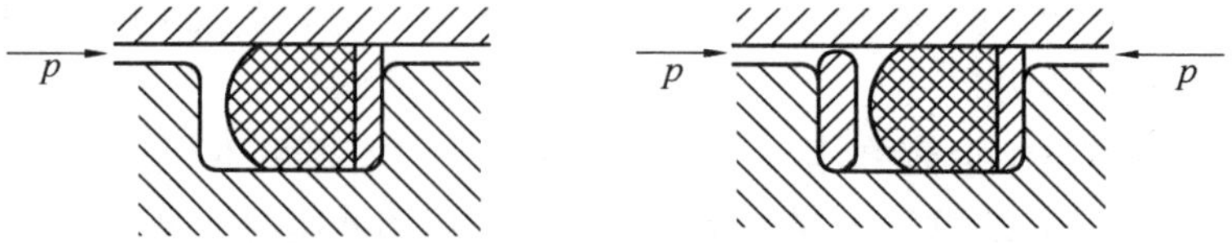

(a) 单向受压　　(b) 双向受压

图 6.15 挡圈的正确使用方法

6.6.3　Y 形密封圈

Y 形密封圈的结构如图 6.16 所示，Y 形密封圈的截面为 Y 形。一般用耐油橡胶制成，是一种密封性、稳定性和耐油性较好、摩擦阻力小、寿命较长、应用较广的密封圈。工作时，油液压力使两唇分开并紧贴密封表面，形成密封。Y 形密封圈的密封能力能随油压升高而提高，并能对磨损自行补偿。此外，它还具有结构简单，摩擦阻力小，往复运动速度较高时也能使用等优点。它适于在压力 $p<21$ MPa 时做内径或外径的滑动密封用。

近年来，小 Y 形密封圈在液压元件中的应用越来越多。所谓“小 Y 形”是指断面高宽比为 2 以上的 Y 形密封圈。采用聚氨酯橡胶制成。工作时靠油压使两唇分开并紧贴密封表面形成密封。这种密封圈的硬度高，弹性、耐油性、耐磨性及耐高压性均好，但耐热性不好。可用于相对运动速度较快时的密封。它的径向断面尺寸较小，对减少液压元件的结构尺寸有利。

小 Y 形密封圈分为轴用和孔用两种。其结构如图 6.17 所示。轴用时，其内唇和轴面间有相对运动；孔用时，其外唇和缸内壁间有相对运动。这种密封圈的两唇高度不等，在有相对运动的一侧较低，这样可以防止运动件切伤密封唇，提高密封圈的使用寿命。

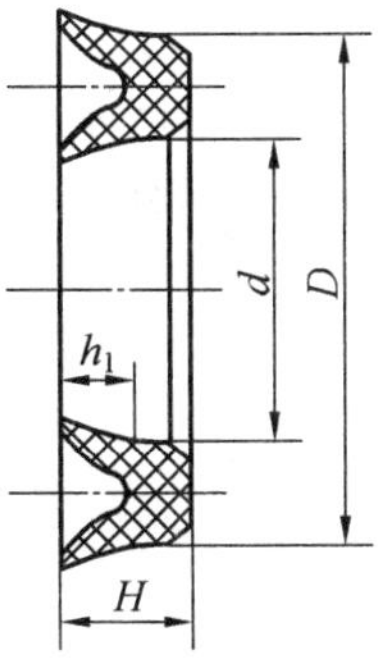

图 6.16　Y 形密封圈

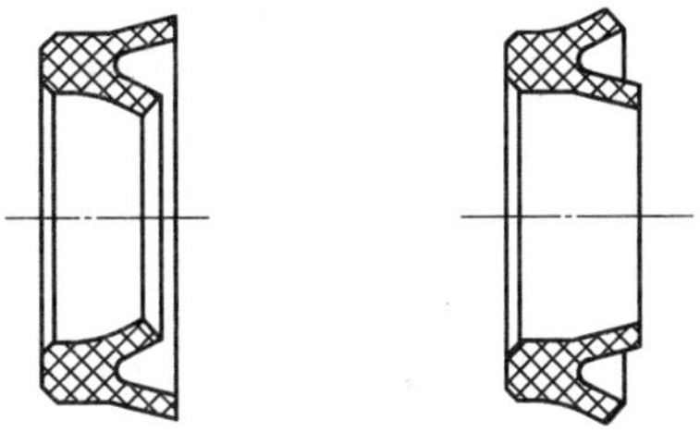

(a) 轴用（装在孔内）　(b) 孔用（装在轴上）

图 6.17　小 Y 形密封圈

6.6.4　V 形夹织物密封圈

V 形夹织物密封圈的结构如图 6.18 所示，它由支撑环、密封环和压环 3 个不同截面的零件组成，密封环的数量由工作压力大小而定。这种密封圈可以用耐油橡胶，夹布橡胶，聚四氟乙烯和皮革等制成。它的特点是：接触面较长，密封性好，耐高压，寿命长，通过调节压紧力，可获得最佳的密封效果，但 V 形密封装置的摩擦阻力及结构尺寸较大，主要用于活塞及活塞杆的往复运动密封，其适应工作压力 $p\leqslant 50$ MPa。安装 V 形密封圈时，应使其唇口面对压力油腔，因为它也是靠唇边张开起密封作用的。

6.6.5　回转轴的密封

回转轴的密封有多种方式，常用的是回转轴用橡胶密封圈，如图 6.19 所示。所用的材料是耐油橡胶。它的内部有直角形圆环铁骨架支撑着，内边围有一根螺旋弹簧，使密封圈的内边收缩紧贴在轴上起密封作用。这种密封主要用于油泵、液压马达和回转油缸外伸轴的密封。密封处的工作压力一般不超过 100 kPa,最大允许线速度为 4～8 m/s。

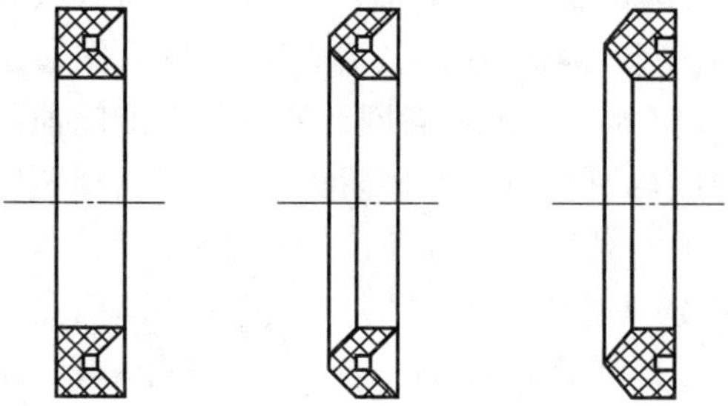

图 6.18　V形夹织物密封圈

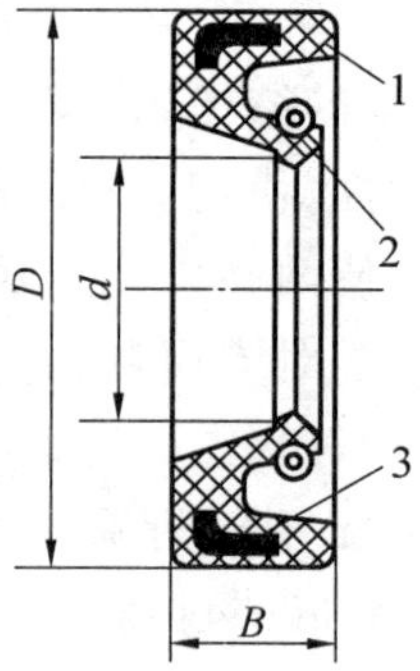

图 6.19　回转轴用橡胶密封圈

1—橡胶环;2—弹簧;3—加固环

6.6.6　防尘密封圈

为了防止灰尘进入油缸,保持油液清洁,减少运动件的磨损,延长液压元件的使用寿命,对外伸活塞杆处必须采取防尘措施。这一点对铸造设备来讲,十分重要。因为铸造设备的工作环境大都比较恶劣。

常用的防尘措施是在活塞杆伸出处使用防尘密封圈。经常使用的是骨架式和三角形式两种防尘圈(参看有关设计手册)。此外,为了保护外伸的活塞杆表面的清洁,必要时可在活塞杆上加装折叠式防尘套,防尘套可用帆布或橡胶制成。

6.6.7　活塞环

活塞环是用合金铸铁制成的。它依靠金属弹性变形的膨胀力压紧密封表面而起密封作用。其优点是密封效果好,能用于相对运动速度大、工作温度高的场合。但是,活塞环的加工工艺复杂,密封表面的加工要求很高。因此,近年来已逐渐被密封圈所代替,仅在密封圈不能满足要求时才使用。

思考题与习题

6.1　蓄能器有哪些用途?

6.2　蓄能器为什么能储存和释放能量?

6.3　蓄能器的种类有哪些?各有什么特点?

6.4　滤油器有哪几种形式?

6.5　选择滤油器时应考虑哪些问题?

6.6　常用的密封装置有哪几种类型?各有什么特点?

6.7　油管的种类有哪些?各有什么特点?分别用在什么场合?

6.8　管接头的种类有哪些?

6.9　油箱的功用是什么?

项目 7

液压基本回路

任何一个液压系统，无论它所要完成的动作有多么复杂，都是由一些基本回路组成的。所谓液压基本回路就是由有关的液压元件组成的。具有完成特定功能的油路，是组成液压系统最基本的特点。

液压基本回路按功用可以分为方向控制回路、压力控制回路、速度控制回路和多执行元件控制回路等。

任务 7.1　方向控制回路

在液压系统中，工作元件的启动、停止或变化运动方向等都是利用控制进入执行元件液流的通、断及改变流动方向来实现的。实现这些功能的回路为方向控制回路。常见的方向控制回路有换向回路和锁紧回路。

7.1.1　换向控制回路

换向控制回路用于控制液压系统中的液流方向，从而改变执行元件的运动方向。一般采用各种换向阀来实现，在闭式容积回路中也可利用双向变量泵实现换向过程。

1. 采用电磁换向阀的换向回路

采用电磁换向阀的换向回路如图 7.1 所示。按下启动按钮，当 1YA 通电，2YA 不通电时，阀左位，液压缸左腔进油，活塞右移；当 2YA 通电，1YA 不通电时，阀右位，液压缸右腔进油，活塞左移；当 1YA 与 2YA 都断电时，活塞停止运动。采用二位四通、三位四通、三位五通的电磁换向阀组成的换向回路是比较常用的。由电磁换向阀组成的换向回路操作方便，易于实现自动化，但换向时间短，故换向冲击大，适用小流量，平稳性要求不高的场合。

2. 采用电液换向阀的换向回路

电液换向阀的换向回路如图 7.2 所示。当 1YA 通电时，三位四通电磁换向阀 5 左位工作，控制油路的压力油推动液控三位四通换向阀 4 处于左位工作状态，液压泵 1 输出油液经液控三位四通换向阀 4 输入液压缸 7 左腔，推动活塞右移。当 1YA 断电，2YA 通电时，三位四通电磁换向阀 5 换向，使液控三位四通换向阀 4 也换向，液压缸右腔进油，推动活塞左移。对于流量较大、换向平稳性要求较高的液压系统,除采用电液换向阀换向回路外,还经常采用手动、机动换向阀作为先导阀,以液动换向阀为主阀的换向回路。

由于换向阀种类较多,也可以采用手动换向阀和行程换向阀作为先导阀控制液动换向阀的换向回路。

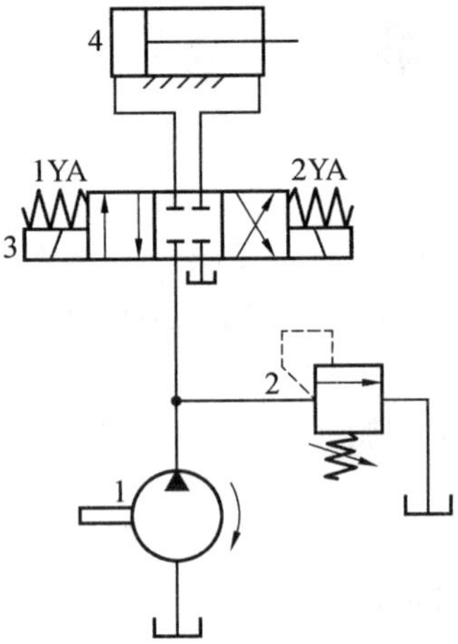

图 7.1 电磁换向阀的换向回路

1—油泵;2—溢流阀;3—三位四通电磁换向阀;4—液压缸

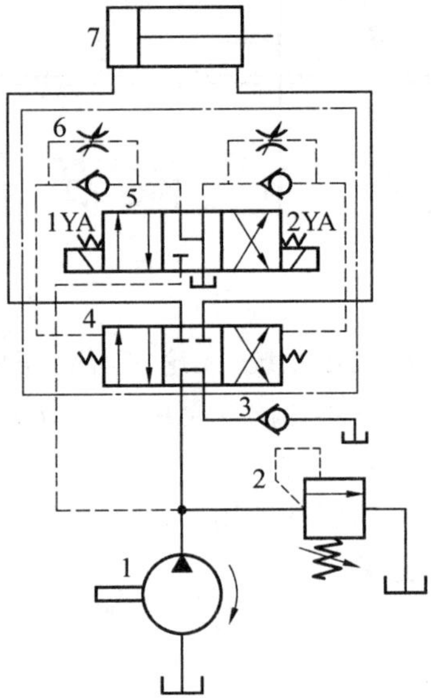

图 7.2 电液换向阀的换向回路

1—液压泵;2—溢流阀;3—单向阀;4—液控三位四通换向阀;5—三位四通电磁换向阀;6—单向节流阀;7—液压缸

7.1.2 锁紧回路

锁紧回路的功用是使执行元件在需要的任意运动位置上停留锁紧,且不会因外力作用而移动位置。以下几种是常见的锁紧回路。

1. 采用换向阀中位机能的锁紧回路

采用三位换向阀 O 型(或 M 型)中位机能锁紧的回路如图 7.3 所示。其特点是结构简单,不需增加其他装置,但由于滑阀环形间隙泄漏较大,故其锁紧效果不太理想,一般只用于要求不太高或只需短暂锁紧的场合。

2. 采用双向液控单向阀的锁紧回路

采用双向液控单向阀(又称双向液压锁)的锁紧回路如图 7.4 所示。当换向阀 3 处于左工位时,压力油经双向液压锁 4 的左边液控单向阀进入液压缸 5 左腔,同时通过控制口打开右边液控单向阀,使液压缸右腔的回油可经右边的液控单向阀及换向阀流回油箱,活塞向右运动;反之,活塞向左运动。到了需要停留的位置,只要使换向阀处于中位,因阀的中位为 H 型机能,所以两个液控单向阀均关闭,液压缸双向锁紧。由于液控单向阀的密封性好(线密封),液压缸锁紧可靠,其锁紧精度主要取决于液压缸的泄漏。这种回路被广泛应用于工程机械、起重运输机械等有较高锁紧要求的场合。

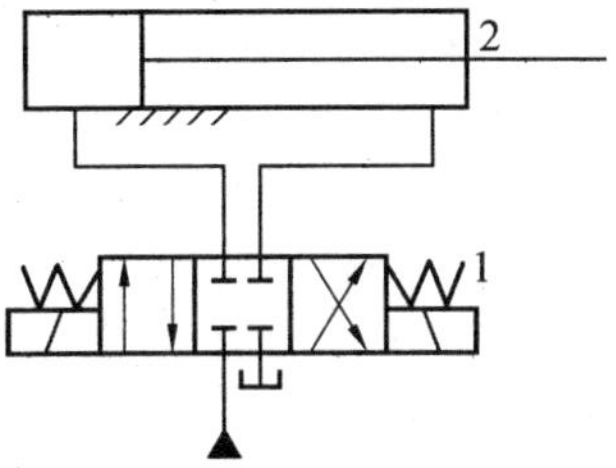

图 7.3　采用换向阀中位机能的锁紧回路

1—O 型三位四通电磁换向阀；2—液压缸

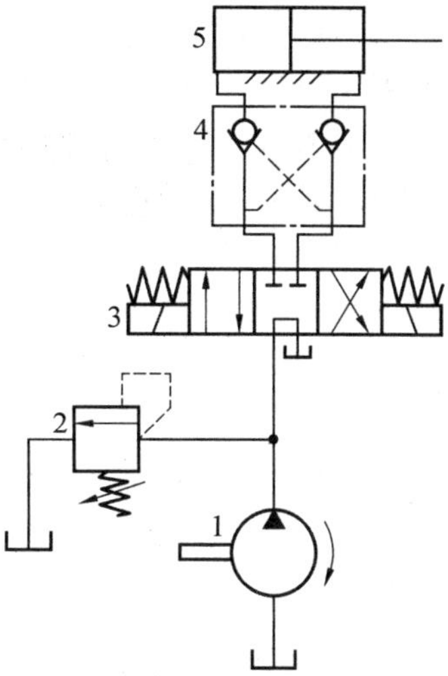

图 7.4　采用双向液压锁的锁紧回路

1—液压泵；2—溢流阀；3—换向阀；4—双向液压锁；5—液压缸

任务 7.2　压力控制回路

压力控制回路是利用压力控制阀来控制或调节整个液压系统或液压系统局部油路上油液的工作压力，以满足系统中不同执行元件对工作压力和转矩的要求。压力控制回路主要包括调压、减压、增压、保压、卸荷、平衡、卸压等多种回路。

7.2.1　调压回路

调压回路的功用是使液压系统整体或某一部分的压力保持恒定或限定为不许超过某个数值，或者使执行元件在工作过程的不同阶段能够实现多种不同压力变换，这一功能一般由溢流阀来实现。当液压系统工作时，如果溢流阀始终能够处于溢流状态，就能保持溢流阀进口的压力基本不变；如果将溢流阀并接在液压泵的出油口，就能达到调定液压泵出口压力基本保持不变的目的。

调压回路又分为单级调压回路和多级调压回路。

1. 单级调压回路

这是液压系统中最为常见的回路，在液压泵的出口处并联一个溢流阀来调定系统的压力，如图 7.5 所示。单级调压回路中使用的溢流阀可以是直动式或先导式结构。采用直动式溢流阀的单级调压回路如图 7.5(a)所示，当改变节流阀 2 的开口大小来调节液压缸运动速度时，由于要排掉定量泵输出的多余流量，溢流阀 5 始终处于开启溢流状态，使系统工作压力稳定在溢流阀 5 调定的压力值附近，此时的溢流阀 5 在系统中做定压阀使用。如果图 7.5(a)回路中没有节流阀 2，则泵出口压力将直接随液压缸负载压力的变化而变化，溢流阀 5 做安全阀使用，即当回路工作压力低于溢流阀 5 的调定压力时，溢流阀处于关闭状态，此时系统压力由负载压力决定；当负载压力达到或超过溢流阀调定压力时，溢流阀处于开启溢流状态，使系统压力不再继续升高，溢流阀将限定系统最高压力，对系统起安全保护作用；采用先导式溢流阀的单级调压回路如图 7.5(b)所示，在先导式溢流阀 4 的远控口处接上一个远程调压的直动式溢流阀 5，则回路压力可由直动式溢流阀 5 远程调节，实现对回路压力的远程调压控制。但此时要求先导式溢流阀 4 的调定压力必须大于远程调压的直动式溢流阀 5 的调定压力，否则远程调压的直动式溢流阀 5 将不起远程调压作用。

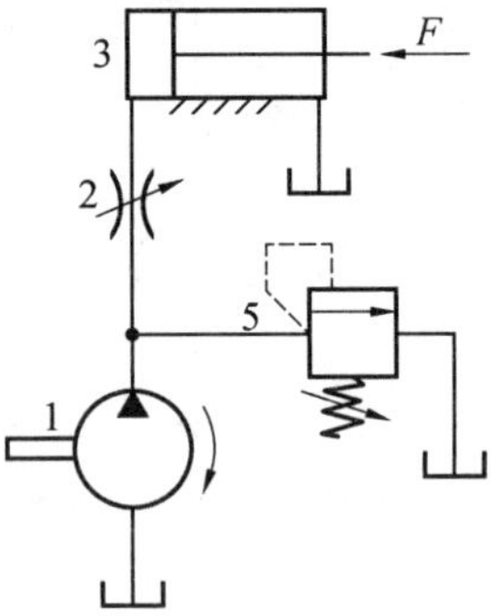

(a) 采用直动式溢流阀的单级高压回路

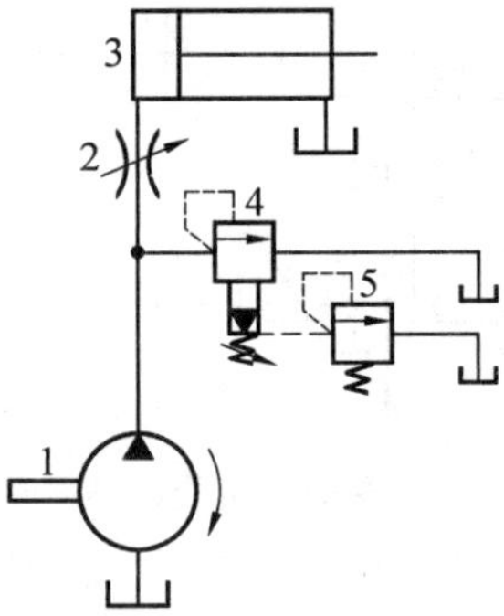

(b) 采用先导式溢流阀的单级高压回路

图 7.5　单级调压回路

1—液压泵；2—节流阀；3—液压缸；4—先导式溢流阀；5—直动式溢流阀

2. 多级调压回路

如图 7.6 所示，液压泵 1 的出口处并联一个先导式溢流阀 2，其远程控制口上串接一个二位二通电磁换向阀 4 及一个远程调压的直动式溢流阀 3 当先导式溢流阀 2 的调压高于远程调压的直动溢流阀时，则系统的压力通过二位二通换向阀的换向可得到两种调定压力，当二位二通换向阀左位时，二位二通换向阀的油路是切断的，先导式溢流阀 2 的远程控制端无法起作用，此时系统压力由先导式溢流阀 2 决定；当二位二通换向阀右位时，二位二通换向阀的油路是接通的，系统压力由先导式溢流阀 2 远程调压的直动溢流阀决定。当先导式溢流阀 2 调压低于远程调压的直动式溢流阀的调压时，系统压力由先导式溢流阀 2 决定。若将溢流阀的远程控制口接一个多位换向阀，并联多个调压阀，则可获得多级调压。

如果将图 7.6 的回路中溢流阀换成比例溢流阀，则可将此回路变成无级调压回路，多级调压对于动作复杂，负载、流量变化较大的系统的功率合理匹配、节能、降温具有重要作用。

7.2.2　减压回路

减压回路的功用是使系统中某一部分油路具有较低的稳定压力，如在机床的工件夹紧、导轨润滑及液压系统的控制油路中常需用减压回路。

最常见的减压回路是在所需低压的分支路上串接一个定值输出减压阀，如图 7.7(a)所示。图中两个执行元件(液压缸 4 与液压缸 5)需要的压力不同，在压力较低的液压缸 4 回路上安装一个减压阀 2 以获得较低的稳定压力，单向阀 3 的作用是当主油路的压力低于减压阀 2 的调定值时，防止油液倒流，起短时保压作用。

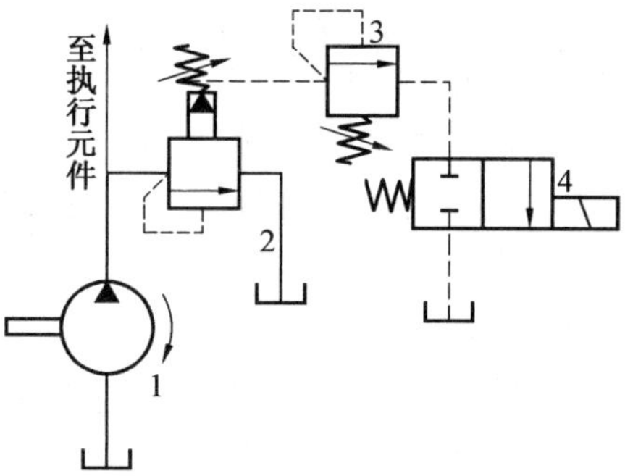

图 7.6　多级调压回路

1—液压泵；2—先导式溢流阀；3—直动式溢流阀；4—二位二通电磁换向阀

二级减压回路如图 7.7(b)所示。在先导式减压阀 6 的远控口上接入远程调压的溢流阀 9，当二位二通电磁换向阀 8 处于图示位置时，液压缸 7 的压力由先导式减压阀 6 的调定压力决定；当二位二通换向阀 8 处于右位时，液压缸 7 的压力由溢流阀 9 的调定压力决定。此时要求溢流阀 9 的调定压力必须低于先导式减压阀 6。液压泵的最大工作压力由溢流阀 1 调定。减压回路也可以采用比例减压阀来实现无级减压。

为使减压阀的回路工作可靠，减压阀的最低调压不应小于 0.5 MPa，最高压力至少比系统压力低 0.5 MPa。当回路执行元件需要调速时，调速元件应安装在减压阀的后面，以免减压阀的泄漏对执行元件的速度产生影响。

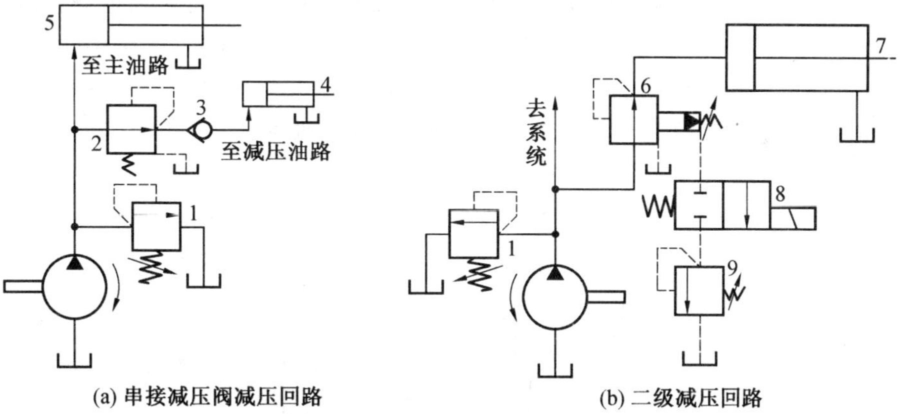

图 7.7　减压回路

1，9—溢流阀；2—减压阀；3—单向阀；4，5，7—液压缸；6—先导式减压阀；8—二位二通电磁换向阀

7.2.3　增压回路

增压回路的功用是提高系统中局部油路的压力，使系统中的局部压力远远大于液压泵的输出压力。增压回路中实现油液压力放大的主要元件是增压器。增压器的增压比取决于增压器大、小活塞的面积之比。在液压系统中的超高压支路采用增压回路可以节省动力源，且增压器的工作可靠，噪声相对较小。

采用单作用增压器的增压回路如图 7.8 所示。增压器的两端活塞面积不同，因此，当活塞面积较大的腔中通入压力油时，在另一端，活塞面积较小的腔中就可获得较高的油液压力，增压的倍数取决于大小活塞面积的比值。它适用于单向作用力大、行程小、作业时间短的场合，如制动器、离合器等。其工作原理如下：当二位三通电磁换向阀 3 处于右位时，增压器 4 输出压力 $p_2=p_1A_1/A_2$ 的压力油进入工作液压缸 7；当二位三通电磁换向阀 3 处于左位时，工作液压缸 7 靠弹簧力回程，高位补油箱 6 的油液在大气压力作用下经油管顶开单向阀 5 向增压器 4 右腔补油。采用这种增压方式液压缸不能获得连续稳定的高压油源。

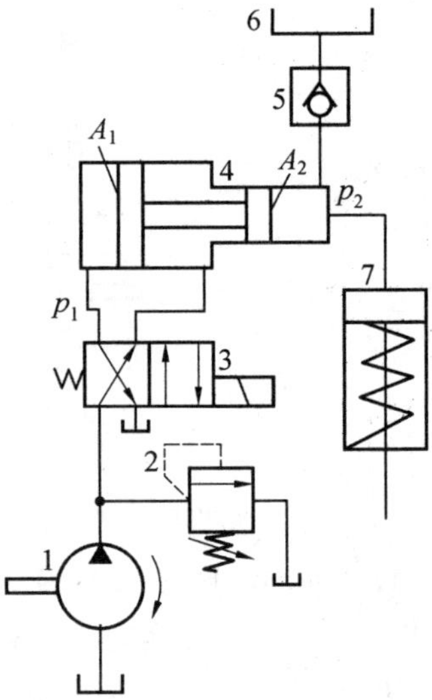

图 7.8　增压回路

1—液压泵；2—溢流阀；3—二位四通电磁换向阀；4—增压器；5—单向阀；6—补油箱；7—液压缸

7.2.4　保压回路

保压回路的功用在于使系统在液压缸加载不动或因工件变形而产生微小位移的工况下能保持稳定不变的压力，并且使液压泵处于卸荷状态。常见的保压回路有以下两种。

1. 利用蓄能器的保压回路

用于夹紧油路的保压回路如图 7.9 所示，当 1YA 通电时，三位四通电磁换向阀 7 左位接通，液压缸 8 右移进给，进行夹紧工作，当压力升至调定压力时，压力继电器 6 发出信号，使二位二通电磁换向阀 5 换向上位，先导式溢流阀的先导阀打开，即先导式溢流阀卸油使油泵 1 卸荷。此时，单向阀 2 关闭，夹紧油路利用蓄能器 4 进行保压。

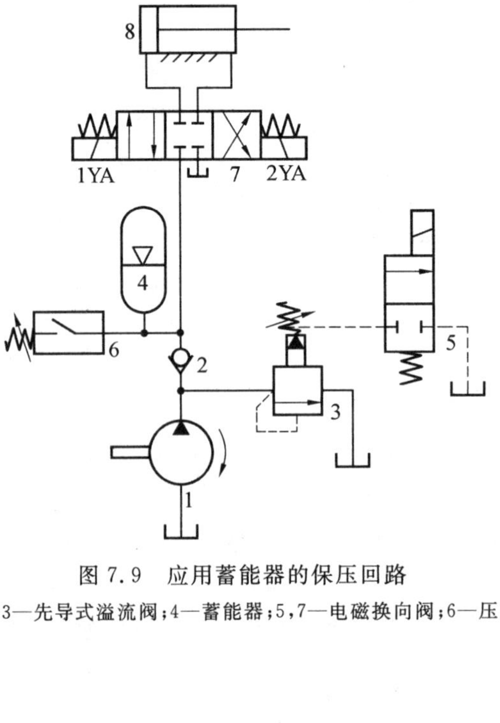

图 7.9　应用蓄能器的保压回路

1—液压泵；2—单向阀；3—先导式溢流阀；4—蓄能器；5，7—电磁换向阀；6—压力继电器；8— 液压缸

2. 利用液控单向阀的保压回路

采用液控单向阀和电接触式压力表的自动补油保压回路如图7.10所示。主要是保证液压缸上腔通油时系统的压力在一个调定的稳定值，当2YA通电时，三位四通电磁换向阀3右位接通，压力油进入液压缸5上腔，处于工作状态。当压力升至电接触式压力表6上触点调定的上限压力值时，上触点接通，电磁铁2YA断电，三位四通电磁换向阀3处于中位，系统卸荷；当压力降至电接触式压力表上触点调定的下限压力值时，压力表又发出信号，电磁铁2YA通电，三位四通电磁换向阀3右位又接通，泵向系统补油，压力回升。

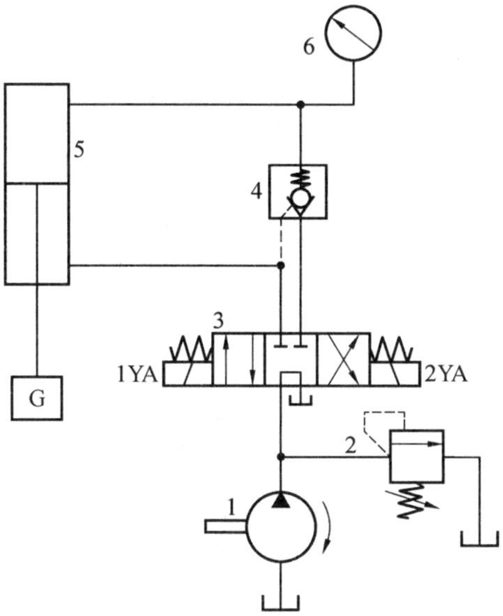

图7.10　利用液控单向阀的保压回路

1—液压泵；2—溢流阀；3—三位四通电磁换向阀；

4—液控单向阀；5—液压缸；6—压力表

7.2.5　卸荷回路

许多机电设备在使用时，执行装置并不是始终连续工作的，而动力源却要始终工作，以避免其频繁开停，因此，当执行装置处在工作的间歇状态时，要设法让液压系统输出的功率接近于零，使动力源在空载下工作，以减少动力源和液压系统的功率损失，节省能源，降低液压系统发热，这种压力控制回路称为卸荷回路。卸荷回路的功用是使液压泵在处于接近零压的工作状态下运转，以减少功率损失和系统发热，延长液压泵和电动机的使用寿命。常用卸荷回路有以下3种。

1. 采用先导式溢流阀和电磁阀组成的卸荷回路

采用先导式溢流阀和电磁阀组成的卸荷回路如图7.9所示，当二位二通电磁换向阀5通电时，先导式溢流阀3的远程控制口与油箱接通，溢流阀打开，泵实现卸荷。

2. 采用三位阀的中位机能的卸何回路

在定量泵系统中，利用三位换向阀M、H、K型等中位机能的结构特点，可以实现泵的压力卸荷。采用M型中位机能的卸荷回路如图7.10所示，当三位阀处于中位时，将回油孔 O 与同泵相连的进油口 P 接通(如 M 型),液压泵即可卸荷。这种卸荷回路的结构简单。

3. 采用二位二通电磁换向阀的卸荷回路

采用二位二通电磁换向阀的卸荷回路如图 7.11 所示。在这种卸荷回路中,主换向阀的中位机能为 O 型,利用与液压泵和溢流阀同时并联的二位二通电磁换向阀 3 的通与断,实现系统的卸荷与保压功能。这种卸荷回路效果较好,一般用于液压泵的流量小于 63 L/min的场合。

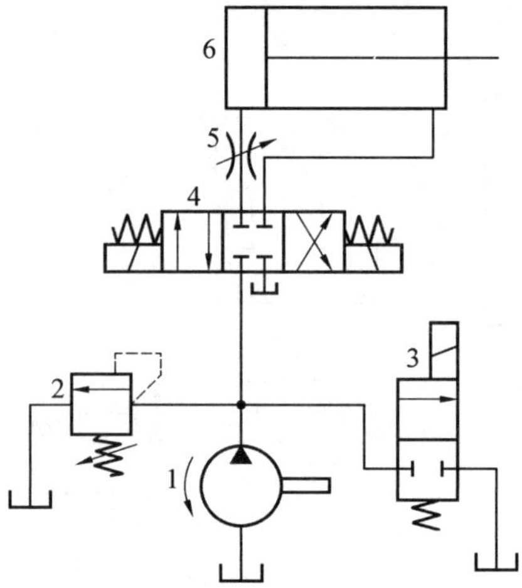

图 7.11　采用二位二通电磁换向阀的卸荷回路

1—液压泵;2—溢流阀;3—二位二通电磁换向阀;
4—三位四通电磁换向阀;5—节流阀;6—液压缸

7.2.6　平衡回路

平衡回路的功用是使液压执行元件的回油路始终保持一定的背压力,防止立式液压缸及其工作部件因自重而自行下落或在下行运动中因自重造成的运动失控,实现液压系统对机床设备动作的平稳、可靠控制。平衡回路一般采用平衡阀(单向顺序阀)。常见的有以下几种平衡回路。

1. 采用单向顺序阀的平衡回路

采用单向顺序阀实现的平衡回路如图 7.12(a)所示。在这个回路中,调整单向顺序阀 4 使其开启压力与液压缸 5 下腔作用面积的乘积稍大于垂直运动部件的重力,当活塞向下运动时,由于回油路上存在一定的背压来支撑重力负载,立式油缸有杆腔中油液压力必须大于单向顺序阀 4 调定压力后才能将单向顺序阀 4 打开,活塞才会平稳下落,使回油进入油箱中,单向顺序阀 4 可以根据需要调定压力,以保证系统达到平衡,此处的单向顺序阀又称为平衡阀。

在这种平衡回路中,单向顺序阀调整压力调定后,若工作负载变小,则泵的压力需要增加,这将使系统的功率损失增大。由于滑阀结构的顺序阀和换向阀存在内泄漏,使活塞很难长时间稳定停在任意位置,会造成重力负载装置下滑,故这种回路适用于工作负载固定且液压缸活塞锁定定位要求不高的场合。

2. 采用远控平衡阀的平衡回路

在工程机械液压系统中采用远控平衡阀的平衡回路如图 7.12(b)所示。这种远控平衡阀是一种特殊阀口结构的外控单向顺序阀 8，它不但具有很好的密封性，能起到对活塞长时间的锁闭定位作用，而且阀口开口大小能自动适应不同载荷对背压压力的要求，保证了活塞下降速度的稳定性不受载荷变化的影响。

3. 采用液控单向阀的平衡回路

采用液控单向阀的平衡回路如图 7.12(c)所示，由于液控单向阀 6 为锥面密封结构，其闭锁性能好，能够保证活塞较长时间在停止位置处不动。在回油路上串联单向节流阀 7，用于保证活塞下行运动的平稳性。假如回油路上没有串接节流阀 6，活塞下行时液控单向阀 6 被进油路上的控制油打开，回油腔因没有背压，运动部件由于自重而加速下降，造成液压缸上腔供油不足而压力降低，使液控单向阀 6 因控制油路降压而关闭，加速下降的活塞突然停止；液控单向阀 6 关闭后控制油路又重新建立起压力，液控单向阀 6 再次被打开，活塞再次加速下降。这样不断重复，由于液控单向阀 6 时开时闭，使活塞一路抖动向下运动，并产生强烈的噪声、振动和冲击。

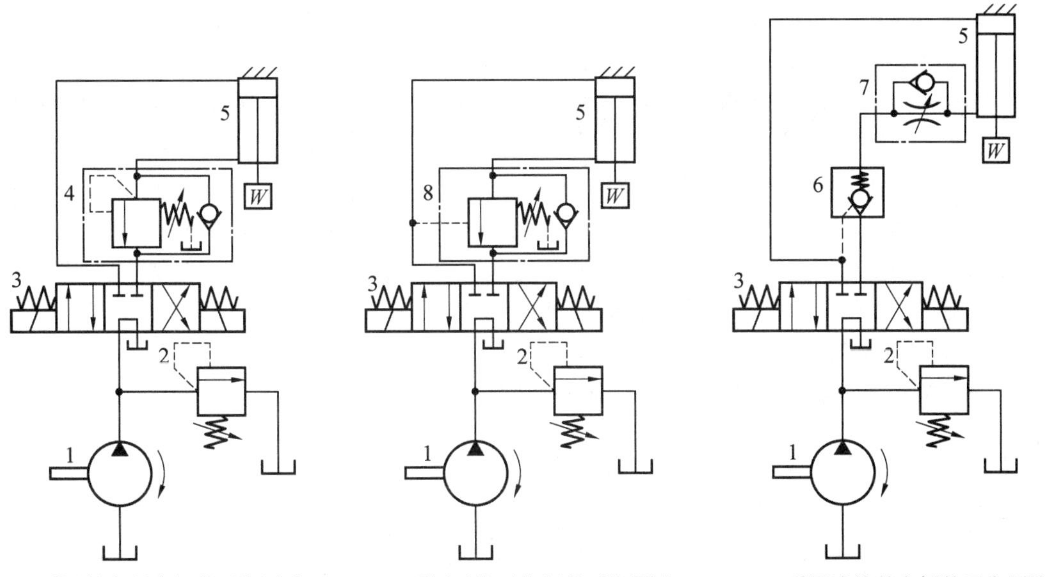

(a) 采用单向顺序阀的平衡回路　(b) 采用远控平衡阀的平衡回路　(c) 采用液控单向阀的平衡回路

图 7.12　平衡回路

1—液压泵；2—溢流阀；3—三位四通电磁换向阀；4—单向顺序阀；5—液压缸；6—液控单向阀；7—单向节流阀；8—外控单向顺序阀

任务 7.3　速度控制回路

液压系统中用来控制调节执行元件运动速度的回路称为速度控制回路，速度控制回路是液压基本回路的核心部分。速度控制回路包括调速回路、快速运动回路及速度换接回路等。

7.3.1 调速回路

1. 调速回路的分类

假设输入执行元件的流量为 q，液压缸的有效作用面积为 A，液压马达的排量为 V，则液压缸的运动速度为 $v=q/A$，运动速度 v 由输入流量 q 和 A 决定；液压马达的转速为 $n=q/V$，转速 n 由输入流量 q 和 V 决定。要调节 v 和 n，可通过改变输入的流量 q，或改变液压缸的有效面积 A 和马达的排量 V 的方法来实现，但要改变液压缸的有效面积 A 是不实际的，实际上，常通过改变输入流量 q 或马达的排量 V 的方法来进行调速。

调速回路按其调速方式的不同，主要有以下 3 种类型：

① 节流调速回路。由定量泵供油、流量阀调节流量来调节执行元件的速度。

② 容积调速回路。通过改变变量泵或变量马达的排量来调节执行元件的速度。

③ 容积节流调速回路。流量阀与变量泵配合来调节执行元件的速度。

2. 节流调速回路

节流调速回路是在液压回路上采用流量调节元件（节流阀或调速阀），通过改变流量调节元件通流截面积的大小来控制流入执行元件或从执行元件流出的流量，以实现调速的一种回路。

节流调速回路按流量调节阀在回路中的位置不同可分为进油节流调速、回油节流调速及旁路节流调速 3 种。

(1) 采用节流阀的进油节流调速回路。

这种调速回路采用定量泵供油，在泵与执行元件之间串联安装节流阀，在泵的出口处并联安装一个溢流阀，如图 7.13(a) 所示。进入液压缸油液流量的大小就由调节节流阀开口的大小来决定，实现对液压缸运动速度的调节。

① 速度负载特性。

速度负载特性就是当节流阀开口面积调定后，执行元件的运动速度与负载之间的关系，用速度刚度 K_v 表示。即 $K_v=-\dfrac{\partial F}{\partial v}$，显然 K_v 越大，速度稳定性越好。所以希望 K_v 越大越好。

从回路上看，根据第 2 章油液流经阀口的流量计算公式，有

$$q_1=KA_T(\Delta p)^m \tag{7.1}$$

式中 q_1—— 串联于进油路上的节流阀的输出流量（流入液压缸的流量）；

K—— 节流阀的流量系数；

A_T—— 节流阀的开口面积；

m—— 节流指数；

Δp—— 作用于节流阀两端的压力差，其值为

$$\Delta p=p_p-p_1 \tag{7.2}$$

式中 p_p—— 液压泵出口处的压力（回路工作压力），由溢流阀调定；

p_1—— 液压缸工作腔压力，即作用于活塞杆上的压力。

而根据作用于活塞杆上的受力平衡方程可得

$$p_1A_1 = F + p_2A_2 \tag{7.3}$$

式中　A_1—— 液压缸工作腔有效工作面积,即液压缸无杆腔的活塞有效作用面积;

F—— 负载力;

p_2—— 回油路有杆腔的油液压力,由于回油直接回油箱,可取 p_2 为零。

所以,作用于活塞杆上的压力 p_1 等于

$$p_1 = \frac{F}{A_1} \tag{7.4}$$

综合式(7.1)～(7.4)可得

$$v = \frac{q_1}{A_1} = \frac{KA_T\left(p_p - \frac{F}{A_1}\right)^m}{A_1} = \frac{KA_T}{A_1^{m+1}}(p_pA_1 - F)^m \tag{7.5}$$

式中　v—— 活塞运动速度。

式(7.5)就是进油节流调速回路的速度负载特性公式,根据此式绘出的曲线即是速度负载特性曲线。进油节流调速回路在节流阀不同开口条件下的速度负载特性如图 7.13(b)所示。曲线表明了速度随负载变化的规律,曲线越陡,表明负载变化对速度的影响越大,即速度刚度越小。

其速度刚度表达式为

$$K_v = -\frac{\partial F}{\partial v} = -\frac{1}{\tan\alpha} = \frac{p_pA_1 - F}{mv} \tag{7.6}$$

提高溢流阀的调定压力、增大液压缸的有效工作面积、减小节流阀的节流指数或减小负载,都能提高进油节流调速回路的速度刚度。

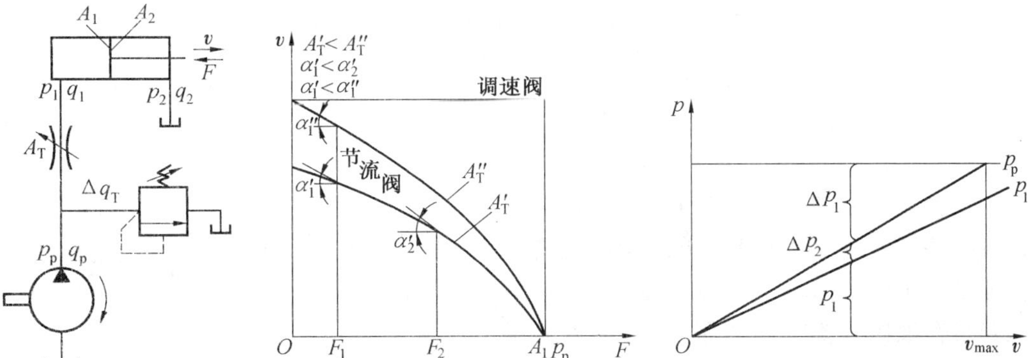

(a) 回路示意图　(b) 速度负载特性　(c) 进油节流调速回路功率特性

图 7.13　进油节流调速回路

从图 7.13(b)中曲线和式(7.6)可以得出以下结论:

a. 在节流阀同一开口条件下即节流阀开口面积 A_T 一定时,液压缸负载 F 越小,曲线斜率越小,速度刚度越大,速度稳定性越好。

b. 在同一负载 F 条件下,节流阀开口面积 A_T 越小,曲线斜率越小,速度刚度越大,速度稳定性越好。

c. 多条曲线汇交于横轴上的一点，该点对应的 F 值即为最大承载能力 F_{max}，这说明最大承载能力 F_{max} 与速度调节无关，因最大承载时缸停止运动（$v=0$），可知该回路的最大承载能力为 $F_{max}=p_pA_1$。

因此，进油节流调速回路适合于低速、轻载、负载变化不大和对速度稳定性要求不高的小功率的场合。

② 功率和效率特性。

功率特性是指功率随速度和负载变化而变化的情况，在进油节流调速回路中，主要有两种情况。第一种情况是在负载一定的条件下。此时，若不计损失，泵的输出功率 $P_p=p_pq_p$，作用于液压缸上的有效输出功率 $P_1=Fv$，因回油路的压力 $p_2=0$，所以 $P_1=p_1q_1$，该回路的功率损失为

$$\begin{aligned}\Delta P &= P_p - P_1 = p_pq_p - p_1q\\ &= p_p(\Delta q + q_1) - p_1q_1\\ &= p_p\Delta q + q_1(p_p - p_1)\end{aligned}$$

即

$$\Delta P = \Delta P_1 + \Delta P_2 \tag{7.7}$$

式中 ΔP_1—— 溢流损失（油液通过溢流阀的功率损失），$\Delta P_1=p_p\Delta q$；

ΔP_2—— 节流损失（油液通过节流阀的功率损失），$\Delta P_2=q_1\Delta p$，$\Delta p=p_p-p_1$。

可见，进油节流调速回路的功率损失是由溢流损失和节流损失两项组成的，如图 7.13(c) 所示，随着速度的增加，有用功率在增加，而节流损失也在增加，溢流损失在减小。这些损失将使油温升高，因而影响系统的工作。

液压系统的有效功率为

$$P_1 = p_1q_1 = p_1KA_T(p_p - p_1)^m = \frac{F}{A_1}KA_T\left(p_p - \frac{F}{A_1}\right)^m \tag{7.8}$$

由式(7.8) 可见，P_1 是随 F 变化的一条曲线，且 $F=0$ 时 $P_1=0$，$F=F_{max}=p_pA_1$ 时 $P_1=0$。其最大值出现在曲线的极值点。

(2) 采用节流阀的回油节流调速回路。

这种调速回路采用定量泵供油，在泵的出口处并联安装一个处于常开式的溢流阀来保证泵的出口压力基本保持恒定，节流阀串联安装在液压系统的回油路上，借助于节流阀控制液压缸的排油量 q_2 来实现速度调节，如图 7.14 所示。

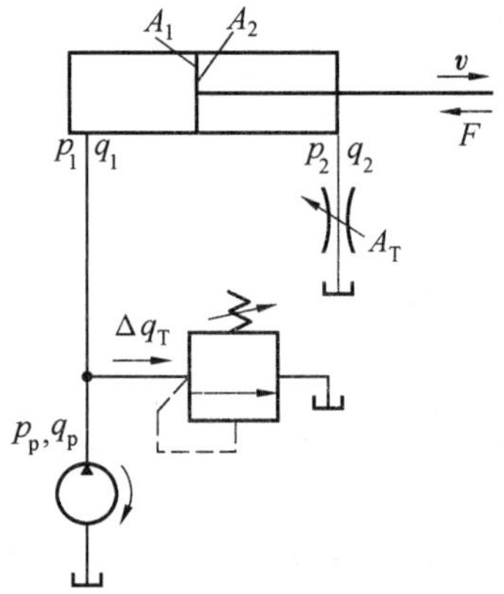

图 7.14 回油节流调速回路

① 速度负载特性。

在回油节流调速回路中，q_2 即是通过串联于回油路上的节流阀的流量。

$$q_2 = KA_T(\Delta p)^m \tag{7.9}$$

式中 q_2—— 流出液压缸的流量；

Δp—— 作用于节流阀两端的压力

差，其值为

$$\Delta p = p_2 \tag{7.10}$$

根据作用于活塞杆上的力平衡方程，有

$$p_1 A_1 = F + p_2 A_2 \tag{7.11}$$

式中　A_2—— 液压缸工作腔的有效工作面积，即液压缸有杆腔的活塞有效工作面积。

$$p_2 = \frac{p_1 A_1 - F}{A_2} \tag{7.12}$$

综合式(7.9) ~ (7.12)，又根据 $p_p = p_1$ 有

$$v = \frac{q_2}{A_2} = \frac{KA_T\left(\dfrac{p_1 A_1 - F}{A_2}\right)^m}{A_2} = \frac{KA_T}{A_2^{m+1}}(p_p A_1 - F)^m \tag{7.13}$$

式中　v—— 活塞运动速度。

式(7.13) 就是回油节流调速回路的速度负载特性公式。从公式可知，除了公式分母上的 A_1 变为 A_2 外，其他与进油节流调速回路的速度负载特性公式(7.5) 是相同的，因此，其速度负载特性以及速度刚性基本相同。回油节流调速回路同样适合于低速、轻载、负载变化不大和对速度稳定性要求不高的小功率的场合。

② 功率特性。

我们只讨论负载一定的条件下，功率随速度变化而变化的情况。此时，若不计损失，泵的输出功率 $P_p = p_p q_p$，作用于液压缸上的有效输出功率 $P_1 = p_1 q_1 - p_2 q_2$，该回路的功率损失为

$$\begin{aligned}\Delta P &= P_p - P_1 = p_p q_p - (p_1 q_1 - p_2 q_2)\\ &= p_p(q_p - q_1) + p_2 q_2\\ &= p_p \Delta q + p_2 q_2\\ &= \Delta P_1 + \Delta P_2\end{aligned}$$

可见，回油节流调速回路的功率损失也同进油节流调速回路的一样，分为溢流损失和节流损失两部分。

③ 进油与回油两种节流调速回路比较。

进油节流调速与回路节流调速虽然其流量特性与功率特性基本相同，但在使用时还有以下 5 个主要不同点：

a. 承受负值负载的能力不同。所谓负值负载就是与活塞运动方向相同的负载。例如起重机向下运动时的重力和负载，铣床上与工作台运动方向相同的逆铣等。回油节流调速回路的节流阀使液压缸回油腔形成一定的背压，背压能阻止工作部件的前冲，即能在负值负载下工作，而进油节流调速则不能，由于回油腔没有背压力，因而不能在负值负载下工作，如果需要在负值负载下工作要在回油路上加背压阀才能承受负值负载，但需提高调定压力，功率损耗大。

b. 发热及泄漏的影响不同。回油节流调速回路中油液通过节流阀时油液温度升高，但所产生的热量直接返回油箱时将散掉；而在进油节流调速回路中，油液则进入执行元件中，增加系统的负担，因此，发热和泄漏对进油节流调速回路的影响大于对回油节流调速

的影响。

c. 运行稳定性不同。在使用单杆液压缸的场合，无杆腔的进油量大于有杆腔的回油量，当两种回路结构尺寸相同时，若速度相等，则进油节流调速回路的节流阀开口面积要大，低速时不易堵塞，因而，可获得更低的速度。

d. 实现压力控制的方便性不同。进油节流调速回路中，进油腔的压力将随负载而变化，当工作部件碰到止挡块停止后，其压力将升到溢流阀的调定压力，利用这一压力变化来实现压力控制是很方便的，但在回油节流调速回路中，只有回油腔的压力才会随负载而变化，当工作部件碰到止挡块后，其压力将降到零，虽然也可以利用这一压力变化来实现压力控制，但其可靠性差，一般不予采用。

e. 停车后的启动性能不同。长期停车后液压缸油腔内的油液会流回油箱，当液压泵重新向液压缸供油时，在回油节流调速回路中，由于进油路上没有节流阀控制流量，会使活塞前冲；而在进油节流调速回路中，由于进油路上有节流阀控制流量，故活塞前冲很小，甚至没有前冲。

在调速回路中，还可以在进、回油路中同时设置节流调速元件，使两个节流阀的开口能同时联动调节，以构成进出油的节流调速回路，比如由伺服阀控制的液压伺服系统经常采用这种调速方式。

(3) 采用节流阀的旁路节流调速回路。

在这种调速回路中，将节流阀并联安装在泵与执行元件油路的一个支路上，此时，溢流阀阀口关闭，做安全阀使用，只是在过载时才会打开。泵出口处的压力随负载变化而变化，因此，也称为变压式节流调速回路，如图 7.15(a) 所示。此时泵输出的油液(不计损失)一部分进入液压缸，另一部分通过节流阀进入油箱，调节节流阀的开口可调节通过节流阀的流量，也就是调节进入执行元件的流量，从而调节执行元件的运行速度。

① 速度负载特性。

在旁路节流调速回路中，通过节流阀的流量根据第 2 章油液流经阀口的流量计算公式有

$$q_3 = KA_T(\Delta p)^m \tag{7.14}$$

式中　Δp—— 作用于节流阀两端的压力差，其值为

$$\Delta p = p_p = p_1 \tag{7.15}$$

p_p 等于 p_1，根据作用于活塞杆上的力平衡方程，有

$$p_1 = \frac{F}{A_1} \tag{7.16}$$

综合式(7.14) ～ (7.16) 得

$$v = \frac{q_1}{A_1} = \frac{q_p - q_2}{A_1} = \frac{q_p - KA_T\left(\frac{F}{A_1}\right)^m}{A_1} \tag{7.17}$$

式中　q_p—— 泵的输出流量；

q_1—— 流入液压缸的流量；

q_3—— 流过节流阀的流量。

式(7.17) 就是旁路节流调速回路在不考虑泄漏情况下的速度负载特性公式。旁路

节流调速回路在节流阀不同开口条件下的速度负载曲线如图 7.15(b) 所示。从这个曲线上可以分析出,液压缸负载 F 越大时,其速度稳定性越好;节流阀开口面积越小时,其速度稳定性越好。因此,旁路节流调速回路适合于功率、负载较大的场合。

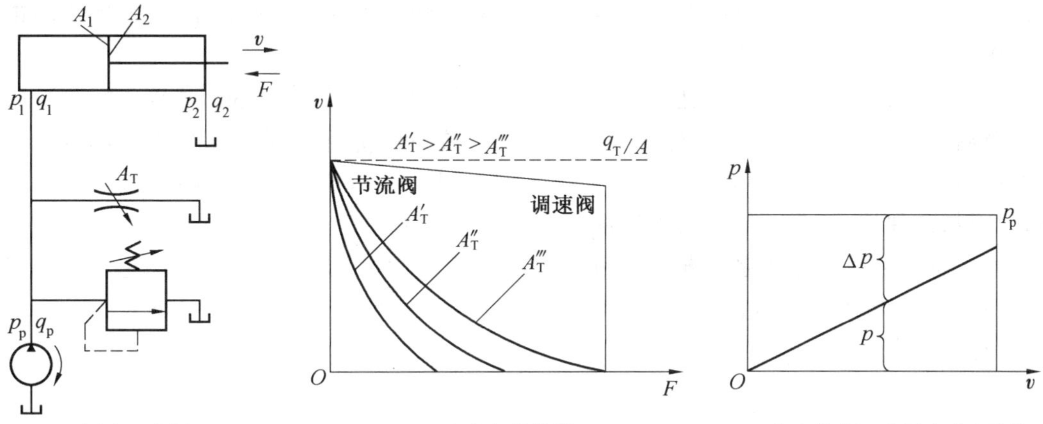

(a) 回路示意图　　(b) 速度负载特性　　(c) 进油节流调速回路功率特性

图 7.15　旁路节流调速回路

根据前述,亦可推出该回路的速度刚度为

$$K_v = -\frac{\partial F}{\partial v} = \frac{FA_1}{m(q_p - A_1 v) + (1-m)K_1 \dfrac{F}{A_1}} \tag{7.18}$$

② 功率特性。

在负载一定的条件下,若不计损失,泵的输出功率 $P_p = p_p q_p$,作用于液压缸上的有效输出功率 $P_1 = p_1 q_1$,该回路的功率损失为

$$\Delta P = P_p - P_1 = p_p q_p - p_1 q = p_p(q_p - q_1) = p_p q_3$$

可见,该回路的功率损失只有一项,通过节流阀的功率损失称为节流损失。其功率特性曲线如图 7.15(c) 所示。由图可见,这种回路随着执行元件速度的增加,有用功率在增加,而节流损失在减小。回路的效率是随工作速度及负载而变化的,并且在主油路中没有节流损失和发热现象,因此适合于速度较高、负载较大、负载变化不大且对运动平稳性要求不高的场合。

(4) 采用调速阀的调速回路。

采用节流阀的节流调速回路,由于节流阀两端的压差是随着液压缸的负载变化的,因此其速度稳定性较差。如果用调速阀来代替节流阀,由于调速阀本身能在负载变化的条件下保证其通过内部的节流阀两端的压差基本不变,因此,速度稳定性将大大提高。采用调速阀的节流调速回路的速度负载特性曲线如图 7.13 和 7.15 所示。

3. 容积调速回路

容积调速回路主要是利用改变变量式液压泵或变量式液压马达的排量来实现调节执行元件速度的目的。由于容积调速回路中没有流量控制元件,回路工作时液压泵与执行元件的流量完全匹配,因此这种回路没有溢流损失和节流损失,回路的效率高,发热少,适用于大功率液压系统。

按油路的循环形式不同，容积式调速回路分为开式回路和闭式环回路两种。

在开式回路中，液压泵从油箱中吸油，把压力油输给执行元件，执行元件排出的热油直接回油箱停留一段时间，达到降温、沉淀杂质、分离气泡的目的，如图 7.16(a) 所示，这种回路结构简单，冷却能力好，但油箱尺寸较大，空气和杂物易进入回路中，影响回路的正常工作。

在闭式回路中，液压泵排油腔与执行元件进油管相连，执行元件的回油管直接与液压泵的吸油腔相连，管路中的绝大部分油液在系统中被循环使用，只有少量的液压油通过补油泵从油箱吸入系统中，如图 7.16(b) 所示。闭式回路油箱尺寸小、结构紧凑，且不易污染，但冷却条件较差，需要辅助泵进行换油和冷却。

容积调速回路可分为泵－缸组合和泵－马达组合两种，这里以泵－马达组合为主进行说明。泵－马达组合回路可分为变量泵与定量马达组成的回路、定量泵与变量马达组成的回路、变量泵与变量马达组成的回路 3 种。

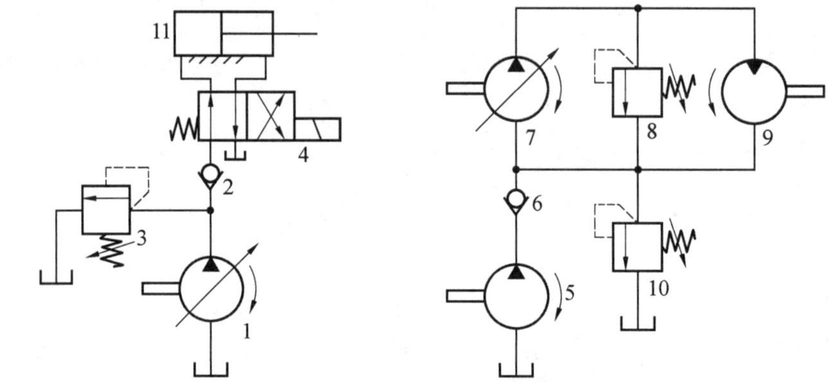

(a) 变量泵－液压缸回路（开式回路）　(b) 变量泵－定量马达回路（闭式回路）

图 7.16　变量泵－定量执行元件的容积调速回路

1— 变量泵；2，6— 向阀；3，10— 安全阀；4— 换向阀；5— 液压泵；7— 补油泵；8— 溢流阀；9— 定量马达；11— 液压缸

(1) 变量泵与定量马达组成的容积调速回路。

在这种容积调速回路中，采用变量泵供油，执行元件为定量液压马达，如图 7.16(b) 所示。在这个回路中，溢流阀 10 是安全阀，主要用于防止系统过载，起安全保护作用。此回路为闭式回路，补油泵 7 将冷油送入回路，而溢流阀 8 的功用是控制补油泵 7 的压力，溢出回路中多余的热油进入油箱冷却。

这种回路速度主要是通过改变变量泵的排量来调节的。在这种回路中，若不计损失，其转速为

$$n_m = \frac{q_p}{V} \tag{7.19}$$

马达的排量是定值，因此改变泵的排量，即改变泵的输出流量，马达的转速也随之改变。从第 3 章可知，马达的输出转矩为

$$T_m = \frac{p_p V}{2\pi}\eta_m \tag{7.20}$$

从式(7.20)中可知，若系统压力恒定不变，则马达的输出转矩也就恒定不变，因此，该回路称为恒转矩调速，回路的负载特性曲线如图7.17所示。由于泵和执行元件有泄漏，所以当 V_p 还未调到零值时，实际的 n_m、T_m 和 P_m 也都为零值。该回路调速范围大，可连续实现无级调速，一般用于在机床上做直线运动的主运动(刨床、拉床等)。若采用高质量的轴向柱塞变量泵，其调速范围 R_P(即最高转速和最低转速之比)可达40，当采用变量叶片泵时，其调速范围仅为5～10。

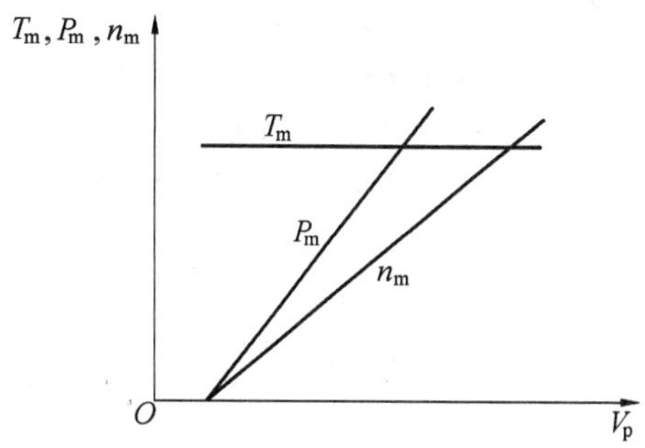

图 7.17　变量泵－定量马达容积调速回路特性曲线

(2) 定量泵与变量马达组成的容积调速回路。

定量泵与变量马达组成的容积调速回路如图7.18(a)所示。在该回路中，执行元件的速度是靠改变变量马达3的排量 V 来调定的，辅助泵5的作用为补油。

若不计泵和马达效率损失的情况下，由于液压泵为定量泵，若系统压力恒定，则泵的输出功率恒定，液压马达的输出转速与其排量反比，故马达的输出功率 P_m 不变，因此，该回路也称恒功率调速，其速度负载特性曲线如图7.18(b)所示。

当马达排量 V 减小到一定程度，T_m 不足以克服负载时，马达便停止转动。这说明不仅不能在运转过程中用改变马达排量 V 的办法使马达本身换向，因为换向必然经过“高转速－零转速－高转速”，速度转换困难，也可能低速时带不动，存在死区；而且其调速范围 R_m 也很小，即使采用了高效率的轴向柱塞马达，调速范围也只有4左右。这种回路能最大限度地发挥原动机的作用。要保证输出功率为常数，马达的调节系统应是一个自动的恒功率装置，其原理就是保证马达的进、出口压差为常数。

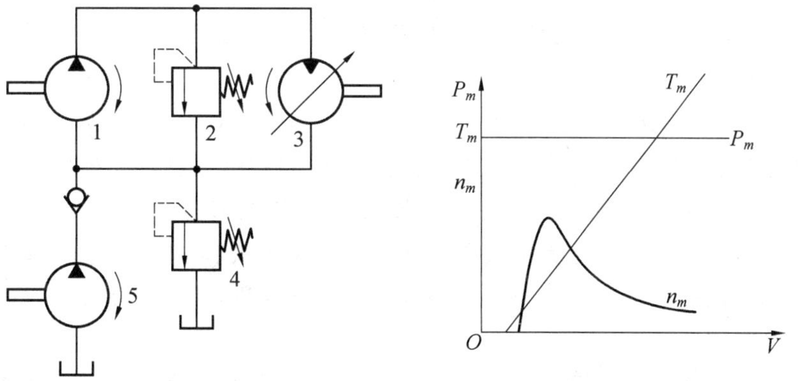

(a) 调速回路　　(b) 调速回路特性曲线

图 7.18　定量泵－变量马达的容积节流调速回路

1—主液压泵；2—安全阀；3—变量马达；4—低压溢流阀；5—辅助泵；6—单向阀

(3) 变量泵与变量马达组成的容积调速回路。

一种变量泵与变量马达组成的容积调速回路如图7.19所示，在一般情况下，这种回路都是双向调速，改变双向变量泵 2 的供油方向，可使双向变量马达 10 的转向改变。单向阀 4 和 5 保证补油泵 1 能为双向变量泵 2 补油，而且只能进入双向变量泵的低压腔，而液动滑阀 8 的作用是始终保证低压溢流阀 9 与低压管路相通，使回路中的一部分热油由低压管路经低压溢流阀 9 排入油箱冷却。当高、低压管路的压差很小时，液动滑阀处于中位，切断了低压溢流阀 9 的油路，此时补油泵供给的多余的油液就从低压安全阀 3 流掉。

这种回路在工作中，泵的速度 n_p 为常数，改变泵的排量 V_p 或改变马达的排量 V 均可达到调节转速的目的。从图 7.19(a) 中可见，该回路实际上是前两种回路的组合，因此它具有前两种回路的特点。该回路的调速一般分为两段，调速输出特性如图 7.19(b) 所示。

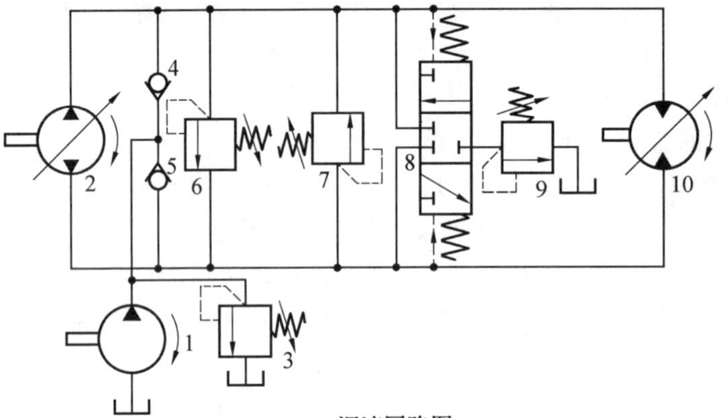

(a) 调速回路图

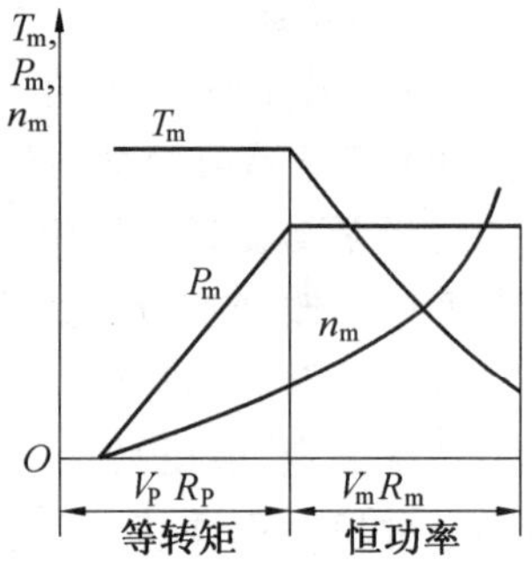

(b) 特性曲线图

图 7.19　变量泵与变量马达的容积节流调速回路

1— 补油泵；2— 双向变量泵；3— 低压安全阀；4、5— 单向阀；6、7— 高压安全阀；8— 液动滑阀；9— 低压溢流阀；10— 双向变量马达

① 当马达转速 n_m 由低速向高速调节（即低速阶段）时，将马达排量 V 固定在最大值上，改变泵的排量 V_p 使其从小到大逐渐增加，马达转速 n_m 也由低向高增大，直到 V_p 达到最大值。在此过程中，马达最大转矩 T_m 不变，而功率 P_m 逐渐增大，这一阶段为等转矩调速，调速范围为 R_p。

② 高速阶段时，将泵的排量 V_p 固定在最大值上，使马达排量 V 由大变小，而马达转速 n_m 继续升高，直至马达允许的最高转速为止。在此过程中，马达输出转矩 T_m 由大变小，而输出功率 P_m 不变，这一阶段为恒功率调节，调节范围为 R_m。

这样的调节顺序可以满足大多数机械低速时要求的较大转矩，高速时能输出较大功率的要求。其总调速范围为上述两种回路调速范围之乘积，即 $R = R_p R_m$。

4. 容积节流调速回路

容积节流调速回路就是容积调速回路与节流调速回路的组合，一般采用压力补偿变量泵供油，而在液压缸的进油或回油路上安装有流量调节元件来调节进入或流出液压缸的流量，并使变量泵的输出流量自动与液压缸所需流量相匹配，由于这种调速回路没有溢流损失，其效率较高，速度稳定性也比单纯的容积调速或节流调速回路好。故适用于速度变化范围大，中小功率的场合。以限压式变量泵与调速阀组成的容积节流调速回路为例来说明容积节流调速回路的原理。

限压式变量泵与调速阀组成的容积节流调速回路如图7.20所示。在这种回路中，由限压式变量泵供油，为获得更低的稳定速度，一般将调速阀2安装在进油路中，回油路中装有背压阀6。空载时，变量泵以最大流量输出，经电磁阀3进入液压缸使其快速运动；工进时，电磁阀3通电使其所在油路断开，压力油经调速阀2流入液压缸内，具有自动调节流量的功能，泵的输出流量与进入液压缸的流量相等，若关小调速阀的开口，通过调速阀的流量减小，此时，泵的输出流量大于通过调速阀的流量，因此，泵的输出压力增高，根据限压式变量泵的特性可知，变量泵将自动减小输出流量，直到与通过调速阀的流量相等。由于这种回路中泵的供油压力基本恒定，因此，也称为定压式容积节流调速回路；工进结束后，压力继电器5发信，使电磁阀3换向，调速阀再被短接，液压缸快退。

这种回路适用于负载变化不大的中、小功率场合，如组合机床的进给系统等。

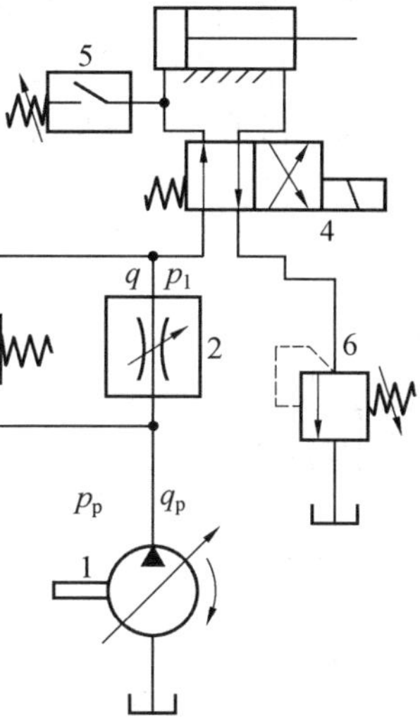

图7.20　限压式变量泵与调速阀组成的容积节流调速回路

1—变量泵；2—调速阀；3—电磁阀；4—两位四通电磁换向阀；5—压力继电器；6—背压阀

5.3种调速回路特性对比

节流调速回路、容积调速回路和容积节流调速回路3种调速回路特性对比见表7.1。

表7.1　3种调速回路特性对比

项目	节流调速回路	容积调速回路	容积节流调速回路
调速范围与低速稳定性	调速范围较大，采用调速阀可获得稳定的低速运动	调速范围较小，获得稳定低速运动较困难	调速范围较大，能获得较稳定的低速运动
效率与发热	效率低，发热量大，旁路节流调速较好	效率高、发热量小	效率较高，发热较小
结构（泵、马达）	结构简单	结构复杂	结构较简单
适用范围	适用于小功率轻载的中低压系统	适用于大功率、重载高速的中高压系统	适用于中小功率、中压系统，在机床液压系统中获得广泛的应用

7.3.2 快速运动回路

快速运动回路的功用是提高执行元件的空载运行速度，缩短空行程运行时间，以提高系统的工作效率。常见的快速运动回路有以下两种。

1. 液压缸采用差动连接的快速运动回路

在前面液压缸中已介绍过，单杆活塞液压缸在工作时，两个工作腔连接起来就形成了差动连接，其运行速度可大大提高。差动连接的快速运动回路如图 7.21 所示，图7.21(a)采用二位三通 3YA 通电电磁换向阀右位时，形成差动连接，液压缸快速进给；图7.21(b)采用 P 型三位四通换向阀的中位机能实现差动连接，当 1YA 与 2YA 均不通电使三位四通换向阀 3 处于中位时实现差动连接液压缸 4 快速向前运动，当 1YA 通电而 2YA 不通电使三位四通电磁换向阀 3 切换至左位时，液压缸 4 转为慢速前进。当 2YA 通电而 1YA 不通电使三位四通电磁换向阀 3 切换至右位时，液压缸 4 转为快速回退。这种回路结构简单，最大好处是在不增加任何液压元件的基础上提高工作速度，因此，在液压系统中被广泛采用。

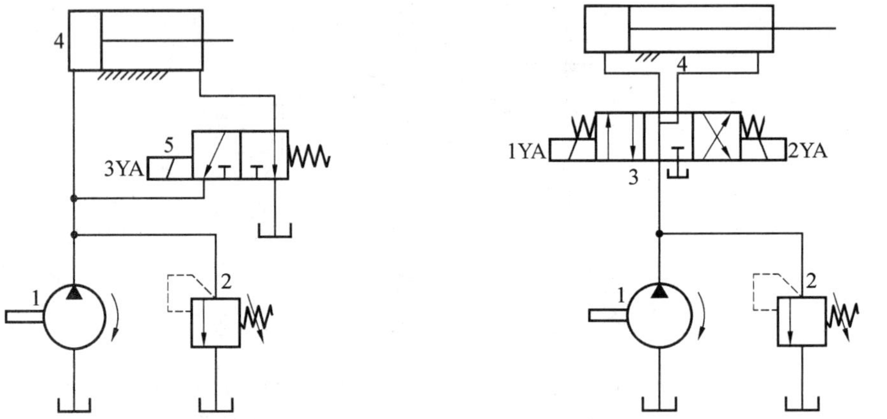

图 7.21 差动连接的快速运动回路

1—液压泵；2—溢流阀；3—三位四通电磁换向阀；4—液压缸；5—二位三通电磁换向阀

2. 采用双泵供油系统的快速运动回路

双泵供油系统的快速运动回路如图 7.22 所示。当执行元件需要快速进给运动时，系统负载较小，双泵同时供油；当执行元件转为慢速工作进给时，系统压力升高，打开液控顺序阀 5，液控顺序阀的作用是卸荷，低压大流量泵 1 卸荷，高压小流量泵 2 单独供油。这种回路的功率损耗小，系统效率高，目前使用得较广泛。

7.3.3 速度换接回路

速度换接回路的功用是在液压系统工作时，执行元件从一种工作速度转换为另一种工作速度。

1. 快速运动转为工作进给运动的速度换接回路

采用行程阀的快慢速换接回路是最常见的一种快速运动转为工作进给运动的速度换

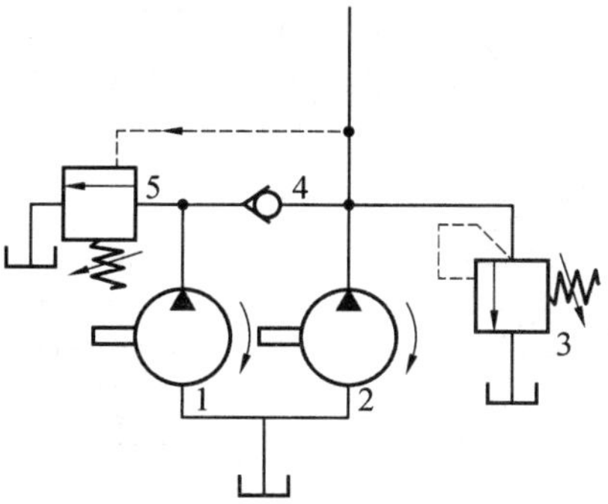

图 7.22　双泵供油系统的快速运动回路

1—低压大流量泵；2—高压小流量泵；3—溢流阀；4—单向阀；5—液控顺序阀

接回路，如图 7.23 所示，是由行程阀 4、节流阀 5 和单向阀 6 并联而成的。当二位四通换向阀 1 右位接通时，液压缸 2 快速进给，当活塞上的挡块 3 碰到常开的行程阀 4，并压下行程阀时，行程阀关闭，液压缸的回油只能改走节流阀 5 才能回油箱，活塞转为慢速工作进给；当二位四通换向阀 1 左位接通时，液压油经单向阀 6 进入液压缸有杆腔，活塞反向快速退回。这种回路快慢速的换接过程比较平稳，有较好的可靠性，换接点的位置精度高，但其缺点是行程阀的安装位置不能任意布置，管路连接较为复杂，若将行程阀 4 改为电磁阀并通过用挡块压下电气行程开关不操纵，也可实现快慢速的换接，其优点是安装连接比较方便，但换接的平稳性、可靠性、换向精度不如行程阀的快慢速换接回路。

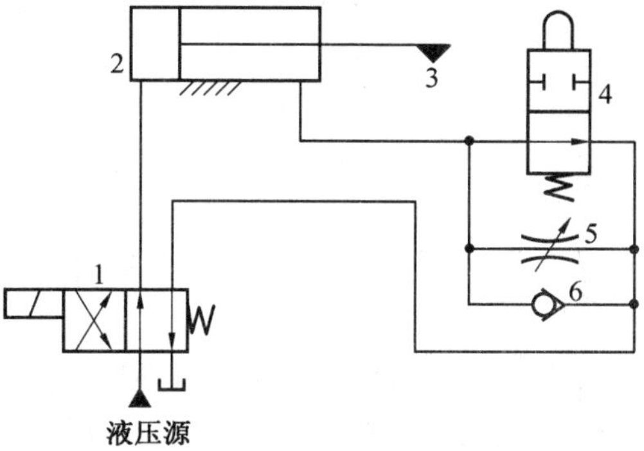

图 7.23　采用行程阀的快慢速换接回路

1—二位四通电磁换向；2—液压缸；3—挡块；4—行程阀；5—节流阀；6—单向阀

2. 两种不同工作进给速度的速度换接回路

两种不同工作进给速度（也称二次工进速度）的速度换接回路一般采用两个调速阀串联或并联而成，如图 7.24 所示。

图 7.24(a)所示为两个调速阀并联。由二位三通电磁换向阀 4 实现速度换接，两个调速阀分别调节两种工作进给速度，互不干扰，在图 7.24(a)所示位置，二位三通电磁换向阀通电左位时输入液压缸 5 的流量由调速阀 2 调节；当二位三通电磁换向阀右位时输入液压缸的流量由调速阀 3 调节。但在这种调速回路中，一个阀处于工作状态，另一个阀

则无油通过，使其定差减压阀处于最大开口位置，速度换接时，油液大量进入使执行元件突然前冲。因此，该回路不适合于在工作过程中的速度换接，而只用于预先有速度换接的场合。

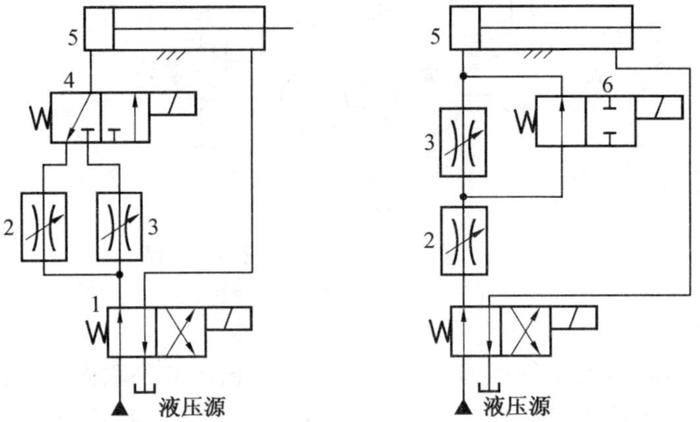

(a) 两个调速阀并联的速度换接回路　(b) 两个调速阀串联的速度换接回路

图 7.24　两种工作进给的速度换接回路

1—二位四通电磁换向阀；2，3—调速阀；4—二位三通电磁换向阀；5—液压缸；6—二位二通电磁换向阀

图 7.24(b)所示为两个调速阀串联。速度的换接是通过二位二通电磁阀 6 的两个工作位置的换接。因调速阀 3 被二位二通电磁换向阀 6 短路，输入液压缸 5 的流量由调速阀 2 控制。当二位二通电磁换向阀切换至右位时，输入液压缸 5 的流量由调速阀 3 控制。这种回路中由于调速阀 2 一直处于工作状态，它在速度换接时限制了进入调速阀 3 的流量，在这种回路中，调速阀 3 的流量比调速阀 2 的小，工作时油液通过两个调速阀，速度换接平稳性较好，但由于油液经过两个调速阀，所以能量损失较大。

任务 7.4　多执行元件控制回路

在液压系统中，用一个能源(泵)向多个执行元件(缸或马达)提供液压油，并能按各执行元件之间运动关系要求进行控制、完成规定的动作顺序的回路，就称为多执行元件控制回路。

7.4.1　顺序动作回路

顺序动作回路的功用是保证各执行元件严格地按照给定的动作顺序运动。

按控制方式不同，常用的顺序动作回路有行程控制式和压力控制式两种。

1. 行程控制式顺序动作回路

行程控制式顺序动作回路就是将控制元件安放在执行元件行程中的一定位置，当执行元件触动控制元件时，就发出控制信号，继续下一个执行元件的动作。

采用行程阀作为控制元件的行程控制式顺序动作回路如图 7.25(a)所示。当电磁换向阀 3 通电后，左位接通，液压油进入液压缸 1 的无杆腔，液压缸 1 的活塞向右进给，完成第一个动作。当活塞上的挡块碰到二位四通行程阀 4 时，压下行程阀，使其上位接通，液压油通过行程阀 4 进入液压缸 2 的无杆腔，液压缸 2 的活塞向右进给，完成第二个动作。当电磁换向阀 3 断电后，其右位接通，液压油进入液压缸 1 的有杆腔，液压缸 1 向左后退，完成第三个动作。当液压缸 1 活塞上的挡块脱离二位四通行程阀 4 时，行程阀 4 的下位接通，液压油进入液压缸 2 的有杆腔，液压缸 2 随之向左后退，完成第四个动作。这种回路的换向可靠，但改变运动顺序较困难。

采用电磁换向阀和行程开关的行程控制式顺序动作回路如图 7.25(b)所示。当二位四通电磁换向阀 3 的 1YA 通电时左位接通，液压油进入液压缸 1 的无杆腔，液压缸 1 的活塞向右进给，完成第一个动作。当活塞上的挡块碰到行程开关 2S 时，发出电信号，使二位四通电磁换向阀 3 的 2YA 通电左位接通，液压油进入液压缸 2 的无杆腔，液压缸 2 的活塞向右进给，完成第二个动作。当液压缸 2 活塞上的挡块碰到行程开关 4S 时，发出电信号，使二位四通阀 3 的 1YA 断电，使其右位接通，液压油进入液压缸 1 的有杆腔，液压缸 1 的活塞向左退回，完成第三个动作。当液压缸 1 活塞上的挡块碰到行程开关 1S 时，发出电信号，使二位四通阀 3 的 2YA 断电右位接通，液压油进入液压缸 2 的有杆腔，液压缸 2 的活塞向左退回，完成第四个动作，当液压缸 2 活塞上的挡块碰到行程开关 3S 时，发出电信号表明整个工作循环结束。这种回路使用调整方便，便于更改动作顺序，更适合采用 PLC 控制，因此，得到广泛的应用。

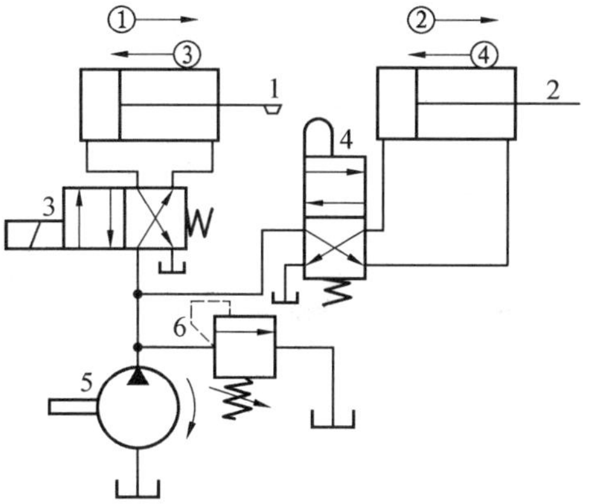

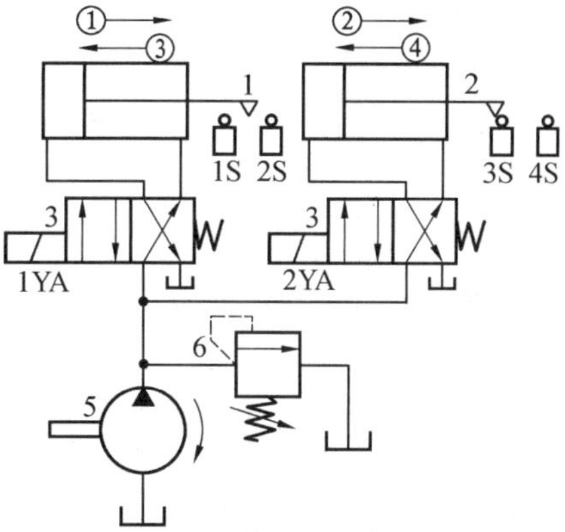

图 7.25　行程控制顺序动作回路

1,2—液压缸；3—二位四通电磁换向阀；4—行程阀；5—液压泵；6—溢流阀

2. 压力控制式顺序动作回路

采用顺序阀的压力控制式顺序动作回路如图 7.26(a)所示。当电磁换向阀 5 处于左位时，液压油进入夹紧液压缸 1 的无杆腔，夹紧液压缸 1 向右运动，完成第一个动作——夹紧。当夹紧液压缸 1 运动到终点时，油液压力升高，打开顺序阀 4，液压油进入进给液压缸 2 的无杆腔，进给液压缸 2 向右运动，完成第二个动作——进给。当电磁换向阀 5 处于右位时，液压油进入进给液压缸 2 的有杆腔，进给液压缸 2 向左运动，完成第三个动作——退回。当进给液压缸 2 运动到终点时，油液压力升高，打开顺序阀 3，液压油进入夹紧液压缸 1 的有杆腔，夹紧液压缸 1 向左运动，完成第四个动作——松开。

采用压力继电器控制的顺序动作回路如图 7.26(b)所示。按启动电钮后电磁换向阀 8 的 1YA 通电，电磁换向阀 8 左位，夹紧液压缸 1 活塞向右前进到右端点后，回路压力升高，压力继电器 1KP 动作，使电磁铁 3YA 得电，电磁换向阀 9 左位，进给液压缸 2 活塞向右运动。按返回按钮，1YA、3YA 同时失电，4YA 得电，使电磁换向阀 8 中位、电磁换向阀 9 右位，导致夹紧液压缸 1 锁定在右端点位置、进给液压缸 2 活塞向左运动。当进给液压缸 2 活塞退回原位后，回路压力升高，压力继电器 2KP 动作，使 2YA 得电，电磁换向阀 8 右位，夹紧液压缸 1 活塞后退至起点。这种回路只适用于系统中执行元件数目不多、负载变化不大的场合、控制比较方便、灵活，但油路中液压冲击容易产生误动作，目前应用较少。

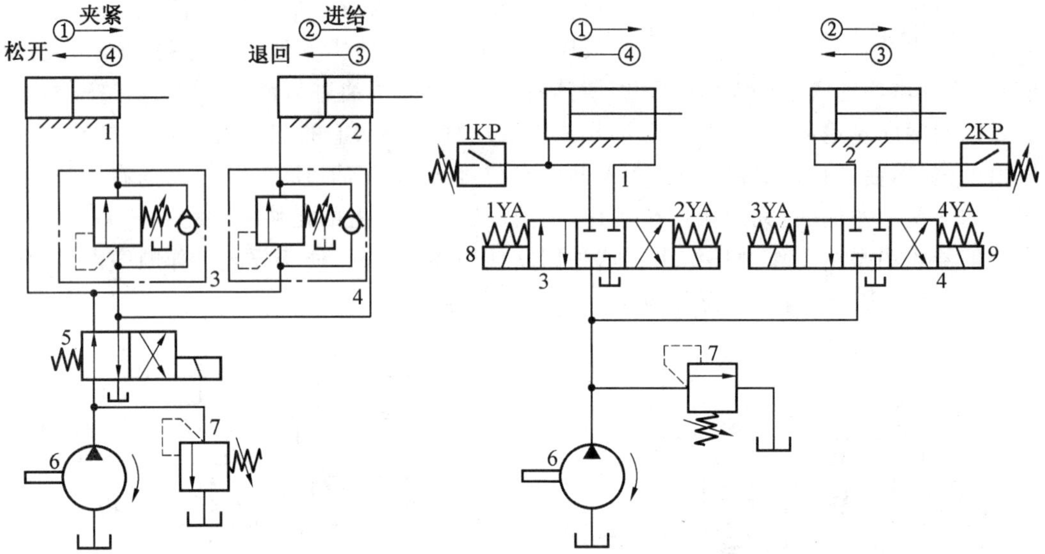

(a) 采用顺序阀控制的顺序动作回路　　(b) 采用压力继电器控制的顺序动作回路

图 7.26　压力控制顺序动作回路

1—夹紧液压缸；2—进给液压缸；3，4—顺序阀；5—电磁换向阀；6—液压泵；7—溢流阀；8，9—三位四通电磁换向阀

7.4.2　同步回路

从理论上讲，只要保证多个执行元件的结构尺寸和输入油液的流量相同就可使执行元件保持同步动作，但由于泄漏、摩擦阻力、外负载、制造精度、结构弹性变形及油液中含气等因素，很难保证多个执行元件的同步。因此，在同步回路的设计、制造和安装过程中，要尽量避免这些因素的影响，必要时可采取一些补偿措施。

同步回路的功用是保证液压系统中两个以上执行元件克服负载、摩擦阻力、泄漏、制造质量和结构变形上的差异，而保证在运动上的同步。同步运动分为速度同步和位置同步两类。速度同步是指各执行元件的运动速度相等(或一定的速比)，而位置同步是指各执行元件在运动中或停止时都保持相同的位移量。对于开式系统，严格做到每一瞬间的位置同步是困难的，所以常采用速度同步控制；如果想获得高精度的位置同步回路，则需要采用闭环控制系统才能实现。

1. 速度同步回路

速度同步回路主要有同步缸或同步马达的同步回路、采用流量控制阀的同步回路、机械式连接同步回路、串联液压缸的同步回路等。这里主要介绍前两种。

(1)用同步缸或同步马达的同步回路。

同步缸的同步回路如图 7.27(a)所示。同步缸 8 是两个尺寸相同的缸体和两个活塞共用一个活塞杆的液压缸,活塞向左或向右运动时输出或接受相等容积的油液,在回路中起着配流的作用,使有效面积相等的两个液压缸实现双向同步运动。同步缸的两个活塞上装有双作用单向阀 4,可以在行程端点消除误差。和同步缸一样,用两个同轴等排量双向液压马达 5 作为配油环节,输出相同流量的油液亦可实现两缸双向同步。如图 7.27(b)所示,节流阀 6 用于行程端点消除两缸位置误差。这种回路的同步精度比采用流量控制阀的同步回路高,但专用元件使系统复杂,制作成本高。

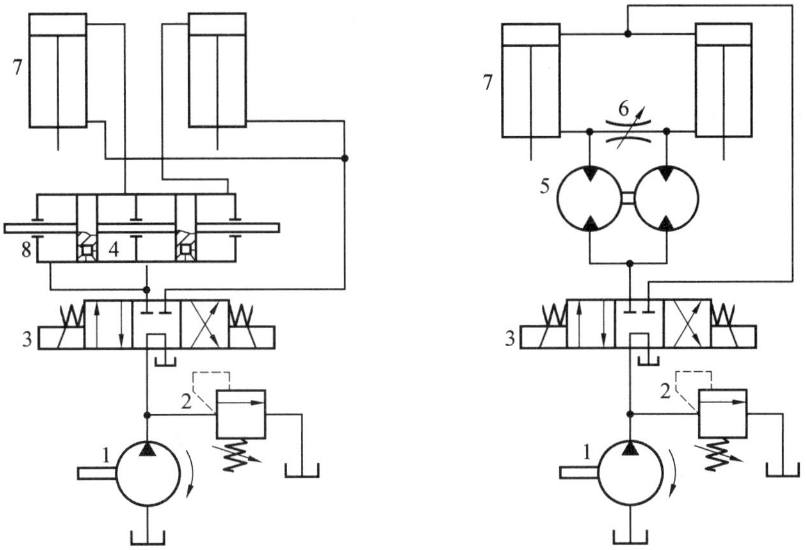

(a) 采用同步缸的同步回路　　(b) 采用同步马达的同步回路

图 7.27　用同步缸或同步马达的同步回路

1—溢流阀;2—液压泵;3—换向阀;4—双作用单向阀;5—液压马达;6—节流阀;7—液压缸;8—同步缸

(2)采用流量控制阀的同步回路。

采用调速阀的同步回路如图 7.28(a)所示,在两个并联液压缸 7 与 8 的进(回)油路上分别串接一个单向调速阀 9 与 10,仔细调整两个调速阀的开口大小,控制进入两液压缸或自两液压缸流出的流量,可使它们在一个方向上实现速度同步。这种回路结构简单,但调整比较麻烦,同步精度不高,不宜用于偏载或负载变化频繁的场合。

采用分流集流阀的同步回路如图 7.28(b)所示,采用分流阀 5(同步阀)来控制两液压缸 7 与 8 的进入或流出的流量。分流阀具有良好的偏载承受能力,可使两液压缸在承受不同负载时进入两个液压缸等量的液压油以保证两缸的同步运动。回路中的单向节流阀 4 用来控制活塞的下降速度,液控单向阀 6 是防止活塞停止时的两缸负载不同而通过分流阀的内节流孔窜油。由于同步作用靠分流阀自动调整,使用较为方便。但效率低,压力损失大,不宜用于低压系统。

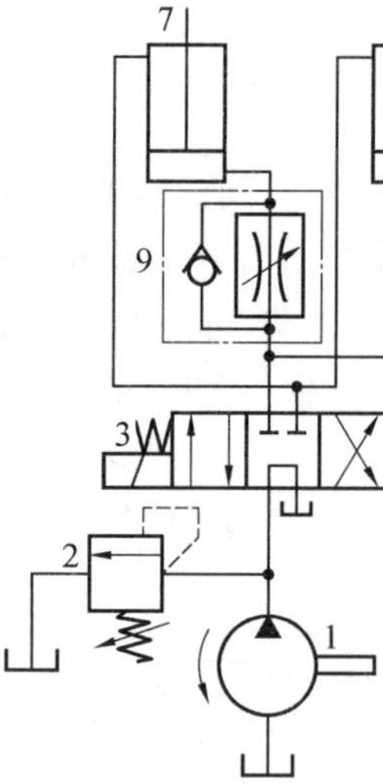

(a) 采用调速阀的同步回路

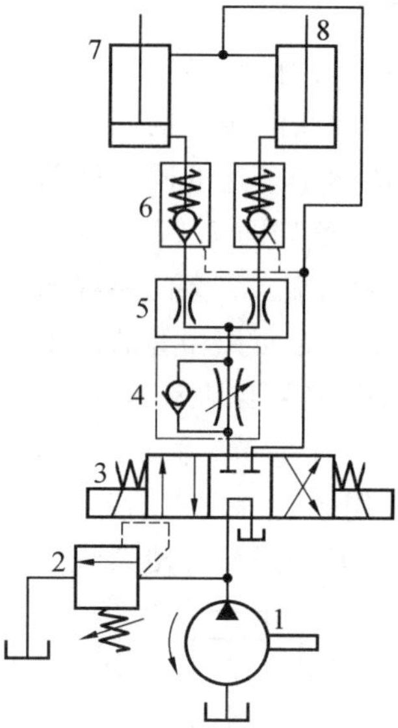

(b) 采用分流集流阀的同步回路

图 7.28　用流量控制阀的同步回路

1—液压泵；2—溢流阀；3—换向阀；4—单向节流阀；5—分流阀；6—液控单向阀；7,8—液压缸；9,10—单向调速阀

2. 位置同步回路

位置同步回路主要有带补偿装置的串联缸同步回路和采用伺服阀的同步运动回路等。

将有效工作面积相等的两个液压缸串联起来便可实现两缸同步，这种回路允许较大偏载，因偏载造成的压差不影响流量的改变，只导致微量的压缩和泄漏，因此同步精度较高，回路效率也较高。这种情况下泵的供油压力至少是两缸工作压力之和。由于制造误差、内泄漏及混入空气等因素的影响，经多次行程后，将积累为两缸显著的位置差别。为此，回路中应具有位置补偿装置，如图 7.29 所示。当两缸活塞同时下行时，若液压缸 7 的活塞先到达行程端点，则挡块压下行程开关 1S，电磁铁 3Y 得电，换向阀 4 左位，压力油经换向阀 4 和液控单向阀 5 进入液压缸 6 上腔，进行补油，使其活塞继续下行到达行程端点。如果液压缸 6 的活塞先到达端点，行程开关 2S 使电磁铁 4Y 得电，换向阀 4 右位，压力油进入液控单向阀 5 的控制腔，打开液控单向阀 5、液压缸 7 下腔与油箱接通，使其活塞继续下行到达行程端点，从而消除积累误差。

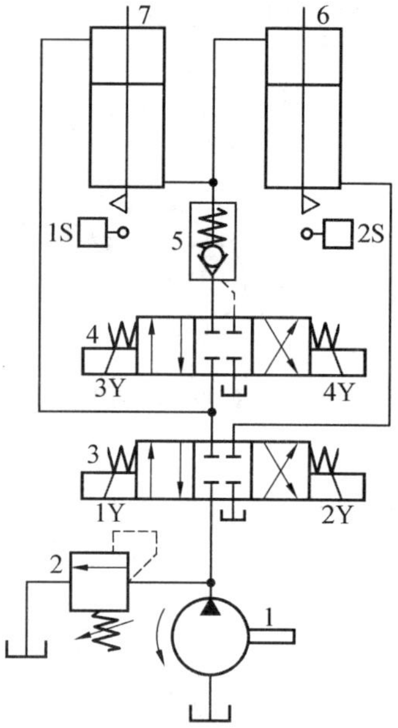

图 7.29　采用带补偿装置的串联缸同步回路

1—溢流阀；2—液压泵；3,4—换向阀；5—液控单向阀；6,7—液压缸

思考题与习题

7.1　节流调速、容积调速各有什么特点？

7.2　如何利用行程阀来实现两种不同速度的换接？

7.3　两个调速阀串联与并联如何实现两种不同工作速度的换接？两种方法有何不同？

7.4　快速运动回路有哪几种，各有什么特点？

7.5　在什么情况下需要应用保压回路？试绘出两种保压回路。

7.6　减压回路有何功用？

7.7　多级调压回路都采用哪些方式，各有什么特点？

7.8　多缸同步回路可以采用哪些方式，各有什么特点？

7.9　什么是液压基本回路？常见液压基本回路有几类？各在系统中起什么作用？

7.10　液压系统中为什么要设置背压阀？背压回路与平衡回路有何区别？

7.11　试确定图 7.30 所示调压回路在下列情况下液压泵的出口压力。

(1)全部电磁铁断电。

(2)电磁铁 2YA 通电，1YA 断电。

(3)电磁铁 2YA 断电，1YA 通电。

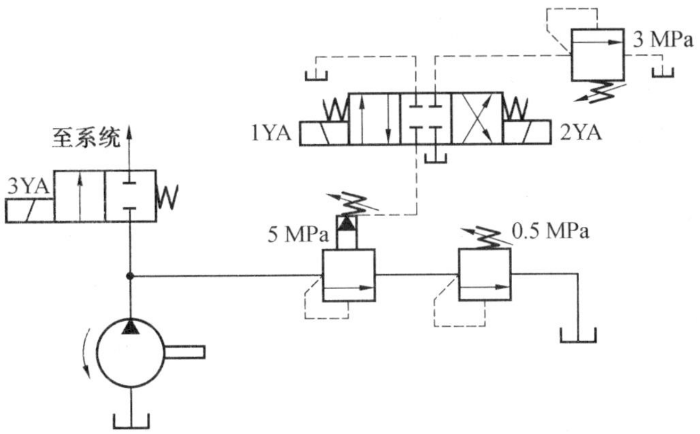

图 7.30　题 7.11 图

7.12　在图 7.31 所示调压回路中，若溢流阀的调整压力分别为 $p_{Y1}=9$ MPa、$p_{Y2}=4.5$ MPa。液压泵出口处的负载阻力为无限大，试问在不计管道损失和调压偏差时：

(1)换向阀下位接入回路时，液压泵的工作压力为多少？B 点和 C 点的压力各为多少？

(2)换向阀上位接入回路时，液压泵的工作压力为多少？B 点和 C 点的压力又是多少？

7.13　如图 7.32 所示的平衡回路中，若液压缸无杆腔的工作面积 $A_1=100\ \mathrm{cm^2}$，有杆腔的工作面积 $A_2=50\ \mathrm{cm^2}$，活塞与运动部件自重为 6 000 N，运动时活塞上的摩擦阻力为 2 000 N，活塞向下运动时要克服负载阻力为 24 000 N，试问顺序阀和溢流阀的最小调定压力应各为多少？

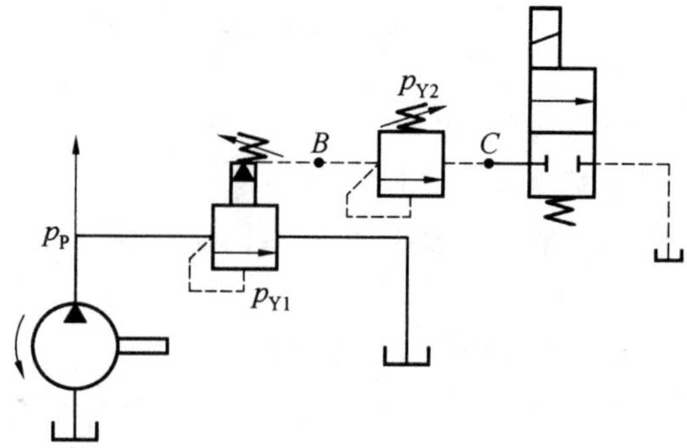

图 7.31　题 7.12 图

7.14　图 7.33 所示油路中，若溢流阀和减压阀的调定压力分别为 5.0 MPa、2.0 MPa，试分析活塞在运动期间和碰到死挡铁后，溢流阀进油口、减压阀出油口处的压力各为多少？

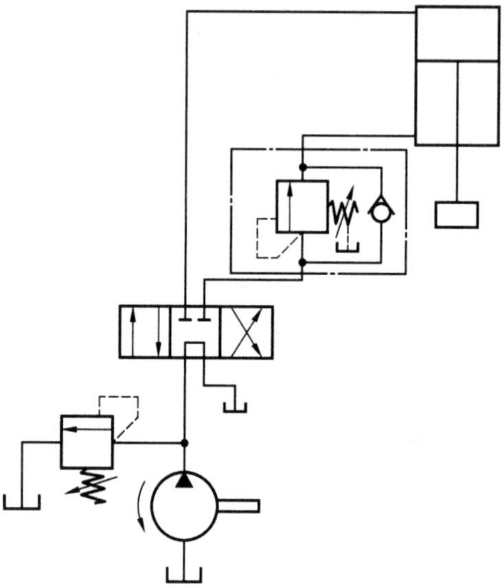

图 7.32　题 7.13 图

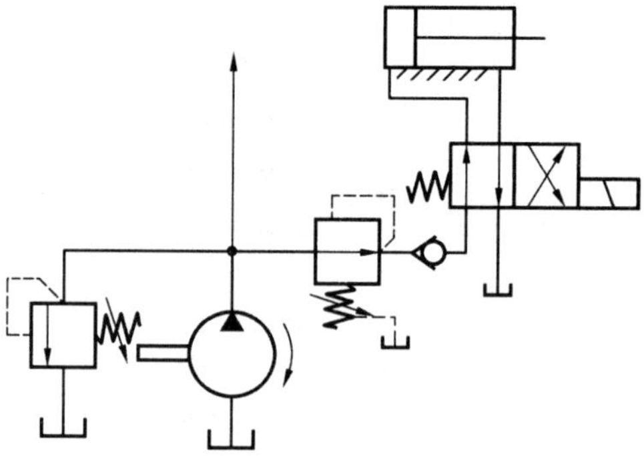

图 7.33　题 7.14 图

7.15　如图 7.34 所示，写出施行工作循环时的电磁铁动作顺序表。

7.16　如图 7.35 所示的液压系统能实现"夹紧→快进→工进→快退→停止→松开→泵卸荷"等顺序动作的工作。

(1)写出施行工作循环时的电磁铁动作顺序表。

(2)说明系统是由哪些基本回路组成的。

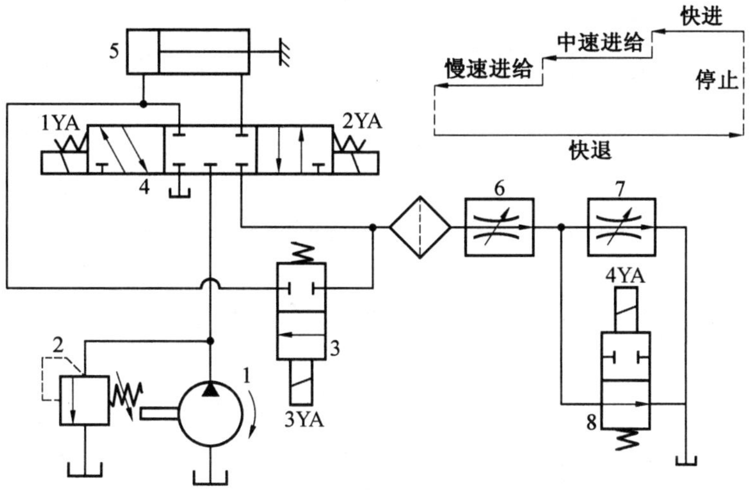

图 7.34　题 7.15 图

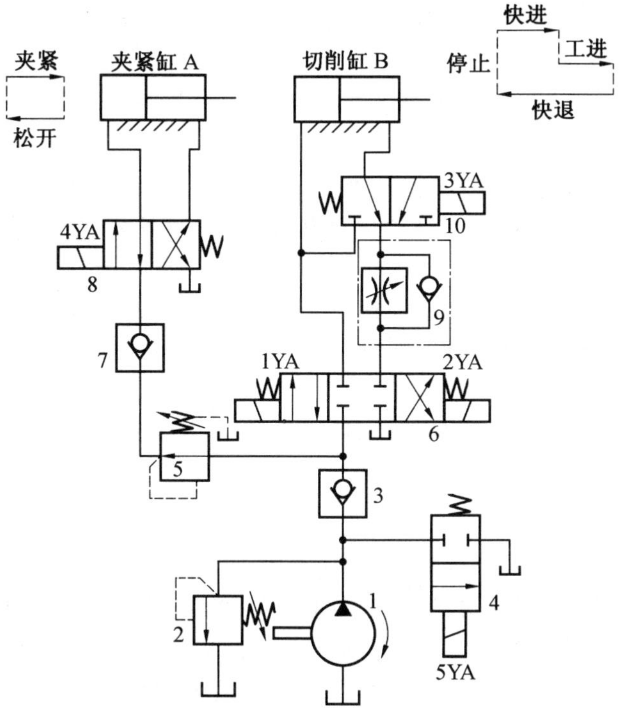

图 7.35　题 7.16 图

项目8

典型液压系统

通过本章的学习，掌握识读较复杂液压系统的方法和步骤；掌握典型系统的工作原理、组成和特点，为今后分析和设计液压系统打下基础。

阅读一个较复杂的液压系统图，大致可按以下步骤进行：

①了解机械设备工况对液压系统的要求，了解在工作循环中的各个工步对力、速度和方向这3个方面的要求。

②初读液压系统图，了解系统中包含哪些元件，且以执行元件为中心，将系统分解为若干个工作单元。

③先单独分析每个子系统，了解其执行元件与相应的阀、泵以及那些基本回路之间的关系。参照电磁铁动作表和执行元件的动作要求，理清其液流路线（一定要先看控制油路，后看主油路）。

④在全面读懂液压系统原理图的基础上，根据系统所使用的基本回路的性能，对系统做综合分析，归纳总结整个液压系统的特点，以加深对液压系统的理解。

任务8.1　组合机床动力滑台液压系统

8.1.1　概述

组合机床的动力滑台是组合机床上实现进给运动的一种通用部件，配上动力头和主轴箱后可以对工件完成各种孔、端面等加工工序。YT4543型液压动力滑台由液压缸驱动，它在电气和机械装置的配合下可以实现各种循环动作。该动力滑台的台面尺寸为0.45 m×0.8 m，进给速度范围为0.006～0.66 m/min，最大快速移动速度为6.6 m/min，最大进给推力为45 kN。该系统采用限压式变量叶片供油，电液换向阀换向，行程阀实现快慢速度转换，串联调速阀实现两种工作进给速度的转换，液压系统最高工作压力为6.3 MPa，液压滑台上的工作循环是由固定在移动工作台侧面上的挡铁直接压行程阀换位或压行程开关控制电磁阀的通、断电顺序实现的。该系统可实现“快进→第一工进→第二工进→挡铁停留→快退→原位停止”等自动工作循环，YT4543型动力滑台液压系统图如图8.1所示。

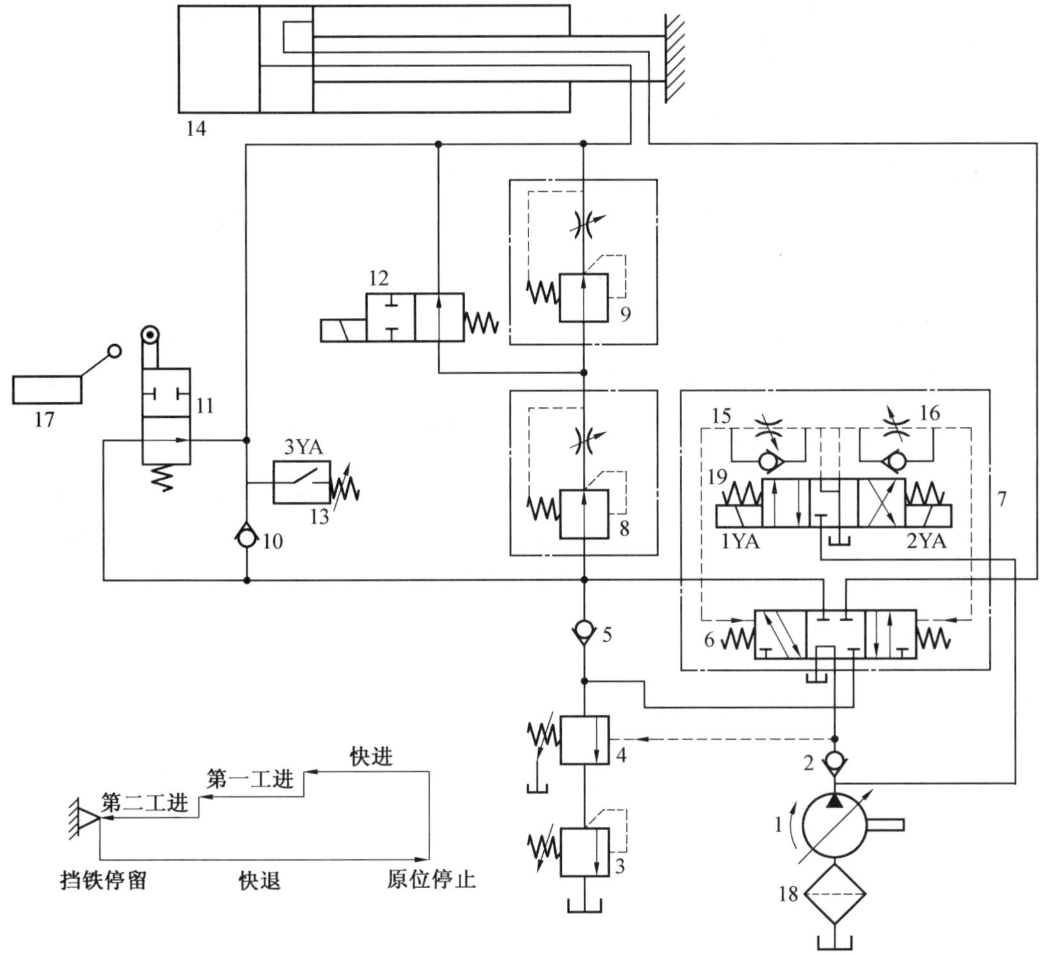

图 8.1　YT4543 型动力滑台液压系统图

1—限压式变量泵；2,5,10—单向阀；3—背压阀；4—顺序阀；6—液动换向阀；7—先导式电液换向阀；8,9—调速阀；11—下行程阀；12—电磁阀；13—压力继电器；14—液压缸；15,16—单向节流阀；17—行程开关；18—滤油器；19—先导电磁阀

8.1.2　YT4543 型动力滑台液压系统的工作原理

1. 快进

按下启动按钮，电磁铁 1YA 通电，先导式电液换向阀 7 的先导电磁阀 19 左位工作，液动换向阀 6 在控制压力油作用下将左位接入系统。

进油路：油箱 → 滤油器 18 → 泵 1 → 单向阀 2 → 阀 7 → 阀 19→ 阀 15→ 阀 6 左位→ 阀 11 → 液压缸 14 左腔。

回油路：液压缸 14 右腔 → 阀 7 → 阀 6 左位 → 阀 11 → 液压缸 14 左腔。

液压缸两腔连通，实现差动快进。由于快进阻力小，系统压力低，变量泵输出最大流量。

2. 第一次工作进给

当滑台快进到预定位置时，滑台上的挡块压下行程阀 11 时，第一次工作进给开始，此时切断快进通道，压力油流经调速阀 8、电磁阀 12 进入液压缸左腔。由于液压泵供油压力高，顺序阀 4 已被打开。

进油路：油箱→ 滤油器 18 → 泵 1 → 单向阀 2 → 阀 7→ 阀 19→ 阀 15→ 阀 6 左位→阀 8 → 阀 12 → 液压缸 14 左腔。

回油路：液压缸右腔 → 阀 7 → 阀 6 左位→ 顺序阀 4 → 背压阀 3→ 油箱。

工进时系统压力升高，变量泵自动减小其输出流量，且与第一工进调速阀 8 的开口相适应。

3. 第二次工作进给

当第一次工进结束时，挡块压下行程开关使 3YA 通电，第二次工作进给开始。这时压力油经调速阀 8 和 9 进入液压缸的左腔。液压缸右腔的回油路线与第一工进时相同。此时，变量泵输出的流量自动与第二工进调速阀 9 的开口相适应。

4. 死挡铁停留

当滑台以第二工进速度行进碰到死挡铁时，滑台即停留在死挡铁处，此时液压缸左腔压力升高，使压力继电器 13 动作并发出电信号给时间继电器，经过时间继电器的延时，使滑台停留一段时间后再返回。停留时间由时间继电器调定。

5. 快退

当滑台按调定时间停留结束后，时间继电器发出信号，使电磁铁 1YA、3YA 断电，2YA 通电，这时电液换向阀 7 的先导阀 19 右位工作，液动换向阀 6 在控制压力油作用下将右位接入系统。

进油路：油箱→油泵 1 → 阀 2 → 阀 7 →阀 16 →阀 6 右位→液压缸 14 右腔。

回油路：液压缸 14 左腔 → 阀 10 → 阀 7→阀 6 右位→ 油箱。

滑台返回时负载小，系统压力下降，变量泵流量自动恢复到最大，且液压缸右腔的有效作用面积较小，故滑台快速退回。

6. 原位停止

当滑台快退到原位时，挡块压下终点行程开关，使电磁铁 2YA 断电，先导电磁阀 19 和液动换向阀 6 都处于中位，液压缸两腔油路封闭，滑台停止运动。这时泵输出的油液经阀 3 和阀 7 排回油箱，泵在低压下卸荷。

该系统工作循环的电磁阀和液压元件的动作顺序表见表 8.1。

表 8.1　电磁阀和液压元件动作表

动作名称	电磁阀			液压元件状态		
	1YA	2YA	3YA	行程阀 11	顺序阀 4	压力继电器 13
快进	+	−	−	通	断	−
第一工进	+	−	−	断	通	−
第二工进	+	−	+	断	通	−
停留	−	−	+	断	断	+
快退	−	+	−	断→通	断	−
原位停止	−	−	−	通	断	−

8.1.3　YT4543 型动力滑台液压系统的特点

YT4543 型动力滑台液压系统的特点如下：

①系统采用了限压式变量泵和调速阀组成的进油节流调速回路，无溢流功率损失，系统效率较高，且能保证稳定的低速运动，较好的速度刚性和较大的调速范围。

②第一工进和第二工进之间的转换通过串联调速阀的二次进油路节流调速方式，可使启动和速度换接时的前冲量较小，并便于利用压力继电器发出信号进行控制。在回油路上设置背压阀，提高了滑台运动的平稳性。

③限压式变量泵和液压缸差动连接的快速回路，既解决了快慢速度相差悬殊的难题，又使能量利用经济合理。

④采用行程阀和液控顺序阀实现快慢速的转换，不仅简化了油路和电路，而且其动作可靠性、转换精度也比较高。

⑤限压式变量泵本身就能按预先调定的压力限制其最大工作压力，故在采用限压式变量泵的系统中，一般不需要另外设置安全阀。

⑥采用换向阀式低压卸荷回路，可以减少能量损耗，结构也比较简单。

⑦采用三位五通电液换向阀，具有换向性能好、滑台可在任意位置停止、快进时构成差动连接等优点。

任务 8.2　液压机液压系统

8.2.1　概述

液压机是一种利用液体静压力来加工金属、塑料、橡胶、木材、粉末等制品的机械。它常用于压制工艺和压制成形工艺，如：锻压、冲压、冷挤、校直、弯曲、翻边、薄板拉伸、粉末冶金及压装等。

液压机多为立式，其中以四柱式液压机的结构最为典型，应用也最广泛。四柱式液压机的外形图如图 8.2(a)所示，它主要由充液筒 1、上横梁 2、上液压缸 3、上滑块 4、立柱 5、下滑块 6、下液压缸 7、电气操纵箱 8 和动力机构 9 等零部件组成。

这种液压机有 4 个立柱，在 4 个立柱之间安置上、下两个液压缸 3 和 7。上液压缸驱动上滑块 4，下液压缸驱动下滑块 6。为了满足大多数压制工艺的要求，上滑块应能实现“快速下行 → 慢速加压 → 保压延时 → 快速返回 → 原位停止”的自动工作循环。下滑块应能实现“向上顶出 → 停留 → 向下退回 → 原位停止”的工作循环。上下滑块的运动依次进行，不能同时动作。液压机的工作循环如图 8.2(b)所示。

8.2.2　YB32－200 液压机液压系统的工作原理

YB32－200 型液压机的液压系统如图 8.3 所示。液压泵为恒功率式变量轴向柱塞泵，用来供给系统以高压油，其压力由远程调压阀调定，控制油路中的液压油经主油路由减压阀减压得到。该系统工作循环的电磁阀和液压元件的动作顺序表见表 8.2，其工作情况如下。

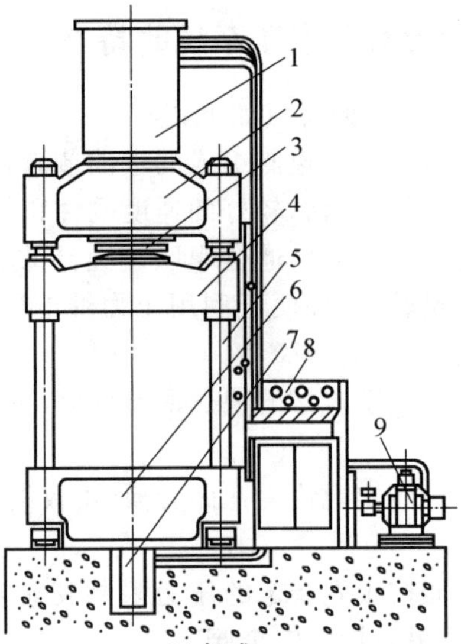

(a) 组成

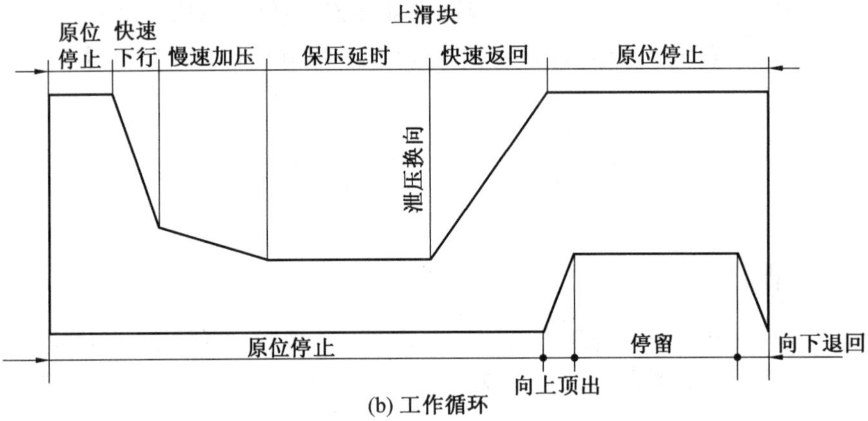

(b) 工作循环

图 8.2 YB32—200 型液压机组成和工作循环

1—充液筒；2—上横梁；3—上液压缸；4—上滑块；5—立柱；6—下滑块；7—下液压缸；8—电气操纵箱；9—动力机构

表 8.2 电磁阀和液压元件动作表

	动作名称	1YA	2YA	3YA	4YA	预泄换向阀
主缸	快速下行	+	−	−	−	上位
	慢速加压	+	−	−	−	上位
	保压延时	−	−	−	−	上位
	快速返回	−	+	−	−	下位
	原位停止	−	−	−	−	上位
下缸	向上顶出	−	−	−	+	上位
	停留	−	−	−	+	上位
	向下退回	−	−	+	−	上位
	原位停止	−	−	−	−	上位

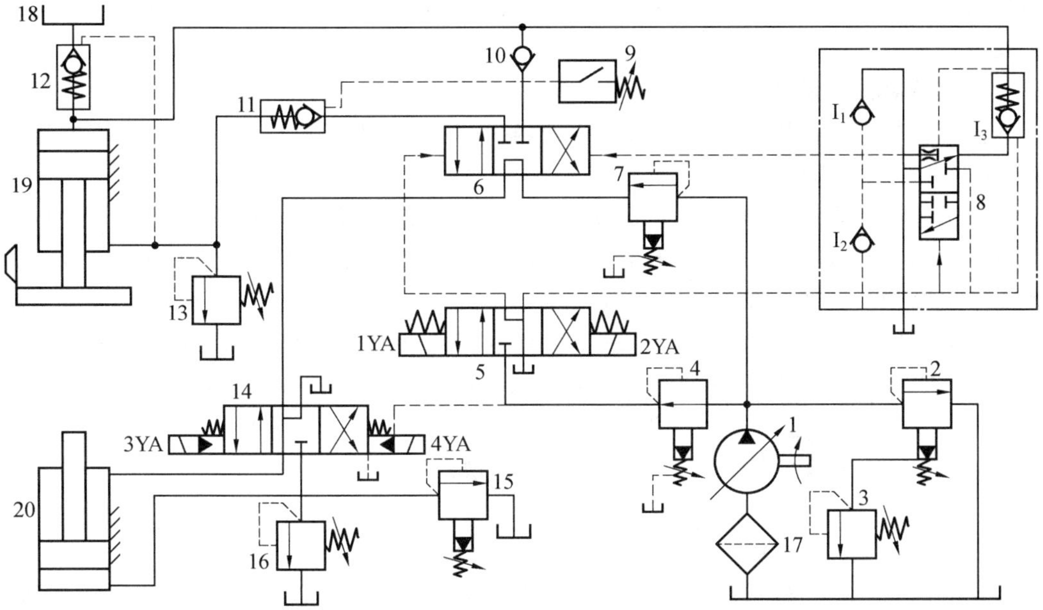

图 8.3　YB32—200 型液压机的液压系统

1—液压泵；2—溢流阀；3—远程调压阀；4—减压阀；5—主缸先导阀；6—主缸换向阀；7—顺序阀；8—预泄换向阀；9—压力继电器；10—单向阀；11，12，I_3—液控单向阀；13—主缸安全阀；14—下缸换向阀；15—下缸溢流阀；16—下缸安全阀；17—过滤器；18—充液筒；19—主缸；20—下缸；I_1，I_2—单向阀

1. 快速下行

按下启动按钮，电磁铁 1YA 通电，主缸先导阀 5 和主缸换向阀 6 左位接入系统。

进油路：油箱→过滤器 17→液压泵 1(→减压阀 4→主缸先导阀 5 的 1YA 左位→主缸换向阀 6 左端控制→主缸换向阀 6 左位)→顺序阀 7→主缸换向阀 6 → 单向阀 10 → 主缸 19 上腔。

回油路：主缸 19 下腔 → 液控单向阀 11 → 主缸换向阀 6 左位→下缸换向阀 14 →油箱。

这时主缸活塞连同上滑块在自重作用下快速下行，尽管泵已输出最大流量，但主缸上腔仍因油液不足而形成负压，吸开充液筒 18，充液筒内的油便经液控单向阀 12 补入主缸 19 上腔。

2. 慢速加压

上滑块快速下行接触工件后，主缸上腔压力升高，液控单向阀 12 关闭，充液筒 18 内的油无法进入主缸 19 上腔。变量泵通过压力反馈，输出流量自动减小，此时上滑块转入慢速加压。

3. 保压延时

当系统压力升高到压力继电器 9 的调定值时，压力继电器发出信号使 1YA 断电，主缸先导阀 5 和主缸换向阀 6 恢复到中位。此时液压泵通过换向阀中位卸荷，主缸上腔的高压油被活塞密封环和单向阀所封闭，处于保压状态。接收电信号后的时间继电器(图中末画出)开始延时，保压延时的时间可在 0～24 min 内调节。在保压过程中液压泵处于低压卸荷状态，其油路为液压泵 1→顺序阀 7→主缸换向阀 6 中位 →下缸换向阀 14 中位 →油箱。

4. 泄压后快速返回

由于主缸上腔油压高、直径大、行程长，缸内油液在加压过程中储存了很多能量，为此，主缸必须先泄压后再返回。

保压结束后，时间继电器使电磁铁 2YA 通电，主缸先导阀 5 右位接入系统，控制油路中的压力油打开液控单向阀 I_3，此时主缸 19 上腔的压力油使卸荷的预泄换向阀 8 上位，使主缸上腔的油液经液控单向阀 I_3、预泄换向阀 8 上位开始泄压。致使主缸上腔的油液压力降低而使预泄换向阀 8 的阀芯向上移动，以其下位接入系统，控制油路经预泄换向阀 8 下位，即可使主缸换向阀 6 处于右位工作，从而实现上滑块的快速返回。其油路如下。

进油路：油箱→过滤器 17→液压泵 1(→减压阀 4→主缸先导阀 5 右位→预泄换向阀 8 下位→主缸换向阀 6 右位)→顺序阀 7→主缸换向阀 6 右位→液控单向阀 11→主缸 19 下腔。

回油路：主缸 19 上腔 →液控单向阀 12 →充液筒 18。

充液筒内液面超过预定位置时，多余油液由溢流管流回油箱。单向阀 I_1 用于主缸换向阀 6 由左位回到中位时补油；单向阀 I_2 用于主缸换向阀 6 由右位回到中位时排油至油箱。

5. 原位停止

上滑块回程至挡块压下行程开关，电磁铁 2YA 断电，主缸先导阀 5 和主缸换向阀 6 都处于中位，这时上滑块停止不动，液压泵在较低压力下卸荷。由于液控单向阀 11 和主缸安全阀 13 的支撑作用，上滑块悬空停止。

6. 顶出缸活塞向上顶出

电磁铁 4YA 通电时，下缸换向阀右位接入系统。其油路如下。

进油路：油箱→过滤器 17→液压泵 1(→减压阀 4 →主缸先导阀 5 中位→ 下缸换向阀 14 右位)→顺序阀 7→主缸换向阀 6 中位→下缸 20 下腔。

回油路：顶出缸 20 上腔→下缸换向阀 14 右位→油箱。

7. 顶出缸活塞向下退回和原位停止

4YA 断电、3YA 通电时油路换向，下缸 20 的活塞向下退回。当挡块压下原位开关时，电磁铁 3YA 断电，下缸换向阀 14 处于中位，下缸原位停止。

8. 主缸浮动压边

作薄板拉伸压边时，要求下缸既保持一定压力，又能随着主缸上滑块一起下降。这时 4YA 先通电、再断电，下缸 20 的下腔油液被下缸换向阀 14 封住。当主缸上滑块下压时，下缸活塞被迫随之下行，下缸 20 的下腔回油经下缸溢流阀流 15 回油箱，从而建立起所需的压边力。

8.2.3 YB32－200 液压机液压系统的主要特点

YB32－200 液压机液压系统的主要特点如下：

①系统采用高压大流量恒功率(压力补偿)式变量泵供油，并配以由调压阀和电磁阀

构成的电磁溢流阀，使液压泵空载启动，主、辅液压缸原位停止时液压泵均卸荷，这样既符合工艺要求又节省能量，这是压力机液压系统的一个特点。

②液压机是典型的以压力控制为主的液压系统。本机具有远程调压阀控制的调压回路、使控制油路获得有 2 MPa 稳定低压的减压回路、高压泵的低压(约 2.5 MPa)卸荷回路、利用管道和油液的弹性变形及靠阀、缸密封的保压回路、采用液控单向阀的平衡回路，此外，系统中还采用了专用的卸压回路。

③本液压机利用上滑块的自重作用实现快速下行，并用充液筒对主缸上腔充液。这一系统结构简单，液压元件少，在中、小型液压机中常被采用。

④系统中上下两缸的动作协调由两换向阀的互锁来保证，一个缸必须在另一个缸静止时才能动作。但是，在拉伸操作中，为了实现“压边”这个工步，上液压缸活塞必须推着下液压缸活塞移动，这时上液压缸下腔的液压油进入下液压缸的上腔，而下液压缸下腔中的液压油则经下缸溢流阀排回油箱，这时虽两缸同时动作，但不存在动作不协调的问题。

⑤系统中的两个液压缸各有一个安全阀进行过载保护。两缸换向阀采用串联接法的安全措施。

任务 8.3　Q2—8 型汽车起重机液压系统

8.3.1　概述

汽车起重机的实质就是将起重机安装到汽车底盘上的一种可移动的起重设备。由于汽车起重机具有行驶速度高、机动性好、工作效率高等特点，因此被广泛应用于各种频繁流动的起重作业设备中。汽车起重机属于工程机械，要求它能在冲击、振动、温差变化大和环境较差的条件下工作；起重机的动作比较简单，对位置精度要求不高，但对液压系统的安全性要求较高，控制阀一般采用手动控制。

汽车起重机的类型代号一般采用 QYXXX，字母 Q 表示起重机，Y 表示液压式，主参数 XXX 为最大额定起重量(吨，t)。例如 QY20 代表额定装载质量为 20 t 的液压式汽车起重机。另外，不同生产厂的汽车起重机类型代号也有所不同，如柳工 CLG－TC250、徐工 XCT35、厦工 QY25K。Q2－8(QY－8)型汽车起重机的最大起重量在幅度 3 m 时为 80 t，最大起重高度为 11.5 m，起重装置可连续回转。外形图如图8.4所示。

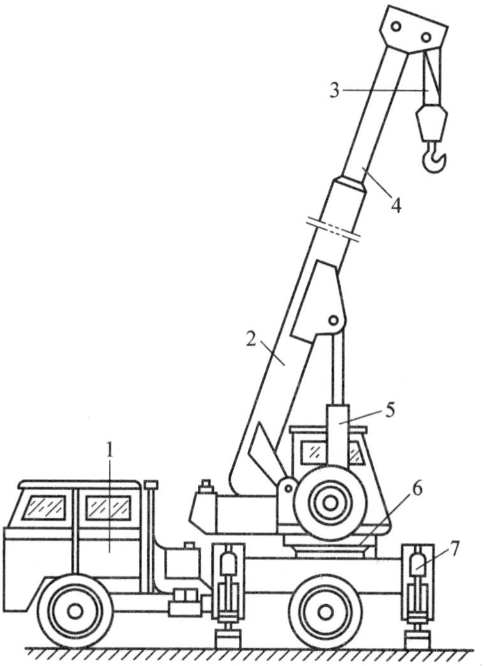

图 8.4　Q2—8 型汽车起重机外形图

1—汽车；2—基本臂；3—起升机构；4—吊臂伸缩液压缸；5—吊臂变幅液压缸；6—回转机构；7—支腿机构

8.3.2　液压系统的工作原理

Q2—8 型汽车起重机的液压系统原理图如图 8.5 所示。系统的液压泵由汽车发动机通过汽车底盘变速箱上的取力器传动，该系统为中、高压系统，动力源采用轴向柱塞泵。液压泵的工作压力为 21 MPa，排量为40 mL，转速为 1 500 r/min。汽车起重机液压系统一般分为上车和下车两部分布置，液压泵、安全阀、阀组 A、阀组 B 和支腿部分安装在下车部分，其余部分安装在上车部分。起重油箱安装在上车部分，兼做配重。上车和下车部分油路通过中心回转接头(图中末画出)连通。

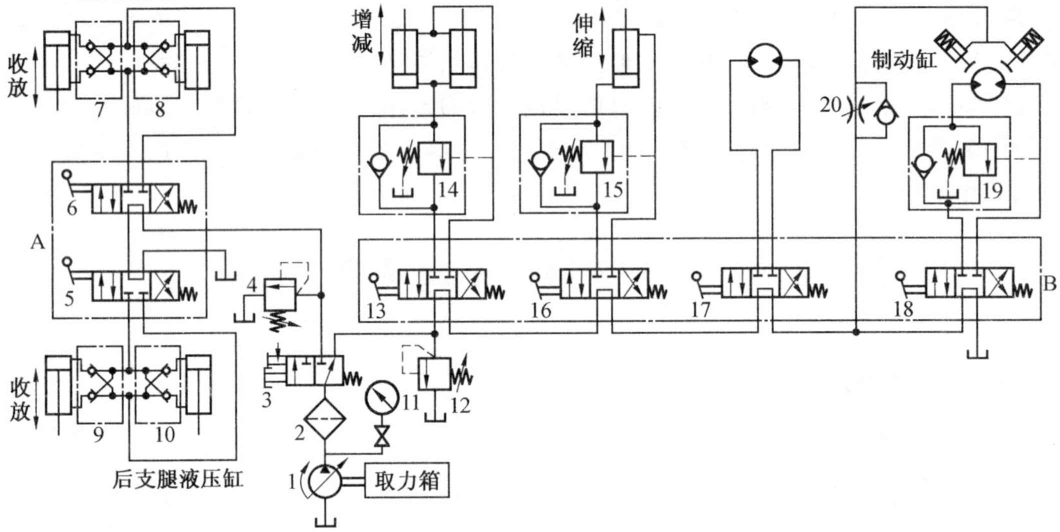

图 8.5　Q2—8 型汽车起重机液压系统原理图

1—液压泵；2—过滤器；3—二位三通手动换向阀；4，12—溢流阀；5，6，13，16，17，18—三位四通手动换向阀；7，8，9，10—双向液压锁；11—压力表；14，15，19—单向顺序阀；20—单向节流阀

液压泵通过中心回转接头、过滤器 2，从油箱吸油，输出的压力油经手动换向阀组 A 和 B 串联地输送到各个执行元件。溢流阀 4 用于防止过载，起到安全阀的作用，系统压力由压力表 11 指示。

起重机液压系统包括支腿收放回路、回转机构回路、吊臂伸缩回路、吊臂变幅回路和吊重起升回路等 5 部分。其中，前、后支腿收放控制由双联阀组 A 实现，其余动作由四联阀组 B 实现。所有换向阀全部采用相互串联的 M 型中位机能的三位四通手动换向阀，可实现多缸卸荷。根据起重工作的具体要求，通过操纵阀芯的位移量来实现对执行元件的流量控制。

1. 支腿收放回路

在进行吊装工作时不能用车轮作为承重点，因此必须首先将 4 个支腿放下。应该先放前支腿，再放后支腿，顺序不允许颠倒。收支腿时，应先收后支腿，再收前支腿。

当二位三通手动换向阀 3 和阀组 A 的换向阀 6 左位工作时，前支腿放下，其油流情况如下。

进油路:液压泵 1→过滤器 2→二位三通手动换向阀 3 左位→换向阀 6 左位→双向液压锁 7、8→前支腿液压缸无杆腔。

回油路:前支腿液压缸有杆腔→双向液压锁 7、8→换向阀 6 左位→油箱。

当阀组 A 的换向阀 6 右位工作时,前支腿收回,其油流情况与前支腿放下基本相同,只不过压力油首先进入前支腿液压缸有杆腔。

当阀组 A 的换向阀 5 工作时,后支腿收放,其油流情况与前支腿情况类似,不再做重复叙述。

2. 回转机构回路

回转机构采用一个液压马达,它通过齿轮、蜗杆蜗轮减速箱和开式小齿轮(与转盘上的内齿轮啮合)来驱动转盘回转,转盘可获得 1～3 r/min 的低速。手动换向阀 17 在左位、右位、中位时分别控制马达的正转、反转、停止 3 种工作状态。以控制马达正转(换向阀 17 右位工作)的工况为例,其油路如下。

进油路:油箱→液压泵 1→过滤器 2→换向阀 3 右位→换向阀 17 右位→马达正转。

回油路:回转液压马达→换向阀 17 右位→油箱。

3. 吊臂伸缩回路

吊臂的伸缩由换向阀 16 来控制,当换向阀 16 在右位、左位、中位时分别控制伸缩臂的伸出、缩回、停止 3 种工作状态。例如,当换向阀 16 在左位时,吊臂缩回,其油路如下。

进油路:油箱→液压泵 1→过滤器 2→换向阀 3 右位→换向阀 16 左位→伸缩液压缸无杆腔。

回油路:伸缩液压缸有杆腔→顺序阀 15→换向阀 16 左位→油箱。

4. 吊臂变幅回路

吊臂变幅就是由液压缸来改变吊臂的起落角度,由换向阀 13 来控制吊臂的增幅、减幅和停止 3 种工况,其油流情况参照吊臂伸缩回路。

5. 吊重起升回路

吊重起升回路是起重机系统中的主要工作回路。吊重的提升和落下是由一个大扭矩液压马达带动卷扬机来完成的。换向阀 18 在左位、右位、中位时分别控制马达的正转、反转、停止 3 种工作状态。液压马达的速度可通过改变发动机的转速来进行调节。考虑到液压马达的内泄漏因素,单独增加了制动液压缸。制动液压缸油路设置了单向节流阀 20,实现了制动回路的制动快、松闸慢的动作要求。

重物起升进油路为:油箱→液压泵 1→过滤器 2→换向阀 3 右位→换向阀 18 右位→单向顺序阀 19→起升马达反转,重物提升。

回油路:起升马达→换向阀 18 右位→油箱。

重物下降进油路为:油箱→液压泵 1→过滤器 2→换向阀 3 右位→换向阀 18 左位→起升马达正转,重物下落。

回油路:起升马达→单向顺序阀 19→换向阀 3 左位→油箱。

8.3.3　液压系统的特点

液压系统的特点如下:

①系统采用中位机能为 M 型的三位四通手动换向阀,能使系统卸荷,减少功率损失。

②系统采用了使用单向顺序阀的平衡回路、带制动缸的制动回路和采用液压锁的锁紧回路，保证了起重机操作安全、工作可靠、运行平稳。

③采用了手动换向阀串联组合，不仅可以灵活方便地控制各机构换向动作，还可以通过手柄操纵来控制流量，以实现节流调速。在起升工作中，将此节流调速方法与控制发动机转速方法相结合，可以实现各工作部件微速动作。另外在空载或轻载吊重作业时，可以实现各机构任意组合并同时动作，以提高生产率。

任务 8.4　机械手液压传动系统

8.4.1　概述

机械手是一种可以模仿人的手部动作，实现自动抓取、搬运重物的机械装置，它代替了人的部分工作。机械手液压传动系统是一种多缸多动作的典型液压系统。机械手的工作循环如图 8.6 所示。

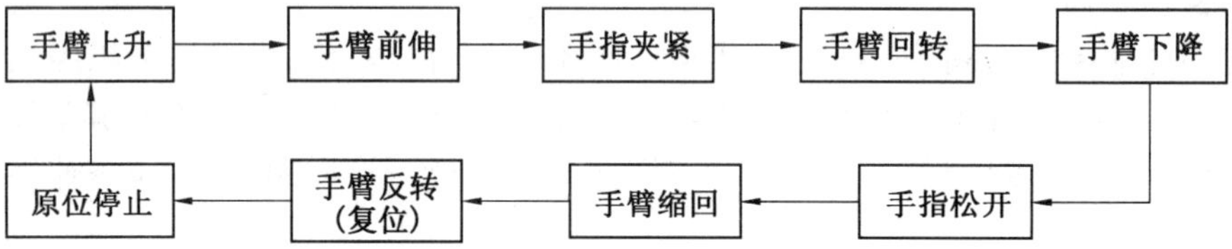

图 8.6　机械手的工作循环图

8.4.2　自动卸料机械手液压系统原理

自动卸料机械手液压系统原理如图 8.7 所示。该系统由定量泵 2 供油，先导式溢流阀 6 调节系统压力，压力值可通过压力表 8 测定。电磁换向阀在得到电信号之后，控制机械手按照预先设定的程序完成相应的动作。自动卸料机械手的电磁铁动作顺序见表8.3。机械手的动作原理如下：

表 8.3　自动卸料机械手的电磁铁动作顺序表

电磁铁 / 动作顺序	1YA	2YA	3YA	4YA	5YA	6YA	7YA
手臂上升					+		
手臂前伸、手指松开			+			+	
手指夹紧						−	
手臂回转	+						
手臂下降				+			
手指松开						+	
手臂缩回		+					
手臂反转	−						
原位停止							+

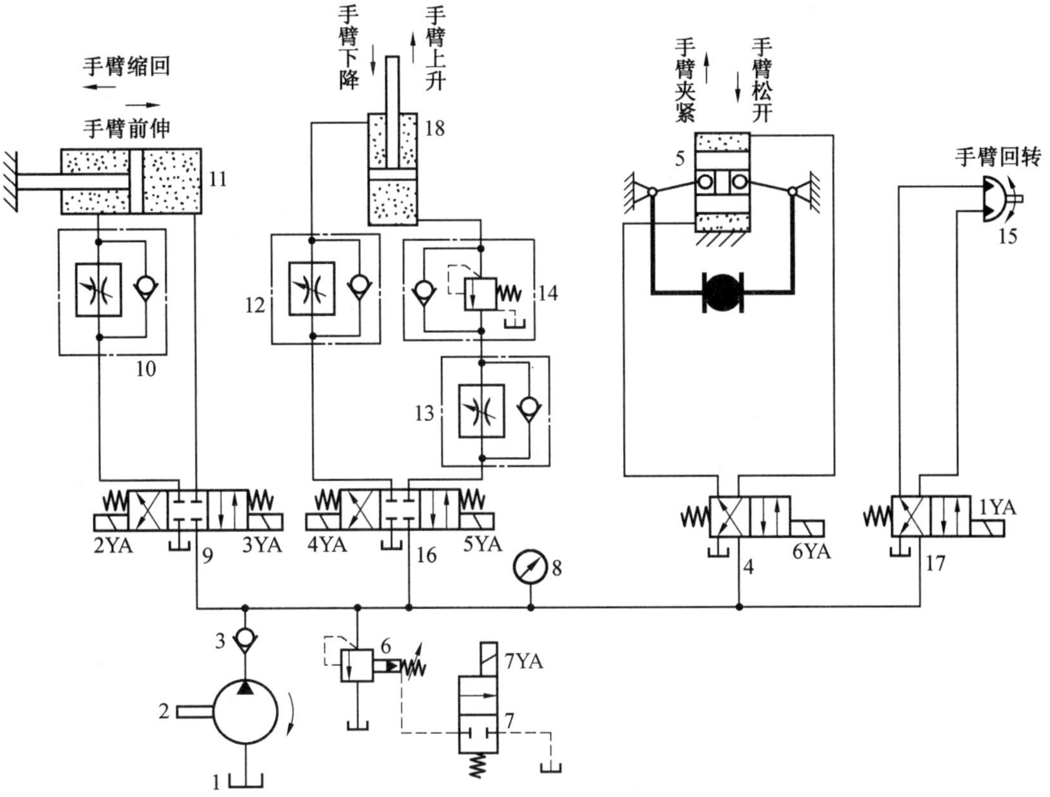

图 8.7　自动卸料机械手液压系统原理图

1—油箱；2—定量泵；3—单向阀；4，17—二位四通电磁换向阀；5—无杆活塞缸；6—先导式溢流阀；7—二位二通电磁换向阀；8—压力表；9，16—三位四通电磁换向阀；10，12，13—单向调速阀；11—手臂伸缩液压缸；14—平衡阀；15—手臂回转摆动缸；18—手臂升降液压缸

①手臂上升。三位四通电磁换向阀 16 控制手臂的升降运动，当 5YA 通电时，换向阀 16 切换至右位，液压缸 18 下腔进油，活塞向上移动，手臂上升。速度由单向调速阀 12 调节，运动较平稳。

②手臂前伸、手指松开。三位四通电磁换向阀 9 控制手臂的伸缩动作，当 3YA 通电时，换向阀 9 切换至右位，液压缸 11 右腔进油，活塞杆固定，缸筒向右移动，手臂前伸。速度由单向调速阀 10 调节，运动较平稳。同时，6YA 通电，二位四通电磁换向阀 4 切换至右位，无杆活塞缸 5 上腔进油，其活塞向下移动，手指松开。

③手指夹紧。6YA 断电，换向阀 4 切换至左位，无杆活塞缸 5 下腔进油，无杆活塞缸 5 的活塞向上移动，手指夹紧。

④手臂回转。当 1YA 通电时，换向阀 17 切换至右位，手臂回转摆动缸 15 转动，手臂回转。

⑤手臂下降。当 4YA 通电时，换向阀 16 切换至左位，液压缸 18 上腔进油，活塞向下移动，手臂下降。速度由单向调速阀 13 调节。

⑥手指松开。6YA 通电，换向阀 4 切换至右位，无杆活塞缸 5 上腔进油，其活塞向下移动，手指松开。

⑦手臂缩回。当 2YA 通电时，换向阀 9 切换至左位，液压缸 11 左腔进油，活塞杆固定，缸筒向左移动，手臂缩回。

⑧手臂反转。当 1YA 断电时，换向阀 17 切换至左位，手臂回转摆动缸 15 带动手臂反转。

⑨原位停止。当 7YA 通电时，定量泵 2 卸荷。

任务 8.5 MJ—50 型数控车床液压系统

8.5.1 概述

目前，在数控车床上大多都使用了液压技术。下面介绍 MJ－50 型数控车床的液压系统。

数控车床由液压系统实现的动作有：卡盘的夹紧与松开、回转刀架的回转、尾座套筒的伸出与缩回。

8.5.2 液压系统的工作原理

数控车床的液压系统，如图 8.8 所示。采用单向变量泵供油，系统压力调至 4 MPa，压力由压力表 15 显示，泵输出的液压油经过单向阀 17 进入系统。

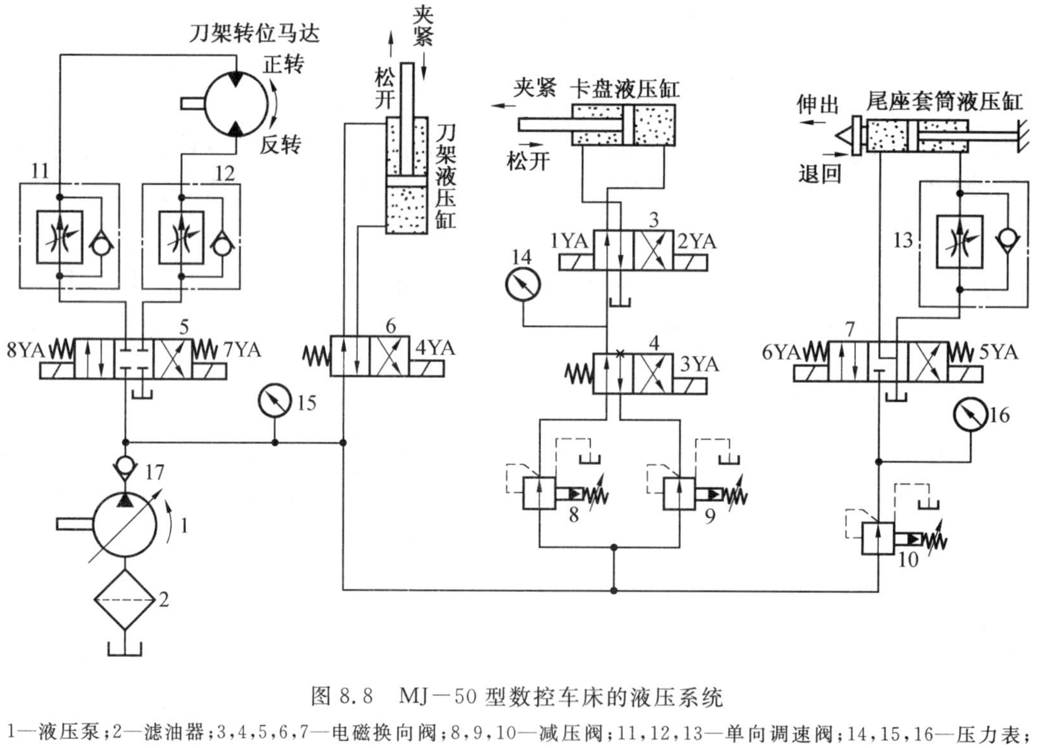

图 8.8　MJ－50 型数控车床的液压系统

1—液压泵；2—滤油器；3，4，5，6，7—电磁换向阀；8，9，10—减压阀；11，12，13—单向调速阀；14，15，16—压力表；17—单向阀

液压系统中各电磁阀的电磁铁动作由数控系统的可编程序控制器控制，各电磁铁动作见表 8.4。

表 8.4　MJ—50 型数控车床电磁铁动作表

动作 \ 电磁铁			1YA	2YA	3YA	4YA	5YA	6YA	7YA	8YA
卡盘正卡	高压	夹紧	+	−	−					
		松开	−	+	−					
	低压	夹紧	+	−	+					
		松开	−	+	+					
卡盘反卡	高压	夹紧	−	+	−					
		松开	+	−	−					
	低压	夹紧	−	+	+					
		松开	+	−	+					
刀架	松开					+				
	夹紧					−				
	正转								−	+
	反转								+	−
尾座	套筒伸出						−	+		
	套筒缩回						+	−		

(1)卡盘的夹紧与松开。

当卡盘处于正卡(或称外卡)且在高压夹紧状态下时,夹紧力的大小由减压阀 8 来调整,夹紧压力由压力表 14 来显示。当 1YA 通电时,换向阀 3 左位工作,系统压力油经减压阀 8、换向阀 4、换向阀 3 到卡盘液压缸右腔,卡盘液压缸左腔的油液经换向阀 3 直接回油箱。这时,活塞杆左移,卡盘夹紧。反之,当 2YA 通电时,换向阀 3 右位工作,系统液油经阀 8、4、3 到卡盘液压缸左腔,卡盘液压缸右腔的油液经换向阀 3 直接回油箱。这时,活塞杆右移,卡盘松开。

当卡盘处于正卡且在低压夹紧状态下时,夹紧力的大小由减压阀 9 来调整。这时,3YA 通电,换向阀 4 右位工作。换向阀 3 的工作情况与高压夹紧时相同。卡盘反卡时的工作情况与正卡相似。

(2)回转刀架的回转。

回转刀架换刀时,首先刀架松开,然后刀架转位到指定位置,最后刀架复位夹紧。当 4YA 通电时,换向阀 6 开始工作,刀架松开,当 8YA 通电时,液压马达带动刀架正转,转速由单向调速阀 11 控制。若 7YA 通电,则液压马达带动刀架反转,转速由单向调速阀 12 控制,当 4YA 断电时,换向阀 6 左位工作,刀架液压缸使刀架夹紧。

(3)尾座套筒缸的伸缩运动。

当 6YA 通电时,换向阀 7 左位工作,系统液压油经减压阀 10、电磁换向阀 7 到尾座套筒液压缸的左腔,缸筒带动尾座套筒伸出,液压缸右腔油经单向调速阀 13、电磁换向阀

7 回油箱，伸出时的预紧力大小通过压力表 16 显示。反之，当 5YA 通电时，电磁换向阀 7 右位工作，系统液压油经减压阀 10、电磁换向阀 7、单向调速阀 13 到尾座套筒液压缸的右腔，液压缸左腔油经电磁换向阀 7 回油箱，缸筒带动尾座套筒缩回。

8.5.3 液压系统的特点

液压系统的特点如下：

①采用单向变量泵向系统供油，能量损失小。

②用电磁换向阀控制卡盘，实现高压和低压夹紧的转换，并且分别调节高压夹紧或低压夹紧力的大小，这样可根据工作情况调节夹紧力，操作方便简单。

③用液压马达实现刀架的转位，可实现无级调速，并能控制刀架正反转。

④压力表 14、15、16 可分别显示系统相应位置的压力，以便于调试和故障诊断。

任务 8.6 ZL50 型装载机液压系统

8.6.1 概述

装载机主要用于对散装物料进行铲运、搬运、卸载及平整场地等作业，也可用来进行轻度的铲掘工作。按行走系统结构的不同，装载机分为轮式装载机和履带式装载机。装载机的类型代号一般采用 ZLXXX，字母 Z 表示装载机，L 表示轮胎式，无 L 表示履带式，主参数 XXX 为额定装载质量(吨，t)。例如 ZL50 代表额定装载质量为 5t 的轮胎式装载机。另外，不同生产厂的装载机类型代号也有所不同。如柳工 CLG850H，徐工 LW500HV，厦工 XG951H，小松 W500－6，卡特彼勒 950GC。

ZL50 型轮式装载机能实现工作装置的铲装、提升、保持、倾卸和转向机构的转向等动作。其液压系统的工作原理如图 8.9 所示。

系统中采用齿轮泵作为动力元件，其中，主液压泵 3 和辅助液压泵 2 均采用齿轮泵。这两个液压泵为两个并联的 GB－C 型齿轮泵。泵 1 为转向液压泵，采用 GB－46 型齿轮泵。3 个泵均由柴油机驱动。执行元件分别是一对动臂升降液压缸、一对转斗液压缸和一对转向液压缸。动臂升降液压缸和转斗液压缸采用一组手动多位多通换向阀控制，其中，四位六通手动换向阀 6 控制动臂升降，三位六通手动换向阀 5 控制铲斗倾卸。系统中采用了 3 个安全阀，安全阀 11 控制工作装置系统的工作压力，防止过载，其调定压力为 15 MPa。双作用安全阀 12 可以防止转斗液压缸过载或产生真空，起缓冲补油作用，其调定压力为8 MPa。安全阀 10 控制转向系统的工作压力，其调定压力为 10 MPa。

8.6.2 ZL50 型装载机液压系统的工作原理

ZL50 型装载机液压系统包括工作装置系统和转向系统。工作装置系统又包括动臂升降液压缸工作回路和转斗液压缸工作回路，两者构成串并联回路(互锁回路)。当转斗液压缸换向阀 5 离开中位时，即切断了通往动臂升降液压缸换向阀 6 的油路。欲使动臂升降液压缸动作必须使转斗液压缸换向阀 5 回到中位。因此，动臂与铲斗不能进行复合

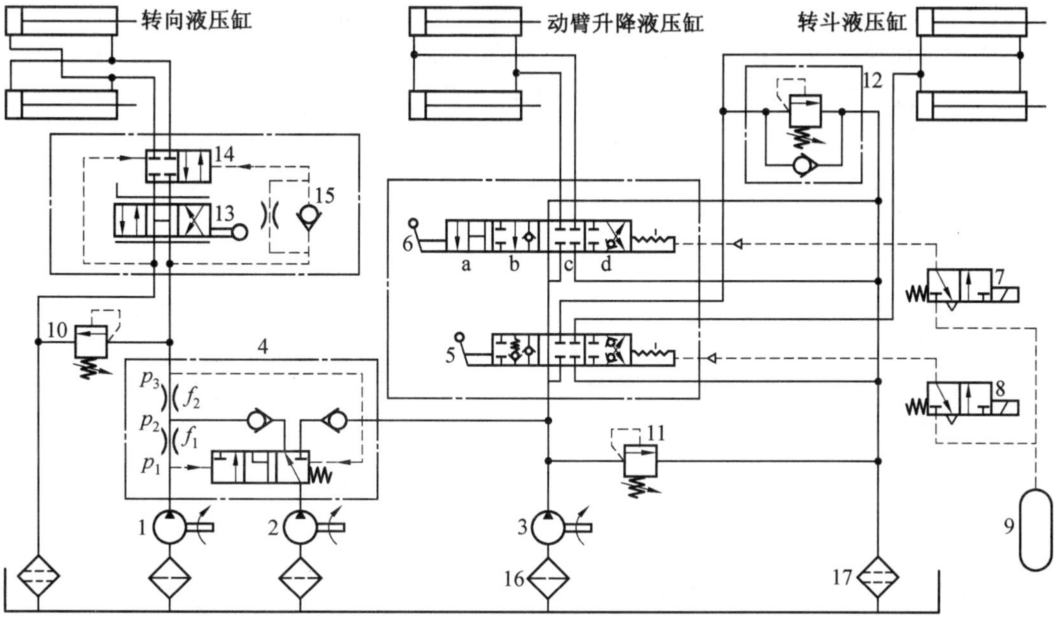

图 8.9　ZL50 型轮式装载机液压系统的工作原理

1—转向液压泵；2—辅助液压泵；3—主液压泵；4—流量转换阀；5，6—手动换向阀；7，8—电磁换向阀；9—储气筒；10，11—安全阀；12—双作用安全阀；13—转向随动阀；14—锁紧阀；15—单向节流阀；16—过滤器；17—精过滤器

动作，所以各液压缸的推力较大。

根据装载机作业要求，液压系统应完成下述工作循环：铲斗翻转收起（铲装），动臂提升锁紧（转运），铲斗前倾（卸载）和动臂下降。

（1）铲斗收起与前倾。

铲斗的收起与前倾由转斗液压缸工作回路实现。当操纵手动换向阀 5 使其右位工作时，铲斗液压缸活塞杆伸出，并通过摇臂斗杆带动铲斗翻转收起进行铲装。其油路如下。

进油路：液压泵 3（液压泵 2）→手动换向阀 5 右位→转斗液压缸无杆腔。

回油路：转斗液压缸有杆腔→手动换向阀 5 右位→精过滤器 17→油箱。

当操纵手动换向阀 5 使其左位工作时，铲斗液压缸活塞杆缩回，并通过摇臂斗杆带动铲斗前倾进行卸载。其油路如下。

进油路：液压泵 3（液压泵 2）→手动换向阀 5 左位→转斗液压缸有杆腔。

回油路：转斗液压缸无杆腔→手动换向阀 5 左位→精过滤器 17→油箱。

在铲斗在收起与前倾的过程中，若转向液压泵 1 输出流量正常，则流量转换阀 4 中的流量分配阀工作在左位，使辅助液压泵 2 与主液压泵 3 形成并联供油（动臂升降回路也是如此）。

当操纵手动换向阀 5 使其处于中位时，转斗液压缸进、出油口被封闭，依靠换向阀的锁紧作用，铲斗在某一位置处于停留状态。

在转斗液压缸的无杆腔油路中还设有双作用安全阀 12。在动臂升降的过程中，转斗的连杆机构由于动作不协调而受到某种程度的干涉，即在提升动臂时转斗液压缸的活塞杆有被拉出的趋势，而在动臂下降时活塞杆又被强制压回。而此时手动换向阀 5 处于中位，转斗液压缸的油路不通，因此，这种情况会造成转斗液压缸回路出现过载或产生真空。为了防止这种现象的发生，系统中设置了双作用安全阀12，它可以起到缓冲和补油的作用。当转斗液压缸有杆腔受到干涉而使压力超过双作用安全阀12的调定压力时，该阀便会被打开，使多余的液压油流回油箱，液压缸得到缓冲。当产生真空时，可由单向阀从油箱补油。应当指出，转斗液压缸的无杆腔也应该设置双作用安全阀，使液压缸两腔的缓冲和补油过程彼此协调得更为合理。

(2)动臂升降。

动臂的升降由动臂升降液压缸工作回路实现。当操纵手动换向阀6使其工作在d位时，动臂升降液压缸的活塞杆伸出，推动动臂上升，完成动臂提升动作。其油路如下。

进油路：液压泵3(液压泵2)→手动换向阀5中位→手动换向阀6的d位→动臂升降液压缸无杆腔。

回油路：动臂升降液压缸有杆腔→手动换向阀6的d位→过滤器17→油箱。

当动臂提升到转运位置时，操纵手动换向阀6使其工作在c位，此时动臂升降液压缸的进、出油口被封闭，依靠换向阀的锁紧作用使动臂固定以便转运。

当铲斗前倾卸载后，操纵手动换向阀6使其工作在b位时，动臂升降液压缸的活塞杆缩回，带动动臂下降。其油路如下。

进油路：液压泵3(液压泵2)→手动换向阀5中位→手动换向阀6的b位→动臂升降液压缸有杆腔。

回油路：动臂升降液压缸无杆腔→手动换向阀6的b位→过滤器17→油箱。

当操纵手动换向阀6使其工作在a位时，动臂升降液压缸处于浮动状态，以便在坚硬的地面上铲取物料或进行铲推作业。此时动臂能随地面状态自由浮动，提高作业技能。另外，还能实现空斗迅速下降，并且在发动机熄火的情况下亦能降下铲斗。

装载机动臂要求具有较快的升降速度和良好的低速微调性能。动臂升降液压缸由主液压泵3和辅助液压泵2并联供油，流量总和最大可达320 L/min。动臂升降时的速度可通过控制手动换向阀6的阀口开口大小来进行调节，并通过加速踏板的配合，以达到低速微调的目的。

(3)自动限位装置。

为了提高生产率和避免液压缸活塞到达极限位置而造成安全阀的频繁启闭，在工作装置和换向阀上装有自动限位装置，以实现工作中铲斗自动放平。在动臂后铰点和转斗液压缸处装有自动限位行程开关。当动臂举升到最高位置或铲斗随动臂下降到与停机面正好水平的位置时，触点碰到行程开关，发出信号使电磁换向阀7或8动作，使其右位工作。这时，气动系统接通气路，储气筒内的压缩空气进入换向阀6或5的端部，松开弹跳定位钢球。阀芯便在弹簧的作用下回到中位，液压缸停止动作。当行程开关脱开触点时，电磁换向阀断电而使其回到常位，这时进气通道被关闭，阀体内的压缩空气从放气孔排出。

(4)装载机铰接车架折腰转向。

轮式装载机的车架采用前、后车架铰接结构，因此其转向机构采用铰接车架进行折腰转向。装载机铰接车架折腰转向过程是由转向液压缸工作回路来实现的，并要求具有稳定的转向速度(即要求进入转向液压缸的油液流量恒定)。转向液压缸的油液主要来自转向液压泵 1,在发动机额定转速(1 600 r/min)下转向泵的流量为 77 L/min。当发动机受其他负荷影响而转速下降时,就会影响转向速度的稳定性。这时就需要从辅助液压泵 2 通过流量转换阀 4 补入转向泵 1 所减少的流量,以保证转向油路的流量稳定。当流量转换阀 4 在相应位置时,也可将辅助液压泵多余的或全部液压油供给工作装置油路,以加快动臂升降液压缸和转斗液压缸的动作速度,缩短作业循环时间和提高生产率。

装载机转向机构要求转向灵活,因此,转向随动阀 13 采取负封闭式的换向过渡形式,这样还能防止突然换向时使系统压力突然升高。同时还设置了一个锁紧阀 14 来防止转向液压缸发生窜动。当转向随动阀 13 处于图示位置时,液压泵卸荷,油液直接流回油箱。若操纵转向盘使转向随动阀 13 工作在左位或右位时,系统的压力升高,立刻打开锁紧阀 14,使油液进入转向液压缸中以驱动活塞伸缩,使车辆转向。同时,前车架上的反馈杆随着前、后车架的相对偏转而通过齿轮齿条传动使转向随动阀的阀体同时移动并关闭阀口,转向动作停止。当转向盘停止在某一角度上时,转向液压缸也停止在相应位置上,装载机便沿着相应的转向半径运动。若继续转动转向盘,随动阀的阀口将始终打开,转向过程也将继续进行。

因此,前后车架的相对转角始终追随着转向盘的转角。

锁紧阀 14 的作用是在装载机直线行驶时防止转向液压缸窜动时产生液压冲击,造成管路系统损坏。另外,当转向液压泵 1 和辅助液压泵 2 出现故障或管路发生破损时,锁紧阀 14 将复位并关闭转向液压缸的油路,从而保证装载机不摆头。

单向节流阀 15 的作用是使锁紧阀 14 快开慢锁,以保证转向灵活。

任务 8.7　SZ—250A 型塑料注射成型机液压系统

8.7.1　概述

SZ—250A 型塑料注射成型机(简称注塑机)属中小型注塑机,每次最大注射容量为 250 mL。它是将颗粒状的塑料加热熔化到流动状态,以快速高压注入模腔,并经过一定时间的保压,冷却后成型为塑料制品。

根据塑料成型工艺,注塑机的工作循环如图 8.10 所示。该机要求液压系统完成的主要动作有合模和开模、注射座前移和后退、注射、保压以及顶出等。

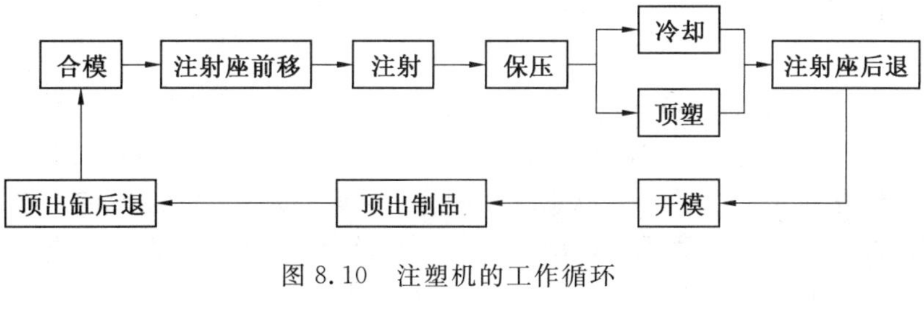

图 8.10　注塑机的工作循环

它对液压系统的要求如下。

(1)开模和合模速度可调。

由于既要缩短空行程时间以提高生产率,又要在合模过程中防止损坏模具和制品,并避免机器产生振动和撞击等,所以合模机构在开膜和合膜过程中需要有多种速度,一般按慢—快—慢的顺序变化。

(2)足够的合模力。

熔融塑料通常以 40～150 MPa 的高压注入模腔,因此模具必须有足够的合模力,否则会使模具离缝而产生塑料制品的溢边现象。一般注塑机采用液压一机械组合式或全液压式合模机构,合模液压缸产生的推力必须满足合模力的要求。

(3)注射座前进和后退。

为了适应各种塑料的加工需要,注射座移动液压缸应有足够的推力,以保证注射时喷嘴与模具浇口紧密接触。

(4)注射压力和注射速度可调节。

根据塑料的品种、制品的几何形状及模具浇注系统的不同,注射成型过程中要求注射压力和注射速度可调节。

(5)保压。

注射动作完成后,需要保压。一则为使塑料紧贴模腔而获得精确的形状;二则在制品冷却凝固而收缩的过程中,熔融塑料能不断补充进入模腔,防止因充料不足而出现残品。保压压力也要求可调。

(6)顶出制品时速度平稳。

顶出液压缸顶出制品时速度应平稳。

以上各动作分别由合模液压缸、注射座移动液压缸、注射液压缸和顶出液压缸来完成。

8.7.2 SZ－250A 型注塑机液压系统原理

SZ－250A 型注塑机液压系统原理如图 8.11 所示。该注塑机采用了液压一机械式合模机构,合模液压缸通过对称五连杆结构推动模板进行开模和合模。连杆机构具有增力和自锁作用,依靠连杆弹性变形产生的预紧力来保持所需的合模力。SZ－250A 型注塑机电磁铁动作顺序表见表 8.5。工作原理说明如下。

(1)合模。

合模过程按慢—快—慢 3 种速度顺序进行。合模时首先应将安全门关上,此时行程换向阀 12 恢复常态位。

①慢速合模。电磁铁 2YA、3YA 通电(换向阀 39 左位、换向阀 9 左位),泵 2 压力由溢流阀 38 调整。控制油经行程换向阀 12 常态位(下位)至阀 13 右端,液控换向阀 13 处于右位。大流量油泵 1 通过先导溢流阀 5 卸荷,小流量油泵 2 的液压油经液控换向阀 13 右位至合模缸 17 左腔,推动活塞带动连杆慢速合模,合模缸右腔油液经液控换向阀 13 右位和冷却器 3 回油箱。

②快速合模。1YA、2YA 和 3YA 通电(换向阀 6 上位、换向阀 39 左位、换向阀 9 左

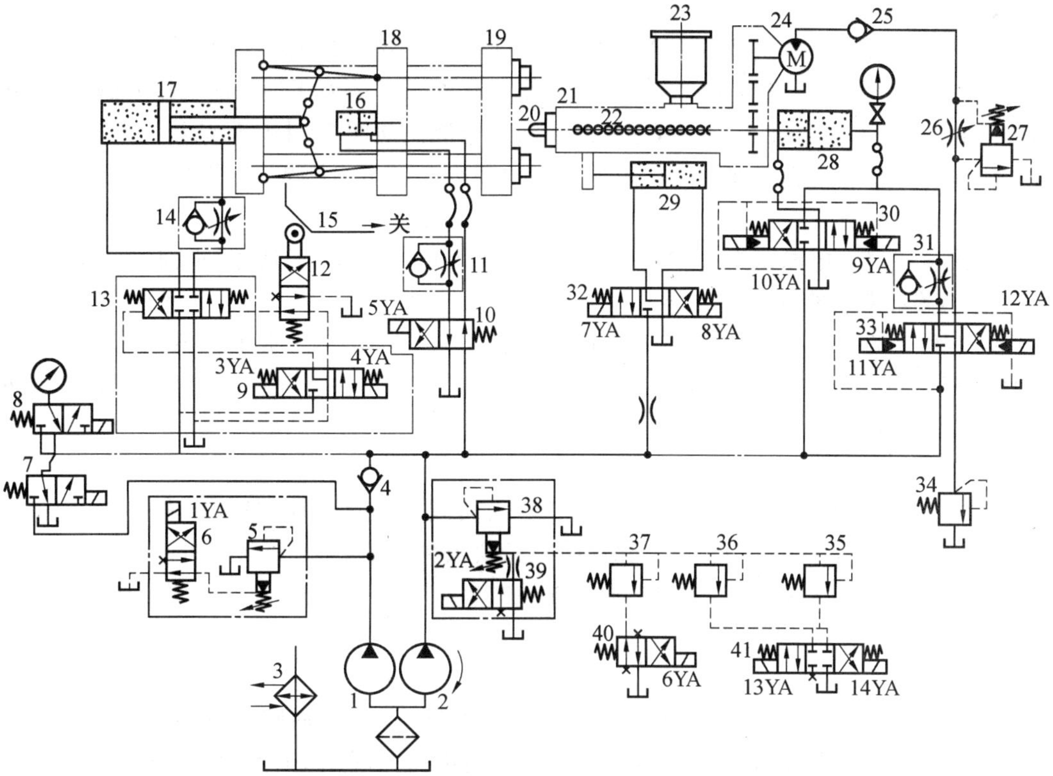

图 8.11　SZ－250A 型注塑机液压系统原理

1,2—油泵;3—冷却器;4,25—单向阀;5,27—先导溢流阀;6,10,39,40—二位四通换向阀;7,8—二位二通换向阀;9,32—三位四通电磁换向阀;11,14,31—单向节流阀;12—行程换向阀;13—液控换向阀;15—安全门;16—顶出缸;17—合模缸;18—动模板;19—定模板;20—喷嘴;21—料筒;22—螺杆;23—料斗;24—预塑液压马达;26—节流阀;28—注射缸;29—注射座移动缸;30—Y 型电液换向阀;33—J 型电液换向阀;34,35,36,37,38—溢流阀;41—O 型电磁换向阀

位)。大流量油泵 1 不再卸荷,其油液经单向阀 4 与小流量油泵 2 的供油汇合,同时向合模缸供油,实现快速合模。最高压力由先导溢流阀 5 限定。

③低压合模。电磁铁 2YA、3YA 和 13YA 通电(换向阀 39 左位、换向阀 9 左位、换向阀 41 左位)。大流量油泵 1 卸荷,小流量油泵 2 的压力由远程溢流阀 35 控制。由于溢流阀 35 的压力较低,缸的最大推力较小,即使两个模板间有硬质异物,也不致损坏模具表面。

④高压合模。电磁铁 2YA 和 3YA 通电(换向阀 39 左位、换向阀 9 左位)。系统压力由高压溢流阀 38 控制。大流量油泵 1 卸荷,小流量油泵 2 的高压油用来进行高压合模。模具闭合并使连杆产生弹性变形,牢固地锁紧模具。

(2)注射座前移。

电磁铁 2YA 和 8YA 通电(换向阀 39 左位、换向阀 32 右位)。小流量油泵 2 的液压油经电磁换向阀 32 进入注射座移动缸 29 右腔,推动注射座整体向前运动,注射座移动缸 29 左腔油液则经电磁换向阀 32 和冷却器 3 而回油箱。

(3)注射。

①慢速注射。电磁铁2YA、6YA、8YA和11YA通电(换向阀39左位、换向阀40右位、换向阀32右位、电液换向阀33左位)。小流量油泵2的液压油经电液换向阀33和单向节流阀31进入注射缸28右腔,左腔的油液经电液换向阀30中位回油箱。注射缸活塞带动注射头螺杆进行慢速注射。注射速度可由单向节流阀31调节。慢速注射时的压力由溢流阀37限定。

②快速注射。电磁铁1YA、2YA、6YA、8YA、9YA和11YA通电(换向阀6上位、换向阀39左位、换向阀40右位、换向阀32右位、电液换向阀30右位、电液换向阀33左位),泵1和2的液压油经电液换向阀30进入注射缸28右腔,左腔的油液经电液换向阀30回油箱。由于进油不再经单向节流阀31,注射缸活塞的移动速度较快。快速注射时的压力由溢流阀37限定。

(4)保压。

电磁铁2YA、8YA、11YA和14YA通电(换向阀39左位、换向阀32右位、电液换向阀33左位、换向阀41右位)。由于保压时只需要极少量油液,所以大流量油泵1卸荷,仅由小流量油泵2单独供油,多余的油液经先导式溢流阀38溢流回油箱。保压压力由溢流阀36调节。

(5)预塑。

电磁铁1YA、2YA、8YA和12YA通电(换向阀6上位、换向阀39左位、换向阀32右位、电液换向阀33右位)。泵1和2的液压油经电液换向阀33、节流阀26和单向阀25驱动预塑液压马达24。液压马达24通过齿轮减速机构使螺杆22旋转,料斗23中的塑料颗粒进入料筒21,被转动着的螺杆带至前端,进行加热塑化。注射缸28右腔的油液在螺杆反推力作用下,经单向节流阀31、电液换向阀33和溢流阀34回油箱,其背压力由阀34控制。同时注射缸28左腔产生局部真空,油箱的油液在大气压力作用下,经电液换向阀30中位进入注射缸左腔。液压马达的旋转速度由节流阀26和先导溢流阀27组成的旁通型调速阀控制。

(6)防流涎。

电磁铁2YA、8YA和10YA电磁换向通电(换向阀39左位、换向阀32右位、电液换向阀30左位)。泵1卸荷,泵2的液压油经电磁换向阀32使注射座移动缸右腔,注射座活塞伸出前移,喷嘴与模具保持接触。同时,液压油经电液换向阀30左位进入注射缸28左腔,使螺杆强制后退,以防止喷嘴端部流涎。注射缸28右腔的油液经电液换向阀30左位回油箱。

(7)注射座后退。

电磁铁2YA和7YA通电(换向阀39左位、换向阀32左位)。泵1卸荷,泵2的液压油经电磁换向阀32进入注射座移动缸29左腔,使注射座后退。

(8)开模。

①慢速开模。电磁铁2YA和4YA通电(换向阀39左位、换向阀9右位)。泵1卸荷,泵2的液压油经换向阀9右位、液控换向阀13左位进入合模缸17右腔,左腔则经液控换向阀13回油。

②快速开模。电磁铁 1YA、2YA 和 4YA 通电(换向阀 6 上位、换向阀 39 左位、换向阀 9 右位)。泵 1 和 2 的液压油同时经液控换向阀 13 左位进入合模缸 17 右腔,开模速度提高。

(9)顶出。

①顶出缸前进。电磁铁 2YA 和 5YA 通电(换向阀 39 左位、换向阀 10 左位)。泵 1 卸荷,泵 2 的液压油经换向阀 10 和单向节流阀 11 进入顶出缸 16 左腔,推动顶出杆顶出制品,其速度可由单向节流阀 11 调节。顶出缸右腔则经换向阀 10 回油。

②顶出缸后退。电磁铁 2YA 通电(换向阀 39 左位)。泵 2 的液压油经换向阀 10 右位,泵 1 卸荷,泵 2 的液压油经换向阀 10 进入顶出缸 16 右腔,使顶出缸后退。顶出缸左腔则经单向节流阀 11 和单向节流阀 10 右位回油。

(10)螺杆前进和后退。

为了拆卸和清洗螺杆,有时需要螺杆后退,这时电磁铁 2YA 和 10YA 通电(换向阀 39 左位、电液换向阀 30 左位)。泵 2 的液压油经电液换向阀 30 左位进入射缸 28 左腔,使注射缸携带螺杆后退。当电磁铁 10YA 断电(电液换向阀 30 回中位),11YA 通电时(电液换向阀 33 左位),泵 2 的液压油经电液换向阀 33 左位进入单向节流阀 31、注射缸 28 右腔,使注射缸和螺杆前进。

表 8.5　SZ－250A 型注塑机电磁铁动作顺序表

动作 \ 电磁铁	1YA	2YA	3YA	4YA	5YA	6YA	7YA	8YA	9YA	10YA	11YA	12YA	13YA	14YA
慢速合模		+	+											
快速合模	+	+	+											
低压合模		+	+										+	
高压合模		+	+											
注射座前移		+						+						
慢速注射		+				+		+			+			
快速注射	+	+				+		+	+		+			
保压		+						+			+			+
预塑	+	+						+						
防流涎		+						+		+				
注射座后退		+					+							
慢速开模		+		+										
快速开模	+	+		+										
顶出缸前进		+			+									
顶出缸后退		+												
螺杆后退		+								+				
螺杆前进		+									+			

8.7.3 注塑机液压系统的特点

注塑机液压系统中执行元件数量较多，是一种速度和压力均变化较多的系统，主要特点如下：

①系统采用了节流调速回路和多级调压回路，可保证在塑料制品的几何形状、品种、模具浇注系统不相同的情况下，压力和速度是可调的。采用节流调速可保证注射速度的稳定。为保证注射座喷嘴与模具浇口紧密接触，注射座移动液压缸右腔在注射时一直与液压油相通，使注射座移动液压缸活塞具有足够的推力。

②注射动作完成后，注射缸仍通高压油保压，可使塑料充满容腔而获得精确形状，同时在塑料制品冷却收缩过程中，熔融塑料可不断补充，防止由于浇料不足而出现残次品。

③采用双泵系统，快速时双泵合流，慢速时小流量油泵 2(流量为 48 L/min)供油，大流量油泵 1(流量为 194 L/min)卸荷。系统功率利用较合理。

④系统中执行元件较多，动作循环较复杂，其自动循环主要依靠行程开关切换电磁阀来实现。

任务 8.8 WY40 型挖掘机液压系统

8.8.1 挖掘机概述

挖掘机是用来进行土石方挖掘的一种工程机械，挖掘机按铲斗数量可分为单铲斗挖掘机和多铲斗挖掘机两种，前者采用周期作业方式，后者采用连续作业方式。单铲斗挖掘机不仅可进行土石方挖掘工作，而且通过工作装置的更换还可以进行浇注、起重、装载、抓取、安装、打桩、拔桩、夯土、钻孔等作业，应用最为广泛。

单铲斗挖掘机种类很多。按行走机构的不同可分为履带式、轮胎式等；按传动形式不同可分为机械传动式、液压传动式两种。在工程中多应用履带式液压传动单铲斗挖掘机。

挖掘机的类型代号一般采用 WYXXX，字母 W 表示挖掘机，Y 表示液压传动式，L 表示轮胎式，无 L 表示履带式，主参数 XXX 为整机质量(吨，t)。例如 WLY 代表轮胎式液压挖掘机，WY100 代表整机质量为 10t 的履带式液压挖掘机。另外，不同生产厂的挖掘机类型代号也有所不同。如柳工 CLG60、CLG300、906D，徐工 XE200DA，厦工 XG806，小松 PC200，卡特彼勒 320GX。

目前履带式单铲斗液压挖掘机几乎都是整机全液压传动的，主要由工作装置(包括动臂、斗杆、铲斗)、回转装置和行走装置组成。典型单铲斗挖掘机液压传动示意图如图8.12 所示。工作装置Ⅰ由动臂缸 7、斗杆缸 5、铲斗缸 4 三个液压缸分别驱动动臂 6、斗杆 2 和铲斗 1 的运动；回转装置Ⅱ由一个回转液压马达通过减速装置中小齿轮驱动大齿圈传递动力；行走装置Ⅲ由两个行走液压马达驱动(轮胎式液压挖掘机还设置有液压支腿装置)。柴油发动机 14 驱动两个液压泵 11、12，把压力油输送到两个分配阀 9 中，操作分配阀再将压力油送往有关液压执行元件，这样就可驱动相应的装置工作，以完成所需要的动作。工作过程主要为挖掘、回转、卸料、返回和行走等五种工况。以反铲工作装置为例，其工作过程如下：

(1)挖掘工况。通常以斗杆和铲斗液压缸的伸缩来驱动斗杆与铲斗的转动进行挖掘。有时还要以动臂液压缸的伸缩驱动动臂转动来配合，以保证铲斗按预定的轨迹运动。

(2)满斗回转工况。挖掘结束，动臂液压缸伸出时动臂回升，同时回转液压马达旋转，驱动转台回转到适应卸土方的位置，停止回转。

(3)卸载工况。通过动臂液压缸、斗杆液压缸的配合动作，使铲斗对准卸土方位置，缩回铲斗，液压缸使铲斗翻转卸土方。

(4)返回工况。卸土方完成，转台回转，配合动臂、斗杆的复合动作把空铲斗返回到新的挖掘位置。开始第二个工作循环。

(5)行走工况。有时为了调整及转移挖掘地点，还要通过行走液压马达带动整机行走。

由此可知，单铲斗挖掘机的执行元件较多，复合动作频繁。

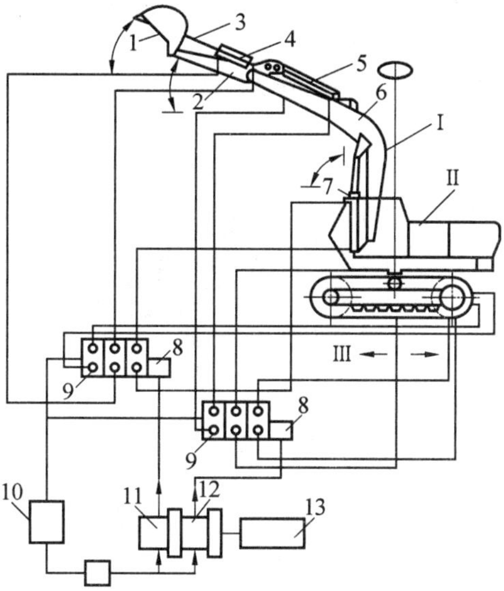

图 8.12　典型单铲斗挖掘机液压传动示意图

1—铲斗；2—斗杆；3—连杆；4—铲斗缸；5—斗杆缸；6—动臂；7—动臂缸；8—安全阀；9—分配阀；10—油箱；11—液压泵 I；12—液压泵 Ⅱ；13—柴油发动机；Ⅰ—工作装置；Ⅱ—回转装置；Ⅲ—行走装置

8.8.2　WY40 型单铲斗挖掘机液压系统原理

WY40 型单铲斗液压挖掘机液压系统如图 8.13 所示，整机质量 4 t，回转速度为 6.4 r/min，行走速度为 1.7 km/h，采用双泵双回路定量系统，每个回路采用并联供油，泵额定流量为 2×55 L/min，采用静力平衡液压马达，液压系统工作压力为 21 MPa。

WY40 型单铲斗挖掘机液压工作原理，如下：

(1)铲斗缸工作原理，由手控铲斗缸三位六通换向阀 8 控制。

①铲斗缸挖掘土方工作情况，由手控三位六通铲斗缸换向阀 8 右位控制，进油路：油

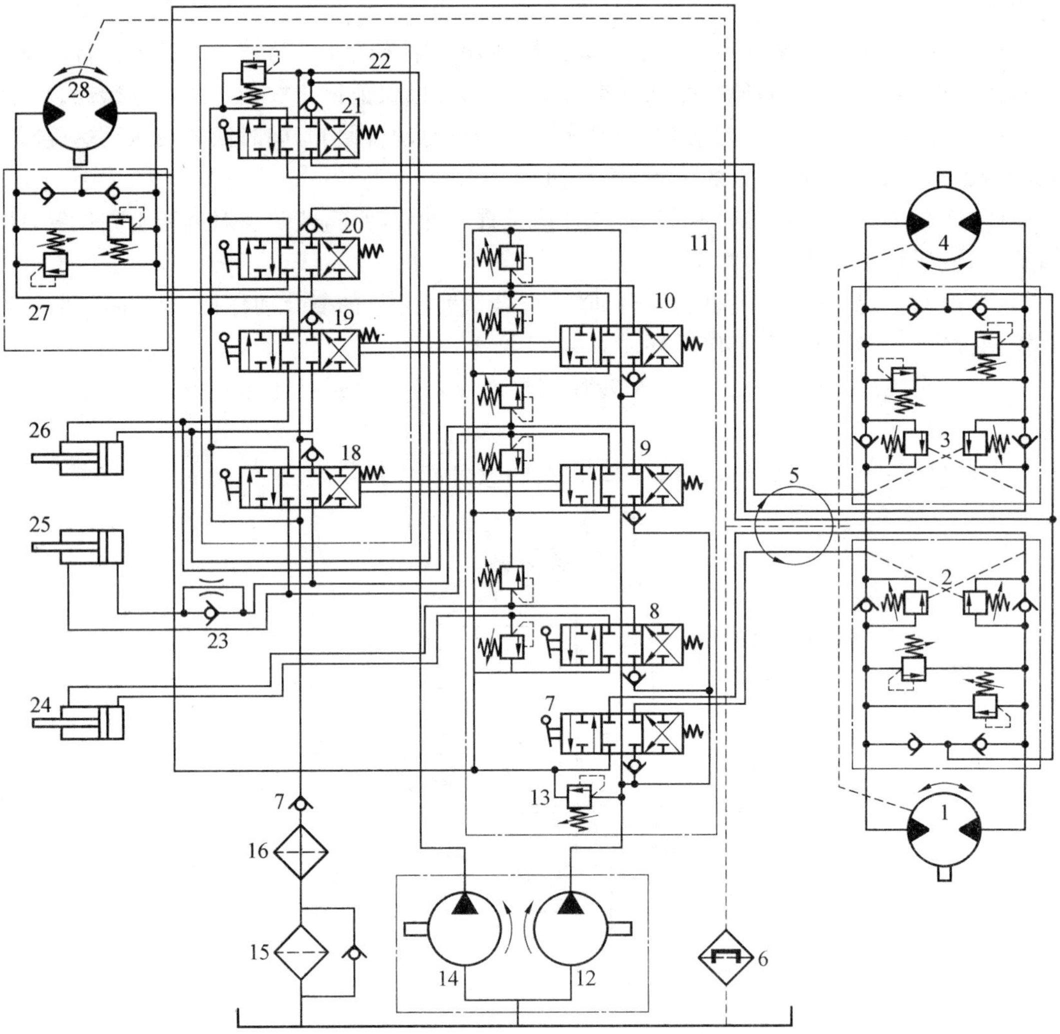

图 8.13　WY40 型单铲斗液压挖掘机液压系统

1—左行走液压马达；2—左行走限速阀组；3—右行走限速阀组；4—右行走液压马达；5—中心回转接头；6—磁性过滤器；7—手控三位六通左行走换向阀；8—手控三位六通铲斗缸换向阀；9，10—联动三位六通换向阀；11，22—多路换向阀；12—油泵Ⅰ；13—溢流阀；14—油泵Ⅱ；15—单向阀与烧结式过滤器；16—冷却器；17—背压阀；18—手控三位六通动臂缸换向阀；19—手控三位六通斗杆缸换向阀；20—手控三位六通回转换向阀；21—手控三位六通右行走换向阀；23—单向节流阀；24—铲斗缸；25—动臂缸；26—斗杆缸；27—回转制动阀；28—回转液压马达

箱→油泵Ⅰ12→单向阀→手控三位六通铲斗缸换向阀 8 右位→铲斗缸 24 无杆腔；回油路：铲斗缸 24 有杆腔→手控三位六通铲斗缸换向阀 8 右位→背压阀 17→冷却器 16→单向阀与烧结式过滤器 15→油箱。

②铲斗缸倾卸土方工作情况，由手控三位六通铲斗缸换向阀 8 左位控制，进油路：油箱→油泵Ⅰ12→单向阀→手控三位六通铲斗缸换向阀 8 左位→铲斗缸 24 有杆腔；回油路：铲斗缸 24 无杆腔→手控三位六通铲斗缸换向阀 8 左位→背压阀 17→冷却器 16→单

向阀与烧结式过滤器 15→油箱。

(2)动臂缸工作原理，由联动三位六通换向阀 9 和手控三位六通动臂缸换向阀 18 联合控制。

①动臂缸向上举升工作情况，由联动三位六通换向阀 9 右位和手控三位六通动臂缸换向阀 18 左位控制，进油路：油箱→油泵Ⅰ12(同时通过油泵Ⅱ14、阀 21 中位、阀 20 中位、阀 19 中位，双泵合流供油，以提高其动作速度)→单向阀→联动三位六通换向阀 9 左位(同时通过手控三位六通动臂缸换向阀 18 左位)→动臂缸 25 无杆腔；回油路：动臂缸 25 有杆腔→联动三位六通换向阀 9 左位(同时通过手控三位六通动臂缸换向阀 18 左位)→背压阀 17→冷却器 16→单向阀与烧结式过滤器 15→油箱。

②动臂缸向下下降工作情况，由联动三位六通换向阀 9 右位和手控三位六通动臂缸换向阀 18 右位控制，进油路：油箱→油泵Ⅰ12(同时通过油泵Ⅱ14、阀 21 中位、阀 20 中位、阀 19 中位，双泵合流供油，以提高其动作速度)→单向阀→联动三位六通换向阀 9 右位(同时通过手控三位六通动臂缸换向阀 18 右位)→动臂缸 25 有杆腔；回油路：动臂缸 25 无杆腔→联动三位六通换向阀 9 右位(同时通过手控三位六通动臂缸换向阀 18 右位)→背压阀 17→冷却器 16→单向阀与烧结式过滤器 15→油箱。

为防止动臂下降过快，保持动作平衡，在动臂缸无杆腔回油路装有单向节流阀 23 用以限速。

(3)斗杆缸工作原理，由联动三位六通换向阀 10 和斗杆缸手控三位六通换向阀 19 联合控制。

①斗杆缸挖掘土方工作情况，由联动三位六通换向阀 10 左位和斗杆缸手控三位六通换向阀 19 左位控制，进油路：油箱→油泵Ⅰ12(同时通过油泵Ⅱ14、阀 21 中位、阀 20 中位，双泵合流供油，以提高其动作速度)→单向阀→联动三位六通换向阀 10 左位(同时通过斗杆缸手控三位六通换向阀 19 左位)→斗杆缸 26 无杆腔；回油路：斗杆缸 26 有杆腔→联动三位六通换向阀 10 左位(同时通过斗杆缸手控三位六通换向阀 19 左位)→背压阀 17→冷却器 16→单向阀与烧结式过滤器 15→油箱。

②斗杆缸倾卸土方工作情况，由联动三位六通换向阀 10 右位和斗杆缸手控三位六通换向阀 19 右位控制，进油路：油箱→油泵Ⅰ12(同时通过油泵Ⅱ14、阀 21 中位、阀 20 中位，双泵合流供油，以提高其动作速度)→单向阀→联动三位六通换向阀 10 右位(同时通过斗杆缸手控三位六通换向阀 19 右位)→斗杆缸 26 有杆腔；回油路：斗杆缸 26 无杆腔→联动三位六通换向阀 10 右位(同时通过斗杆缸手控三位六通换向阀 19 右位)→背压阀 17→冷却器 16→单向阀与烧结式过滤器 15→油箱。

(4)回转液压马达工作原理，由手控三位六通回转换向阀 20 控制。

回转液压马达顺时针回转工作情况，由手控三位六通回转换向阀 20 左位控制，进油路：油箱→油泵Ⅱ14→阀 21 中位→单向阀→手控三位六通回转换向阀 20 左位→回转液压马达 28 左端；回油路：回转液压马达 28 右端→手控三位六通回转换向阀 20 左位→背压阀 17→冷却器 16→单向阀与烧结式过滤器 15→油箱。同理可知，回转液压马达逆时针回转工作情况。

回转时单泵供油、液压制动，制动压力为15MPa。为了防止因突然制动而引起液压冲击，设回转制动阀27，其中压力阀起过载保护作用，并形成制动力矩，使转台制动。单向阀在制动或超速吸空时进行补油。

(5)行走液压马达工作原理，由手控三位六通左行走换向阀7、手控三位六通右行走换向阀21共同控制。行走时，液压油经多路换向阀11或22、中心回转接头5、左行走限速阀组2或右行走限速阀组3分别接左行走液压马达1或右行走液压马达4，回油经中心回转接头5、多路换向阀11或22回油箱。行走限速阀组中各阀分别起到双向防止超速溜坡、防止过载、制动或超速吸空补油的作用。

①直线行走工作情况，由手控三位六通换左行走向阀7、手控三位六通右行走换向阀21分别同时控制左行走液压马达1、右行走液压马达4的相同旋转方向和相同转速，控制行走液压马达向前或向后行驶，例如两个行走液压马达都顺时针旋转，进油路：油箱→油泵Ⅰ12(油泵Ⅱ14)→单向阀→手控三位六通左行走换向阀7左位(手控三位六通右行走换向阀21左位)→中心回转接头5→左行走液压马达1左端(右行走液压马达4左端)；回油路：左行走液压马达1右端(右行走液压马达4右端)→中心回转接头5→手控三位六通左行走换向阀7左位(手控三位六通右行走换向阀21左位)→背压阀17→冷却器16→单向阀与烧结式过滤器15→油箱。

②转弯工作情况，由手控三位六通左行走换向阀7、手控三位六通右行走换向阀21分别同时控制左行走液压马达1、右行走液压马达4的不同旋转方向和不同转速，实现向左转弯或向右转弯的向前或向后行驶，例如左行走液压马达1不旋转、右行走液压马达4顺时针旋转，形成绕左行走液压马达1为中心的转弯情况，手控三位六通左行走换向阀7中位，手控三位六通右行走换向阀21左位；进油路：油箱→油泵Ⅰ12(油泵Ⅱ14)→单向阀→手控三位六通右行走换向阀21左位(手控三位六通左行走换向阀7中位)→中心回转接头5→右行走液压马达4左端；回油路：右行走液压马达4右端(左行走液压马达1右端)→中心回转接头5→手控三位六通右行走换向阀21左位(手控三位六通左行走换向阀7中位)→阀20、阀19、阀18中位(阀8、阀9、阀10中位)→背压阀17→冷却器16→单向阀与烧结式过滤器15→油箱。

回油路上装有背压阀17以增大回油背压，形成背压油路可使行走马达在制动或超速吸空时进行压力补油。为了防止烧结式过滤器15堵塞使回油阻力增大而并联一个单向阀，起安全作用。马达漏油路(虚线)设有背压，油液直接经磁性过滤器6过滤后回油箱。

回转与行走液压马达采用低速大转矩液压马达及静力平衡式液压马达。优点是制造简单、噪声低、摩擦副的磨损小、背压小。缺点是对液压油的过滤精度要求高，外形尺寸比内曲线的液压马达大。

8.8.2 挖掘机液压系统小结

挖掘机液压系统主要特点归纳如下：

①挖掘机在工作过程中频繁地进行两个动作的复合运动，单泵系统不能满足其要求，多采用双泵开式系统，定量、变量均有应用。

②采用合流方式向动臂液压缸和铲斗液压缸供油。

③对执行元件进行分组，斗杆液压缸与动臂液压缸、左行走液压马达与右行走液压马达均分别设在不同的泵组中，有利于功率的利用。

④利用合流、调节换向阀的开口大小来控制速度，调速范围大，低速性能好。

⑤多采用先导阀操纵换向阀的方式进行控制。

⑥较多采用顺序单动回路。

⑦回转、行走驱动有高速、低速两种方案。

高速方案，适合功率大挖掘机，采用高速液压马达通过减速器驱动回转或行走机构，如 WY160、WY180 型。高速方案优点是：元件通用性好，滑移性能好，回油背压小，结构尺寸小，减速器可采用机械制动，整机通用性能好。缺点是：高速液压马达结构复杂。制造工艺复杂，质量、体积大，传动效率比低速液压马达低，转动惯量大。

低速方案，适合功率小挖掘机，采用低速液压马达直接驱动回转或行走机构，如 WY40、WY60、WY100 型。低速方案优点是：质量、体积、转动惯量小，结构简单。缺点是：滑移性能差，回油背压大，有泄漏。

任务 8.9 TY180 型推土机液压系统

8.9.1 推土机概述

推土机是一种在履带式拖拉机或轮胎式牵引车上安装推土铲和松土器及操纵系统的多用途自行式土方机械。能铲挖并移运土壤、沙石等物料。在道路建设施工中，它可以完成路基基底的处理，沿道路中心线方向铲挖移运土壤的路基挖填工程，傍山取土修筑半堤半堑的路基。还可以用于平整场地、堆积松散物料及清除作业地段内的障碍物等。推土机适用于建筑工地、水利工程、公路工程、平整场地等工程的刮削、堆积等作业。

推土机的工作装置为推土铲（铲刀）和松土器，其工作装置的运动由液压传动来实现。与其他铲土运输装置相比，工作装置的运动较为简单，故其液压系统也较为简单。

推土机按行走方式可分为履带式和轮胎式两种。履带式推土机附着牵引力大，接地比压小（0.04～0.13 MPa），爬坡能力强，但行驶速度低。轮胎式推土机行驶速度高，机动灵活，作业循环时间短，运输转移方便，但牵引力小，适用于需经常变换工地和野外工作的情况。

推土机的类型型号一般采用 TXXX，字母 T 表示推土机，第 2 个字母为 Y 表示液压传动式（L 表示轮胎式，无 L 表示履带式），主参数 XXX 为发动机功率（马力）。例如 TL 代表轮胎式推土机、TY180 代表发动机功率为 180 马力、Y 表示液压传动式的推土。另外，不同生产厂的推土机类型代号也有所不同，如柳工 B160、厦工 XG4161L、徐工 DT140B、小松 D65EX、卡特彼勒 844K。

8.9.2 TY180 型推土机液压系统

TY180 型推土机最大牵引力为 184 kN，最大顶推力为 165 kN，最大爬坡能力为 30°，在横向坡度工作能力为 20°，转向液压泵型号为 CB－F40C，操纵系统液压泵型号为 CB－

F32C，推土板容量为 4.37 m^3，推土板提升速度为 0.56 m/s，推土板回转角为 25°，推土板最大提升高度为 1 300 mm，推土板最大切土深度为 530 mm。

TY180 型推土机液压系统包括工作装置和转向两个子系统。工作装置的液压系统原理图如图 8.14 所示。工作装置包括松土器和推土铲(主要工作部件为其附件推土板)，分别由松土缸 11 和推土缸 12 驱动组成。松土缸 11 和推土缸 12 组成串联油路，由手控四位五通换向阀 7 与手控三位五通换向阀 9 分别控制。由液压泵 3 向串联油路提供液压油。液压系统工作压力为 11 MPa，由溢流阀 4 控制。为防止松土缸过载而损坏液压元件，设置过载阀 10，调定压力为 16 MPa，当压力超过调定值时过载阀开启使系统卸荷。换向阀上设有进补油单向阀组 8。其中进油单向阀的作用是防止油液倒流，如当提升推土铲时发动机突然熄火，液压泵则停止供油，此时进油单向阀使液压缸锁止，使推土铲维持在已提升的位置上，不会因重力作用突然落下造成事故；补油单向阀的作用是防止液压系统产生空穴现象，如当推土铲下落时因重力作用会使液压缸进油腔产生真空，此时补油单向阀工作，油液自油箱经单向阀进入液压缸，从而防止空穴现象的发生。手控四位五通换向阀 7 右位为浮动位。推土机在平整土地时，若手控四位五通换向阀 7 在浮动位，则能使推土板随地面的起伏而上下浮动。精过滤器 5 在被堵塞时由安全阀 6 保证系统安全。

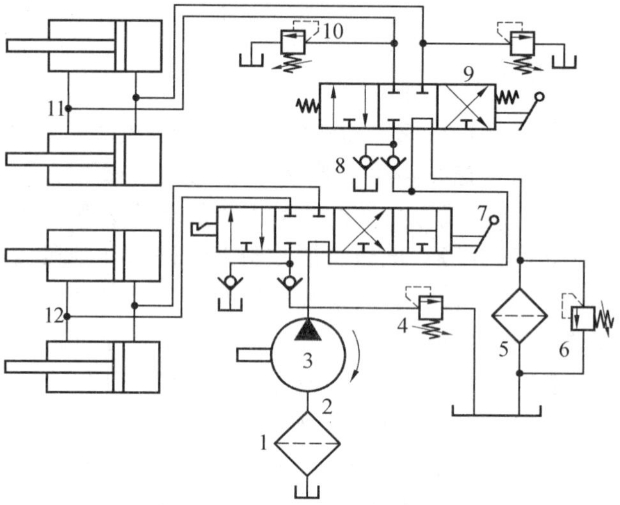

图 8.14 TY180 型推土机工作装置液压系统原理图

1—油箱；2—粗过滤器；3—液压泵；4—溢流阀；5—精过滤器；6—安全阀；7—手控四位五通换向阀；8—进补油单向阀组；9—手控三位五通换向阀；10—过载阀；11—松土缸；12—推土缸

TY180 履带式推土机发动机的动力是通过左右常闭式左离合器 10 和右离合器 6 传递到驱动链轮的，转向是通过接通或断开左、右两条履带驱动轮的动力来实现的，转向液压系统原理图如图 8.15 所示。液压油从后桥油箱 1 内经粗过滤器 2 进入液压泵 3，再经精过滤器 4(内设安全阀 5)进入手控二位五通换向阀 7 和手控二位四通换向阀 9。转向时，操作手控二位五通换向阀 7 或手控二位四通换向阀 9 使其上位工作，液压油进入左或右离合器油路，打开离合器，使驱动轮动力断开实现转向。转向系统工作压力为 1 MPa，由调压阀 8 调定。当不转向时，手控二位五通换向阀 7、手控二位四通换向阀 9 处于下位，液压油从调压阀 8 的旁通油路经背压阀 11 流回油箱。背压阀调定压力为 0.15 MPa，以此背压力的油液对变速箱 12 进行强制润滑。

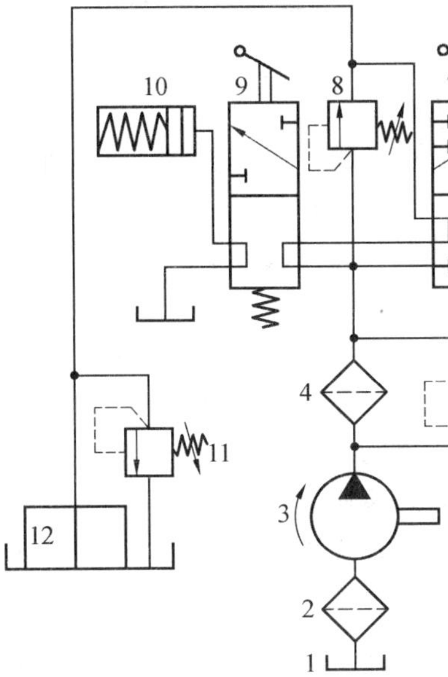

图 8.15　TYl80 型推土机转向液压系统原理图

1—油箱；2—粗过滤器；3—液压泵；4—精过滤器；5—安全阀；6—右离合器；7—手控二位五通换向阀；8—调压阀；9—手控二位四通换向阀；10—左离合器；11—背压阀；12—变速箱

任务 8.10　CLZ—9 型铲运机液压系统

8.10.1　铲运机概述

铲运机是一种适合于中距离(100～2 000 m)铲土运输的施工机械。工作装置是以装在前后轮轴间或左、右履带间的推土铲斗，在行进中能综合完成铲土、装土、运土和卸铺四个工作过程，并且能控制卸铺层的厚度。主要用于大规模的土方调配和平土作业。但不适宜于在混有大石块和树桩的土壤中作业。

铲运机的类型型号一般采用 CLZ—X，字母 C 表示铲运机，第 2 个字母为 L 表示轮胎式(无 L 表示履带式)，第 3 个字母为 Z(T)，字母 Z 为自行式，字母 T 为拖式，数字 X 为斗容(m^3)。例如 CLZ—9 代表斗容 9 m^3 轮胎自行式铲运机，CLZ—2.5 代表斗容 2.5 m^3 轮胎拖式铲运机。另外，不同生产厂的铲运机类型代号也有所不同。如厦工 XZ720，北方重工 TS14G，卡特彼勒 637G。

铲运机采用液压传动的系统有：转向操纵液压系统、变矩器和变速器液压系统、悬架系统、连接缓冲液压系统和工作装置液压系统等。

8.10.2 CLZ－9 型铲运机液压系统

CLZ－9 型铲运机由单轴牵引车及斗门自装式铲运机配套组成。铲运机主要由辕架、铲斗、斗门(前斗门、斗底门、后斗门)、卸土液压缸及推拉杠杆、尾架、操控装置、行走机构等组成。

1. CLZ－9 型铲运机工作装置的液压系统

CLZ－9 型铲运机的工作装置为铲斗和斗门,工作时铲斗前端的刀刃在牵引力的作用下切入土中,斗门帮助向铲斗中扒土,扒土循环数次,铲斗装满后提升并关闭斗门,运送到卸土地点,打开斗门,在卸土板的强制作用下将土卸出。工作机构的各动作均由液压缸驱动完成。

CLZ－9 型铲运机工作装置的液压系统如图 8.16 所示。该系统为单泵定量开式串并联系统。利用单轴牵引车上的动力输出箱的一个从动齿轮驱动液压泵 19 提供动力油,使铲斗工作的三组(共 7 个)液压缸获得动力。

工作循环是:①铲斗下降(铲斗升降液压缸 13,14 伸出)→②斗门收拢扒土(斗门开闭液压缸 17,18 伸出)→③斗门上升(斗门升降液压缸 19,20 伸出)→④斗门张开(斗门开闭液压缸 17,18 缩回)→⑤斗门下降(斗门升降液压缸 19,20 缩回)→⑥斗门收拢扒土(②～⑥步循环 5～6 次)→⑦铲斗提升(铲斗升降液压缸 13,14 缩回)→⑧运送到卸土地点→⑨卸土(卸土液压缸 15 动作)。

斗门液压控制分手动和自动控制两种方式,由电磁换向阀 7 转换,工作原理如下。

(1)手动控制。

①不工作原理。电磁换向阀 7 不通电时,各执行元件由手动三联多路换向阀 9 控制,当该多路阀三个手柄均处于中位时,油液直接回到油箱,形成卸荷回路。

②完成“斗门扒土→斗门上升→斗门张开→斗门下降”工况的工作原理。当手控三位六通换向阀 6 左位时,压力油进入顺序阀 16 和同步阀 22,由于顺序阀 16 调定压力为 7 MPa,所以液压油先经同步阀 22,进入斗门开闭液压缸 17,18 无杆腔,活塞杆伸出,斗门收拢进行扒土。斗门开闭液压缸活塞伸出到顶时,油压开始升高,当油压升到大于 7 MPa 时,液压油打开顺序阀 16 进入斗门升降液压缸 19 和 20 的无杆腔,活塞杆伸出,带动斗门上升。斗门上升到顶后,将手控三位六通换向阀 6 换向右位工作,压力油首先进入斗门开闭液压缸 17,18 的有杆腔,活塞杆缩回,带动斗门张开。斗门开闭液压缸 17,18 活塞缩回到底时.带动斗门全张开后,油压开始升高,当油压升到大于 2 MPa 时,液压油打开顺序阀 23 进入斗门升降液压缸 19,20 的有杆腔,活塞杆缩回,带动斗门下降。液压缸回油均经手控三位六通换向阀 6 回油箱。因此,通过顺序阀 16,23 的作用,完成一次工作循环:“斗门扒土→斗门上升→斗门张开→斗门下降”,手控三位六通换向阀 6 换向两次。铲运机装满一斗土斗门需要扒土 5～6 次,手动换向阀就要换向 10～12 次,造成驾驶员操纵频繁紧张。

(2)自动控制。

为了改善操作性能,液压系统中增设了电一液换向阀 12,压力继电器 21、24。当电磁换向阀 7 通电右位,同时电一液换向阀 12 的电磁阀上位通电,则液动阀下位工作,液压油经电一液换向阀 12 的下位，再经同步阀 22 到斗门开闭液压缸 17,18 的无杆腔，斗门收拢扒土。当斗门扒土到底后，压力升高，压力达到大于 7 MPa 后，液压油打开顺序阀 16 进入斗门升降液压缸 19,20 的无杆腔，活塞杆伸出，带动斗门上升。斗门上升到顶后，压力继续升高，压力继电器 24 动作，产生电信号，使电一液换向阀 12 的电磁阀下位通电，液动阀自动换向到上位工作，则液压油经液动阀上位进入斗门开闭液压缸 17,18 的有杆腔，斗门张开。当斗门升高到顶后，压力升高，压力达到、大于 2 MPa 后。液压油打开顺序阀 22 进入斗门升降液压缸 19,20 的有杆腔，活塞杆缩回，带动斗门下降。斗门下降到底后，压力继续升高，压力继电器 21 动作，产生电信号，又使电一液换向阀 12 的电磁阀上位通电，液动阀自动换向到下位工作，继续进行下一次工作循环。液压缸回油均经电磁换向阀 7 回油箱。直到循环数次装满斗后驾驶员可操控电磁换向阀 7 断电停止。

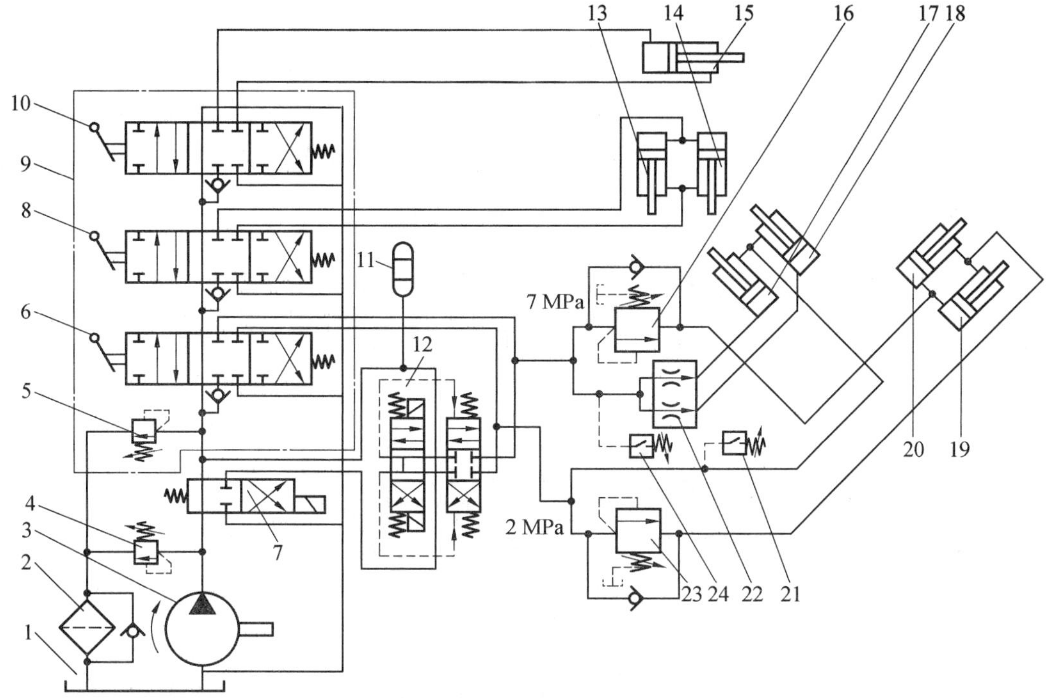

图 8.16　CLZ－9 型铲运机工作装置的液压系统

1—油箱；2—回油路过滤器；3—液压泵；4—直动式溢流阀；5—先导式溢流阀；6,8,10—手控三位六通换向阀；7—电磁换向阀；9—手动三联多路换向阀；11—囊式蓄能器；12—电—液换向阀；13,14—铲斗升降液压缸；15—卸土液压缸；16,23—顺序阀；17,18—斗门开闭液压缸；19,20—斗门升降液压缸；21,24—压力继电器；22—同步阀

此系统其他特点：为了防止液压泵过载，同时装有小通径直动式溢流阀 4 和大通径先导式溢流阀 5，从而发挥直动式灵敏度高，先导式压力高、流量大的优点，使系统过载溢流更加迅速、安全；为了减小系统中换向阀换向时的压力脉动，系统中装有囊式蓄能器 11；考虑到斗门扒土时两侧负载不可能相等，又要求斗门扒土液压缸伸缩同步，所以装有同步阀 22。

2. CLZ－9 型铲运机转向的液压系统

CLZ－9 型铲运机转向的液压系统主要由转向器、液压泵、转向阀、过滤器、液压油箱、双作用安全阀、换向阀、转向液压缸及管路等组成。转向液压系统如图 8.17 所示。转向器 6 由转向盘操纵，其结构为球面蜗杆滚轮式。液压泵 3 为整个系统提供压力油，由转向分配阀 7 控制液压油的流动方向。转向分配阀为单滑式，由转向器通过摇臂和拉杆将滑阀从阀体中拉出或推入，从而改变操纵用压力油的流向。油流通过单向阀 13、换向阀 12 进入转向液压缸 10，从而操纵车架牵引座的左、右回转达到转向的目的。双作用安全阀 11 用来消除道路不平和驱动轮碰到障碍物而引起的冲击负荷。安全调节阀 5 为流量控制阀，可根据转向负载压力的变化，调节进入转向液压缸的流量，使转向速度不受负载的影响，从而保持转向速度稳定；当铲运机不转向或直线行驶时，动力油可通过安全调节阀 5 卸荷流回油箱。

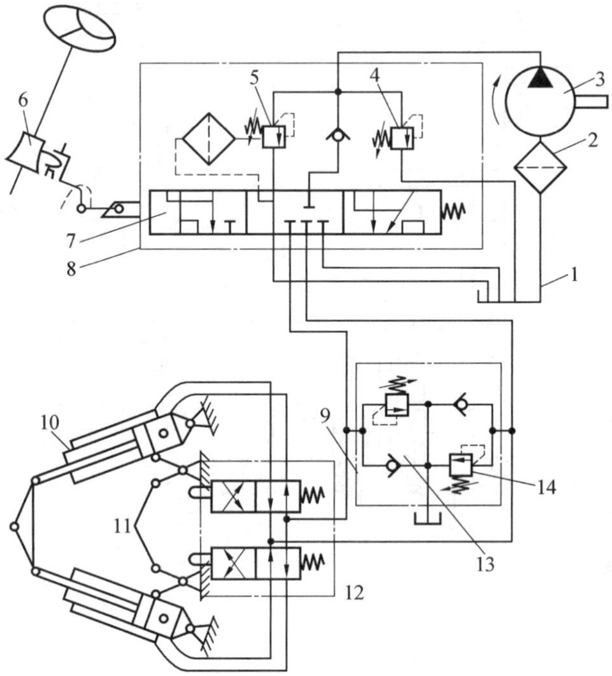

图 8.17　CLZ－9 型铲运机转向的液压系统

1—油箱；2—过滤器；3—液压泵；4—安全阀；5—安全调节阀；6—转向器；7—转向分配阀；8—转向分配阀组；9—双作用安全阀；10—转向液压缸；11—换向曲臂；12—换向阀；13—单向阀；14—溢流阀

任务 8.11　防抱死制动系统 ABS

8.11.1　防抱死制动系统组成

防抱死制动系统 ABS(Anti－Lock Brake System)的主要功用在汽车制动时防止车轮抱死。工作实质是通过检测车轮轮速判断车轮是否抱死，再由电磁阀对制动器的液压力进行调节。当检测到车轮抱死时,就降低压力松开制动器暂时停止;当检测到车轮纯滚动时,就升高压力打开制动器实施制动。这种压力调节器的频率每秒可达 10～18 次。无论是气压防抱死制动系统还是液压防抱死制动系统,防抱死制动系统均是在普通制动系统的基础上增加了车速与轮速传感器、压力调节装置和电控单元 ECU 三部分。

液压防抱死制动系统广泛应用于乘用车、轻型载货汽车上;而气压或气顶液防抱死制动系统主要用于中、重型载货汽车和工程运输车上。

8.11.2　防抱死制动系统分类

(1)按照产生制动压力的动力源来分类可分为液压制动 ABS、气压制动 ABS 和气液混合制动 ABS。

(2)按照制动压力调节器调压方式来分类可分为循环式 ABS 和变容式 ABS。

8.11.3　防抱死制动系统布置形式

1. 液压防抱死制动系统布置形式

液压防抱死制动系统布置形式按控制通道数目不同可分为四通道式、三通道式、双通道式、单通道式等四种布置形式。

四通道式 ABS 属于四传感器、四通道、四轮独立控制式(4S/4C),根据各车轮轮速传感器输入信号,分别对各个车轮进行独立控制,如图 8.18(a)、(b)所示,应用最广泛。

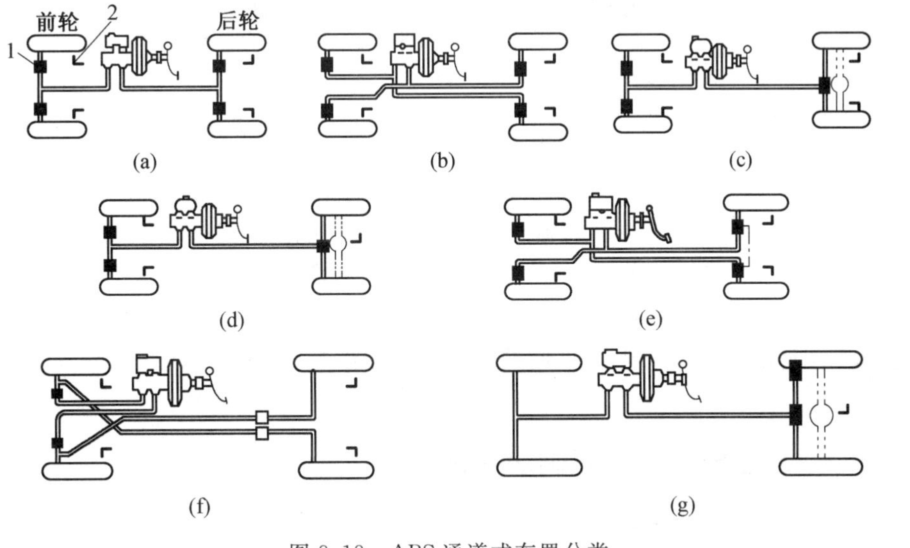

图 8.18　ABS 通道式布置分类

1—制动压力调节器;2—传感器

三通道式 ABS 有四传感器三通道式和三传感器三通道式两种(3S/3C),两前轮采用独立控制,两后轮同时控制。其中四传感器三通道 ABS 又分前后布置和对角布置两种,如图 8.18(c)、(d)、(e)所示。

双通道式 ABS 主要有四传感器式、三传感器式和两传感器式(2S/2C),如图 8.18(f)所示。双通道 ABS 在方向稳定性、转向控制能力和制动效能各方面难以兼顾,目前采用的很少。

单通道式ABS在后轮制动总管中设置一个制动压力调节器，在后驱动轿上安装一个传感器或者在两后轮上各安装一个传感器，如图8.18(g)所示。单通道式ABS采用的也很少。

2. 气压防抱死制动系统布置形式

(1)双轴后轮驱动的气压防抱死制动系统的布置形式是采用四传感器、四通道、四轮独立控制方式(4S/4C)。在中、重载货汽车应用广泛，如图8.19所示 。

(2)4×2牵引车和单轴半挂车气压防抱死制动系统的布置形式。该种类型车辆分别装有两套独立ABS系统，牵引车采用4S/4C控制方式，半挂车采用2S/2C控制方式，如图8.20所示。

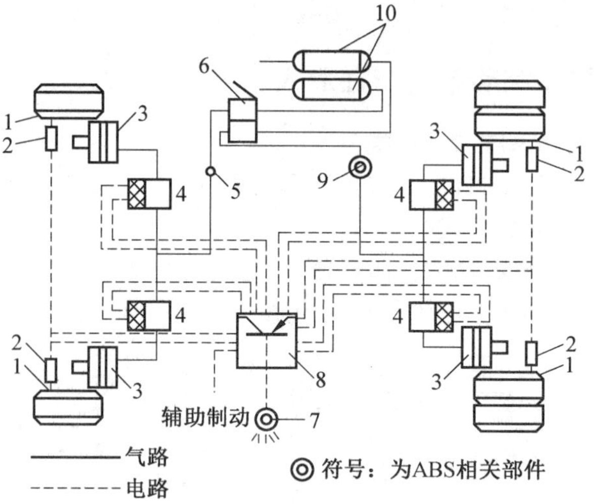

图8.19 ABS的4S/4C布置形式

1—齿圈；2—轮速传感器；3—制动气室；4—压力控制器；5—快放阀；6—制动总阀；7—警报灯；8—ECU；9—继动阀；10—储气筒

3. 气顶液防抱死制动系统布置形式

气顶液防抱死制动系统主要采用的4S/4C(见图8.21)和4S/3C(见图8.22)两种布置形式。

8.11.3 典型液压防抱死制动系统

1. 循环式液压防抱死制动系统

循环式液压防抱死制动系统是在制动主缸与制动轮缸之间串联一个循环式制动压力调节器电磁阀，由该电磁阀直接控制轮缸的制动压力，电磁阀受ECU控制。按循环式制动压力调节器的电磁阀的不同可分为三位三通式和二位二通式两种，三位三通式电磁阀应用较广泛。

(1)三位三通循环式液压防抱死制动系统。

三位三通循环式液压防抱死制动系统的液压系统原理图如图8.23所示。该系统中所使用制动压力调节器电磁阀是三位三通式电磁阀，该电磁阀上有三个孔分别通制动主

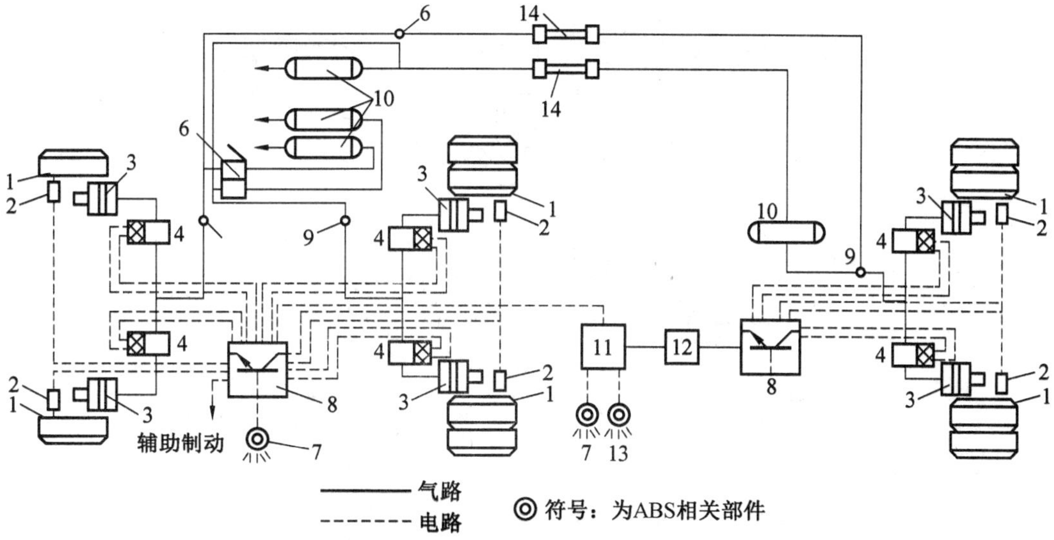

图 8.20　4×2 牵引车和单轴半挂车气压防抱死制动系统的布置形式

1—齿圈；2—轮速传感器；3—制动气室；4—压力控制器；5—快放阀；6—制动总阀；7—警报灯；8—ECU；9—继动阀；10—储气筒；11—信号控制；12—5 极接线柱；13—信号灯；14—空气软管

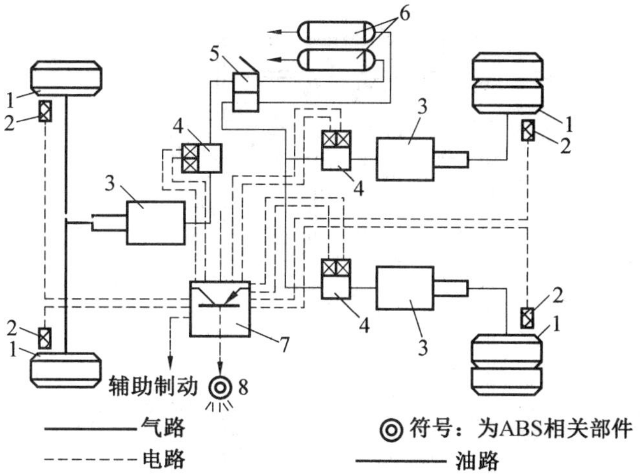

图 8.21　气顶液防抱死制动系统的 4S/4C 布置形式

1—齿圈；2—轮速传感器；3—气顶液增压器；4—压力控制器；5—制动总阀；6—储气筒；7—ECU；8—警报灯

缸、制动轮缸和储液器，其工作原理图如图 8.24 所示。

循环式制动压力调节器具体的工作过程如下：

①常规制动过程。如图 8.25(a)所示，ABS 未进入工作状态，三位三通电磁阀 1 不通电，柱塞 9 处于图示的最下位置，制动主缸 6 和制动轮缸 2 油路相通，制动主缸可随时控制制动压力的增减。此时电动泵 8 不工作。

②减压过程。如图 8.25(b)所示，ABS 进入工作状态，当 ECU 输出减压控制信号，ECU 给电磁阀 1 提供较大电流时，柱塞 11 移至图示的最上位置，制动主缸和制动轮缸的

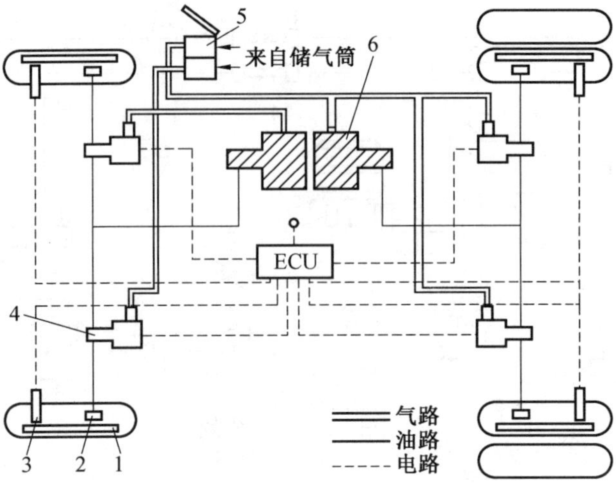

图 8.22　气顶液防抱死制动系统的 4S/3C 布置形式

1—齿圈;2—制动轮缸;3—轮速传感器;4—压力控制器;5—制动总阀;6—气顶液增压器

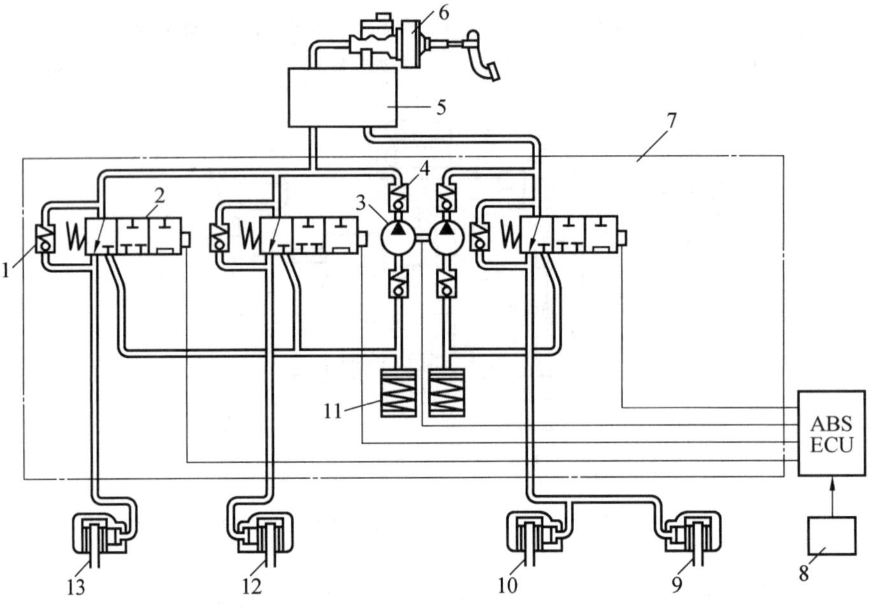

图 8.23　三位三通循环式液压防抱死制动系统的液压系统原理图

1、4—单向阀;2—三位三通电磁阀;3—油泵;5—比例分配阀;6—制动主缸;7— 循环式制动压力调节器;8—车速和轮速传感器;9—右后轮制动器;10—左后轮制动器;11—储液器;12—右前轮制动器;13—左前轮制动器

油路被断开,制动轮缸和储液器 9 接通,制动轮缸的制动液流入储液器,制动压力降低。与此同时,电动机带动电动泵 8 工作,把流回储液器的制动液加压后送回制动主缸。

③保压过程。如图 8.25(c)所示,ABS 进入工作状态,当 ECU 输出保压控制信号,ECU 给电磁阀通较小电流时,柱塞移至图示的位置,所有的油路都被断开,制动器制动压力保持不变。

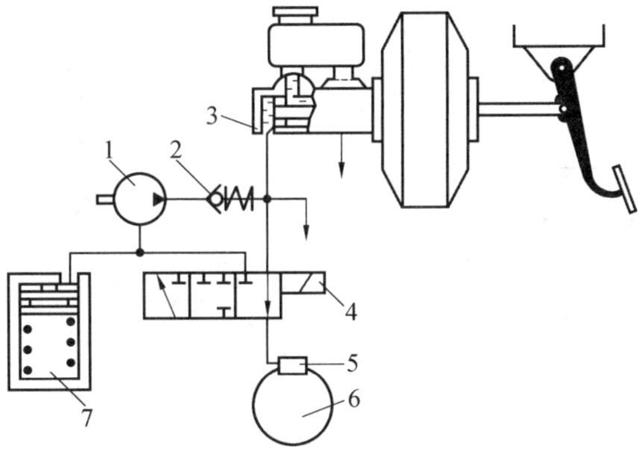

图 8.24　三位三通循环式制动压力调节器的工作原理图
1—液压泵；2—单向阀；3—制动主缸；4—三位三通电磁阀；5—制动轮缸；6—制动车轮；7—储液器

④增压过程。如图 8.25(d)所示，ABS 进入工作状态，当 ECU 输出增压控制信号，ECU 对电磁阀断电后，柱塞又回到移至图示最下位置。制动主缸和制动轮缸再次相通，主缸的高压制动液再次进入制动轮缸，增加制动压力。

(2)二位二通循环式液压防抱死制动系统。

二位二通循环式液压防抱死制动系统的液压原理图如图 8.26 所示。该系统所采用制动压力调节器电磁阀为二位二通电磁阀，该电磁阀工作原理图如图 8.27 所示。工作过程如下：

①常规制动过程。ABS 未进入工作状态，常开电磁阀 3 和常闭电磁阀 5 均不通电，常开电磁阀 3 右位，常闭电磁阀 5 右位，制动主缸 1 和制动轮缸 4 油路相通，制动主缸可随时控制制动压力的增减。此时油泵 8 不工作。

②减压过程。ABS 进入工作状态，常开电磁阀 3 和常闭电磁阀 5 均通电，常开电磁阀 3 左位，常闭电磁阀 5 左位，制动主缸和制动轮缸的油路被断开，制动轮缸和储液器 6 接通，制动轮缸的制动液流入储液器，制动压力降低。与此同时，油泵 8 工作，把流回储液器的制动液加压后送回制动主缸。

③保压过程。ABS 进入工作状态，常开电磁阀 3 通电，常闭电磁阀 5 不通电，常开电磁阀 3 左位，常闭电磁阀 5 右位，制动主缸和制动轮缸的油路被断开，制动轮缸和储液器 6 油路不接通，制动器制动压力保持不变。

④增压过程。ABS 进入工作状态，常开电磁阀 3 和常闭电磁阀 5 均不通电，常开电磁阀 3 右位，常闭电磁阀 5 右位，制动主缸 1 和制动轮缸 4 油路再次接通，主缸的高压制动液再次进入制动轮缸，增加制动压力。

2. 变容积式液压防抱死制动系统

变容积式液压防抱死制动系统是在制动主缸与制动轮缸之间串联一个变容积式制动压力调节器，变容积式制动压力调节器的特点是制动压力油路和控制压力油路是相互隔开的，即通过调节制动轮缸的有效容积来调节制动压力。变容积式制动压力调节器主要由电磁阀、控制活塞、液压泵、储能器等组成。电磁阀同样受 ECU 控制。变容积式制动压力调节器按电磁阀的不同可分为三位三通式和二位二通式两种。

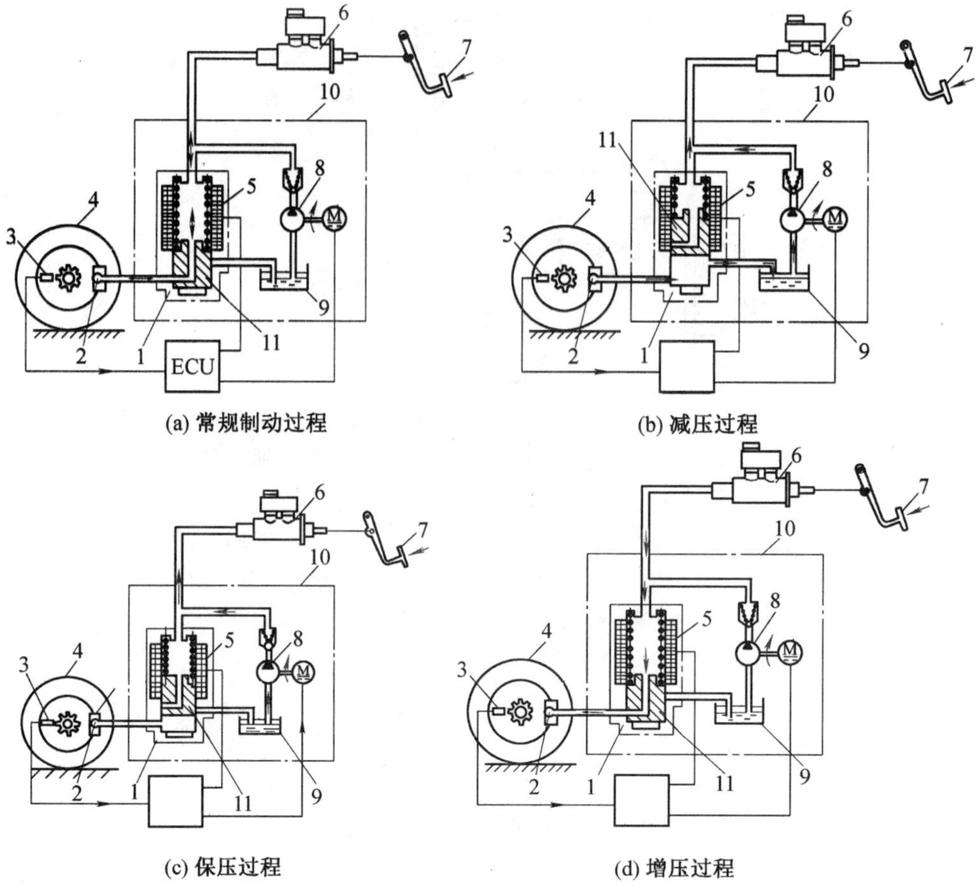

图 8.25　三位三通循环式制动压力调节器工作过程

1—三位三通电磁阀；2—制动轮缸；3 传感器；4—车轮；5—线圈；6—制动主缸；7—踏板；8—电动泵；9—储液器；10—循环式制动压力调节器；11—柱塞

(1)三位三通变容积式液压防抱死制动系统。

三位三通变容积式液压防抱死制动系统中所使用电磁阀是三位三通式电磁阀，该电磁阀的三个油道分别通回油孔、变容积式制动压力调节器油路和蓄能器。该系统中所使用的制动压力调节器是变容积式制动压力调节器，变容积式制动压力调节器的工作原理是当单向阀关闭时，制动主缸与制动轮缸之间的液压油路被隔断，动力活塞左腔容积构成了制动轮缸的有效容积，动力活塞移动可改变制动轮缸的制动力。动力活塞的移动由控制油腔控制油压的高低变化来控制，蓄能器及电动油泵所组成的液压装置是控制油压的高端液压源。电磁阀受 ECU 控制，用于改变控制油压、控制动力活塞的移动，如图 8.28 所示。

三位三通变容积式制动压力调节器具体的工作过程如下：

①常规制动过程。如图 8.28(a)所示，ABS 未进入工作状态，三位三通电磁阀 8 不通电，柱塞 10 处于最左位置，柱塞的回油孔与储油器 11 相通，使动力活塞控制油腔 3 通过柱塞的回油孔与低压储液器相通，动力活塞 5 在其弹簧的作用下保持在最左位置，动力活

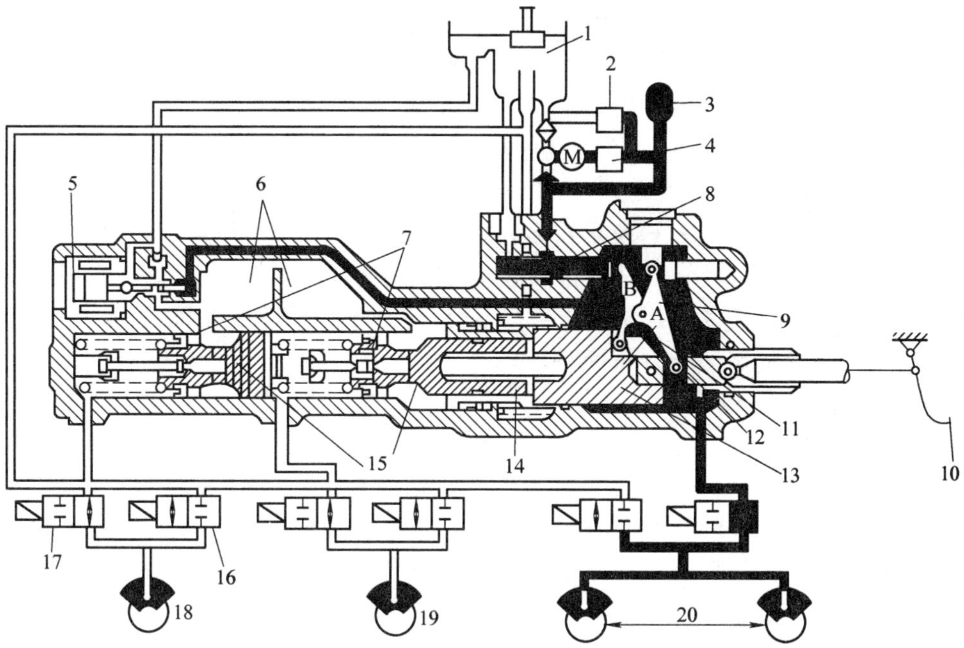

图8.26　二位二通循环式液压防抱死制动系统的液压原理图

1—储液室；2—限压阀；3—储能器；4—组合压力开关(压力控制与报警开关)；5—二位三通电磁阀；6—内部储液室；7—主缸活塞密封圈；8—滑阀；9—液压助力室；10—制动踏板；11—剪状杆系；12—感压活塞；13—助力活塞；14—复位套筒；15—主缸活塞；16—二位二通常闭电磁阀；17—二位二通常开电磁阀；18—左前轮制动器；19—右前轮制动器；20—后轮制动器

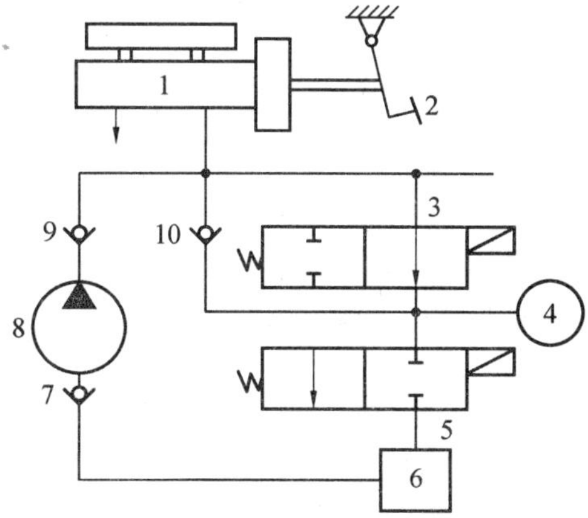

图8.27　二位二通循环式制动压力调节器工作原理图

1—制动主缸；2—制动踏板；3—常开电磁阀；4—制动轮缸；5—常闭电磁阀；6—储液器；7,9,10—单向阀；8—油泵

塞左端的顶杆顶开单向阀2,使制动主缸6和制动轮缸13油路相通,此时制动压力由制动踏板力控制。此时电动油泵9不工作。

②减压过程。如图 8.28(b)所示，ABS 进入工作状态，当 ECU 输出减压信号时，ECU 给三位三通电磁阀 8 提供较大电流时，柱塞 10 处于最右位置，柱塞的回油孔与储油器 11 被断开，使动力活塞控制油腔 3 与蓄能器相通，其压力增大，推动动力活塞 5 向右移动，单向阀 2 关闭，使制动主缸 6 和制动轮缸 13 油路断开，单向阀关闭后，动力活塞继续右移使动力活塞左腔 4 容积增大，制动轮缸 13 的制动压力降低。

③保压过程。如图 8.28(c)所示，ABS 进入工作状态，当 ECU 输出保压信号时，ECU 给三位三通电磁阀 8 提供较小电流时，柱塞 10 处于中位位置，电磁阀的三个通道都被断开，使动力活塞控制油腔 3 的控制油压保持不变，动力活塞 5 因两端的受力保持平衡而静止不动，使制动轮缸的制动压力保持不变。

④增压过程。如图 8.28(d)所示，ABS 进入工作状态，当 ECU 输出增压信号时，ECU 给三位三通电磁阀 8 断电，柱塞 10 处于最左位置，柱塞的回油孔与储油器 11 相通，使动力活塞控制油腔 3 通过柱塞的回油孔与低压储液器相通，控制油压下降，动力活塞 5 在其弹簧的作用下向左移动，使动力活塞左腔容积减少，使制动轮缸的制动压力增大。当动力活塞移动最左位置时，动力活塞左端的顶杆顶开单向阀 2，使制动主缸 6 又与制动轮缸 13 油路相通，使制动轮缸的制动压力进一步增大。

(2)二位二通变容积式液压防抱死制动系统

二位二通变容积式液压防抱死制动系统所采用制动压力调节器电磁阀为二位二通电磁阀，该电磁阀的工作原理图如图 8.29 所示。其工作过程如下：

①常规制动过程。ABS 未进入工作状态，常闭电磁阀 3 和常开电磁阀 7 均不通电。常闭电磁阀 3 右位使动力活塞控制油腔 10 与蓄能器断开。常开电磁阀 7 左位使动力活塞控制油腔 10 与储液器 6 接通，动力活塞 9 在弹簧作用下保持在最上位位置，活塞杆顶开单向阀 1，使制动主缸 2 和制动轮缸 11 油路相通，此时，制动压力直接由制动踏板力控制。

②减压过程。ABS 进入工作状态，ECU 输出减压控制信号时，常闭电磁阀 3 和常开电磁阀 7 均通电。常开电磁阀 7 右位使动力活塞控制油腔 10 与储液器 6 断开。常闭电磁阀 3 左位使动力活塞控制油腔 10 与蓄能器、液压泵 5 接通，动力活塞控制油腔的压力增大，推动动力活塞 9 向下移动，单向阀 1 关闭，使制动主缸 2 和制动轮缸 11 油路断开。单向阀关闭后，工作动力活塞 9 的继续下移使轮缸有效容积增大，制动轮缸的制动压力降低。

③保压过程。ABS 进入工作状态，ECU 输出保压控制信号时，常闭电磁阀 3 不通电和常开电磁阀 7 通电。常闭电磁阀 3 右位关闭使动力活塞控制油腔 10 与蓄能器断开。常开电磁阀 7 右位关闭使动力活塞控制油腔 10 与储液器 6 断开。动力活塞 9 保持位置不变，动力活塞控制油腔 10 的控制油压保持不变，动力活塞 9 不移动，因而制动轮缸 11 的制动压力保持不变。

④增压过程。ABS 进入工作状态，ECU 输出增压控制信号时，常闭电磁阀 3 和常开电磁阀 7 均断电。常闭电磁阀 3 左位打开使动力活塞控制油腔 10 与蓄能器、液压泵断开。常开电磁阀 7 左位打开使动力活塞控制油腔 10 与储液器 6 接通，动力活塞控制油腔 10 的控制油压下降，动力活塞 9 在弹簧作用下向下移动，使制动轮缸 11 的有效容积减

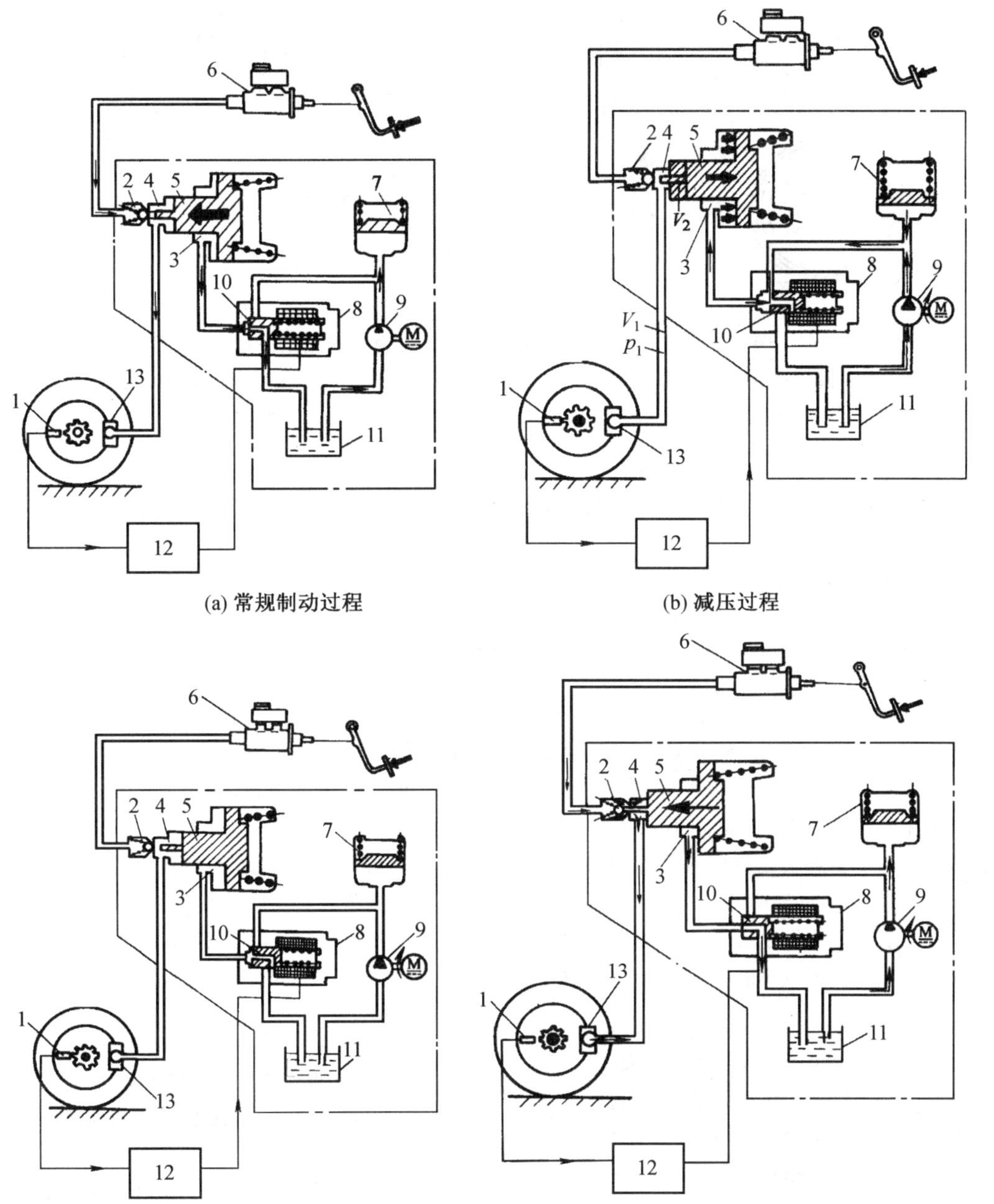

(a) 常规制动过程　(b) 减压过程

(c) 保压过程　(d) 增压过程

图 8.28　三位三通变容积式制动压力调节器工作过程

1—轮速传感器；2—单向阀；3—动力活塞控制油腔；4—动力活塞左腔；5—动力活塞；6—制动主缸；7—蓄压器；8—三位三通电磁阀；9—电动油泵；10—柱塞；11—储液器；12—ECU；13—制动轮缸

少，制动压力增大。当动力活塞 9 上移到某位置时，活塞杆顶开单向阀 1，使制动主缸 2 和制动轮缸 11 油路相通，制动主缸的高压油再次进入制动轮缸，使制动轮缸的制动压力进一步增大。

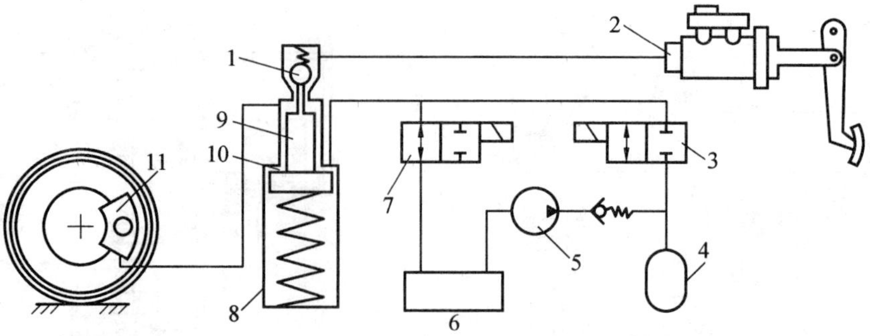

图 8.29　二位二通变容积式制动压力调节器工作原理图

1—单向阀；2—制动主缸；3—常闭电磁阀；4—蓄能器；5—液压泵；6—储液器；7—常开电磁阀；8—调压缸；9—动力活塞；10—动力活塞控制油腔；11—制动轮缸

任务 8.12　液压系统常见故障及排除方法

液压系统常见故障及排除方法见表 8.6。

表 8.6　液压系统常见故障及排除方法

故障现象	原因分析	排除方法
系统无压力或压力不足	1. 溢流阀开启，由于阀芯被卡住，不能关闭，阻尼孔堵塞，阀芯与阀座配合不好或弹簧失效 2. 其他控制阀阀芯由于故障卡住，引起卸荷 3. 液压元件磨损严重或密封损坏，造成内、外泄漏 4. 液位过低，吸油管堵塞或油温过高 5. 泵转向错误，转速过低或动力不足	1. 研修阀芯与阀体，清洗阻尼孔，更换弹簧 2. 找出故障部位，清洗或研修，使阀芯在阀体内能够灵活运动 3. 检查泵、阀及管路各连接处的密封性，修理或更换零件和密封件 4. 加油，清洗吸油管路或冷却系统 5. 检查动力源
流量不足	1. 油箱液位过低，油液黏度较大，过滤器堵塞引起吸油阻力过大 2. 液压泵转向错误，转速过低或空转磨损严重，性能下降 3. 管路密封不严，空气进入 4. 蓄能器漏气，压力及流量供应不足 5. 其他液压元件及密封件损坏引起泄漏 6. 控制阀动作不灵	1. 检查液位，补油，更换黏度适宜的液压油，保证吸油管直径足够大 2. 检查原动机、液压泵及变量机构，必要时换液压泵 3. 检查管路连接及密封是否正确可靠 4. 检修蓄能器 5. 修理或更换 6. 调整或更换

续表 8.6

故障现象	原因分析	排除方法
泄漏	1. 接头松动,密封损坏 2. 阀与阀板之间的连接不好或密封件损坏 3. 系统压力长时间大于液压元件或附件的额定工作压力,使密封件损坏 4. 相对运动零件磨损严重,间隙过大	1. 拧紧接头,更换密封 2. 加大阀与阀板之间的连接力度,更换密封 3. 限定系统压力,或更换许用压力较高的密封件 4. 更换磨损零件,减小配合间隙
油温过高	1. 冷却器通过能力下降出现故障 2. 油箱容量小或散热性差 3. 压力调整不当,长期在高压下工作 4. 管路过细且弯曲,造成压力损失增大,引起发热 5. 环境温度较高	1. 排除故障或更换冷却器 2. 增大油箱容量,增设冷却装置 3. 限定系统压力,必要时改进设计 4. 加大管径,缩短管路,使油液流动通畅 5. 改善环境,隔绝热源
振动	1. 液压泵:密封不严吸入空气,安装位置过高,吸油阻力大,齿轮齿形精度不够,叶片卡死断裂,柱塞卡死移动不灵活,零件磨损使间隙过大 2. 液压油:液位太低,吸油管插入液面深度不够,油液黏度太大,过滤器堵塞 3. 溢流阀:阻尼孔堵塞,阀芯与阀体配合间隙过大,弹簧失效 4. 其他阀芯移动不灵活 5. 管道:管道细长,没有固定装置,互相碰撞,吸油管与回油管太近 6. 电磁铁:电磁铁焊接不良,弹簧过硬或损坏,阀芯在阀体内卡住 7. 机械:液压泵与电动机联轴器不同轴或松动,运动部件停止时有冲击,换向时无阻尼,电动机振动	1. 更换吸油口密封,吸油管口至泵进油口高度要小于 500 mm,保证吸油管直径,修复或更换损坏的零件 2. 加油,增加吸油管长度到规定液面深度,更换合适黏度的液压油,清洗过滤器 3. 清洗阻尼孔,修配阀芯与阀体的间隙,更换弹簧 4. 清洗,去毛刺 5. 设置固定装置,扩大管道间距及吸油管和回油管间距离 6. 重新焊接,更换弹簧,清洗及研配阀芯和阀体 7. 保持泵与电动机轴的同心度不大于 0.1 mm,采用弹性联轴器,紧固螺钉,设置阻尼或缓冲装置,电动机做平衡处理
冲击	1. 蓄能器充气压力不够 2. 工作压力过高 3. 先导阀、换向阀制动不灵及节流缓冲 4. 液压缸端部无缓冲装置 5. 溢流阀故障使压力突然升高 6. 系统中有大量空气	1. 给蓄能器充气 2. 调整压力至规定值 3. 减少制动锥斜角或增加制动锥长度,修复节流缓冲装置 4. 增设缓冲装置或背压阀 5. 修理或更换 6. 排除空气

思考题与习题

8.1　如图 8.1 所示的 YT4543 型动力滑台液压系统是由哪些基本回路组成的？如何差动连接？采用止挡块停留有何作用？

8.2　试述如图 8.5 所示的 Q2－8 型汽车起重机液压系统的支腿收放、转台回转、吊臂伸缩、吊臂变幅和吊重起升 5 个动作的工作原理。

8.3　试述如图 8.7 所示的自动卸料机械手液压系统的工作原理。

8.4　试述如图 8.8 所示的自 MJ－50 型数控车床的液压系统的工作原理。

8.5　试述如图 8.9 所示的 ZL50 型装载机的液压系统工作原理。

8.6　试述如图 8.13 所示的 WY40 型挖掘机的液压系统工作原理。

8.7　试述如图 8.14 和图 8.15 所示的 TY180 型推土机的液压系统工作原理。

8.8　试述如图 8.16 和图 8.17 所示的 CLZ－9 型铲运机的液压系统工作原理。

8.9　试述如图 8.24 和图 8.25 所示的三位三通循环式制动压力调节器的液压工作原理。

8.10　试述如图 8.27 所示的二位二通循环式制动压力调节器的液压工作原理。

8.11　试述如图 8.28 所示的三位三通变容积式制动压力调节器的液压工作原理。

8.12　试述如图 8.29 所示的二位二通变容积式制动压力调节器的液压工作原理。

项目9

气压传动基础知识

任务9.1 气压传动概述

气压传动是指以压缩空气为工作介质，进行能量和信号的传递、转换和控制的传动方式。气压传动是气动技术的一种，与液压传动的主要区别是工作介质不同，气压传动是实现各种生产控制自动化的重要手段之一。

9.1.1 气压传动的发展概况及发展趋势

气动技术应用的雏形大约开始于1776年John Wilkinson发明的能产生1个大气压左右的空气压缩机。1880年，人们第一次利用气缸做成气动刹车装置，并将它成功地用到火车的制动上。20世纪30年代初，气动技术成功地应用于自动门的开闭及各种机械的辅助动作上。进入到60年代尤其是70年代初，随着工业机械化和自动化的发展，气动技术才广泛应用到生产自动化的各个领域，形成现代气动技术。近年来，随着气动技术与电子技术的结合，其应用领域在迅速地拓宽，尤其是在各种自动化生产线上得到广泛的应用。气动机械手、柔性自动化生产线的迅速发展，对气动技术提出了更多更高的要求。气动技术的发展动向可归纳为以下几个方面：

①微型化。气动元件正在向小型化方向发展，在制药业、医疗技术等领域已经出现了活塞直径小于2.5 mm的气缸、宽度为10 mm的气动阀。

②集成化。气动阀的集成化不仅仅是将几只阀组合安装，还包含了传感器、可编程序控制器等功能。集成化的目的不单单是为了节省空间，还有利于安装、维修和提高可靠性。

③智能化。气动技术的智能化体现在元件中集成了微处理器，并具有处理命令和程序控制的功能。

9.1.2 气压传动的优缺点

气动技术与其他的传动和控制方式相比，主要优缺点如下。

1. 优点

①工作介质来得比较容易，用后的空气排入大气，处理方便。

②因空气的黏度小，传输时损失也很小，便于集中供气和远距离输送。外泄不会造成明显的压力降低和环境污染。

③与液压传动相比，动作迅速、反应快、维护简单、工作介质清洁、不易堵塞阀口和管道、不存在介质变质和补充等问题。

④工作环境适应性强。特别在易燃、易爆、多尘、强磁、辐射、震动等恶劣工作环境中，比其他传动和控制性能优越。

⑤成本低，过载自动保护好。

2. 缺点

①由于空气具有很大的压缩性，所以工作时速度稳定性差。

②工作压力低，输出力小。

③噪声大。

④空气本身没有润滑性，需另加油雾器等装置进行给油润滑。

9.1.3　气压传动的组成

一个典型的气压传动系统由 4 部分组成：气源发生装置、气动执行元件、气动控制元件、气动辅助元件，如图 9.1 所示。

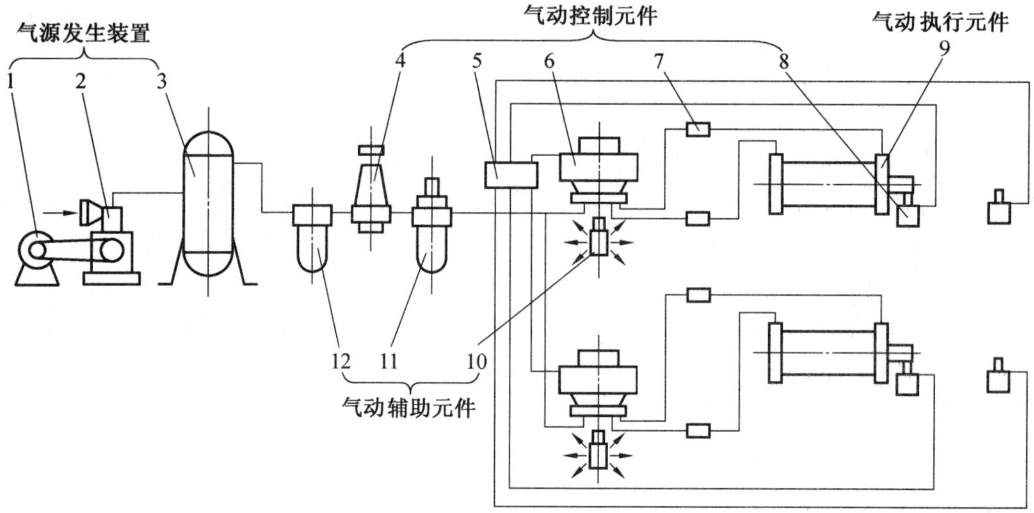

图 9.1　气动系统的组成示意图

1—电动机；2—空气压缩机；3—气罐；4—压力控制阀；5—逻辑元件；6—方向控制阀；7—流量控制阀；8—机控阀；9—气缸；10—消声器；11—油雾器；12—过滤器

(1)气源发生装置。

气源发生装置将原动机输出的机械能转变为空气的压力能，其主要设备是空气压缩机。

(2)气动控制元件。

气动控制元件用来控制压缩空气的压力、流量和流动方向，以保证执行元件具有一定的输出力和速度并按设计的程序正常工作，如压力阀、流量阀、方向阀和逻辑阀等。

(3)气动执行元件。

气动执行元件是将空气的压力能转变为机械能的能量转换装置，如气缸和气马达。

(4)气动辅助元件。

气动辅助元件是用于辅助保证气动系统正常工作的一些装置，如消声器和油雾器等。

任务 9.2　气源发生装置

9.2.1　气源发生装置组成

气源发生装置给系统提供足够清洁、干燥且具有一定压力和流量的压缩空气。气源发生装置包括空气压缩机和空气净化装置，如图 9.2 所示。空气净化装置包括冷却器、气罐、过滤器、干燥器和除油器等。

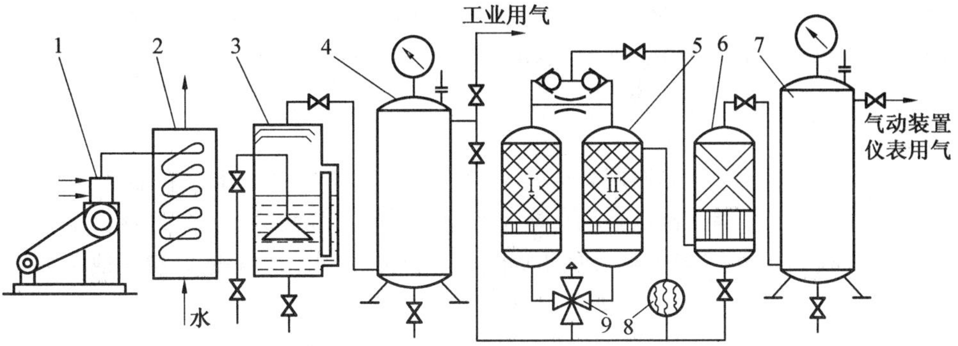

图 9.2　气源发生装置的组成图和布置示意图

1—空气压缩机；2—后冷却器；3—除油器；4,7—储气罐；5—干燥器；6—过滤器；8—加热器输气管路；9—四通阀

一般压缩空气处理流程为：空气首先经过过滤器过滤部分灰尘、杂质后进入空气压缩机 1，产生一定压力和流量的压缩空气后进入冷却器 2(又称后冷却器)，冷却器将压缩空气温度从 140～170 ℃降至 40～50 ℃，使高温汽化的油分与水分凝结成油滴和水滴；然后进入除油器 3 使降温冷凝出的油滴、水滴杂质等从压缩空气中分离出来，并从排污口除去；得到初步净化的压缩空气注入储气罐 4(要求不高的气压系统可从储气罐直接供气)，储气罐 4 和 7 储存压缩空气以平衡空气压缩机流量和设备用气量，并稳定压缩空气压力，同时还可以除去压缩空气中的部分水分和油分再送入干燥器 5，经干燥器 5 进一步吸收、排除压缩空气中的水分、油分等，使之变成干燥空气送入过滤器 6 进一步过滤除去压缩空气中的灰尘颗粒杂质。储气罐 7 输出的压缩空气可用于要求较高的气动系统(如气动仪表、射流元件等组成的系统)。

9.2.2　空气压缩机

空气压缩机与液压泵一样是气压传动系统的动力源，目前常用的气源装置有压缩空气站和空气压缩机两种，当排气量大于或等于 6～12 m^3/min 时，独立设置压缩空气站；当排气量低于 6 m^3/min 时，可使用压缩空气机供气。

空气压缩机(空压机)是气源装置的主要设备,用以将电动机输出的机械能转化为气体的压力能送给气动系统。

常见的低压、容积式空压机按结构不同可分为活塞式、叶片式、螺杆式。目前常用的活塞式空压机的工作示意图如图 9.3 所示,其基本原理同液压泵,由一个可变的密闭空间的变化产生吸排气,加上适当的配流机构来完成工作过程。但由于空气无自润滑性而必须另设润滑,这就产生了空气中混有污油的问题。为解决这个问题可在空压机的材料或结构上设法制成无油润滑空压机。

9.2.3 后冷却器

后冷却器一般安装在空压机的出口管路上,其作用是把空压机排出的压缩空气的温度由 140～170 ℃降至 40～50 ℃或更低,使其中大部分的水汽、油气转化成水滴和油滴,以便于排出。

按冷却方式不同后冷却器可分为风冷和水冷两种。后冷却器常用水冷式却器。水冷式冷却器的结构形式有蛇管式、列管式、散热片式和套管式等。

9.2.4 除油器

除油器又称油水分离器,作用是分离清除压缩空气中凝聚的水分和油分等杂质,使压缩空气得到初步净化。其结构形式有:环形回转式、离心旋转式、水浴式及以上形式的组合形式。主要是利用回转产生离心撞击、水洗等方式,使水、油等液滴和其他杂质颗粒从压缩空气中分离。其结构示意图如图 9.4 所示。

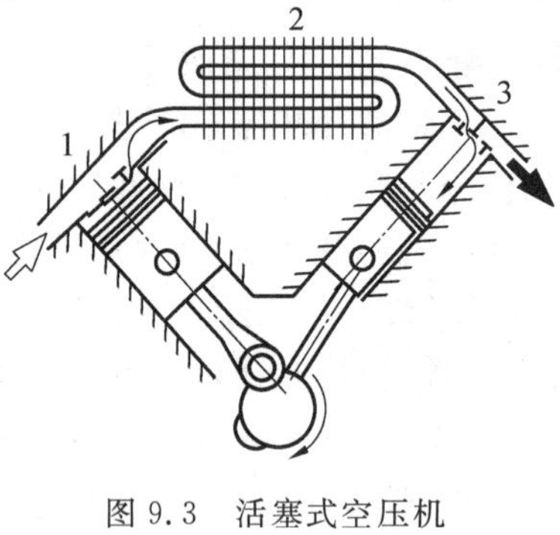

图 9.3　活塞式空压机

1,3—活塞;2—中间冷却器

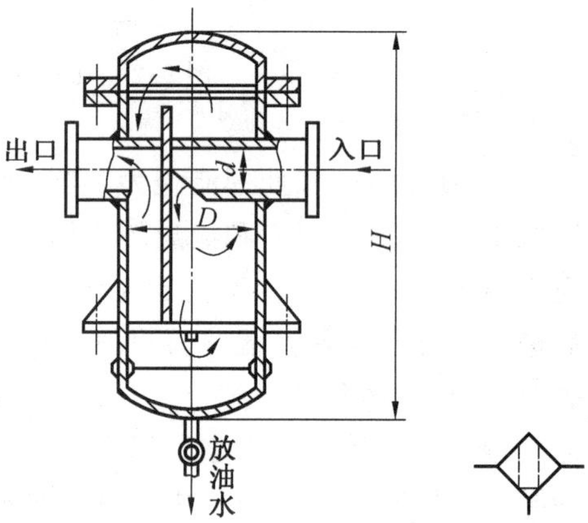

图 9.4　撞击折回并回转式油水分离器

9.2.5 空气过滤器

空气过滤器的作用是滤除压缩空气中的杂质微粒,除去液态的油污和水滴,使压缩空气进一步净化,但不能除去气态物质。常用的有一次过滤器和二次过滤器。下面以二次过滤器为例说明其工作原理。

二次过滤器也称分水滤气器,分水滤气器滤灰能力较强,滤灰效率为 70%～99%。

分水滤气器与减压阀、油雾器常组合使用合称气动三联件，是气动系统不可缺少的辅助元件。其排水方式有手动和自动之分。常见的普通手动排水分水滤气器如图 9.5 所示。其基本工作原理为：间隙过滤和离心分离。压缩空气从入口流入经导流片 2，导流片上有很多小缺口，使空气沿切线反方向产生高速旋转，这样夹杂在气体中较大的水滴、液态油及固态杂质受离心作用，被甩到水杯 5 内壁上，从气体中分离出来，沉淀于杯底，除去液态油水和较大杂质的压缩空气，再通过滤芯 3 进一步除去微小固态颗粒而从出口流出。挡水板 4 用来防止水杯底部液态油水被卷回气流中。按动手动排水阀 8 时可将杯底液态油水排出。

分水滤气器必须以垂直位置安装，并将放水阀朝下，壳体上箭头所示方向为气流方向，不可装反。

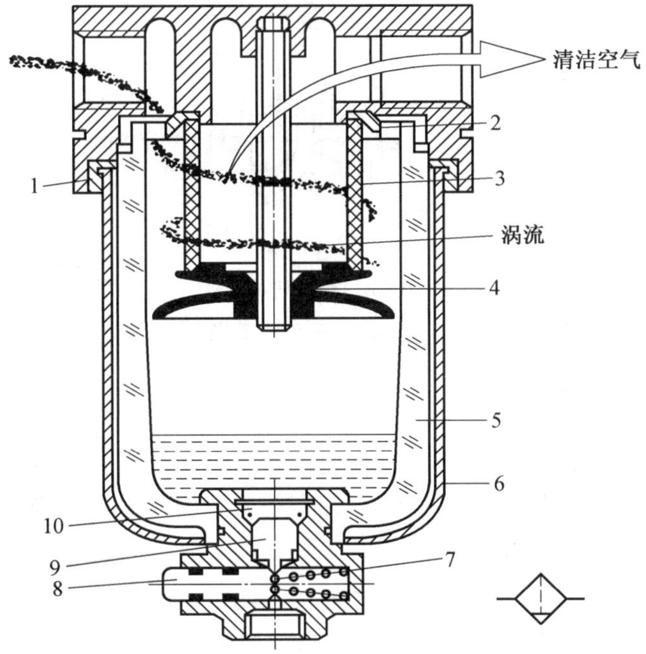

图 9.5　分水过滤器结构原理

1—卡环；2—导流片；3—滤芯；4—挡水板；5—水杯；6—保护罩；7—复位弹簧；8—手动排水阀；9—阀芯；10—锥形弹簧

9.2.6　干燥器

干燥器的作用是为了满足精密气动装置用气的需要，把已初步净化的压缩空气进一步净化，吸收和排出其中的水分、油分及杂质，使湿空气变成干燥空气。干燥器有冷冻式、吸附式和高分子隔膜式等多种不同形式。

吸附式干燥器是使压缩空气流过栅板、干燥吸附剂（如焦炭、硅胶、铝胶、分子筛、滤网）等，使之达到干燥、过滤除去气态水分的目的。某种吸附式干燥器如图 9.6 所示。

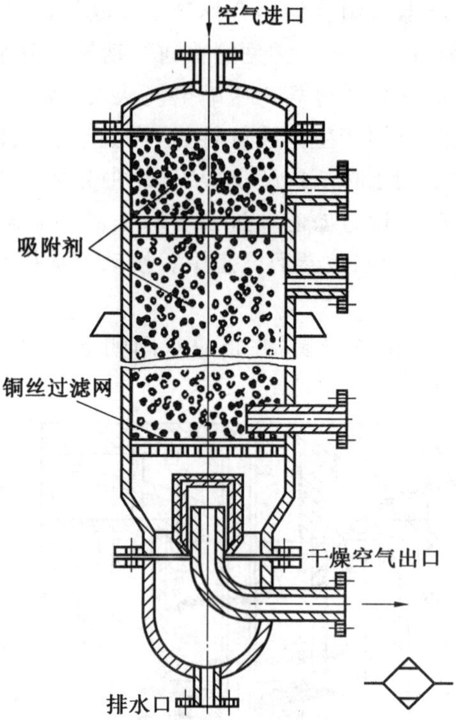

图 9.6　吸附式干燥器

9.2.7　储 气 罐

储气罐的作用是消除压力脉动，保证输出气流的连续性；依靠绝热膨胀和自然冷却使压缩空气降温而进一步分离其中的水分；储存一定量空气做备用和应急气源。储气罐一般采用立式的焊接结构，如图 9.7 所示。

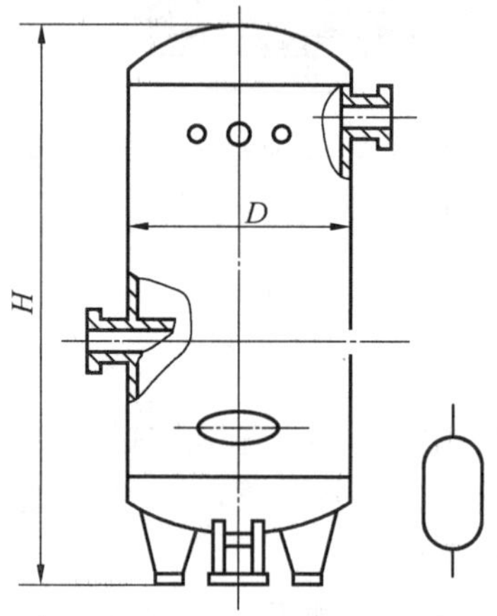

图 9.7　立式储气罐

任务9.3　气动辅助元件

9.3.1　油雾器

油雾器是气压系统中一个特殊的注油装置，其作用是把润滑油雾化后，经压缩空气携带进入系统中需要润滑的部位，以满足润滑的需要。

普通油雾器的结构原理图如图9.8所示。压缩空气由输入口输入后，通过喷嘴组件8起引射作用，并通过组件前小孔进入阀座12的腔内。阀座12与钢球10、弹簧11组成一个有泄漏的特殊单向阀，如图9.9(a)所示。初始通过时钢球被压下(图9.9(c))，由于此单向阀密封不严，压缩空气会漏入存油杯13中，使其内部压力升高。结果钢球10上下压差减小，在弹簧11作用下使钢球处于中间位置(图9.9(b))。这样压缩空气通过阀座12上小孔进入存油杯13的上腔C，油面受压，润滑油经吸油管1将钢球2顶起，油便不断地经节流阀9流入滴油管，再滴入喷嘴组件8中，被主通道中气流引射出，雾化后从输出口输出。滴油管上部有透明油窗，可观察节流阀9调节的滴油量。喷嘴组件8由组件体、挡板及弹簧等件组成，组件体上纵向开有一中心射流孔及若干通气孔，气体流量较小时，这些通气孔在弹簧和挡板作用下处于封闭状态。气流通过中心引射孔完成引射作用。当气体流量变大时，由于压差加大克服弹簧力使挡板移动，打开外围通气孔，使通流面积

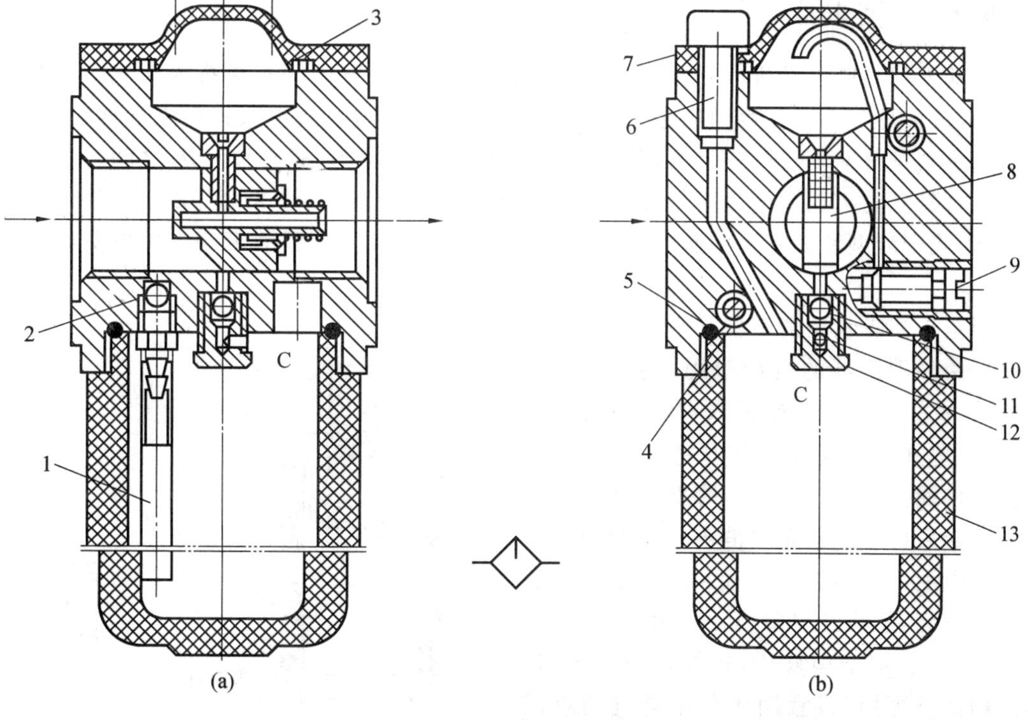

图9.8　普通油雾器

1—吸油管；2—钢球；3—视油器；4—螺母螺钉；5—密封圈；6—油塞；7—密封垫；8—喷嘴组件；9—节流阀；10—钢球；11—弹簧；12—阀座；13—存油杯

加大，以适应气体流量的变化。其实质是一自动可变节流装置。

这种油雾器可以在不停气状态下加油。拧松油塞 6，油杯中压缩空气逐渐排空（由于油塞上开有半截小孔），此时油杯上腔 C 通大气，钢球 10 上下表面压力差增大，钢球 10 被压缩空气压在阀座上（图 9.9(c)）和初始进气时一样。由于泄漏量很小，压缩空气基本上不会进入油杯，而钢球 2 此时因底部无压力而在重力作用下下移封住吸油管 1，以防止压缩空气倒灌入油杯。此时可经油塞 6 向油杯中加油至规定液面后拧紧油塞，特殊单向阀过一会后又进入工作状态（图 9.9(b)），油雾器又重新开始工作。

安装时油雾器一般在分水滤气器和减压阀之后，在换向阀之前，油雾器应尽量靠近换向阀。

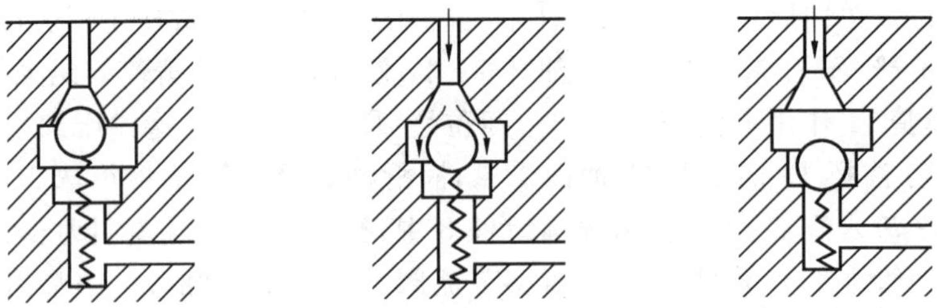

(a) 不工作时　　(b) 工作（进气）时　　(c) 初始通气（加油）时

图 9.9　特殊单向阀的工作情况

9.3.2　消声器

气动系统一般不设排气回路，用后的压缩空气通常经方向阀直接排入大气。当余压较高时，最大排气速度在声速附近，空气急剧膨胀及形成的涡流现象将产生强烈的噪声。噪声大小与排气速度、排气量和排气通道的形状有关，一般在 80～120 dB 之间。消声器是通过对气流的阻尼或增大排气面积等措施降低排气速度和功率来降噪的。常用的有吸收型、膨胀干涉型和膨胀干涉吸收型消声器。以膨胀干涉吸收型消声器为例说明其工作原理。

膨胀干涉吸收型消声器是吸收型和膨胀干涉型两种消声器的组合应用，其结构如图 9.10 所示。气流由斜孔引入，在 A 室膨胀、扩散、减速并被器壁反射至 B 室。在 B 室内气流互相撞击、干涉，进一步降低速度而消耗能量。最后再通过敷设在消声器内壁的吸声材料被阻尼降噪后排入大气。这种消声器消声效果较好，低频约可降低 20 dB，高频约可降低 45 dB。但结构复杂，排气阻力较大，且需定期清洗更换，只宜用于集中排气的总排气管。

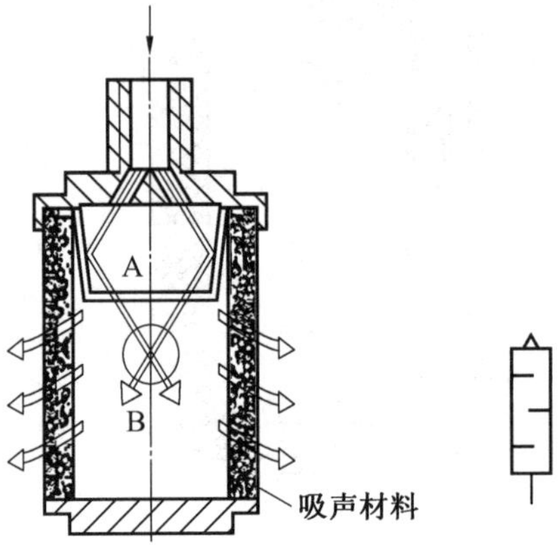

图 9.10　膨胀干涉吸收型消声器

9.3.3 气动三联件

由分水滤气器、减压阀、油雾器三元件依次无管化连接而成的组件称为气动三联件，其安装次序依进气方向为分水滤气器、减压阀、油雾器，三联件应安装在用气设备的近处，是多数气动设备中必不可少的气源装置，如图9.11所示。压缩空气经过三联件的最后处理，将进入各气动元件及气动系统。因此，三联件是气动元件及气动系统使用压缩空气质量的最后保证。

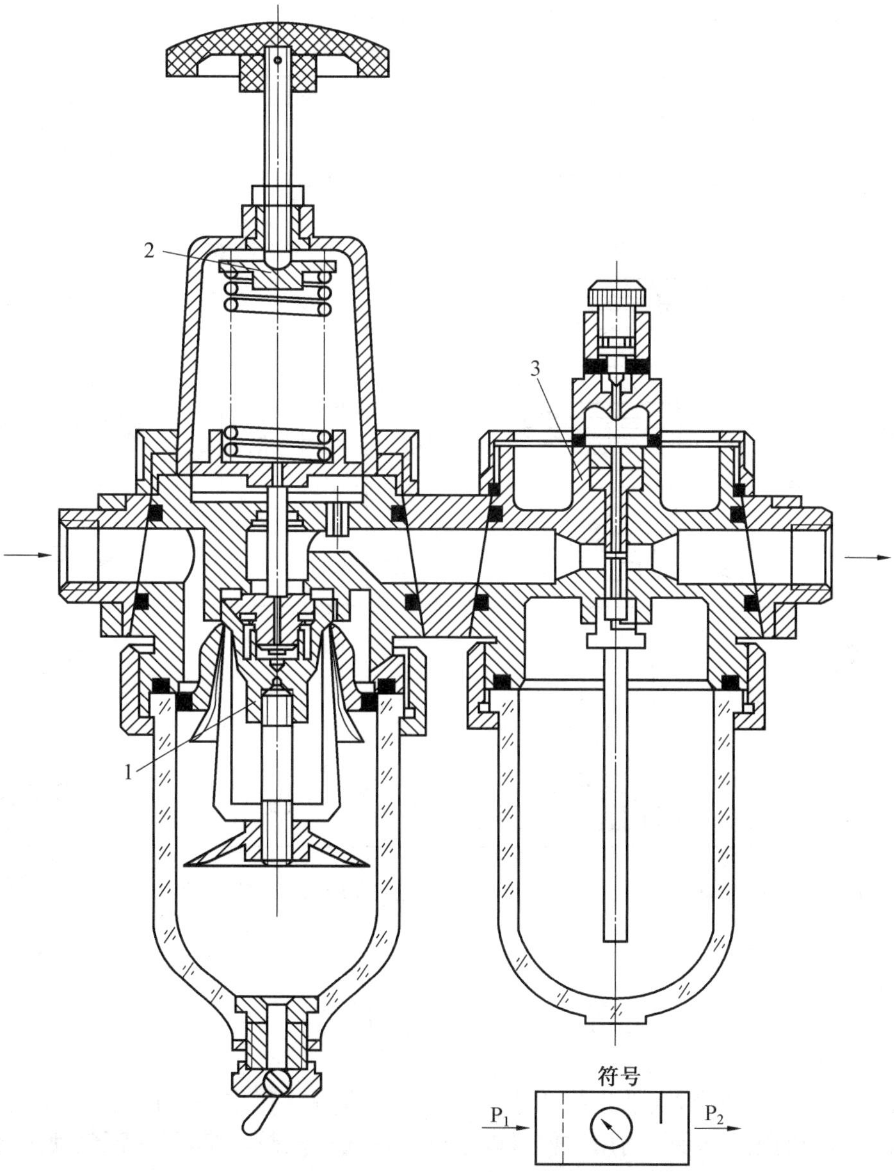

图9.11 气动三联件

1—分水滤气器；2—减压阀；3—油雾器

任务 9.4　气动执行元件

气动执行元件将压缩空气的压力能转换为机械能，驱动机构做直线往复运动、摆动或旋转运动。气动执行元件分为气缸和气马达两大类，其中气缸又分直线往复运动的气缸和摆动气缸，用于实现直线运动和摆动。气缸与液压缸相比，具有结构简单、制造容易、工作压力低和动作迅速等优点，在生产实践中应用十分广泛。根据使用条件和用途不同，其结构、形状也有多种形式。常见气缸的结构见表 9.1。

表 9.1　常见气缸的结构

类别	名称	简图	类别	名称	简图
单作用气缸	活塞式气缸	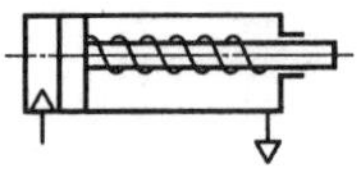	双作用气缸	普通气缸	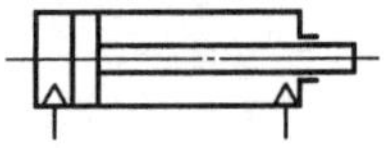
	膜片式气缸	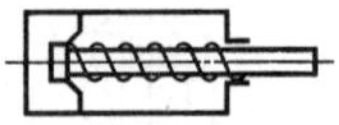		双出杆气缸	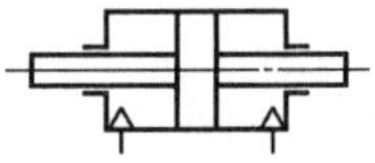
	柱塞式气缸			不可调单向缓冲气缸	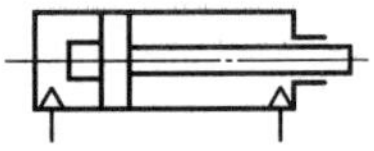
特殊缸	增压气缸	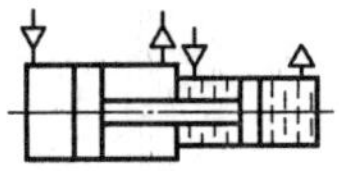		不可调双向缓冲气缸	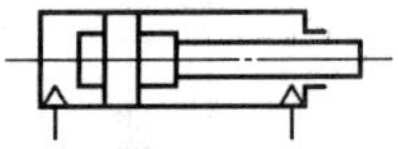
	串联气缸	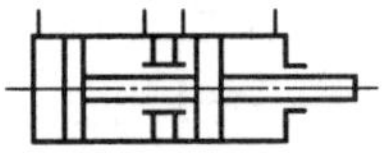		可调单向缓冲气缸	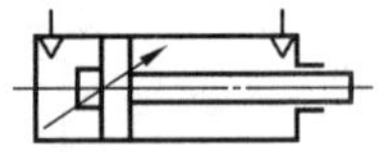
	气一液阻尼缸	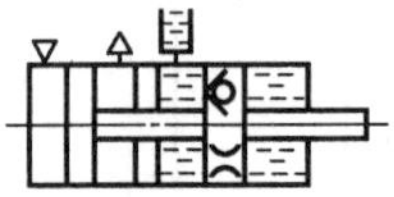		可调双向缓冲气缸	

气马达用于实现连续回转运动。而气马达的结构和工作原理与液压马达相似，这里不再赘述。

任务 9.5　气动控制元件

在气压传动系统中，气动控制元件是用来控制和调节压缩空气的压力、流量、流动方向和发送信号的重要元件，利用它们可以组成各种气动控制回路，以保证气动执行元件或机构按设计的程序正常工作。

控制元件按功能和用途可分为方向控制阀、流量控制阀和压力控制阀 3 大类。此外，还有通过改变气流方向和通断实现各种逻辑功能的气动逻辑元件等。

9.5.1　方向控制阀

方向控制阀主要有单向型和换向型两种，其阀芯结构主要有截止式和滑阀式。

1. 单向型控制阀

单向型控制阀中包括单向阀、或门型梭阀、与门型梭阀和快速排气阀。其中单向阀与液压单向阀类似，这里不再重复。

(1)或门型梭阀。

或门型梭阀相当于两个单向阀的组合。或门型梭阀结构原理与图形符号如图 9.12 所示，它有两个输入口 P_1、P_2，一个输出口 A，阀芯在两个方向上起单向阀的作用。当 P_1 口进气时，阀芯将 P_2 口切断，P_1 口与 A 口相通，A 口有输出。当 P_2 口进气时，阀芯将 P_1 口切断，P_2 口与 A 口相通，A 口也有输出。如 P_1 口和 P_2 口都有进气时，活塞移向低压侧，使高压侧进气口与 A 口相通。如两侧压力相等，则先加入压力一侧与 A 口相通，后加入一侧关闭。

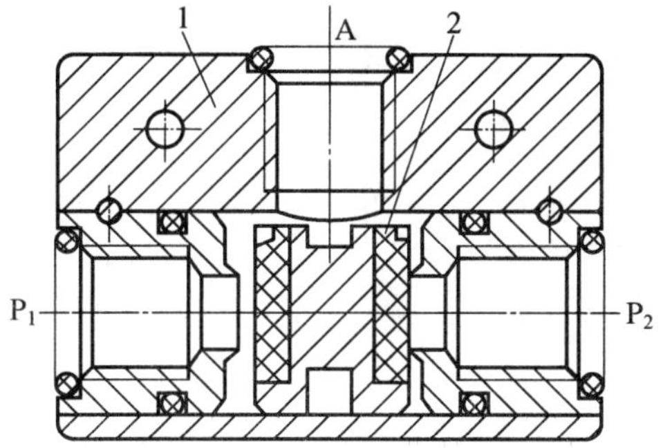

(a) 结构原理

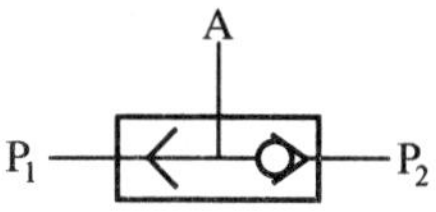

(b) 图形符号

图 9.12　或门型梭阀

1—阀体；2—阀芯

(2)与门型梭阀(双压阀)。

与门型梭阀又称双压阀，它也相当于两个单向阀的组合。与门型梭阀结构原理与图形符号如图9.13 所示。它有 P_1 和 P_2 两个输入口和一个输出口 A，只有当 P_1、P_2 同时有输入时，A 口才有输出，否则，A 口无输出，而当 P_1 和 P_2 口压力不等时，则关闭高压侧，低压侧与 A 口相通。

(3)快速排气阀。

快速排气阀的作用是使气动元件或装置快速排气。膜片式快速排气阀结构原理与图形符号如图 9.14 所示。当 P 口进气时，膜片被压下封住排气口，气流经膜片四周小孔、A 口流出。当气流反向流动时，A 口气压将膜片顶起封住 P 口，A 口气体经 O 口迅速排掉。

2. 换向型控制阀

换向型控制阀的结构和工作原理与液压换向阀相似，这里不再赘述。

9.5.2　压力控制阀

压力控制阀主要用来控制系统中压缩气体的压力，以满足系统对不同压力的需要，压

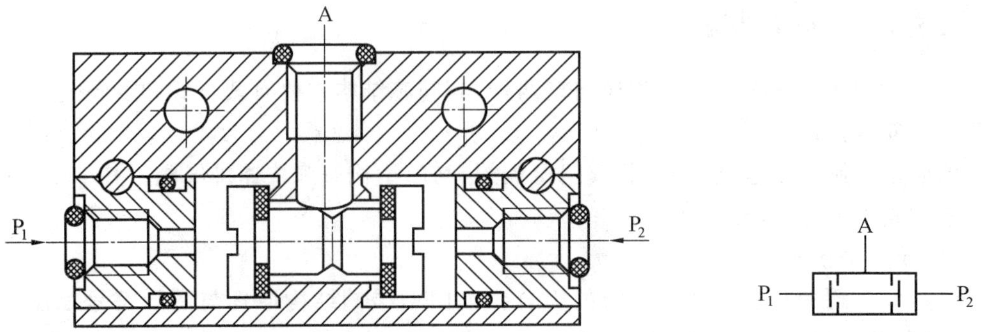

(a) 结构原理　　(b) 图形符号

图 9.13　与门型梭阀

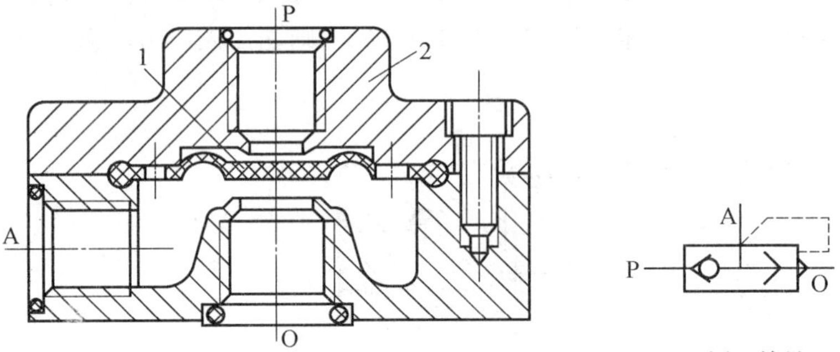

(a) 结构原理　　(b) 图形符号

图 9.14　快速排气阀

1—膜片；2—阀体

力控制阀主要有减压阀、溢流阀和顺序阀 3 种。

1. 溢流阀

按控制方式来划分，溢流阀有直动型和先导型两种。

(1)直动型溢流阀。

直动型溢流阀的基本结构和图形符号如图 9.15 所示，将阀 P 口与系统相连接，O 口通大气，当系统中空气压力升高，一旦大于溢流阀调定压力时，气体推开阀芯，经阀口从 O 排至大气，使系统压力稳定在调定值，确定系统安全可靠。当系统压力低于调定值时，在弹簧的作用下阀口处于关闭状态。开启压力的大小与调整弹簧的预压缩量有关。

(2)先导型溢流阀。

先导型溢流阀的基本结构和图形符号如图 9.16 所示，溢流阀的先导阀为减压阀，经它减压后的空气从上部 K 口进入阀内，以代替直动型中的弹簧来控制溢流阀。先导型溢流阀适用于管路通径较大及实施远距离控制的场合。选用溢流阀时，其最高工作压力应略高于所需的控制压力。

2. 减压阀

减压阀按压力调节方式的不同，分为直动式减压阀和先导式减压阀。减压阀一般安装在空气过滤器之后，油雾器之前。

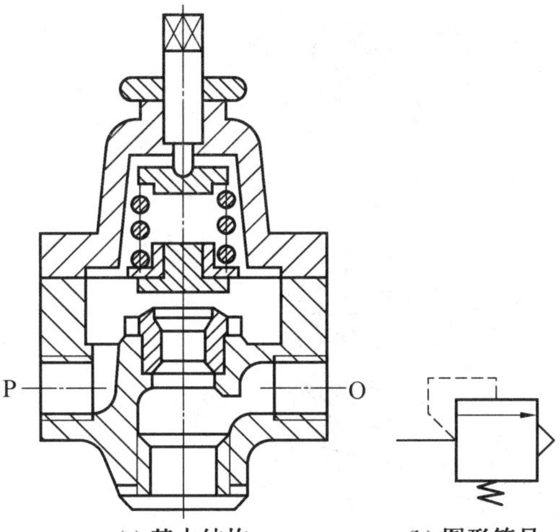

(a) 基本结构　　(b) 图形符号

图 9.15　直动型溢流阀的基本结构和图形符号

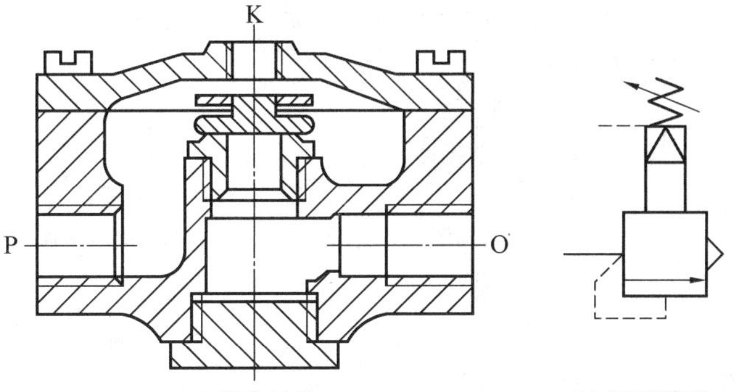

(a) 基本结构　　(b) 图形符号

图 9.16　先导型溢流阀的基本结构和图形符号

(1)直动式减压阀。

普通型减压阀受压部分的结构有活塞式和膜片式两种。膜片式减压阀的结构如图 9.17 所示。工作原理是:阀处于工作状态时,压缩空气从左侧入口流入,流经阀口 11 后再从阀出口流出。当顺时针旋转手柄 1,压缩弹簧 2、3 推动膜片 5 下凹,使阀杆 7 带动阀芯 9 下移,打开进气阀口 11,压缩空气通过阀口 11 时受到一定的节流作用,使输出压力低于输入压力,以实现减压作用。与此同时,有一部分气流经阻尼孔 6 进入膜片室 12,在膜片下部产生一个向上的推力,当推力与弹簧的作用相互平衡后,阀口的开度稳定在某一定值上,减压阀就输出一定的气体。阀口 11 开度越小,节流作用越强,压力下降也越多。

若输入压力瞬时升高,经阀口 11 以后的输出压力也随之升高,使膜片室内的压力也升高,因而破坏了原有的平衡,使膜片上移,有部分气流经溢流孔 4、排气口 13 排出。在膜片上移的同时,阀芯在复位弹簧 10 的作用下也随之上移,减小了进气阀口 11 的开度,节流作用增大,输出压力下降,直至膜片两端作用力重新达到平衡为止,此时输出压力基本上又回到原数值上。

相反,输入压力下降时,进气节流阀口开度增大,节流作用减小,输出压力上升,使输

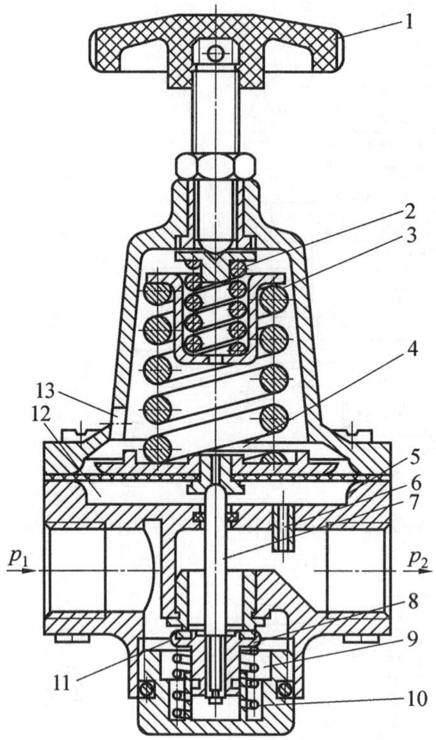

(a) 结构图

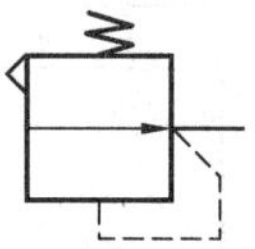
(b) 图形符号

图 9.17 膜片式减压阀

1—手柄;2,3—压缩弹簧;4—溢流孔;5—膜片;6—阻尼孔;7—阀杆;8—阀座;
9—阀芯;10—复位弹簧;11—阀口;12—膜片室;13—排气口

出压力基本回到原数值上。

(2)先导式减压阀。

先导型减压阀的基本结构如图 9.18 所示。它由先导阀和主阀两部分组成。当气流从左端流入阀体后,一部分经进气阀口 9 流向输出口,另一部分经固定节流口 1 进入中气室 5,经喷嘴 2、挡板 3 及孔道反馈至下气室 6,再经阀杆 7 的中心孔排至大气中。

若把手柄旋到某一固定位置,使喷嘴与挡板间的距离在工作范围内,减压阀就开始进入工作状态。中气室 5 内的压力随喷嘴与挡板间距离的减小而增大,于是推动阀芯打开进气阀口 9,则气流流到出口处,同时经孔道反馈到上气室 4,并与调压弹簧的压力保持平衡。

若输入压力瞬时升高,输出压力也相应升高,通过孔口的气流使下气室 6 内的压力也升高,于是破坏了膜片原有的平衡,使阀杆 7 上升,节流阀口减小,节流作用增强,输出压力下降,使膜片两端的作用力重新达到平衡,输出压力又恢复到原来的调定值。

当输出压力瞬时下降时,经喷嘴和挡板的放大后也会引起中气室 5 内的压力有较明显地升高,而使阀芯下移,阀口开大,输出压力升高,并稳定到原数值上。

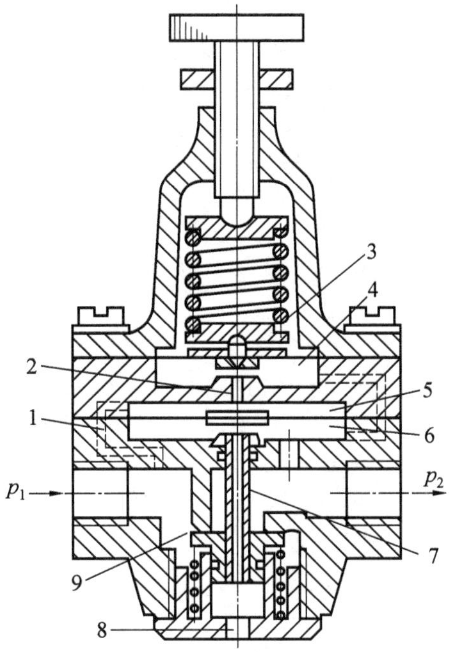

(a) 结构图

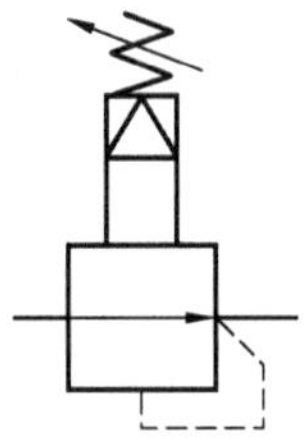
(b) 图形符号

图 9.18　先导型减压阀

1—固定节流口；2—喷嘴；3—挡板；4—上气室；5—中气室；6—下气室；7—阀杆；8—排气孔；9—进气阀口

3. 单向顺序阀

单向顺序阀的工作原理如图 9.19 所示，当压缩空气由 P 口进入左腔 4 后，如果作用在活塞 3 上的压力小于弹簧 2 的作用力时，阀处于关闭状态。而当作用于活塞上的压力大于弹簧的作用力时，活塞被顶起，压缩空气则经过左腔 4 流入右腔 5 并经 A 口流出，然后进入其他控制元件或执行元件，此时单向阀关闭。当切换气源时(图 9.19(b))，左腔 4 内的压力迅速下降，顺序阀关闭，此时右腔 5 内的压力高于左腔 4 内的压力，在该气体压力差的作用下，单向阀被打开，压缩空气则由右腔 5 经单向阀 6 流入左腔 4 并向外排出。单向顺序阀的结构如图 9.20 所示。

9.5.3　流量控制阀

流量控制阀主要有节流阀、单向节流阀和排气节流阀等。节流阀与液压节流阀相似，这里不再赘述。

1. 单向节流阀

单向节流阀是由单向阀和节流阀并联组合而成的组合式控制阀。单向节流阀的基本结构和图形符号如图 9.21 所示。工作原理如图 9.22 所示，当气流由 P 口至 A 口正向流动时，单向阀在弹簧和气压作用下处于关闭状态，气流经节流阀节流后流出；而当由 A 口至 P 口反向流动时，单向阀打开，不起节流作用。

2. 带消声器的排气节流阀

带消声器的排气节流阀是安装在元件的排气口处，用来控制执行元件排入大气中气

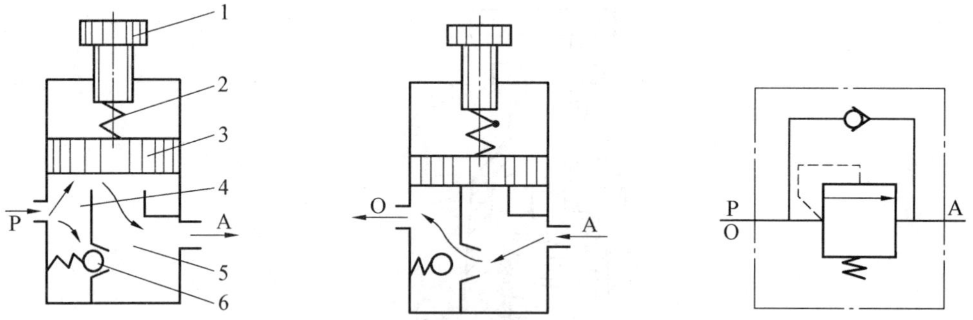

(a) 开启状态　(b) 关闭状态　(c) 图形符号

图 9.19　单向顺序阀的工作原理

1—调压手柄;2—调压弹簧;3—活塞;4—左腔;5—右腔;6—单向阀

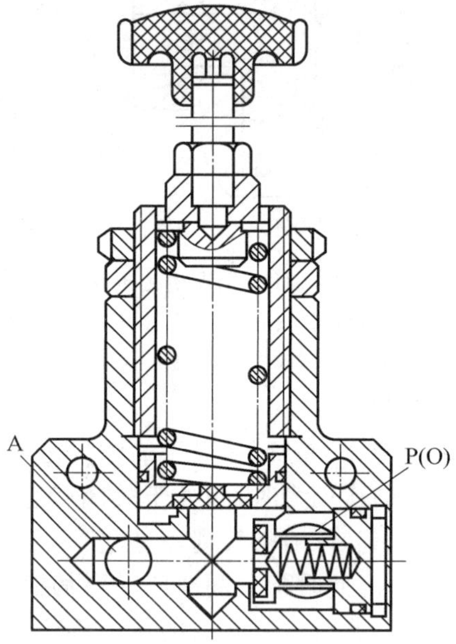

图 9.20　单向顺序阀结构图

体的流量并降低排气噪声的一种控制阀。带消声器的节流阀的基本结构和图形符号如图 9.23 所示。

9.5.4　气动逻辑元件

气动逻辑元件是用压缩空气为工作介质,通过元件的可动部件在气控信号作用下动作,改变气体流动方向以实现一定逻辑功能的流体控制元件。实际上,气动方向阀也具有逻辑元件的各种功能,所不同的是它的输出功率较大,尺寸大;而气动逻辑元件的尺寸较小。因此,在气动控制系统中广泛采用各种形式的气动逻辑元件来实现逻辑控制。

气动逻辑元件的种类很多,一般有下列几种分类方式:

①按逻辑功能来分有:是门元件、或门元件、与门元件、非门元件和双稳元件等。

②按结构形式来分有:截止式、膜片式和滑阀式等。

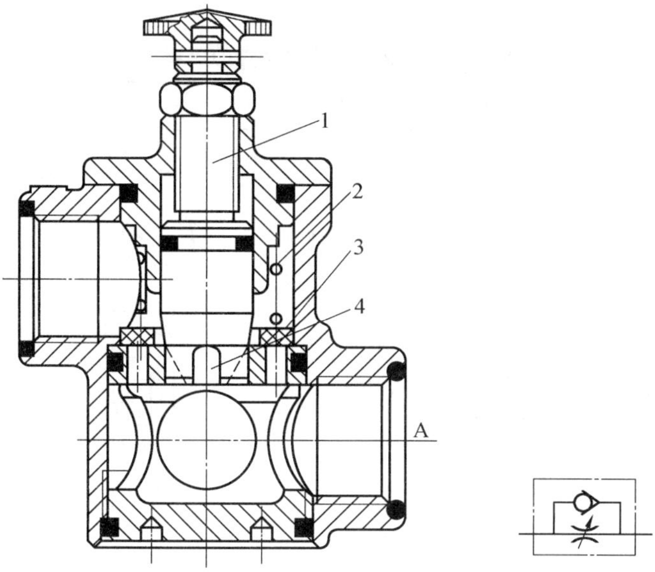

图 9.21　单向节流阀的基本结构和图形符号

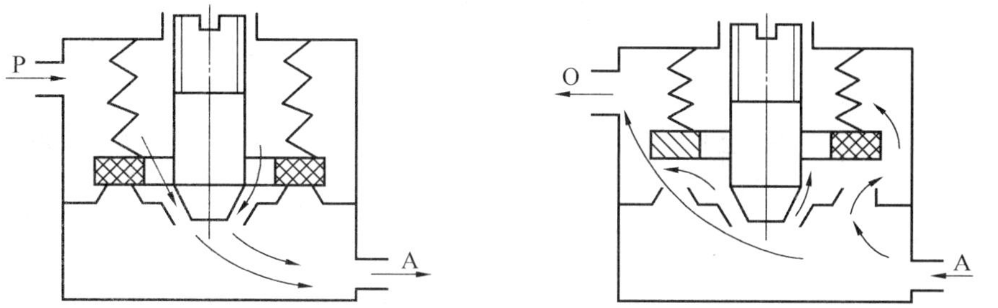

图 9.22　单向节流阀的工作原理

1—调节杆;2—弹簧;3—单向阀;4—节流口

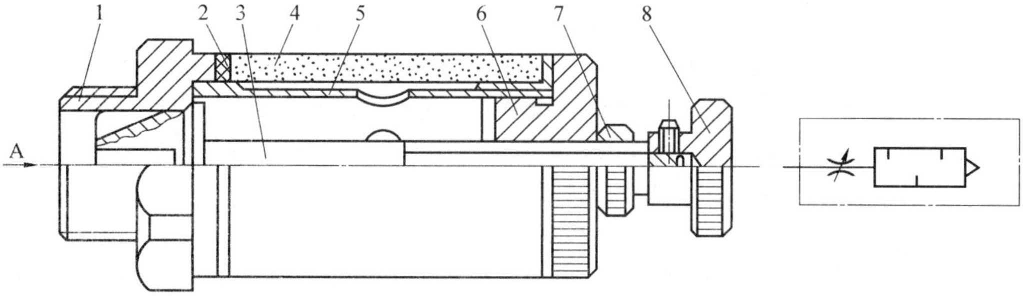

图 9.23　带消声器的排气节流阀

1—阀座;2—垫圈;3—阀芯;4—消声套;5—阀套;6—锁紧法兰;7—锁紧螺母;8—旋钮

高压截止式逻辑元件,是依靠控制气压信号推动阀芯或通过膜片的变形推动阀芯动作,改变气流的流动方向以实现一定逻辑功能的元件。其特点是:行程小、流量大、工作压力高,对气源净化要求低,便于实现集成安装和实现集中控制,其拆卸也很方便。高压截止式逻辑元件可以实现多种逻辑功能,见表 9.2。下面我们介绍几种逻辑元件的结构和工作原理。

表 9.2 高压截止式逻辑元件的逻辑关系

逻辑功能	或门	是门	与门	非门
逻辑函数	$s=a+b$	$s=a$	$s=a\cdot b$	$s=\bar{a}$
逻辑符号	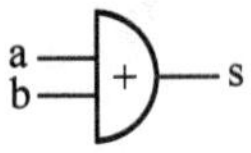	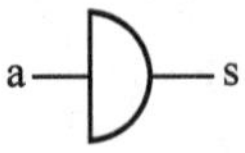	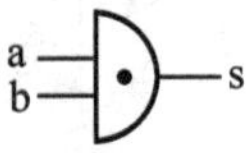	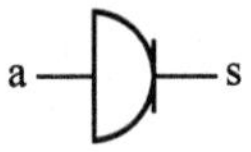
真值表	a b s 0 0 0 0 1 1 1 0 1 1 1 1	a s 0 0 1 1	a b s 0 0 0 0 1 0 1 0 0 1 1 1	a s 0 1 1 0

逻辑功能	禁门	或非	双稳
逻辑函数	$s=\bar{a}b$	$s=\overline{a+b+c}$	$s_1=k_{b\cdot\bar{a}}^{a\cdot\bar{b}}$, $s_2=k_{a\cdot\bar{b}}^{b\cdot\bar{a}}$
逻辑符号	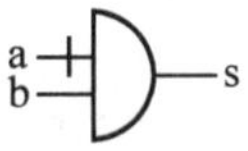	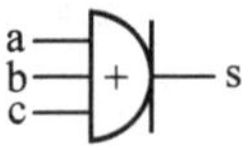	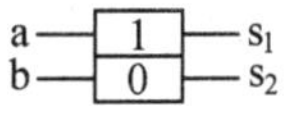
真值表	a b s 0 0 0 0 1 1 1 0 0 1 1 0	a b c s 0 0 0 1 1 0 0 0 0 1 0 0 0 0 1 0 1 1 0 0 1 0 1 0 0 1 1 0 1 1 1 0	a b s_1 s_2 1 0 1 0 0 0 1 0 0 1 0 1 0 0 0 1

(1)或门元件。

或门元件结构图如图 9.24 所示。a、b 为信号输入口,s 为信号输出口。仅当 a 口有输入信号时,阀芯 2 下移封住信号孔 b,气流经 s 输出;仅当 b 口有输入信号时,阀芯 2 上移封住信号孔 a,s 也有信号输出;若 a、b 均有信号输入,阀芯 2 在两个信号作用下或上移、或下移、或暂时保持中位,s 均会有信号输出。即 a 和 b 中只要有一个口有信号输入,s 口均有信号输出。指示活塞 1 用于显示 s 有无信号输出:s 有信号输出,活塞被顶出;s 无信号输出时,活塞靠自重复位。或门元件的逻辑关系见表 9.2。

(2)是门和与门元件。

如图 9.25 所示,在是门元件中,P 口接气源,a 口接信号,s 为输出口。当 a 口无输入时,阀芯 5 在气源压力和弹簧力的作用下,将阀口关死,s 口无信号输出;当 a 口有信号输入时,信号气压作用在膜片 3 上,由于膜片作用面积大,膜片压迫阀杆 4 和阀芯 5 向下运动,阀口开启,s 口有信号输出。指示活塞 2 可以显示 s 有无输出。当气源口 P 改为信号 b 的输入口时,该元件成为与门元件,只有当 a 和 b 两口同时有信号输入时,s 才有信号输出。手动按钮 1 可以实现手动操作。是门和与门元件的逻辑关系见表 9.2。

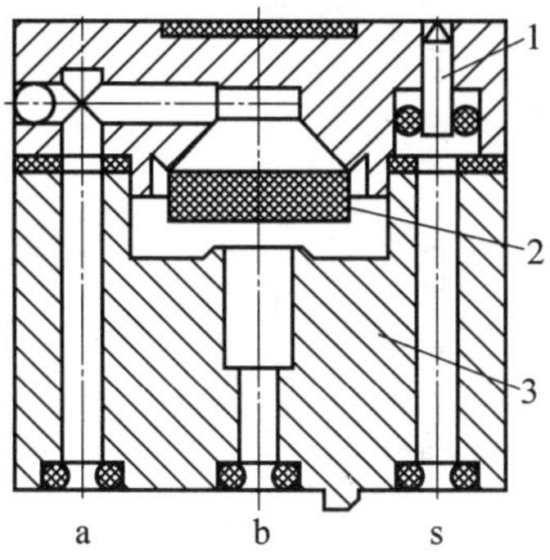

图 9.24　或门元件

1—指示活塞；2—阀芯；3—阀体

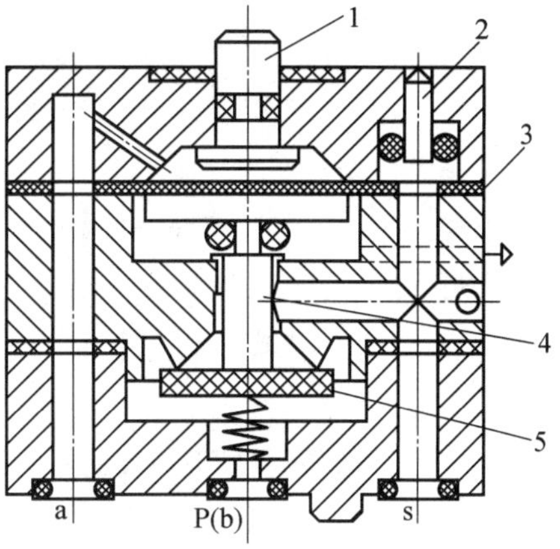

图 9.25　是门和与门元件

1—手动按钮；2—指示活塞；3—膜片；4—阀杆；5—阀芯

(3)非门和禁门元件。

如图 9.26 所示，在非门元件中，a 为信号输入口，P 为气源口，s 为信号输出口。当 a 口无输入时，气源压力将阀芯连同阀杆推至上端极限位置，阀口打开，s 口有输出；当 a 口有输入时，膜片 3 在信号压力作用下，使阀杆和阀芯下移，将阀口封死，s 口无输出。手动按钮 1 和指示活塞 2 的作用与是门元件相同。如果将气源口 P 改为信号 b 的输入口，该元件就变为禁门元件：a 口无输入时，元件的输出随 b 而定，当 b 有输入时，s 有输出，当 b 无输入时，s 无输出；若 a 口有输入时，则无论 b 口有无输入，s 均无输出。这说明信号 a 对信号 b 起制约作用。非门元件与禁门元件的逻辑关系见表 9.2。

(4)或非元件。

或非元件工作原理图如图 9.27 所示。P 为气源口，s 为信号输出口，a、b、c 为信号输入口。当 a、b、c 均无信号输入时，阀芯 6 在气源压力作用下处于上限位，s 有输出。a、b、c 只要有一个口有输入信号，信号气压作用在膜片上，使阀杆 5 和阀芯 6 下移，将阀口封死，s 就无输出。或非元件是一种多功能元件，利用这种元件可以组成或门、与门等多种逻辑元件，如图 9.28 所示。或非元件的逻辑关系见表 9.2。

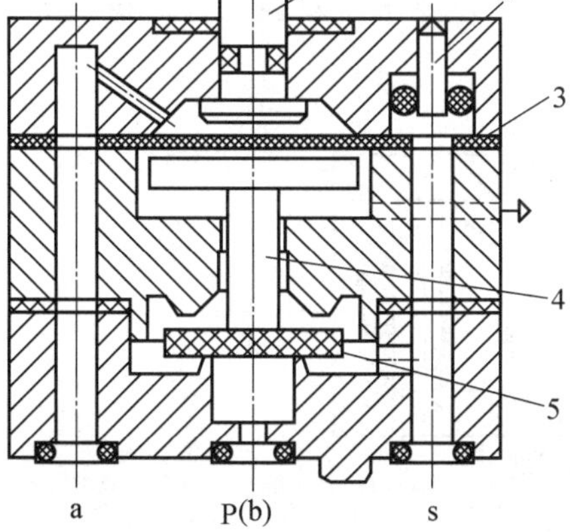

图 9.26　非门和禁门元件

1—手动按钮；2—指示活塞；3—膜片；4—阀杆；5—阀芯

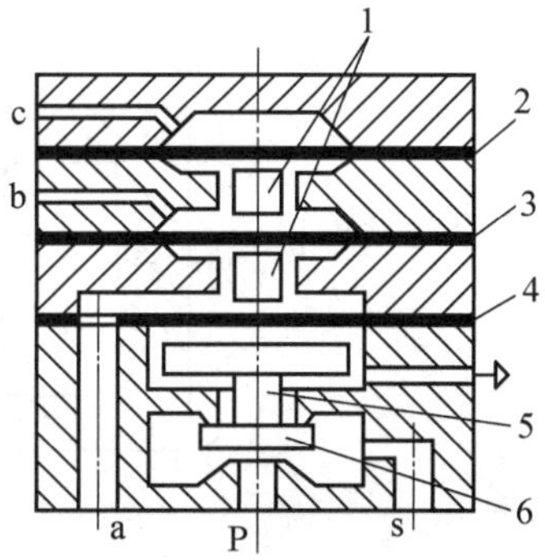

图 9.27　或非元件

1—阀柱；2，3，4—膜片；5—阀杆；6—阀芯

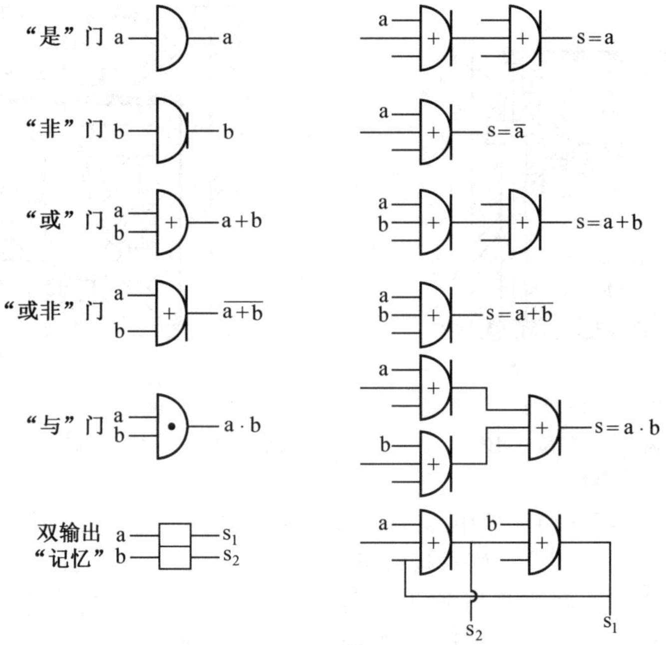

图 9.28　或非元件组成的逻辑关系

(5)双稳元件。

双稳元件也称双记忆元件,如图 9.29 所示。P 为气源口,T 为排气口,a、b 为控制口(即信号输入口),s_1、s_2为信号输出口。当 a 有输入时,阀芯处于右极限位置,P 与 s_1通,T 与 s_2通,即 s_1有信号输出,s_2无信号输出。当信号 a 取消后,阀芯保持原位不变,不改变 s_1的输出信号状态。当 b 有输入时,阀芯到左极限位置,这时 s_2有输出,s_1无输出。信号 b 取消后,仍保持这种输出状态不变。但必须注意,信号 a 和 b 只能分别输入,不能同时输入。手动按钮 3 可以实现手动操作。双稳元件在未加控制信号的条件下接通气源时,其输出的初始状态具有随机性。这一特点往往使系统产生误动作。为消除此缺陷,可在相应的控制口加一脉冲信号,使初始状态的输出符合工作要求。双稳元件的逻辑关系见表 9.2。

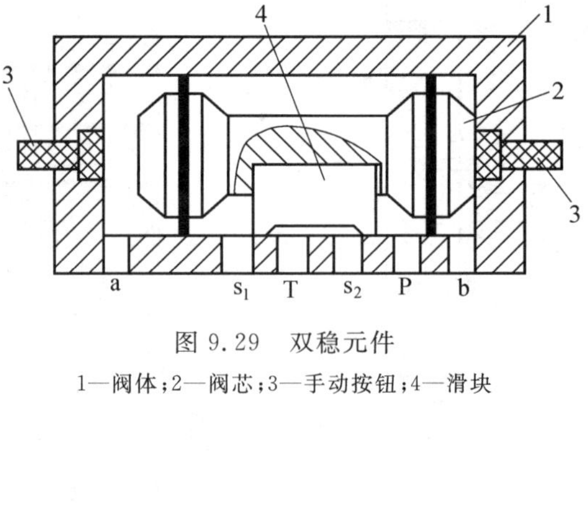

图 9.29　双稳元件

1—阀体;2—阀芯;3—手动按钮;4—滑块

任务9.6　气动基本回路

9.6.1　方向控制回路

1. 单控换向回路

采用无记忆作用的单控换向阀的换向回路如图9.30所示，主要分为气控换向回路（图9.30(a)）、电控换向回路（图9.30(b)）和手控换向回路（图9.29(c)）3种。当施加控制信号后，气缸活塞杆向外伸出；控制信号一旦消失，不论活塞杆运动到何处，活塞杆立即退回。在实际使用过程中，必须保证控制信号有足够的延迟时间，否则会出现事故。

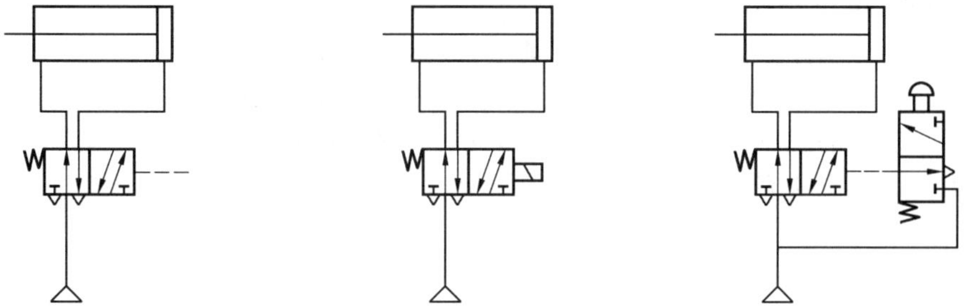

(a) 气控换向　　(b) 电控换向　　(c) 手控换向

图9.30　采用单控阀的换向回路

2. 双控换向回路

采用有记忆作用的双控换向阀的换向回路如图9.31所示，主要分为双气控换向回路（图9.31(a)）、双电控换向回路（图9.31(b)）两种回路。因回路中的主控阀具有记忆功能，故可以使用脉冲控制信号，而且只有施加一个相反的控制信号后，主控阀才会进行换向。

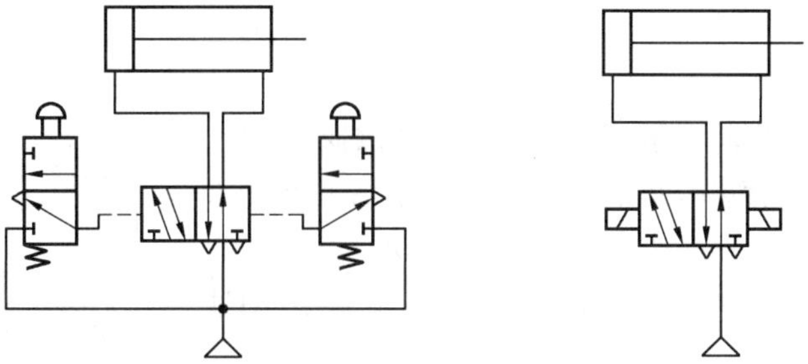

(a) 双气控换向　　(b) 双电控换向

图9.31　采用双控阀的换向回路

3. 延时退回换向回路

延时退回换向回路如图9.32所示，该回路特点是起到延时功能，经延时后气缸活塞退回，当按下手动阀1的按钮后，气源压缩气体经换向阀3左位向气缸左腔进气，使气缸活塞伸出，当气缸在伸出行程中压下行程阀2后，压缩空气又经节流阀进入贮气罐4，经延时后才能使换向阀3换向右位，气缸活塞退回。

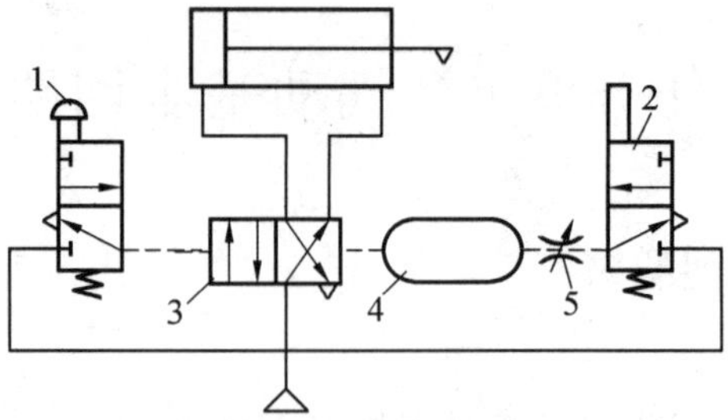

图 9.32 延时退回换向回路

1—手动阀;2—行程阀;3—换向阀;4—贮气罐;5—节流阀

9.6.2 压力控制回路

1. 调压回路

常用的调压回路如图 9.33 所示。其中,最基本的单级压力控制回路(图 9.33(a)),由气源调节装置、过滤器、减压阀和油雾器组成。该回路用减压阀来实现气动系统气源的压力控制。双级的调压回路(图 9.33(b)),气缸有杆腔内的压力由调压阀 5 调定、无杆腔内的压力由调压阀 4 来调定。

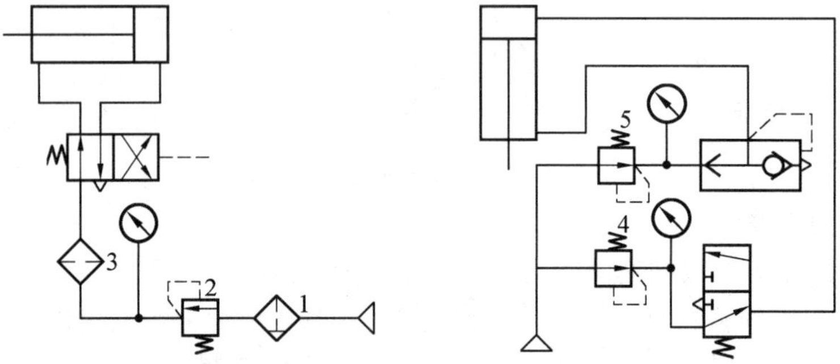

(a) 单级压力控制回路　　(b) 双级调压回路

图 9.33 常用的调压回路

1—过滤器;2、4、5—调压阀;3—油雾器

2. 增压回路

增压回路如图 9.34 所示,压缩空气经电磁阀 1 进入增压器 2 或 3 的大活塞端,并推动活塞杆把小活塞端的液压油压入工作缸 5 中,使工作缸在高压下运动。其增压比 $n=D^2/D_1^2$。其中,节流阀 4 的功能是调节工作缸的运动速度。

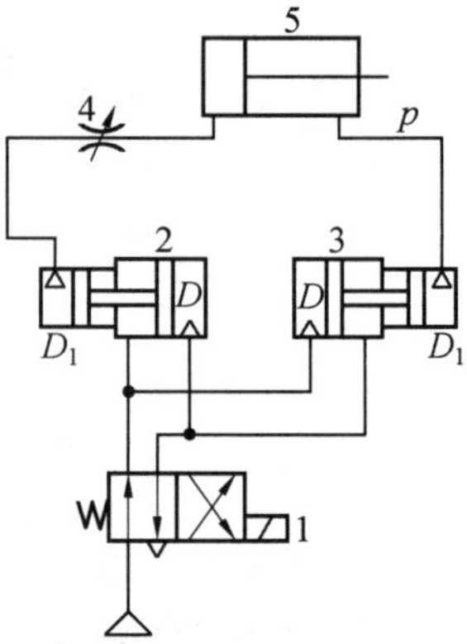

图 9.34 增压回路

1—电磁阀;2,3—增压器;4—节流阀;5—工作缸

9.6.3 速度控制回路

1. 节流调速回路

采用单向节流阀实现排气节流的速度控制回路如图 9.35 所示。通过调节节流阀的开度可以实现气缸背压的控制,以完成气缸双向运动速度的调节。

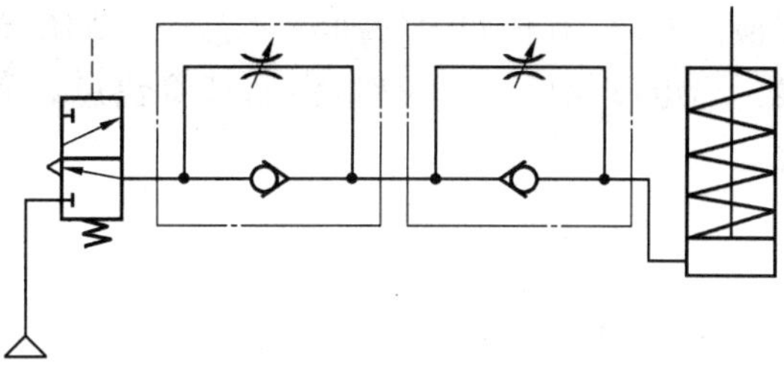

图 9.35　单作用气缸速度控制回路

双作用气缸节流调速回路如图 9.36 所示。利用两个单向节流阀来实现气缸活塞杆伸出和退回两个方向的速度控制，经单向阀进气，由节流阀排气。

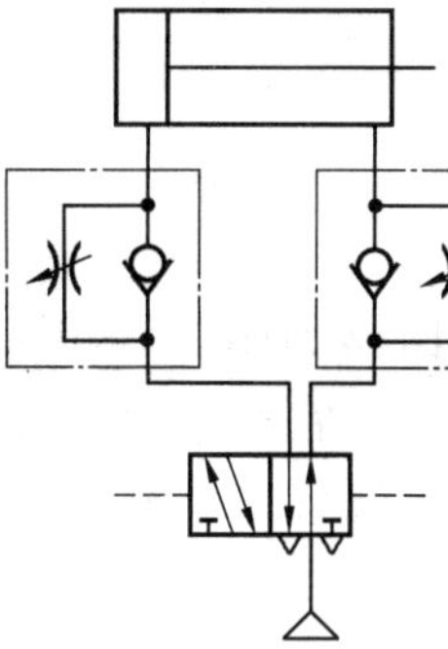

图 9.36　双作用气缸节流调速回路

2. 缓冲回路

缓冲回路如图 9.37 所示，当活塞向右运动时，工作缸右腔中的气体经机控换向阀和三位五通换向阀排出；当活塞运动到末端时，机控换向阀被压下，右腔气体经节流阀和三位五通阀排出，以实现对活塞运动速度的缓冲，通过调整机控换向阀的安装位置，可以改变缓冲过程的起始时刻。

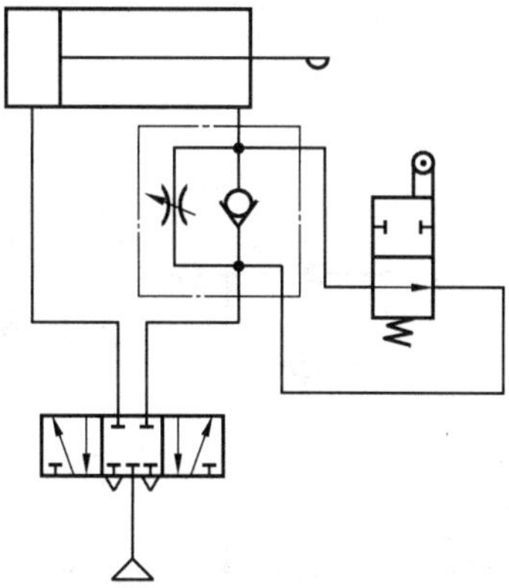

图 9.37　缓冲回路

3. 气一液调速回路

采用气一液转换器的调速回路如图 9.38 所示。当电磁阀处于下位时，气压作用在气缸无杆腔活塞上，有杆腔内的油液经机控换向阀进入气一液转换器，此时活塞杆快速伸出。当活塞杆压下机控换向阀时，有杆腔内的油液只能通过节流阀进入气一液转换器，使活塞杆伸出的速度减慢。当电磁阀处于上位时，活塞杆将快速返回。此调速回路可实现快进、工进、快退等工况。

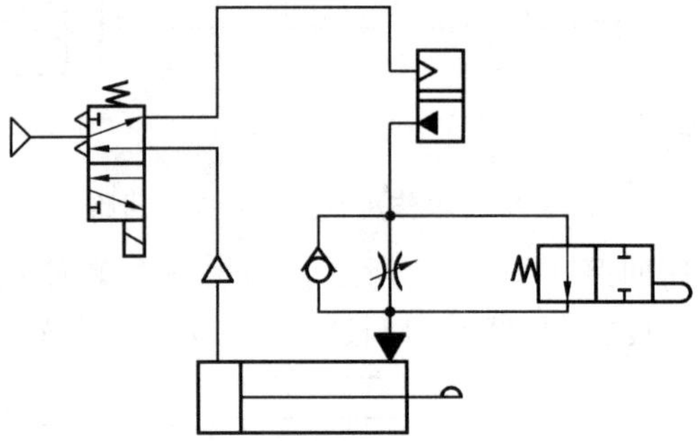

图 9.38 采用气一液转换器的调速回路

4. 同步回路

两活塞杆采用刚性连接的同步回路如图 9.39 所示。气一液缸串联同步回路如图 9.40所示，回路中缸 1 的下腔与缸 2 的上腔相连，内部注满液压油，只要保证缸 1 下腔的有效面积和缸 2 上腔的有效面积相等，就可以实现两缸同步动作。在位置 3 可外接放气阀，用于排出混入油中的气体。

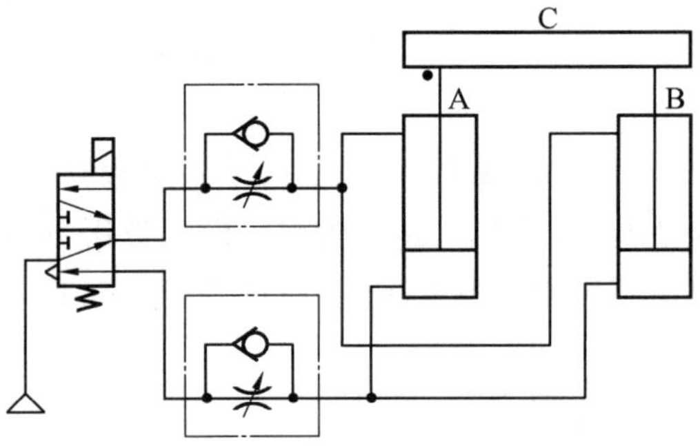

图 9.39 两活塞杆采用刚性连接的同步回路

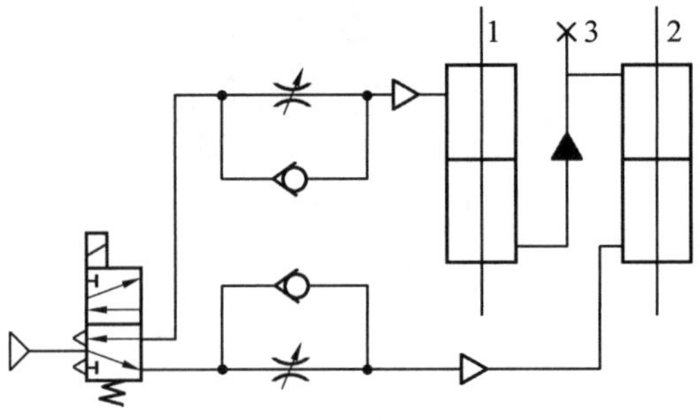

图 9.40 气一液缸串联同步回路

1，2—工作缸；3—接放气阀处

5. 安全保护回路

(1)自锁回路。

典型自锁回路如图 9.41 所示,而且又是一个手控换向回路。当按下手动阀 1 的按钮后,主控阀右位接入,气缸中的活塞杆将向左伸出,这时即便将手动阀 1 的按钮松开,主控阀也不会进行换向。只有将手动阀 2 的按钮按下后,控制信息逐渐消失,主控阀出现换向复位并左位接入,气缸中的活塞杆才向右退回。

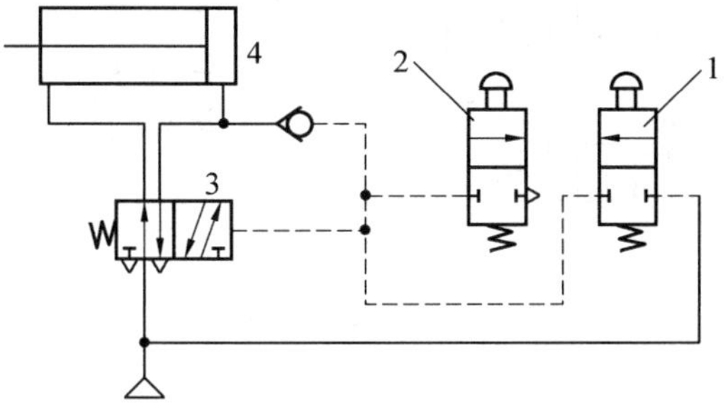

图 9.41　典型自锁回路

1,2—手动阀;3—主控阀;4—气缸

(2)互锁回路。

如图 9.42 所示,主控阀的换向将受 3 个串联机控三通阀的控制,只有 3 个机控三通阀都接通时,主控阀才能换向,气缸才能动作。

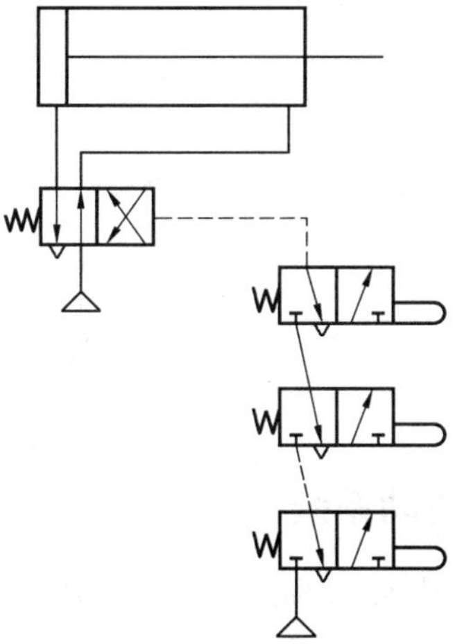

图 9.42　互锁回路

(3)过载保护回路。

如图 9.43 所示,当活塞向右运行过程中遇到障碍或其他原因使气缸过载时,左腔内的压力将逐渐升高,当其超过预定值时,打开顺序阀 3,使换向阀 4 换向,换向阀 1,2 同时复位,气缸返回,保护设备安全。

6. 往复动作回路

单往复动作回路如图 9.44 所示。按下阀 1、阀 3 进行换向,活塞向右运行。当活塞杆上的撞块碰到机械控制阀 2 时,阀 3 复位,活塞自动返回,完成一次往复动作。

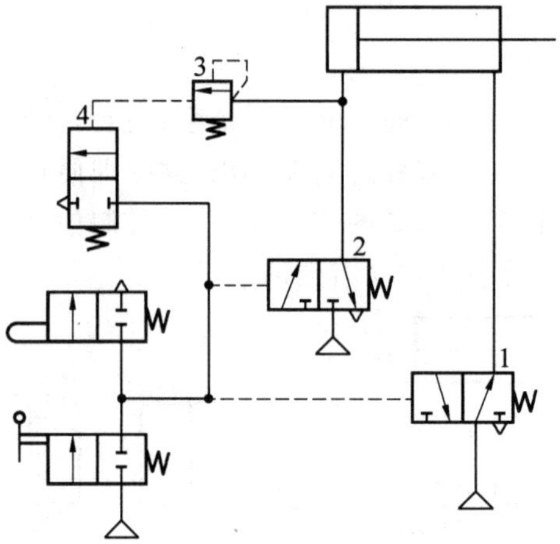

图 9.43　过载保护回路

1,2,4—换向阀;3—顺序阀

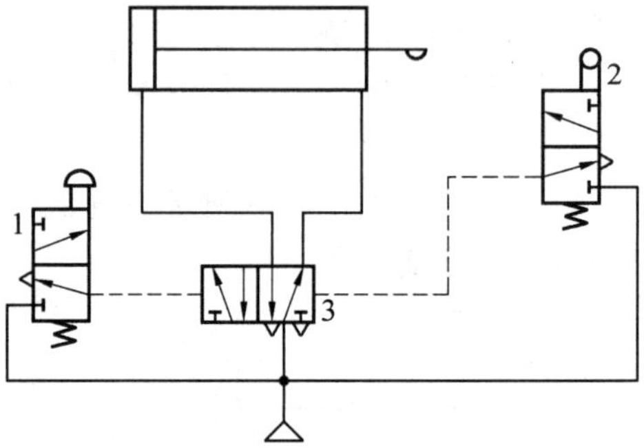

图 9.44　单往复动作回路

1—人力控制阀;2—机械控制阀;3—换向阀

任务 9.7　气动系统应用与分析

9.7.1　工件夹紧气压传动系统

机械加工自动线、组合机床中常用的工件夹紧气压传动系统原理图如图 9.45 所示。当工件运行到指定位置后,定位缸 A 的活塞杆首先向下伸出将工件定位,随后气缸 B 和 C 的活塞杆同时伸出,对工件进行两侧夹紧,然后进行机械加工,加工完成后各缸退回,工件松开。

工作原理如下:用脚踏下换向阀 4,脚踏换向阀 4 左位,压缩空气通过单向节流阀 1 的单向阀进入缸 A 上腔,活塞下移使工件定位。工件定位后压下行程阀 3,行程阀 3 左位,压缩空气经单向节流阀 6 的节流阀进入二位三通气控换向阀 8 的右侧,使阀 8 换向右位(调节节流阀开口可以控制阀 8 的延时接通时间)。压缩空气通过换向阀 8 右位与主控阀 7 左位进入气缸 B 和 C 的无杆腔,活塞杆伸出夹紧工件,开始机械加工。同时一分支气流经过单向节流阀 5 的节流阀进入主控阀 7 的右端,经过一段时间(由节流阀控制)后,

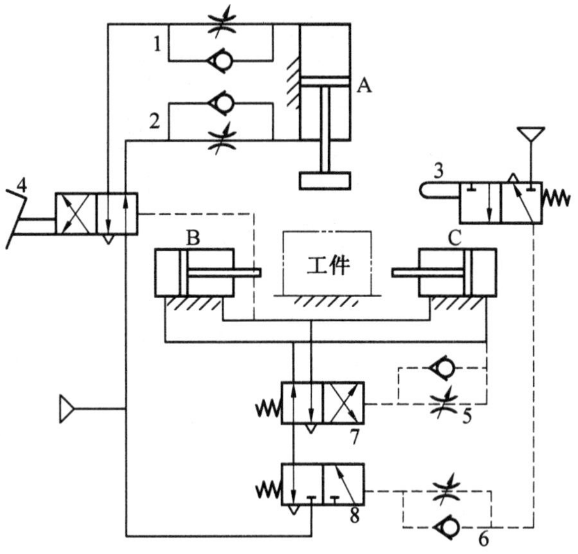

图 9.45　工件夹紧气压传动系统原理图

1,2,5,6—单向节流阀;3—行程阀;4—脚踏换向阀;7—主控阀;8—换向阀

机械加工完成,主控阀 7 右位接通,压缩空气通过换向阀 8 右位与主控阀 7 右位进入气缸 B 和 C 的有杆腔,两侧气缸后退到原来位置。另外一分支气流作为信号进入阀 4 的右端,使阀 4 右位接通,压缩空气通过脚踏换向阀 4 右位和单向节流阀 2 的单向阀进入缸 A 的下腔,定位缸 A 退回原位。

定位缸 A 上升的同时使行程阀 3 复位,气控换向阀 8 也复位。气缸 B、C 的无杆腔通大气,主控阀 7 自动回到左位,完成一个工作循环。

9.7.2　数控加工中心气动换刀系统

某数控加工中心气动换刀系统原理图如图 9.46 所示,该系统在换刀过程中实现主轴定位、主轴松刀、拔刀、向主轴锥孔吹气和插刀动作。

动作过程如下:当数控系统发出换刀指令时,主轴停止旋转,同时 4YA 通电,换向阀 4 右位,压缩空气经气动三联件 1、换向阀 4 右位、单向节流阀 5 的节流阀进入主轴定位缸 A 的右腔,气缸 A 的活塞左移,使主轴自动定位。定位后压下无触头开关,使 6YA 通电,换向阀 6 右位,压缩空气经换向阀 6 右位、梭阀 8 进入气液增压缸 B 的上腔,增压腔的高压油使活塞伸出,实现主轴松刀,同时使 8YA 通电,换向阀 9 右位,压缩空气经换向阀 9 右位、单向节流阀 11 的单向阀进入气缸 C 的上腔,气缸 C 下腔排气,活塞下移实现拔刀。由回转刀库交换刀具,同时 1YA 通电,换向阀 2 左位,压缩空气经换向阀 2 左位、单向节流阀 3 的节流阀向主轴锥孔吹气。稍后 1YA 断电、2YA 通电,换向阀 2 右位,停止吹气,8YA 断电、7YA 通电,换向阀 9 左位,压缩空气经换向阀 9 左位、单向节流阀 10 的单向阀进入气缸 C 的下腔,活塞上移,实现插刀动作。6YA 断电、5YA 通电,换向阀 6 左位,压缩空气经换向阀 6 左位进入气液增压缸 B 的下腔,使活塞退回,主轴的机械机构使刀具夹紧。4YA 断电、3YA 通电,换向阀 4 左位,气缸 A 的活塞在弹簧力作用下复位,回复到开始状态,换刀结束。

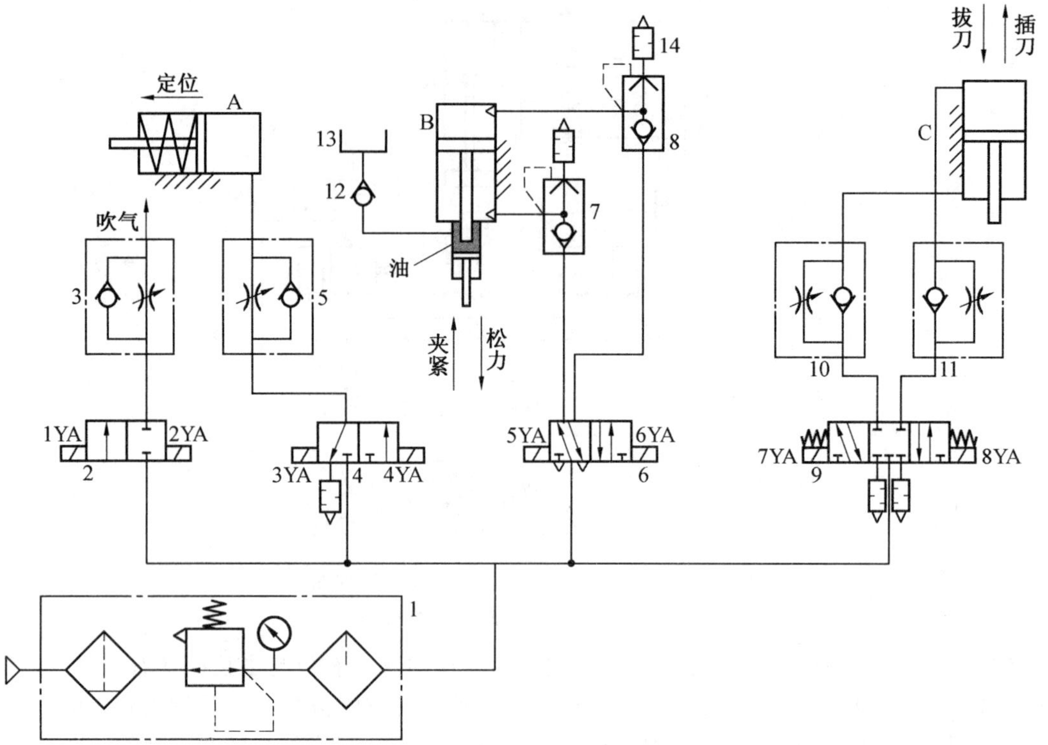

图 9.46　数控加工中心气动换刀系统原理图

1—气动三联件;2,4,6,9—换向阀;3,5,10,11—单向节流阀;7,8—梭阀;12—单向阀;13—补油罐;14—消声器

任务 9.8　汽车上典型气压元件

9.8.1　调压阀

调压阀的功用是调节储气筒气压压力。在东风 EQ1090E 型汽车上采用的调压阀,如图 9.47 所示。管接头 6 接空气压缩机 21 的卸荷阀 19,管接头 10 接储气筒 22,排气孔 9、大气孔 16 与大气相通,阀体 12 与阀盖 13 之间夹装有膜片组件 5。膜片组件中心借螺纹联接着与阀体中央孔作间隙配合的芯管 4,其上部有径向孔 15 与其轴向孔道 23 相通。

在空气压缩机向储气筒充气的过程中,若储气筒气压低于某一值时,则调压阀不起作用,其预紧力由调整螺钉 1 调定,调压弹簧将膜片连同芯管压推到下极限位置。膜片组件 5 和芯管 4 均在下位,芯管下端面紧密压住排气阀门 8,并使排气阀门 8 离开阀体上的排气阀座,排气阀门 8 开启,使空气压缩机卸荷阀气室与储气筒隔绝,此时与排气孔 9 相通,空气压缩机卸荷阀在弹簧作用下在上位,保证进气阀门 18 和出气阀门 20 随空气压缩机的活塞上下而随动打开;当储气筒气压升高到某一值时,经滤芯 11 和气道 12 进入膜片组件下方,膜片下方气压作用力克服调压弹簧预紧力而推动膜片向上拱曲,使芯管和排气阀门随之上移到排气阀关闭而使储气筒中的压缩空气经管接头 10、径向孔 15、轴向孔道 23、管接头 6 充入空气压缩机的卸荷阀 19 的气室,迫使卸荷阀柱塞下移将空气压缩机进气阀门 18 压下，使之保持在开启位置不动。这样，空气压缩机虽然在运转，但并不产生压缩空气，即空气压缩机卸荷空转。当储气罐气压下降到某一值时，调压阀的膜片、芯管、阀门又上移到出气阀关闭而排气阀开启的位置。空气压缩机卸荷气室中的压缩空气经调压阀排气孔排入大气。卸荷柱塞在弹簧作用下向上复位。于是空气压缩机恢复向储气筒充气。

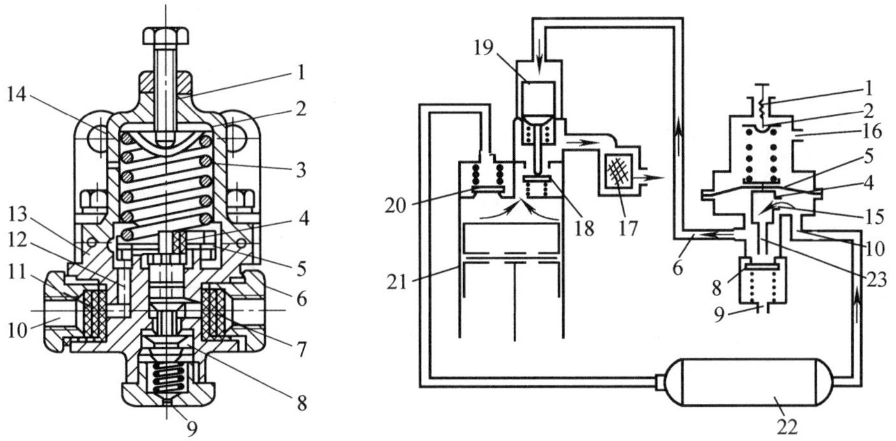

(a) 调压阀结构图　　(b) 调压阀与空气压缩机工作示意图

图 9.47　东风 EQ1090E 型汽车的调压阀结构和工作原理图

1—调整螺钉；2—弹簧座；3—调压弹簧；4—芯管；5—膜片组件；6、10—管接头；7—密封圈；8—排气阀门；9—排气孔；11—滤芯；12—气道；13—阀体；14—阀盖；15—径向孔；16—大气孔；17—空气滤清器；18—进气阀让；19—卸荷阀；20—出气阀门；21—空气压缩机；22—储气筒；23—轴向孔道

9.8.2　制动阀

制动阀是气压行车制动系统中的主要控制装置，起随动作用并保证有足够强的踏板感，即在输入压力一定的情况下，使其输出压力与输入的控制信号，即踏板行程与踏板操纵力成一定的递增函数关系。制动阀输出压力可以作为促动管路压力，直接输入到传动装置(如制动气室、继动阀)中。

制动阀按结构不同主要分为串联双腔活塞式制动阀和并联双腔膜片式制动阀两种。

(1)在解放 CA1091 型汽车的气压制动系统采用的串联双腔活塞式制动阀，结构如图 9.48 所示。操纵摇臂 16 的中部借销轴支于上盖的两片肋板上，其下端通过拉杆等与制动踏板机构相连。下阀体 13 上有通后桥储气筒进气孔 A_1、通前桥储气筒进气孔 A_2 和分别通向前轮制动气室出气孔 B_1、后轮制动气室出气孔 B_2。

驾驶员将制动踏板踩下一定距离，使操纵摇臂 16 绕销轴转动，其上端通过滚轮 3、推杆 4 使平衡弹簧 5 及上腔活塞 8 向下移动，消除排气间隙而推开上腔阀门 11。此时从储气筒前腔来的压缩空气经上腔阀门 11 与中阀体 10 上的进气阀座间的进气间隙进入 G 腔，并经出气孔 B_1 进入后制动气室，使后轮制动。与此同时，进入 G 腔的压缩空气通过通气孔 F 进入下腔大活塞 2 及下腔小活塞 12 的上方，使其下移推开下腔阀门 14。此时从储气筒后腔来的压缩空气经下腔阀门 14 与下阀体 13 的阀座之间形成的进气间隙进入 H

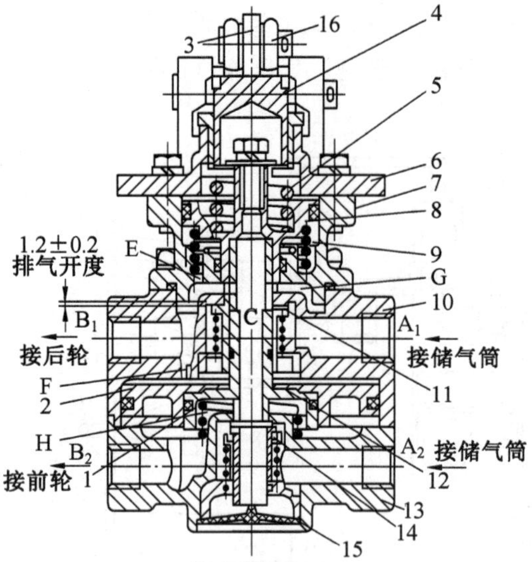

(a) 制动阀结构图

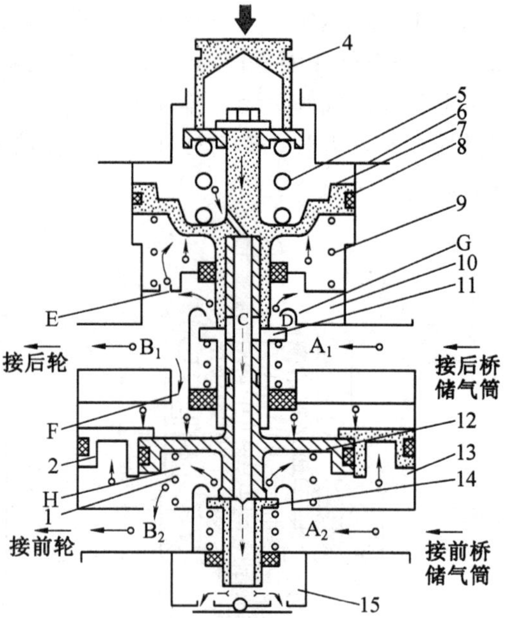

(b) 制动状态下工作示意图

图 9.48 解放 CA1091 型汽车串联双腔活塞式制动阀结构图和工作情况

1—下腔小活塞复位弹簧；2—下腔大活塞；3—滚轮；4—推杆；5—平衡弹簧；6—上盖；7—上阀体；8—上腔活塞；9—上腔活塞复位弹簧；10—中阀体；11—上腔阀门；12—下腔小活塞；13—下阀体；14—下腔阀门；15—防尘片；16—操纵摇臂

A_1—接后桥储气筒进气孔；A_2—接前桥储气筒进气孔；B_1—接后轮制动气室出气孔；B_2—接前轮制动气室出气孔；C—排气孔；D—上腔排气孔；E，F—通气孔；G—上腔气室；H—下腔气室

腔，并经出气孔 B_2 充入前制动气室，使前轮制动。

当驾驶员踩下制动踏板并保持在某一位置时，压缩空气在进入 G 腔的同时由通气孔 E 进入上腔活塞 8 的下方，并推动上腔活塞上移，使 G 腔中的气压作用力与回位弹簧 9 的力之和与平衡弹簧 5 的压紧力相平衡。与此同时，H 腔中的气压作用力与回位弹簧 1 的力之和与大活塞上方的气压作用力相平衡，此时上腔阀门 11 和下腔阀门 14 均关闭，G、H 腔中的气压保持稳定状态，即为制动阀的平衡位置。

若驾驶员感到制动强度不足，可以将制动踏板再踩下一些，上述的上腔阀门 11 和下腔阀门 14 又重行开启，使中阀体 10 的 G 腔和下阀体 13 的 H 腔以及制动气室进一步充气，直到 G 腔中气压又一次达到平衡状态为止。在此新的平衡状态下，制动气室所保持的稳定压力比以前更高，同时，平衡弹簧的压缩量和踏板力也比以前更大。

当松开制动踏板时，操纵摇臂 16 复位，平衡弹簧恢复到原来装配长度，上腔活塞 8 上移到使下端与上腔阀门 11 之间形成排气间隙。后制动气室的压缩空气经 C 腔和所形成的排气间隙，以及通过下腔小活塞 12 上的排气孔 D 和下面的排气孔 C 排入大气。与此同时，下腔大活塞 2 及下腔小活塞 12 受回位弹簧 1 的作用而上升，使下腔阀门 14 与下阀体 13 的阀座接触，从而关闭储气筒与前制动气室的通路。另一方面，由于下腔大活塞 2 及下腔小活塞 12 的上移，使小活塞的下端与下腔阀门 14 之间也形成排气间隙，前制动气室的压缩空气经 H 腔及所形成的排气间隙，以及下腔阀门 14 和排气孔 C 排入大气中。

当前制动管路断裂时，制动阀上腔仍能按上述方式工作，因此后制动器仍能起作用。当后制动管路断裂时，上腔平衡弹簧及上腔活塞 8 将直接推动下腔小活塞 12，使前制动器起作用。

(2)在东风 EQ1090 汽车的气压制动系统采用的并联双腔膜片式制动阀，结构如图 9.49 所示。当驾驶员踩下制动踏板时，通过拉杆使拉臂 1 绕拉臂轴 28 转动。拉臂的一端压下平衡弹簧上座 2，并经平衡弹簧 3、弹簧下座 5、钢球 6、推杆 8、钢球 10，使平衡臂 9 下移。平衡臂的两端推动两腔内的膜片下凹，并经芯管 16，首先将排气阀座 F 关闭，继而打开进气阀座 G。此时储气筒中的压缩空气经进气阀座 G 充入制动气室，推动制动气室膜片使制动凸轮转动以实现车轮制动。

由前、后制动储气筒来的压缩空气经进气孔 A_1、A_2 和出气孔 B_1、B_2 充入前、后制动气室的同时，还经节流孔 D 进入膜片的下腔，推动两腔的芯管 16 上移，促使平衡臂 9 等零件向上压缩平衡弹簧 3。此时阀门 18 将进气阀座 G 和排气阀座 F 同时关闭，制动阀处于平衡状态，压缩空气保留在制动气室中。当驾驶员感到制动强度不足时，可继续下踩制动踏板到某一位置，制动气室进气量增多，气压升高。当气压升高到一定值时，进、排气阀座又同时关闭，此时制动阀又处于新的平衡状态。当放松制动踏板时，拉臂 1 回位，平衡弹簧伸张，压力减小，则膜片 14 在复位弹簧 15 的作用下向上拱曲，并带动芯管 16 等零件上移，排气阀座 F 被打开，制动气室及制动管路内的压缩空气经芯管 16 内孔道上部的排气孔 E 及阀门 18 内孔道及下部排气孔 C 排出。当踏板放松到某一位置不动时，在平衡弹簧 3 的作用下，阀门 18 又将进气门阀座 G 和排气阀座 F 同时关闭，制动阀又处于新的平衡状态。

9.8.3　手控制动阀

手控制动阀可用于控制汽车的驻车制动和第二制动(或应急制动)，以及挂车的驻车制动。东风 EQ1108G6D 型汽车采用手控制动阀结构及工作原理，如图 9.50 所示。

(1)行驶状态。向下推动手柄 17，带动凸轮 16 转动到行驶位置，上活塞 15 下降，压下平衡弹簧 13，推动下活塞 14 下移，关闭排气阀门，推开进气阀门，B 腔内的压缩空气进入 A 腔。此时 A 腔压缩空气分两路：一路经出气孔 7 进入弹簧制动气室解除弹簧制动，另一路经出气孔 4 进入挂车控制阀，解除挂车制动。此时汽车处于完全解除制动状态。

(2)驻车制动状态。向后拉动手柄 17 向驻车制动位置，由于有平衡弹簧作用，具有操作随动性，可进行紧急制动。当手柄达到驻车制动位置时，上活塞 15 上升，平衡弹簧卸载，下活塞随之上移，进气门关闭，排气门敞开，A 腔内气体排出，汽车处于全制动状态。

制动时只要将操纵杆向后拉即可，但解除驻车制动时，用拇指按下驻车制动按钮，先向后稍微拉动操纵杆，再向前推动放下操纵杆即可。

9.8.4　快放阀与继动阀

在储气筒、制动气室等其他促动装置都与制动阀相距较远的情况下，相互之间只采用管路连接的，当储气筒向制动气室充气和解除制动时，充气和排气都必须迂回流经制动

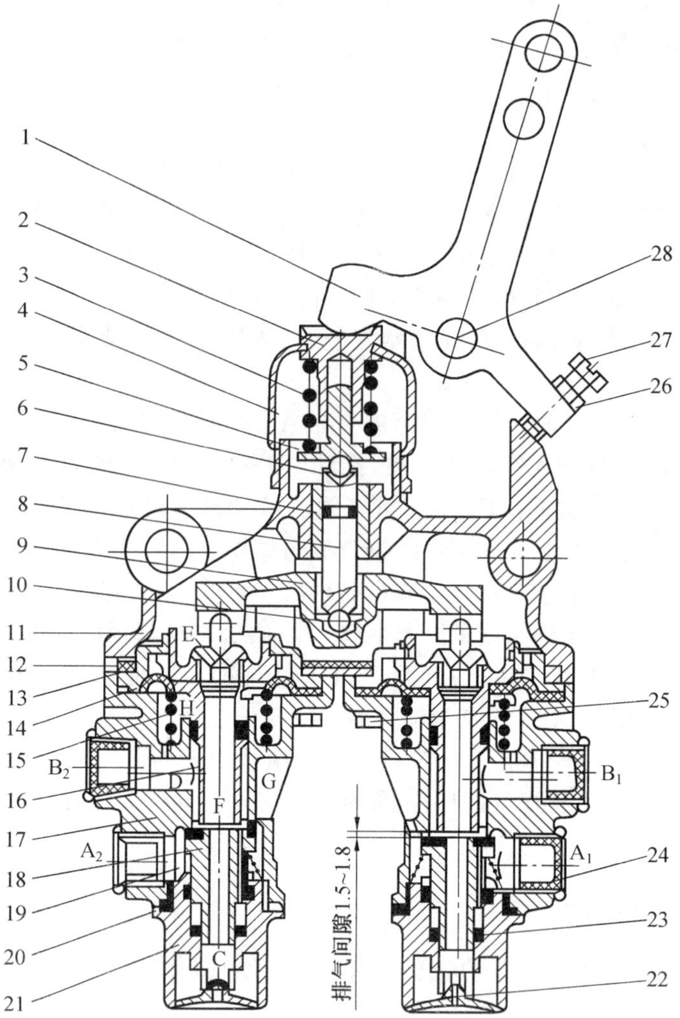

图 9.49　东风 EQ1090E 型汽车并联双腔膜片式制动阀

1—拉臂；2—平衡弹簧上座；3—平衡弹簧；4—防尘罩；5—平衡弹簧下座；6—钢球；7,12,23,24—密封圈；8—推杆；9—平衡臂；10—钢球；11—上体；13—钢垫；14—膜片；15—膜片复位弹簧；16—芯管；17—下体；18—阀门；19—阀门复位弹簧；20—密封垫；21—阀门导向座；22—防尘堵片；25—防尘堵塞；26—锁紧螺母；27—调整螺钉；28—拉臂轴

A_1—进气孔(通前制动储气筒)；A_2—进气孔(通后制动储气筒)；B_1—出气孔(通前制动气室及挂车空气管)；B_2—出气孔(通后制动气室)；C—下部排气孔；D—节流孔；E—上部排气孔；F—排气阀口；G—进气阀座；H—平衡气室

阀，这种迂回充气和排气将导致制动和解除制动的滞后时间过长，不利于及时制动和制动过后的及时加速。

(1)快放阀功用可以保证解除制动时制动气室迅速排气。在制动阀到制动气室的管路上靠近制动气室处设置快放阀，如图 9.51 所示。快放阀的进气孔 A 通制动阀，两个出气孔 B 可分别通向左右两侧制动气室。制动时，由制动阀输送过来的压缩空气从进气孔

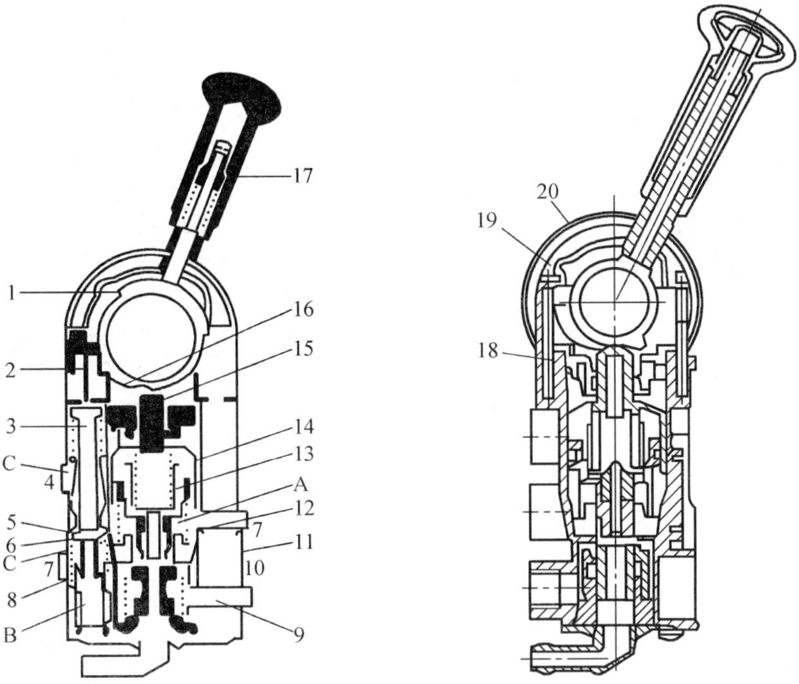

图 9.50　东风 EQ1108G6D 型汽车手控制动阀结构及工作原理图

1—凸台；2—压块；3—上推动挺杆；4—出气孔(接挂车阀)；5—内腔；6—进气阀门；7—出气孔(接弹簧制动气室)；8—附加阀；9—阀门回位；弹簧；10—进气孔；11—阀体；12—活塞回位弹簧；13—平衡弹簧；14—下活塞；15—上活塞；16—凸轮；17—手柄；18—螺杆；19—手控阀；20—罩子；A、B、C—气腔

A 进入，将阀门 4 推离进气阀座上，进而使之压靠阀盖内端的排气阀座上，然后从出气孔 B 进入制动气室。此时，快放阀的功用相当于一个三通管接头。解除制动时，进气孔 A 经制动阀通大气，阀门在弹簧 3 作用下回位(即关闭进气阀门)，制动气室内的压缩空气即就近经排气孔 C 排入大气，而无须迂回流经制动阀。

(2)继动阀的功用是使压缩空气不流经制动阀而直接充入制动气室，以缩短供气路线，减少制动滞后时间。膜片式继动阀如图 9.52 所示。在一般情况下，进气孔 A 直接通储气筒，出气孔 B 通向制动气室，控制孔 C 是控制气压输入孔，则与制动阀的出气孔相通。当控制孔 C 处于大气压力下时，芯管 5 在自身重力作用下压靠阀门 3，同时阀门也在弹簧 4 作用下压靠阀体 1 上的阀座(即继动阀的进气阀和排气阀都关闭)。踩下制动踏板时，制动阀的输出气压作为继动阀的控制压力，自控制孔 C 输入。膜片 2 在此控制压力作用下连同芯管向下移动，将进气阀推开。于是压缩空气便由储气筒直接通过进气孔 A 和出气孔 B 充入制动气室，而无须流经制动阀。这就大大缩短了制动气室的充气管路，加速了气室充气过程。控制孔 C 处的控制压力撤除后，膜片在下方气压作用下向上拱曲，使排气阀开启。于是制动气室中的压缩空气便经芯管 5 和控制孔 C 流向制动阀，并经制动阀排气孔排入大气。

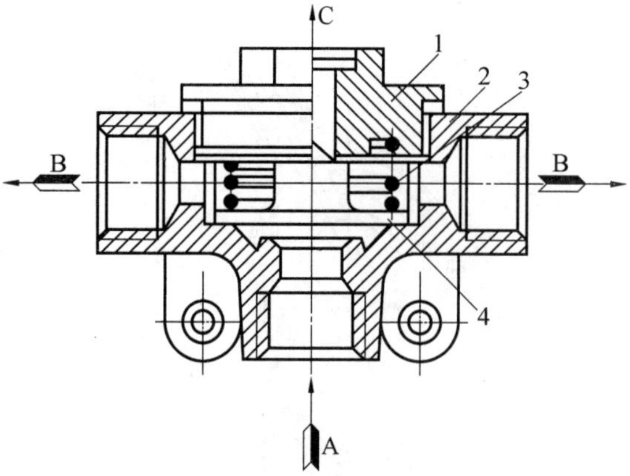

图 9.51 快放阀

1—阀盖；2—阀体；3—弹簧；4—进气阀门

A—进气孔；B—出气孔；C—排气孔

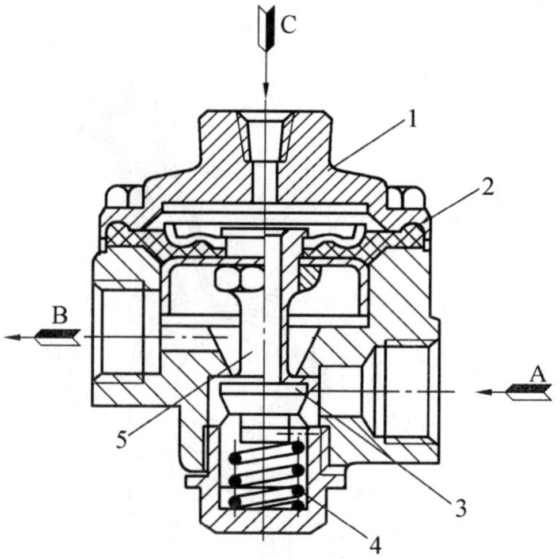

图 9.52 继动阀

1—阀体；2—膜片；3—阀门；4—弹簧；5—芯管

A—进气孔；B—出气孔；C—控制孔

9.8.5 双回路压力保护阀

在双回路制动系统中，空气压缩机产生的压缩空气经双回路压力保护阀分别向回路的储气筒充气，当一条回路损坏漏气时，压力保护阀能保证另一条完好的管路继续充气。黄河 JN11811C13 型汽车采用的双回路压力保护阀如图 9.53 所示。装有 2 个活塞式单向阀，且中间安装有弹簧 2，活塞式单向阀采用空心套式结构，在进气孔 A 通向制动阀，在制动阀不工作时，在弹簧作用下活塞式单向阀位于阀体 1 的两端，关闭出气孔 B_1、B_2；在制动阀工作时，高压压缩空气经气道 C 分别进入阀腔 D、E 产生作用力，克服弹簧作用力使活塞式单向阀向阀体 1 的中间移动，从而打开出气孔 B_1、B_2 保证给制动气室或其他促动装置提供高压气。

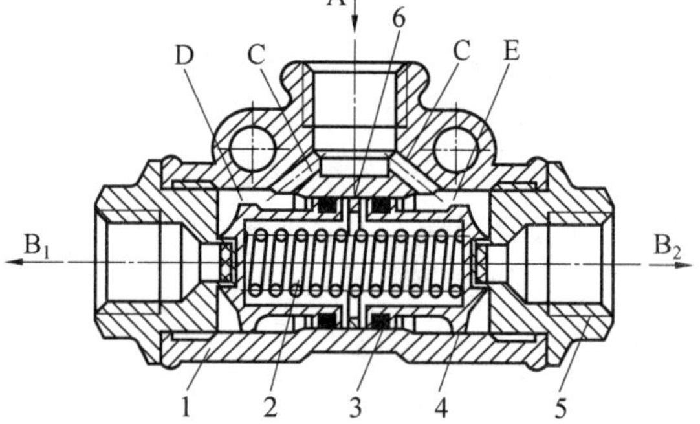

图 9.53 黄河 JN11811C13 型汽车双回路压力保护阀

1—阀体；2—弹簧；3—密封圈；4—活塞式单向阀；5—出气接头；6—限位卡圈；A—进气孔；B_1，B_2—出气孔；C—气道；D，E—阀腔

9.8.6 制动气室

制动气室是执行装置，其功用是将输入的气压能转换成机械能而输出。其输出的机械能还要传到制动凸轮之类的促动装置，使制动器产生制动力矩。

在解放CA1091型汽车和东风EQ1090E型汽车都采用膜片式制动气室。典型结构如图9.54所示。夹布层橡胶膜片2的周缘用卡箍8夹紧在壳体4和盖3的凸缘之间。盖与膜片之间为工作腔，借橡胶软管与由制动阀接出的钢管连通，膜片右方则通大气。弹簧5通过焊接在推杆6上的支撑盘1将膜片推到左极限位置。推杆的外端借连接叉7与制动器的制动调整臂相连。踩下制动踏板时，压缩空气自制动阀充入制动气室工作腔，使膜片向右拱，将推杆推出，使制动调整臂和制动凸轮转动而实现制动。松开制动踏板，工作腔则经由制动阀的排气孔通大气。膜片与推杆都在弹簧5作用下复位而解除制动。

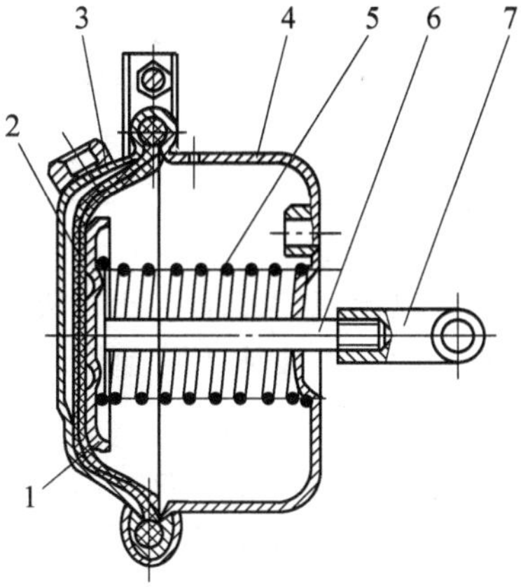

图9.54 膜片式制动气室

1—支撑盘；2—橡胶膜片；3—盖；4—壳体；5—弹簧；6—推杆；7—连接叉；8—卡箍；9—螺栓；10—螺母

思考题与习题

9.1 简述气压系统的组成。

9.2 简述气压传动的优缺点。

9.3 快速排气阀为什么能快速排气？

9.4 简述梭阀、双压阀的工作原理，并举例说明其应用。

9.5 在气动控制元件中，哪些元件具有记忆功能？记忆功能是如何实现的？

9.6 请画出下列气动元件的图形符号：气马达、三位四通电控换向阀、梭阀、双压阀、快速排气阀、消声器、减压阀、单向顺序阀。

9.7 气动三联件是由哪3个元件组成的？

9.8 叙述气源发生装置的组成及各元件的主要作用。

9.9 说明油雾器的工作过程及特殊单向阀的作用？

9.10 按功能的不同气动系统分为哪些基本回路？

项目 10 液力传动及液力传动装置

任务 10.1 液力传动原理

10.1.1 液力传动工作原理

液力传动与液压传动一样都是以液体作为工作介质进行动力传输的，但传动方式有所不同。液压传动是以密闭系统内的受压液体来传递能量；而液力传动是通过液体循环流动过程中的动能来传递能量。

液力传动可看成是一台离心式液体泵和一台涡轮机的组合体，但一般只采用它们的核心装置，即泵轮、涡轮，有时还有导轮。将它们紧密地组合成一个整体，使工作液体在这些装置的叶轮中循环流动来达到传动能量的目的。液力传动的工作原理图如图 10.1 所示，发动机 1 带动使离心式泵轮 2 旋转，液力油经由连接管路并带动涡轮 6 旋转，动力由输出轴 7 输出机械能驱动其他工作装置运动。很明显，离心式泵轮是将发动机的机械能转换成液体的动能的主要工作装置，涡轮是将液体动能重新转换成机械能的工作装置。因此，通过离心式泵轮与涡轮的组合，实现了能量的传递。

因为离心式泵轮与涡轮的效率低，再加上管路的损失，系统总效率一般低于 0.7，故不宜直接应用。为了提高效率，设法将离心式泵轮的叶轮和涡轮的叶轮尽量靠近，取消中间的连接管路和导向装置，从而形成了液力耦合器的液力传动形式。

10.1.2 液力传动装置组成

液力传动装置的基本组成包括：

①能量输入部件（一般称泵轮）。它接收发动机传来的机械能，并将其转换为液体的动能；

②能量输出部件（一般称涡轮）。它将液体的动能转换为机械能而输出。

如果液力传动装置只有上述两部件，则称这种液力传动装置为液力耦合器，如图 10.2(b)所示。

如果除上述两部分之外，还有一个固定的导流部件（它可装在泵轮的出口处或入口

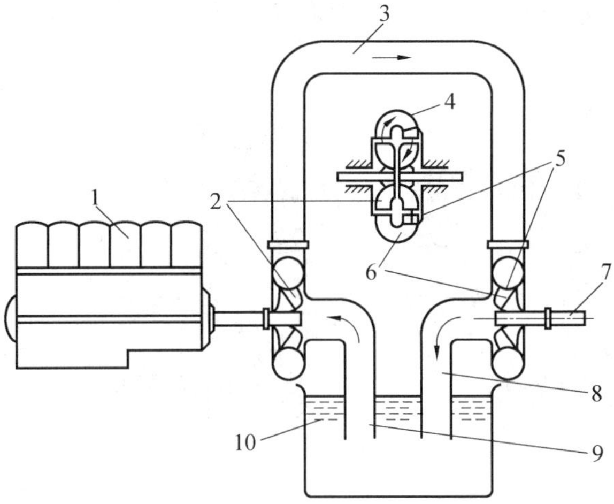

图 10.1　液力传动的工作原理图

1—发动机;2—离心式泵轮;3—连接管路;4—液力变矩器模型;5—导向装置;6—涡轮;7—输出轴;8—出油管;9—进油管;10—油箱

处)称为导轮,则称这种液力传动装置为液力变矩器。如图 10.4 所示。

为了扩大液力元件的使用范围,可将液力耦合器或液力变矩器与各种机械元件组合成一个整体,称为液力机械元件(液力机械耦合器或液力机械变矩器)。液力变矩器的功用是利用液体循环流动过程中动能的变化传递动力。

应该指出的是,液力耦合器只起传递转矩作用,而不能改变转矩大小。而液力变矩器能根据需要在一定范围内实现无级地改变传动比与转矩比,即具有变矩的作用。

10.1.3　液力传动的特点

液力传动与其他传动形式相比,有以下特点:

①自动适应性能好。液力变矩器能在一定范围内自动地适应外载变化,实现无级变矩、变速调节,防止发动机过载。

②防振隔振性能强。液力传动的工作介质是液体,故能吸收并减少来自发动机和机械传动系统的振动,且能提高机械的使用寿命。

③可带载启动,并具有稳定良好的低速运行性能。

④简化机械操纵,易于实现自动控制。

液力传动与机械传动相比也有一定缺点:液力传动系统的效率较低,经济性较差,且其结构复杂、造价高。

任务 10.2　液力耦合器组成和工作原理

10.2.1　液力耦合器组成

液力耦合器因其只起传递转矩而不能改变转矩大小又称为"液力联轴器"。液力耦合器安装在汽车发动机和机械变速器之间，即离合器的位置上。其组成如图 10.2(a)所示。

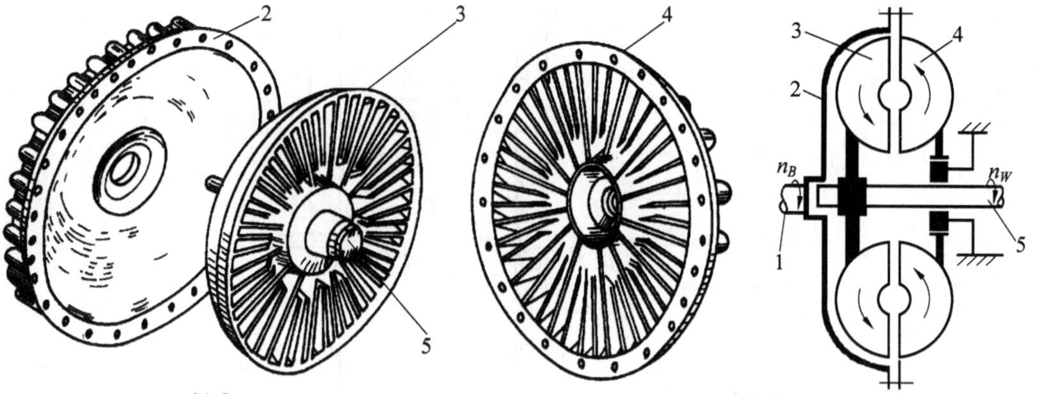

(a) 组成　　　　(b) 结构简图

图 10.2　液力耦合器结构示意图

1—发动机曲轴；2—液力耦合器外壳；3—涡轮；4—泵轮；5—从动轴

液力耦合器外壳 2 采用螺钉固定在发动机曲轴 1 的凸缘上。泵轮 4 与液力耦合器外壳 2 刚性连接在一起，泵轮 4 是液力耦合器的主动元件，随曲轴一起旋转。涡轮 3 与从动轴 5 刚性连接，是液力耦合器的从动元件。泵轮和涡轮都称为工作轮。在工作轮的环状壳体中，径向排列着许多叶片。涡轮装在密封的液力耦合器外壳 2 中，与泵轮叶片端面相对，二者之间留有约 3～4 mm 间隙，没有刚性连接。泵轮和涡轮装合后，形成环形空腔，其内充有工作油液。

10.2.2　液力耦合器工作原理

泵轮在发动机曲轴的带动下旋转，充满于泵轮叶片间的油液在离心力的作用下以很高的速度和压力从泵轮的外缘流出，进入涡轮的外缘，涡轮在高速的液流的冲击作用下旋转，进入涡轮的液流速度降低，并沿着涡轮叶片通道流动，同时又与涡轮一起旋转运动，从涡轮流出的油液重新返回泵轮，完成在工作轮之间的不断循环，即油液从泵轮→涡轮→泵轮循环不息的流动。

油液在液力耦合器内有两种流动，即圆周流动和循环流动，如图 10.3 所示。圆周流动由泵轮叶片旋转的圆周运动推动油液引起，也称为环流，即环流的油液方向与泵轮旋转是一致的。循环流动是指油液在泵轮、涡轮的叶片槽循环不息的流动，也称为涡流。这两种运动同时发生，互相复合，合成后的液流的路线是一个螺旋环。

传递动力的过程是：泵轮接受发动机传来的机械能，在油液从泵轮叶片内缘向外缘流动的过程中，将部分动能传递给涡轮。因此，液力耦合器实现传动的必要条件是循环流动，而循环流动的产生是由于两个工作轮转速不等，使两轮叶片的外缘处产生液压差所致。故液力耦合器在正常工作时，泵轮转速总是大于涡轮转速。如果二者转速相等，则液力耦合器不起传动作用。

在汽车起步时，发动机驱动泵轮旋转，而与整车连着的涡轮暂时还处于静止状态，内部油液立即产生绕工作轮轴线的圆周运动和循环流动。当液流冲到涡轮叶片上时，对涡

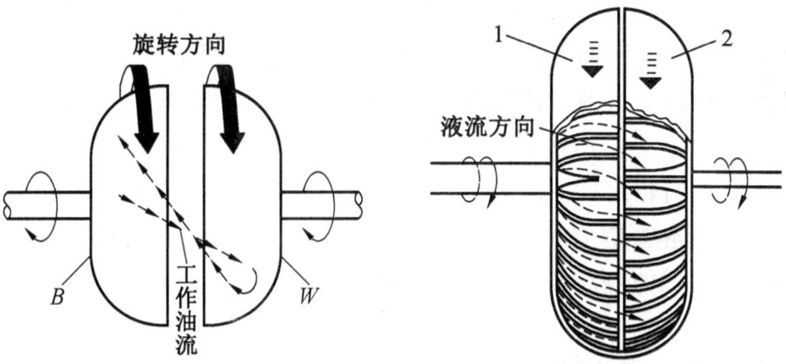

图 10.3　油流工作示意图

轮叶片造成冲击力，因而对涡轮作用一个绕涡轮轴线的转矩，并使涡轮与泵轮同向旋转。对于一定的液力耦合器，发动机转速越大，液流传递的动能也越大，所能传给涡轮的转矩也越大。随着发动机转速的不断提高，作用于涡轮上的转矩也不断提高，足以使汽车克服起步阻力，汽车开始起步并加速。

由于油液在液力耦合器中做循环流动时，没有受到任何其他附加外力，故发动机作用于泵轮上的转矩与涡轮所接受并传给从动轴的转矩相等。即液力耦合器只起传递转矩的作用，而不改变转矩的大小。

任务 10.3　液力变矩器组成和工作原理

10.3.1　液力变矩器组成

普通液力变矩器主要由泵轮 B、涡轮 W 和导轮 D 这三个基本元件组成，如图 10.4(a)所示。乘用车所用液力变矩器的工作轮一般都是钢板冲压焊接而成，而工程机械和一些军用车辆所用液力变矩器的工作轮则是用铝合金精密铸造成的。与液力耦合器不同的是，在液力变矩器的泵轮和涡轮之间，安装有导轮。

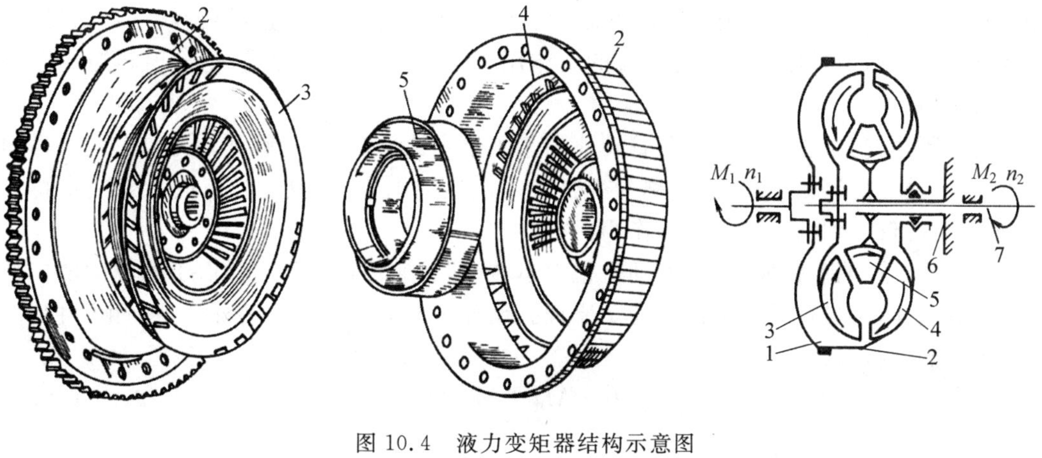

图 10.4　液力变矩器结构示意图

1—发动机飞轮；2—变矩器壳；3—涡轮；4—泵轮；5—导轮；6—单向离合器；7—从动轴

泵轮与变矩器壳体连成一体，固定在发动机曲轴后端凸缘或飞轮上。其内部径向装有许多扭曲的叶片，而叶片内缘则装有让自动变速器油平滑流过的导环。

涡轮内部也装有许多叶片，但涡轮叶片的弯曲方向却与泵轮叶片的弯曲方向相反。涡轮中心有花键孔与从动轴相连，其叶片与泵轮叶片相对放置，中间有一定的间隙。

导轮位于泵轮与涡轮之间，安装在导轮轴上，而导轮轴则经单向离合器或固定套固定在变速器壳体上。导轮也是由许多弯曲叶片组成。导轮叶片可以截住离开涡轮的自动变速器油，改变其方向。单向离合器使导轮以与发动机曲轴（泵轮）相同的方向旋转。如果导轮要以相反方向旋转时，单向离合器就将导轮锁止住，使其无法朝相反方向旋转。所以导轮是转动还是被锁止，取决于自动变速器油冲击叶片的方向。

10.3.2 液力变矩器工作原理

由于液力变矩器相对于液力耦合器增加了一个固定不动的导轮。因此，在液体循环流动的过程中，导轮给涡轮一个反作用力矩，从而使涡轮输出转矩不同于泵轮输入转矩，具有变矩功能。

在液力变矩器中，液体的实际流动是由涡流和环流叠加而成的。车辆起动时，泵轮和涡轮的转

速差越大，涡流就越大。当泵轮与涡轮转速差较小时，环流就大。

从涡轮进入导轮的液流方向取决于泵轮与涡轮的转速差。当涡轮转速较低，泵轮与涡轮的转速差较大，涡流速度 v_a 大，环流速度 v_b 小，合成的液流速度 v_c 的方向冲击导轮叶片的正面，欲使导轮反向转动，如图 10.5(a)所示。但由于导轮被单向离合器锁住，并不能反向转动，其叶片使液流的方向发生变化（图中实线箭头），导轮对液流的反作用力矩大于零，从而使涡轮输出的转矩大于泵轮的输入转矩，液力变矩器起增加转矩的作用。

当涡轮转速增大至某一数值时，涡轮出口处的合成液流的方向 v_c 正好与导轮叶片相切，如图 10.5(b)所示。由于从涡轮流出的液流经导轮后其流向不变，导轮对液流的反作用力矩为零，涡轮的输出转矩等于泵轮的输入转矩，液力变矩器转化为耦合工况。

当涡轮转速进一步增大并与泵轮速度接近时，涡流速度 v_a 最小，环流速度 v_b 最大，合成速度 v_c 的方向变为冲击导轮的背面，此时单向离合器解除锁止，导轮随之自由转动，从而使液流返回至泵轮。导轮对液流的反作用力矩小于零，此时的涡轮输出转矩小于泵轮输入转矩。

如上所述，当涡轮转速达到泵轮转速的某一给定比例时，导轮就开始与泵轮同一方向转动，这就是变矩器的工作点，也称为耦合点。在达到耦合点以后，转矩放大效应不再发生，变矩器也仅起到液力耦合器的作用。

为了便于说明工作原理，设发动机稳定运转（即转速及负荷不变），取工作腔中的工作油液方隔离体，通过其受力来说明变矩原理。循环工作油液上作用的外转矩平衡，可列出下列的平衡方程式：

$$M_B + M_W + M_D = 0 \tag{10.1}$$

式中 M_B——泵轮输入转矩；

M_W——涡轮输出转矩；

M_D——泵轮作用转矩。

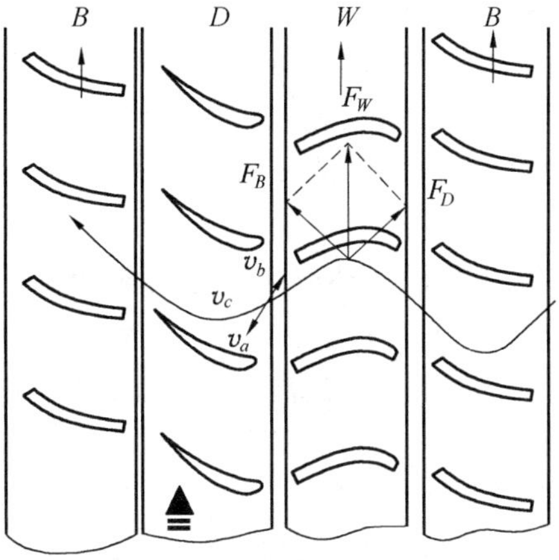

(a) 液力变矩器转矩放大的液流示意图

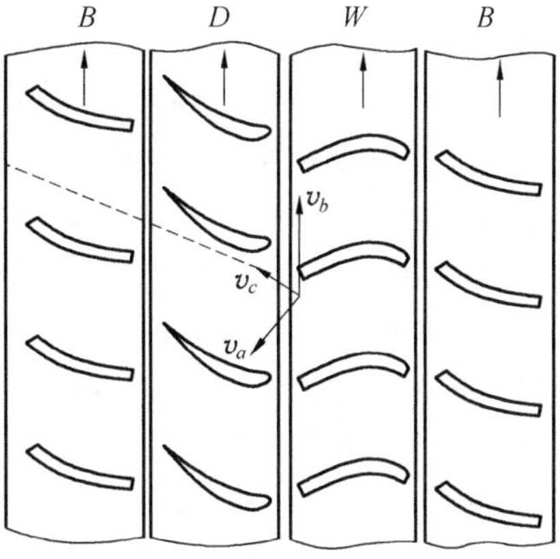

(b) 涡轮与泵轮转速接近时变矩器的液流示意图

图 10.5　液力变矩器工作原理

10.3.3　液力变矩器特性

液力变矩器的特性参数主要以下 3 个参数。

(1)转速比 i_{WB}:是指涡轮转速 n_W 与泵轮转速 n_B 之比,即 $i_{WB}=n_W/n_B\leqslant1$。

(2)变矩系数 K:是指涡轮转矩 M_W 和泵轮转矩 M_B 之比,即 $K=M_W/M_B$。

(3)效率 η:是指涡轮输出功率 P_W 与泵轮输入功率 P_B 之比,即 $\eta=P_W/P_B\times100\%=Ki_{WB}\times100\%$。

10.3.4　液力变矩器分类

液力变矩器的种类较多,由于结构的不同其输出特性差异较大。

(1)按液力变矩器的级数可分为单级液力变矩器和双级双相液力变矩器。级是指一个液力变矩器中的涡轮数量,单级指只有一个涡轮输出动力,在汽车和工程机械上应有广泛;双级指有两个涡轮输出动力,在工程机械中应用较多。

(2)按液力变矩器的相数可分为单相液力变矩器、双相液力变矩器和三相液力变矩器等。相是指液力变矩器的工况数,单相指只有一个变矩器工况,一般采用导轮是固定不动的;而双相指有二个变矩器工况,即一台变矩器上有一个变矩器和一个耦合器的特点,从变矩器工况过渡到耦合器工况是通过液流对导轮叶片的作用方向不同而自动实现的,从而获得更合理的效率;三相是指有三个变矩器工况,即一台变矩器上有两个变矩器工况和一个耦合器工况。

(3)按液力变矩器的工作轮的元件数目可分为三元件综合式液力变矩器和四元件综合式液力变矩器。三元件综合式液力变矩器是指工作轮的数目为三个,即泵轮、涡轮和导轮各一个;四元件综合式液力变矩器是指工作轮的数目为四个,即由一个泵轮、一个涡轮和二个导轮或二个涡轮组成。

10.3.5 常用的液力变矩器

1.单级单相液力变矩器，结构简单，效率高，最高效率 $\eta=0.8$，为了使发动机容易带载起动和较大的克服外负载能力，希望起动工况（$i=0$）变矩系数 K 较大。故单级单相综合式液力变矩器的变矩系数 $K=3$，只适用于小吨位的装卸机械，现在应用较少。

2.单级双相三元件综合式液力变矩器

(1)结构特点。单级双相三元件综合式液力变矩器是一种应用广泛的典型液力变矩器，具体结构如图 10.6 所示，即由一个泵轮、一个涡轮和 1 个导轮组成。这种典型液力变矩器壳体由前半部外壳与泵轮两部分焊接而成。壳体前端联接着装有起动齿圈的托盘，并用螺钉固定在发动机曲轴后端凸缘上。为了在维修拆装后保持变矩器与曲轴原有的相对位置，以免破坏动平衡，螺钉在圆周上的分布是不均匀的。泵轮及涡轮叶片和壳体均采用钢板冲压件焊接，导轮则用铝合金铸造，并安装在单向离合器外座圈上，通过单向离合器与变速器壳体联接。

(2)单向离合器。也称超越离合器（自由轮机构）。单向离合器是依靠其单向锁止原理来发挥固定或连接元件的，其连接和固定也只能是单方向的。当与之相连接的元件的受力方向与锁止方向相同时，该元件即被固定或连接；当受力方向与锁止方向相反时，该元件即被释放或脱离连接。常见的单向离合器主要有楔块式和滚柱斜槽式两种。

①楔块式单向离合器。它由外座圈 1、定位弹簧 2、楔块 3、内座圈 4 等组成，其工作原理如图 10.7 所示。当和外座圈 1 相对于内座圈 4 按图 10.7(a)中箭头朝顺时针方向转动时，就会推动楔块 3 顶部，由于 $l_1<l$，楔块就会向顺时针方向倾翻，使外座圈能顺时针转动。但当外座圈 1 相运载于内座圈 4 按图 10.7(b)所示朝逆时针方向转动时，因为 $l_2>l$，楔块就无法向逆时针倾翻。这样，楔块起到楔子的作用，锁住外座圈，使其无法向逆时针转动。另外还安装了定位弹簧 2，使楔块总是朝着锁止外座圈的方向略为倾斜，以加强楔块的锁止功能。

②滚柱斜槽式单向离合器。它由外环 1、滚柱 2、回位弹簧 3、内环 4 等组成，在外环的内表面制有与滚柱相同数目的楔形槽。内外环之间的楔形槽内装有滚柱和弹簧。弹簧的弹力将各滚柱推向楔形槽较窄的一端。其工作原理如图 10.8 所示。当外环相对于内环按图 10.8(a)中箭头朝逆时针方向转动时，滚柱在摩擦力的作用下，克服弹簧的弹力，滚向楔形槽较宽的一端，出现打滑现象，外环相对于内环可以作自由滑转，此时单向离合器脱离锁止而处于自由状态。当外环相对于内环按图 10.8(b)中箭头朝顺时针方向转动时，滚柱便在摩擦力和弹簧弹力的作用下被卡死在楔形较窄的一端，于是内外环互相连接成一个整体，不能相对转动，此时单向离合器处于锁止状态，与外环连接的基本元件被固定住或者和与内环相连接的元件连成一个整体。

单向离合器的锁止方向取决于外环上楔形槽的方向。在装配时不得装反，否则，会改变其锁止方向，使行星齿轮变速器不能正常工作。

(3)特性曲线。如图 10.9 所示。“变矩比（K）随转速比（i）的增大而减小，又随转速比（i）的减小而增大。这一特性，对行驶阻力变化较大的汽车最有利，即适应性强，在一定范围内能自动无级变矩。

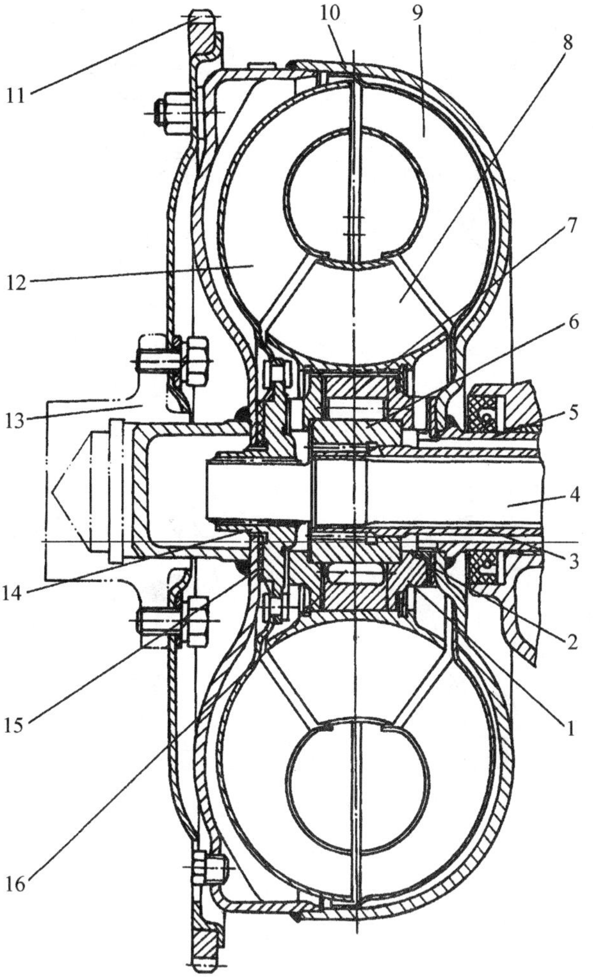

图10.6　典型液力变矩器结构

1—单向离合器滚柱；2—塑料垫片；3—涡轮轮毂；4—曲轴凸缘；5—涡轮；6—起动齿圈；7—变矩器壳；8—变矩器壳；9—泵轮；10—单向离合器外座圈；11—单向离合器内座圈；12—泵轮轮毂；13—变矩器输出轴(齿轮变速器第一轴)；14—导轮固定套管；15—推力垫片；16—单向离合器盖

①怠速时，液流速度慢，M_W 小，涡轮不动，汽车不能行驶。

②起步时，指涡轮静止时，泵轮所能达到的最高转速，此时转速比 $i_{WB}=0$，涡轮受到的力矩最大，液力变矩器的效率为零，即 $n_W=0$，$n_B>n_W$，$K>1$，M_W 最大，能产生高能量来克服静止惯性。此时的变矩比(K)多在1.7～2.5之间，又叫"起步变矩比"，该点称为"失速点"。变矩比(K)越大，说明汽车加速性能越好。

③逐渐加速时，随转速比 i_{WB} 增加，涡轮的转速 n_W 增加，涡轮转矩 M_W 减小，转速比 i_{WB} 约在0.6～0.75时，液力变矩器的效率 η 最高。

④耦合点，转速比约为0.82时，导轮开始回转，液力变矩器的变矩比 K 为1，该点称为"耦合点"。转速比再增大变为液力耦合器的曲线，至转速比约0.94时传递效率最高。若转速比继续增大，则效率迅速下降。"

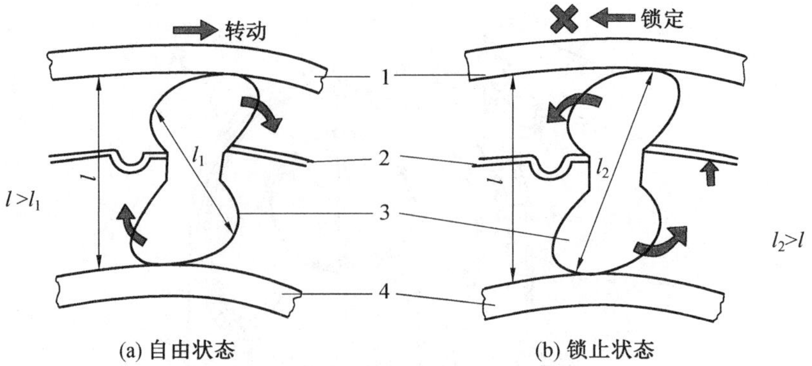

图 10.7　楔块式单向离合器

1—外座圈；2—定位弹簧；3—楔块；4—内座圈

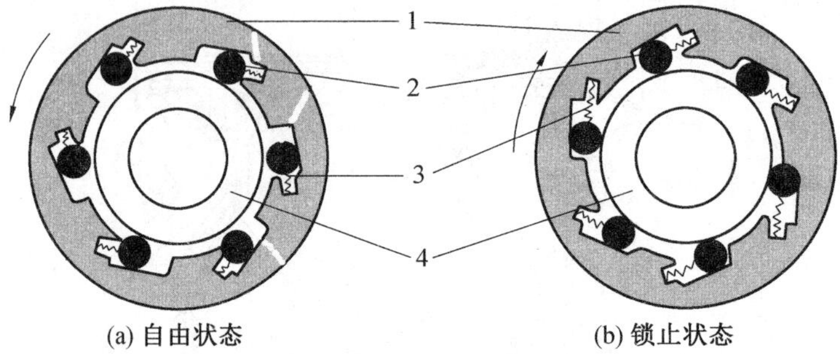

图 10.8　滚柱斜槽式单向离合器

1—外环；2—滚柱；3—回位弹簧；4—内环

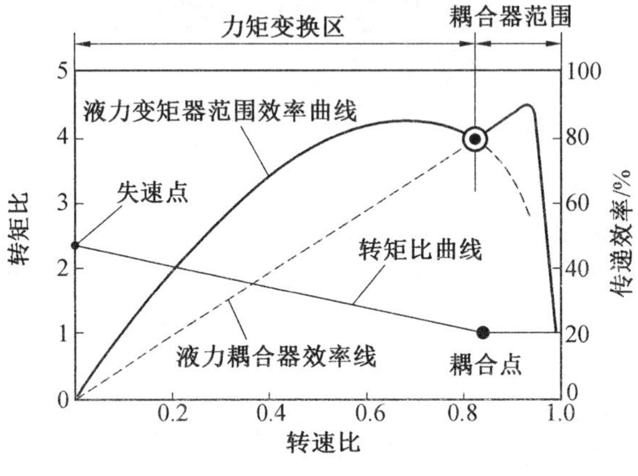

图 10.9　单级双相三元件综合式液力变矩器的特性曲线

3. 单级(双级)三相四元件综合式液力变矩器

为了扩大液力变矩器离高效率区范围，有的液力变矩器上有两个导轮或两个涡轮，称之为四元件液力变矩器。由一个泵轮、一个涡轮和二个导轮组成的液力变矩器称为单级三相四元件综合式液力变矩器。而由一个泵轮、二个涡轮和一个导轮组成的液力变矩器称为双级三相四元件综合式液力变矩器，在 ZL50 装载机自动变速器中采用。四元件液力变矩器比三元件液力变矩器的高效率工作范围扩大了，但两个导轮由于采用了两个导轮或两个涡轮，结构复杂，液力损失较大，其最高效率有所降低。

4. 带锁上离合器的单级双相三元件综合式液力变矩器

由于液力变矩器在进入耦合器工作区后没有转矩增大的效果，在泵轮和涡轮之间还存在着至少4%～5%的转速差。因此，液力变矩器的传动效率达不到100%。为提高汽车的传动效率，减少燃油消耗，现代汽车自动变速器大多采用带锁止离合器的液力变矩器，如图10.10所示。这种变矩器采用一个由液压操纵的锁止离合器，锁止离合器的主动盘即为变矩器壳体4；从动盘是一个可以进行轴向移动的压盘3(也称为锁止活塞)，它通过花键套与涡轮2连接。

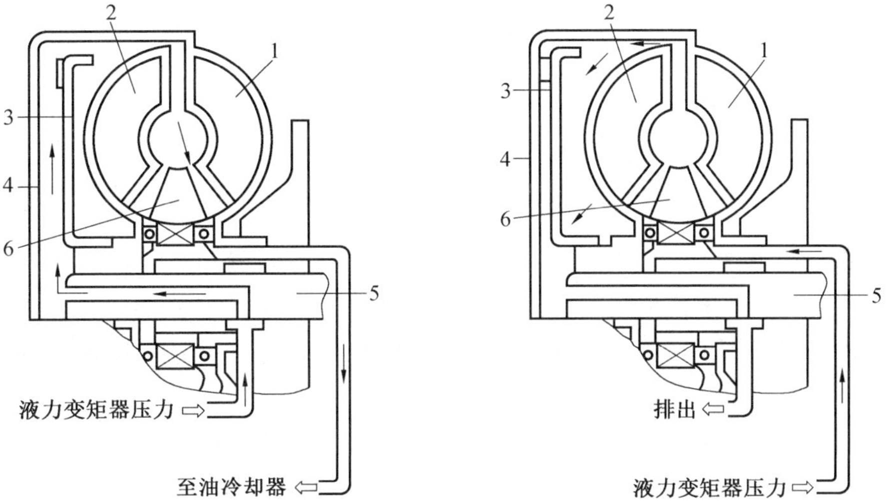

(a) 锁止离合器分离　　(b) 锁止离合器接合

图10.10　带锁止离合器的单级双相三元件综合式液力变矩器

1—泵轮；2—涡轮；3—压盘；4—变矩器壳体；5—输出轴

变矩器锁止离合器的分离和接合是通过改变工作液流动的方向实现的。当车辆低速行驶时，液压控制系统控制油液流动方向如图10.10(a)所示，油液流至锁止离合器的前部，锁止离合器前端和后端的压力就变得一样大，锁止离合器处于分离状态。这时由于变矩器内部油液因涡流产生大量的热量，流出变矩器的油液要经冷却器冷却后再送回变速器。

当车辆以中高速行驶时，液压控制系统控制油液流动方向如图10.10(b)所示，油液流至锁止离合器的后端。这时，锁止离合器活塞被油压推动，压靠在变矩器壳内的前部，与变矩器壳体连接成一体并同步旋转，即锁止离合器接合。在锁止离合器接合期间，没有涡流产生，因而油液在变矩器内产生的热量很少，流出变矩器的油液不需要冷却，直接流回变速器。

锁止离合器分离或者接合时的动力传递框图如图10.11所示。

锁止离合器的特性曲线如图10.12所示，在 $i < i_1$ 区域，$K > 1$，为变矩器工况；在 $i_1 \leqslant i \leqslant i_2$ 区域，$K = 1$，为耦合器工况，当涡轮转速升高到 i_2(约为0.8)时，锁止离合器

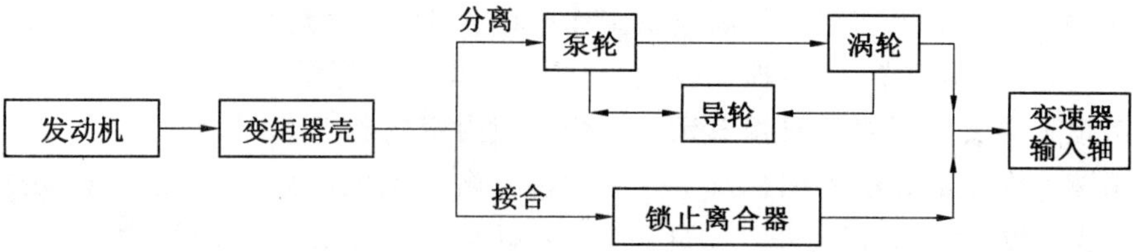

图 10.11　锁止离合器分离或接合时的动力传递框图

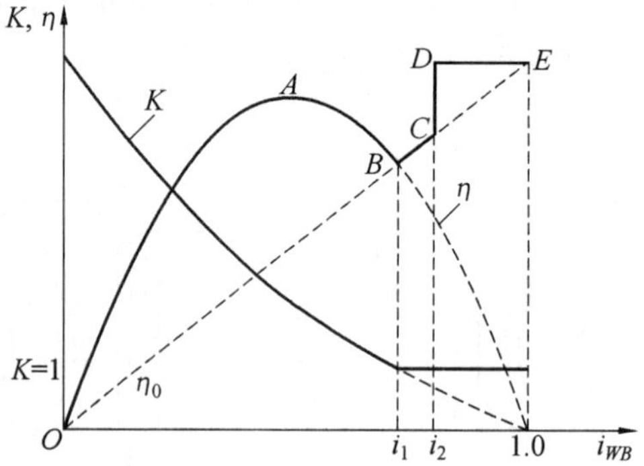

图 10.12　带锁止离合器的单级双相三元件综合式液力变矩器效率曲线图

接合，动力由锁止离合器直接传递，此时 $K=1$，效率 η 上升约为 100%。锁止离合器的效率特性曲线为 OABCDE，其动力性及经济性均较理想，故在汽车上应用较为广泛。

任务 10.4　液力变矩器常见故障及排除方法

液力变矩器常见故障及排除方法见表 10.1。

表 10.1　液力变矩器常见故障及排除方法

故障现象	原因分析	排除方法
变矩器出口压力油压力过高	1. 油温冷却器或管路堵塞	1. 检查油温冷却器或管路是否堵塞，并清洗或更换
	2. 油液比重过大	2. 更换为说明书规定的油液
	3. 油温过低	3. 因为天气寒冷引起的压力过高，变矩器工作一段时间油温上升，压力就会降下来
变矩器出口压力油压力过低	1. 油泵零件磨损	1. 更换油泵零件或总成
	2. 安全阀卡死	2. 清洗并检查安全阀的弹簧和阀芯
	3. 密封件或 O 型密封圈损坏	3. 解体检修液力变矩器，更换损坏的密封件
变矩器噪声过大	1. 驱动齿轮磨损	1. 更换驱动齿轮
	2. 相互啮合的齿轮磨损	2. 更换齿轮
	3. 油泵零件磨损	3. 更换油泵零件或总成
	4. 轴承磨损	4. 根据检查结果确定是否修量或更换轴承

续表10.1

故障现象	原因分析	排除方法
变矩器温升过高	1.油泵零件磨损 2.进油管内有空气 3.油温冷却器或管路堵塞,冷却量不足 4.回油槽或卸油管路安装不当	1.更换油泵零件或总成 2.排除泄漏,作好密封 3.检查油温冷却器或管路是否堵塞,并清洗或更换冷却器 4.将回油管设置在变矩器壳体最低处
变矩器输出功率不足	1.油液选择不当 2.油液中混入空气 3.变矩器输出压力低 4.发动机调速器位置异常	1.更换为说明书规定的油液 2.检查管接头是否松动,排除故障 3.按本表变矩器油出口压力过低的方法处理 4.调整调速器的位置
变矩器异常响声	1.振动撞击声主要是是轴承松旷、轴承损坏、固定螺栓松动等引起 2.尖叫响声是液力变矩器叶片发生气蚀现象或零件损坏造成的	1.应对这些零部件及时更换或紧固 2.检查液力变矩器是否进入或管接头是否松动,或主要零件损坏

思考题与练习题

10.1 试述 ZL50 型装载机采用哪类液力变矩器并说明其工作原理。

10.2 试述综合式液力变矩器的组成、分类和工作原理。

10.2 试述带锁上离合器的单级双相三元件综合式液力变矩器工作原理。

项目 11

液压系统设计

任务 11.1　液压系统设计内容

11.1.1　明确工作要求

在设计液压系统前需明确以下几方面的内容：

(1)明确主机哪些动作需要液压系统来完成。

(2) 明确液压系统的动作和运动要求。根据主机的设计要求，确定液压执行元件的类型、数量、运动形式、工作循环、行程范围、速度范围、负载条件及各执行元件动作顺序、同步或互锁等要求。

(3)明确液压系统的性能要求。如调速性能、运动平稳性、转换位置精度、工作可靠性、效率、温升、自动化程度、使用与维修的方便性等要求。

(4)明确液压系统的工作环境。如温度、湿度、通风、是否易燃、外界冲击振动干扰，在质量和处形尺寸等方面限制以及安装空间的大小、经济性、能耗方面等要求。

11.1.2　工况分析

工况分析主要指在工作过程中对执行元件进行负载与运动之间的变化运动规律分析。并将此规律用曲线表示出来，作为拟定液压系统方案和确定系统主参数(压力和流量)的依据。一般执行元件在一个工作循环内负载、速度随时间或位移而变化的曲线，一般用负载循环图和速度循环图表示。

(1)运动分析。运动分析是研究执行元件以什么样的运动规律完成工作，运动速度的大小，加速度是恒定的还是变化的，行程大小及循环时间长短等。以液压缸驱动组合机床滑台的工况图为例，动作循环图和一个工作循环的速度一位移曲线(速度图)如图 11.1 所示。

(2)负载分析。液压缸所承受的负载一般是由工作负载、惯性负载、摩擦阻力负载、密封阻力负载、背压负载等组成的。

工作负载 F_W 包括切削力、夹紧力、挤压力、重力等，其方向与液压缸运动方向相反时为正，相同时为负。

惯性负载 F_a 为运动部件在启动和制动时的惯性力，由其惯性而产生的负载，加速时为正，减速时为负。可用牛顿第二定律计算

$$F_a = ma = \frac{G\Delta v}{g\Delta t} \tag{11.1}$$

式中　m—— 运动部件的质量，kg；

a—— 运动部件的加速度，m/s^2；

G—— 运动部件的重力，N；

g—— 重力加速度，m/s^2；

Δv—— 速度的变化量，m/s；

Δt—— 速度变化所需的时间，s。

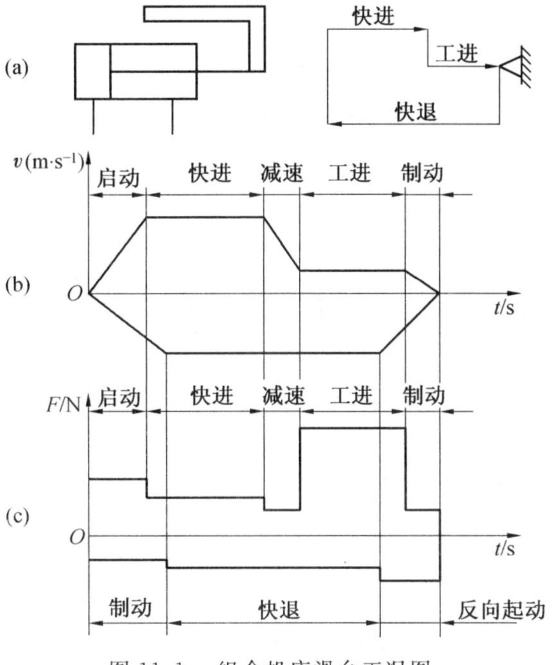

图 11.1　组合机床滑台工况图

摩擦阻力负载 F_f 包括导轨摩擦阻力和密封装置处的摩擦力 F_s，前者在确定摩擦系数后即可计算，后者与密封装置类型、液压缸制造质量和液压油压力有关，一般取执行元件的机械效率 $\eta_m = 0.90 \sim 0.97$。

$$F_f = fF_N \tag{11.2}$$

式中　F_N—— 运动部件及外负载对支承面的正压力；

f—— 摩擦系数，分为静摩擦系数 $f_j \leqslant (0.2 \sim 0.3)$ 和动摩擦系数 $f_d \leqslant (0.05 \sim 0.1)$。

背压负载 F_b 是液压缸回油路上压力 p_b 所产生的阻力，初算时可暂不考虑，需要估算时背压力 p_b 可按表 11.1 选取。

弹性负载 F_s 是液压缸工作时带有弹性件时所产生的助力，不带弹性件时是不存在

的。

根据上述分析，液压缸驱动执行机构进行直线往复运动时，所受到的外载荷为

$$F = F_w + F_a + F_f + F_s + F_b \tag{11.3}$$

液压缸在各工作阶段中负载按表 11.2 中表达式来计算，再以液压缸所经历的时间 t 或行程 S 为横坐标，做出 $F-t$ 或 $F-S$ 负载循环图，如图 11.1(c) 所示。对于简单液压系统可只计算快速运动阶段和工作阶段。在负载难以计算时可通过实验来确定，也可以根据配套主机的规格确定液压系统的承载能力。

表 11.1　液压系统背压力

系统结构情况	背压力 p_b/MPa	
用节流阀的回路节流调速系统	0.3～0.5	对中高压液压系统背压力值应放大 50%～100%
用调速阀的回路节流调速系统	0.5～0.8	
回有路上有背压阀的系统	0.5～1.5	
采用辅助泵补油的闭式回路	0.8～1.5	

表 11.2　液压缸各工作阶段负载计算

工作阶段	背压力 p_b/MPa	
启动加速阶段	$F=(F_a+F_{fj}\pm F_G)/\eta_{cm}$	F_G 为运动部件自重在液压缸运动方向的分量，液压缸上行时取正，下行时取负。
快进、快退阶段	$F=(F_{fd}\pm F_G)/\eta_{cm}$	
工进阶段	$F=(F_{fd}\pm F_w\pm F_G)/\eta_{cm}$	
减速制动阶段	$F=(F_{fd}-F_a\pm F_G)/\eta_{cm}$	

由工况图可直观地看出在运动过程中何时受力最大，何时受力最小等各种情况，以此作为以后的设计依据。

11.1.3　拟定液压系统原理图

拟定液压系统一般方法是：先根据具体动作性能要求选择液压基本回路，然后将其回路加上必要的连接措施组合成完整的液压系统。拟定液压系统时，应考虑以下几个方面。

1. 液压回路的选择

选择液压回路的依据是前面的设计要求和工况图。首先确定对主机主要性能起决定性影响的主要回路，然后再考虑其辅助回路，同时，也要考虑节省能源，减少发热，减少冲击，保证动作精度等问题。在这里，收集、整理和参考同种类型液压系统先进回路的成熟经验是十分必要的。

2. 液压系统的合成

液压系统要求的各个液压回路选好之后，再配上一些必要的元件或辅助油路，就可以进行液压系统的合成了，使之成为完整的液压系统。进行这项工作时必须注意以下几点：

(1) 尽可能多的归并作用相同或相近的元件，力求系统结构简单。

(2) 归并的系统应保证其循环中的每一个动作都安全可靠，相互之间没有干扰。

(3) 尽可能使归并出来的系统保持效率高，发热少。

(4) 系统中各种元件的安放位置应正确，以便充分发挥其工作性能。

(5) 归并出来的系统应经济合理，不可盲目追求先进，脱离实际。

11.1.4　液压元件的计算和选择

液压元件的计算主要是计算元件在工作中承受的工作压力和流量，以便确定元件的规格和型号。此外还有管道的确定、电机功率的计算和油箱的设计等。元件应尽量选用标准元件，只有在特殊情况下才设计非标元件。

1. 确定液压系统的主要参数

液压系统的主要参数（工作压力和流量），它是选择液压元件的主要依据。系统的工作压力和流量分别取决于液压执行元件工作压力及回路上压力损失和液压执行元件所需流量及回路泄漏，所以确定液压系统的主要参数实质上是确定液压执行元件的主要参数。

(1) 初选液压系统的压力。

执行元件工作压力是确定其结构参数的重要依据，决定系统的经济性和合理性。执行元件的工作压力可以根据负载或主机设备类型进行选择，见表 11.3 和表 11.4。

表 11.3　按负载选择执行元件工作压力

负载 F/kN	<5	$5\sim10$	$10\sim20$	$20\sim30$	$30\sim50$	>50
工作压力 p/MPa	$0.8\sim1$	$1.5\sim2$	$2.5\sim3$	$3\sim4$	$4\sim5$	>5

表 11.4　各类液压设备常用工作压力

机械类型	机床				小型工程机械	液压机、大中型挖掘机
	磨床	组合机床	龙门刨床	拉床	农业机械	重型机械、起重运输机械
工作压力 p/MPa	$0.8\sim2$	$3\sim5$	$2\sim8$	$8\sim10$	$10\sim18$	$20\sim32$

液压系统的额定压力也可以参考标准系列进行选择，液压系统额定压力常用系列见表 11.5。

表 11.5　液压系统额定压力常用系列

序号	1	2	3	4	5	6	7	8	9	10
额定压力 p_n/MPa	1.6	2.5	4.0	6.3	10	16	20	25	31.5	40

(2) 确定执行元件的主要结构参数。

① 确定液压缸的主要结构参数。主要几何参数是有效工作面积 A 和流量。它可根据负载分析得到的最大负载 F_{max} 和初选的液压缸工作压力 p，由下式求得

$$A=\frac{F_{max}}{p\eta_{cm}} \tag{11.4}$$

式中 F_{max}—— 液压缸上的最大外负载，N；

η_{cm}—— 液压缸的机械效率；

p—— 液压缸的工作压力，Pa。

由公式(11.4)计算出的工作面积还必须满足液压缸所需求的最低稳定速度 ν_{min} 的要求，即

$$A \geqslant q_{min}/\nu_{min} \tag{11.5}$$

式中 q_{min}—— 回路中所用流量阀的最小稳定流量，或容积调速回路中变量泵的最小稳定流量；

ν_{min}—— 液压缸应达到的最低运动速度。

液压缸所需的最大流量为

$$q_{max} = A\nu_{max} \tag{11.6}$$

式中 q_{max}—— 液压缸所需的最大流量；

ν_{max}—— 液压缸的最大运动速度。

液压缸内径一般根据所确定的液压系统工作压力和最大工作负载来确定，由液压缸直径 D 选择活塞杆直径 d，并取标准值，液压缸直径 D 标准值系列见表 11.6，活塞杆直径 d 准值系列见表 11.7。

表 11.6 液压缸直径 D 标准值系列

序号	2	3	4	5	6	7	8	9	10
液压缸直径 D/mm	10	12	16	20	25	32	40	50	63
序号	12	13	14	15	16	17	18	19	
液压缸直径 D/mm	100	125	160	200	250	320	400	500	

表 11.7 活塞杆直径 d 准值系列

序号	1	2	4	5	6	7	8	9	10	11	12
活塞杆直径 d/mm	4	5	8	10	12	14	16	18	20	22	25
序号	13	14	16	17	18	19	20	21	22	23	24
活塞杆直径 d/mm	28	32	40	45	50	56	63	70	80	90	100
序号	25	26	28	29	30	31	32	33	34	35	36
活塞杆直径 d/mm	110	125	160	180	200	220	250	280	320	360	400

活塞杆直径确定后，还要根据液压缸工作行程长度确定其长度，对于工作行程中受压的活塞杆，当活塞杆长度与活塞杆直径之比大于 10 时，必须根据材料力学相关公式对活塞杆进行稳定性校核。从制造上考虑，一般液压缸的长度不大于液压缸直径的 20 ～ 30 倍。液压缸的长度也可取标准值，液压缸的长度标准值系列见表 11.8。

表 11.8　液压缸的长度 l 标准值系列

序号	1	2	4	5	6	7	8	9	10	11	12
液压缸的长度 l/mm	20	50	80	100	125	160	200	250	320	400	500

活塞运动的最高速度受活塞杆密封圈以及行程末端缓冲装置所承受的动能限制，一般不大于 1 m/s，最低值则以无爬行现象为前提，通常应大于 0.1 ～ 0.2 m/s。活塞运动速度比值也可取标准值，活塞运动速度比值 λ_v 标准值系列见表 11.9。

表 11.9　活塞运动速度比值 λ_v 标准值系列

序号	1	2	4	5	6	7	8	9
活塞运动速度比值 λ_v	1.06	1.12	1.25	1.4	1.6	2	2.5	5

② 确定液压马达排量 V_M。由马达的最大负载扭矩 T_{max}、初选的工作压力 p 和预估的机械效率 η_{vm}，即可计算马达排量 V_M。

$$V_M = \frac{2\pi T_{max}}{p\eta_{vm}} \tag{11.7}$$

为使马达能达到稳定的最低转速 n_{min}，其排量 V_M 应满足

$$V_M \geqslant \frac{q_{min}}{n_{min}} \tag{11.8}$$

式中 q_{min} 意义与式(11.5) 中的相同。同样这步计算也必须在流量阀选定后才能进行。

按求得的排量 V_M、工作压力 p 及要求的最高转速 n_{max} 从产品样本种选择合适的液压马达，然后由选择的液压排量 V_M、机械效率 η_{vm} 和回路中的背压力 p_b 复算液压马达的工作压力。

③ 绘制执行元件的工况图。主要指压力图、流量图和功率图。

在执行元件主要结构参数确定后，就可由负载循环图和速度循环图绘制出执行元件的工况图，即执行元件在一个工作循环中的工作压力 p、输入流量 q、输入功率 P 对时间的变化曲线图。执行元件的工况图显示系统在整个循环回路中压力、流量、功率的分布情况及最大值所在的位置，是选择液压元件、液压基本回路及为均衡功率分布而调整设计参数的依据。

2. 液压泵的选择

液压泵的选择方法是根据设计要求和系统工况确定其类型，然后根据液压泵的最高工作压力和最大供油量来选择其规格。

(1) 计算液压泵的工作压力。

液压泵的工作压力是根据执行元件的工作性质来确定的：泵的最高压力的确定分两种情况，其一是，执行元件在工作行程终点，运动停止时才需要最大压力，这时液压泵的工作压力就等于执行元件的最大压力。其二是，执行元件是在工作行程过程中需要最大压力。这时液压泵的工作压力应满足：

$$p_P \geqslant p_1 + \sum \Delta p_1 \tag{11.9}$$

式中　p_1—— 执行元件的最大工作压力；

$\sum\Delta p_1$—— 进油路上的压力损失，它包括沿程压力损失和局部压力损失(系统管路未曾画出以前按经验选取。一般节流调速和简单的系统$\sum\Delta p_1 = 0.2 \sim 0.5$ MPa。进油路有调速阀及管路复杂的系统$\sum\Delta p_1 = 0.5 \sim 1.5$ MPa。

(2) 计算液压泵的流量。

液压泵的流量 q_p 按执行元件工况图上最大工作流量和回路的泄漏量确定。

① 单液压泵供给多个同时工作的执行元件时

$$q_p \geqslant K(\sum q_i)_{\max} \tag{11.10}$$

式中　K—— 回油泄漏折算系数 $K = 1.1 \sim 1.3$；

$(\sum q_i)_{\max}$—— 同时工作的执行元件流量之和的最大值。

② 采用差动连接的液压缸时

$$q_p \geqslant K(A_1 - A_2)\nu_{\max} \tag{11.11}$$

式中　A_1—— 液压缸无杆腔的有效工作面积；

A_2—— 液压缸无杆腔，有杆腔的有效工作面积；

$\nu_{\max}$— 液压缸或活塞的最大移动速度。

③ 采用蓄能器储存压力油时，按系统在一个工作周期中的平均工作流量来选择

$$q_p \geqslant \frac{1}{T} n \sum_{i=1}^{n} V \tag{11.12}$$

式中　T—— 机器工作周期；

V—— 每个执行元件在工作周期中的总耗油量；

n—— 执行元件个数。

(3) 选择液压泵的规格。

根据前面计算的 p_p 和 q_p 值，即可从产品样本中选择出合适的液压泵的型号和规格。值得注意的是计算的 p_p 是系统的静态压力。系统在工作过程中常因过渡过程内的压力超调或周期性的压力脉动而存在着动态压力，其值远远超过静态压力。所以液压泵的额定压力应比系统最高压力大出 25% ～ 60%。液压泵的 q_p 应与系统所需的最大流量相适应。

(4) 驱动泵的电机功率计算。

① 若工况上的 $p—t$ 与 $q—t$ 曲线变化比较平缓，则电机所需功率为

$$P_p = p_p q_p / \eta_p \tag{11.13}$$

② 工况图上的 $p—t$ 与 $q—t$ 曲线起伏较大，则需按上式分别算出电动机在各个循环阶段内所需的功率(注意液压泵在各个阶段内的功率是不同的)，然后用下式求出电动机的平均功率，即

$$P_p = \sqrt{\sum_{i=1}^{n} \frac{P_{pi}^2 t_i}{\sum_{i=1}^{n} t_i}} \tag{11.14}$$

式中　$P_{pi}(P_{p1}, P_{p2}, P_{p3} \cdots P_{pn})$—— 整个循环中每一动作阶段内所需的功率；

$t_i(t_1, t_2, t_3 \cdots t_n)$—— 整个循环中没一动作阶段所占用的时间。

求出了平均功率后还要返回去检查每一阶段内电动机的超载量是否在允许值范围内。(电动机一般允许短期超载 25%)。如果在允许超载范围内,即可根据平均功率 P_p 和泵的转速 n 从产品样本中选取电机。

3. 控制阀的选择

控制阀的规格是根据系统最高压力和通过该阀的最大流量在标准元件的产品样本中选取的。进行这项工作时应注意:液压系统有串联油路和并联油路之分。油路串联时系统的流量即为油路中各处通过的流量;油路并联且各油路同时工作时,系统的流量等于各条油路通过的流量总和,油路并联且油路顺序工作时的情况与油路串联时相同。元件选定的额定压力和流量应尽可能与其计算所需之值接近,必要时,应允许通过元件的最大实际流量超过其额定流量的 20%。与泵并联的溢流阀,无论起什么作用,其流量均应按泵的额定流量确定。

4. 管道尺寸的确定

管道内径 d 取决于通过的最大流量和管内允许的液体流速,其值可按式下计算,即

$$d = \sqrt{\frac{4q_{\max}}{\pi\nu}} = 1.13 \times 10^3 \sqrt{\frac{q_{\max}}{\nu}} \tag{11.15}$$

式中 $q_{\max}$—— 通过油管的最大流量,m^3/s;

ν—— 管道内允许的流速,m/s,一般的吸油管取 0.5 ~ 1.5 m/s,压油管取 2.5 ~ 5 m/s,回油管取 1.5 ~ 2.5 m/s。

管道的壁厚取决于所承受的工作压力,其值可按下式计算。

$$\delta = \frac{p_n d}{2[\sigma]} \tag{11.16}$$

式中 p_n—— 试验压力,当管内最大工作压力 $p \leqslant 16$ MPa 时,$p_n = 1.5p$;当管内最大工作压力 $p > 16$ MPa 时,$p_n = 1.25p$;

$[\sigma]$—— 管道材料的许用拉应力。

根据计算出的管道内径和壁厚需查设计手册选取标准规格油管。

在实际设计中,管道内径 d 一般按照已选定的液压元件连接口处的尺寸确定,然后校核管内液流速度,即

$$v = \frac{q_{\max}}{\frac{\pi}{4}d^2} \tag{11.17}$$

对于吸油管、压油管和回油管要分别计算,只要速度在允许范围之内即可。

5. 油箱容量的确定

液压系统中的散热主要依靠油箱:油箱体积大,散热快,但占地面积大;油箱体积小则油温较高。所以初设计时,一般先按下式确定油箱的容量,待系统确定后,再按散热的要求校核。油箱容量的经验公式为

$$V = aq_p \tag{11.18}$$

式中 q_p—— 液压泵每分钟排出压力油的容积,m^3;

a—— 经验系数,见表 11.10。

表 11.10　经验系数

系统类型	行走机械	低压系统	中压系统	锻压机械	冶金机械
经验系数 a	1 ～ 2	2 ～ 4	5 ～ 7	6 ～ 12	10

在确定油箱尺寸时，一方面要满足系统供油的要求，还要保证执行元件全部排油时，油箱的油不能溢出，以及系统中最大可能充满油时，油箱的油位不低于最低限度。

当油箱的三边长之比在 1∶1∶1 到 1∶2∶3 范围内，且油位为油箱高度的 80% 时，其散热面积可近似计算为

$$A = 0.065\sqrt[3]{V^2} \tag{11.19}$$

式中　V—— 油箱的有效容积，L；

A—— 散热面积，m^2。

11.1.5　液压系统性能的校核

液压系统设计完成之后，需要对它的技术性能进行校核。以便判断其设计质量或从几个方案中选出最好的设计方案。然而液压系统的性能校核是一个复杂的问题，目前详细校核尚有困难，只能采用一些经过简化的公式，选用近似的粗略的数据进行估算，并以此来定性地说明系统性能上的一些主要问题。设计过程中如有经过生产实践考验的同类型系统可供参考或有较可靠的实验结果可供使用，则系统的性能估算就可省略。

1. 液压系统压力损失的校核

在系统管路布置确定后，即可计算管路的沿程压力损失 Δp_λ、局部压力损失 Δp_ξ 和液流流过阀类元件的局部压力损失 Δp_v，管路中总的压力损失为

$$\sum \Delta p = \Delta p_\lambda + \Delta p_\xi + \Delta p_v \tag{11.20}$$

进油路和回油路上的压力损失应分别计算，并且回油路上的压力损失要折算到进油路上去。当计算出的压力损失值比确定系统工作压力时选定的压力损失值大得多时，就应重新调整有关阀类元件规格和管道尺寸等，以降低系统的压力损失；或者重新选择液压泵。

2. 液压系统发热温升的校核

液压系统在工作时由于存在着各种各样的机械损失、压力损失和流量损失，所有的损失将转变为热能，使系统发热、油温升高、系统泄漏增大，影响系统正常工作。所以为了使液压系统保持正常工作，应使油温保持在允许的范围内。

系统中产生热量的元件主要是液压缸、液压泵、溢流阀和节流阀。散热的元件主要是油箱。系统工作时，发热与散热应达到平衡。

若系统的输入功率为 P_i，输出功率为 P_o，则单位时间的发热功率 H_i 为

$$H_i = P_i - P_o = P_i(1 - \eta) \tag{11.21}$$

式中　η—— 液压系统总效率。

工作循环中有 n 个工作阶段，要根据各阶段的发热功率求出系统的平均发热功率。若第 j 个工作阶段时间为 t_j，则

$$H_i = \frac{\sum_{j=1}^{n}(P_{ij} - P_{oj})t_j}{\sum_{j=1}^{n} t_j} \tag{11.22}$$

系统中产生的热量由各个散热面散发至空气中去，但绝大部分热量是经油箱散发的。油箱在单位时间内的散热功率 H_0 可按下式计算

$$H_0 = KA\Delta T \tag{11.23}$$

式中　A—— 油箱散热面积；

Δt—— 油液的温升；

K—— 散热系数，$W/m^2 \cdot ℃$，通风条件很差时 $K = 8 \sim 10$，通风条件良好时 $K = 14 \sim 20$，风扇冷却时 $K = 20 \sim 25$，用循环水冷却时 $K = 110 \sim 175$。

当液压系统达到热平衡时，$H_i = H_o$ 则系统温升 ΔT 为

$$\Delta T = \frac{H_0}{KA} = \frac{H_i}{KA} \tag{11.24}$$

一般机械允许油液温 25～30，数控机床油液温升应小于 25，工程机械等允许油液温升 35～40。若按式(11.24)算出油液温升超过允许值时，可以加大油箱，也可以采取冷却措施。

11.1.6　绘制工作图、编制技术文件

经过对所设计的液压系统性能的校核和必要的修改之后，便可绘制正式工作图和编写技术文件。

(1)绘制工作图。

它包括绘制液压系统原理图，电气原理图，集成油路装配图，泵站装配图，系统管路装配图和各种非标准件的装配图及零件图。

①液压系统原理图。首先绘制出整个系统的回路，然后还要标明各液压元件的型号和规格，对于自动化程度较高的机床，还应给出各执行元件的运动循环图和电磁铁及压力继电器的动作顺序表。

②集成油路装配图。若选用油路板，应将各元件画在油路板上，通过油管将各个液压元件按照液压原理连接起来。若选用集成块或叠加阀时，将选用的产品组合起来绘制成装配图。

③泵站装配图。将集成油路装置、泵、电动机与油箱组合在一起，绘制出装配图，并表示出它们各自之间的相互位置、安装尺寸及总体外形。

④系统管路装配图。系统管路装配图是正式施工图。应将各液压部件和元件在机器中的位置、固定方式、油管的走向、管道的尺寸、各种管接头的规格、管夹的位置和装配技术要求等表示清楚。

⑤非标准件的装配图及零件图。自行设计的非标准件，应绘制出装配图和零件图。

⑥电气原理图。电控部分的原理图及接线图等。

(2)编写技术文件

技术文件一般包括液压系统设计计算说明书,液压系统使用及维护说明书,自制件、通用件、标准件、外构件明细表,以及实验大纲,易损件图册等。

任务 11.2　液压系统设计实例

11.2.1　小型油压机液压系统任务书

设计一台小型油压机液压系统,其油压机工作循环为:快速下降→压制→保压→快速退回→原位停止;工作时压制负荷为 40 kN,运动部件重为 4 kN,快速回程时负载为 2 kN;快进速度为 8 m/min,快退速度为 10 m/min,压制速度为 0.4 m/min;最大行程 320 mm,其中工进行程 120 mm;启动换向时间 $\Delta t=0.4$ s,保压时间 100 s;

11.2.2　负载分析与速度分析

1. 负载分析

液压缸的负载主要包括:工作阻力、惯性阻力、重力、密封阻力和背压阻力等。

题目为小型油压机液压系统设计,在本液压系统中液压缸的主要负载有:上滑块的自重,压制时的负载,快速回程时的负载。油压机的上滑块的重量均较大,足以克服摩擦力和回油阻力自行下落。工作循环为:启动→快速下降→压制→保压→快速回退→原位停止。

启动时间 0.4 s,应考虑在启动加速阶段的惯性力,其方向与运动方向相反;还有重力的作用,其方向与运动方向在此时相同;而在快速下行阶段,仅有重力作用;压制阶段,需要压制力 $F_{w1}=40\ 000$ N,还受重力作用,重力作用抵消了一部分压制力;保压阶段,负载情况和压制阶段相同;快速回退阶段,重力的方向和运动方向相反而且需压制力 $F_{w2}=2\ 000$ N。密封负载是指密封装置的摩擦力,其值与密封装置的类型和尺寸、液压缸的制造和油液的工作压力有关,在未完成液压系统设计之前,不知道密封装置的参数,密封负载无法计算,一般用液压缸的机械效率 η_{cm} 加以考虑,本设计中取 $\eta_{cm}=0.9$。

背压负载是指液压缸回油腔被压所造成的阻力,在系统方案及液压缸结构尚未确定之前,在负载计算时可暂不考虑。

根据题目已知工作负载 $F_{w1}=40\ 000$ N,$F_{w2}=2\ 000$ N,重力负载 $F_G=4\ 000$ N,按启动换向时间和运动部件重量计算得到惯性负载 $F_a=\dfrac{G\Delta v}{g\Delta t}=\dfrac{4\ 000\times 8}{9.8\times 60\times 0.4}=136$ N。

取液压缸机械效率 $\eta_{cm}=0.9$,则液压缸的各个动作的负载值见表 11.11。

2. 速度分析

启动加速时间 $t_0=0.4$ s,快进下行时间 $t_1=200$ mm/8 m/min$=1.5$ s,压制时间 $t_2=100$ mm/0.4 m/min$=150$ s,保压时间 $t_3=100$ s,快速回程时间 $t_4=320$ mm/10 m/min$=1.9$ s,快进速度 8 m/min,工进速度 0.4 m/min,快退速度 10 m/min,快进行程 200 mm,工进行程:120 mm,快退行程:320 mm。

表 11.11　液压缸在各工作阶段的负载值

工作循环	计算公式	负载 f/N
启动阶段	$F=(-F_G+F_a)/\eta_{cm}$	−4 293
快速下降	$F=(-F_G)/\eta_{cm}$	−4 444
压制阶段	$F=(F_{w1}-F_G)/\eta_{cm}$	40 000
保压阶段	$F=(F_{w1}-F_G)/\eta_{cm}$	40 000
快退阶段	$F=(F_{w2}+F_G)/\eta_{cm}$	6 666
原位停止	$F=F_G/\eta_{cm}$	4 444

按上述分析可绘制出负载循环图和速度循环图，如图 11.2 所示。

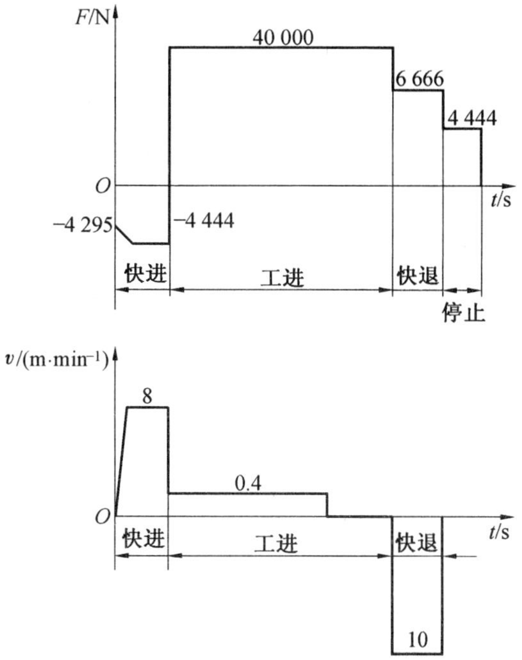

图 11.2　液压缸的负载图和速度图

11.2.3　确定液压缸主要参数

1. 初选液压缸的工作压力

由最大负载值查表 11.3，取液压缸工作压力为 $p_1=5$ MPa。

2. 计算液压缸结构参数

由负载图知最大负载 $F_{max}=40\ 000$ N，选执行元件的背压 $p_b=0.5$ MPa，取 $\eta_{cm}=0.9$，由速度比 $\lambda_v=\frac{V_{退}}{V_{进}}=\frac{10}{8}=1.25$（见表 11.9），得 $d=iD=\sqrt{\frac{\lambda_v-1}{\lambda_v}}D=0.45D$。故 $D=\sqrt{\frac{4F_{max}}{\pi\eta_{cm}(p_1-\frac{8}{10}p_b)}}=110.9$ mm，D 取标准值为 125 mm（见表 11.6）；$d=iD=0.45\times$

125＝56.25 mm，取标准值为 63 mm(见表 11.7)，$A_1=\frac{\pi}{4}\times D^2=0.012\ 266\ m^2$，$A_3=\frac{\pi}{4}\times(D^2-d^2)=0.009\ 150\ m^2$。

3. 确定各个工作阶段的流量 q、压力 p 和功率 P

$q_{快进}=A_1\cdot v_{快进}=0.012\ 266\times8\times10^3=101.28\ L/min$

$q_{工进}=A_1\cdot v_{工进}=0.012\ 266\times0.3\times10^3=3.80\ L/min$

$q_{回退}=A_3\cdot v_{回退}=0.009\ 150\times10\times10^3=91.50\ L/min$

$p_{快进}=\frac{F_{快进}}{A_1}=4\ 444/0.012\ 266\times10^{-6}=0.36\ MPa$

$p_{工进}=\frac{F_{工进}}{A_1}=40\ 000/0.012\ 266\times10^{-6}=3.26\ MPa$

$p_{回退}=\frac{F_{回退}}{A_3}=6\ 666/0.009\ 150\times10^{-6}=0.73\ MPa$

$P_{快进}=p_{快进}q_{快进}=0.36\ MPa\times10^{-6}\times101.28\ L/min\div60\times10^{-3}=607.68\ W$

$P_{工进}=p_{工进}q_{工进}=3.63\ MPa\times10^{-6}\times3.80\ L/min\div60\times10^{-3}=229.9\ W$

$P_{回退}=p_{回退}q_{回退}=0.67\ MPa\times10^{-6}\times91.50\ L/min\div60\times10^{-3}=1021.75\ W$

4. 绘制液压缸的工况图

液压缸的工况图如图 11.3 所示。

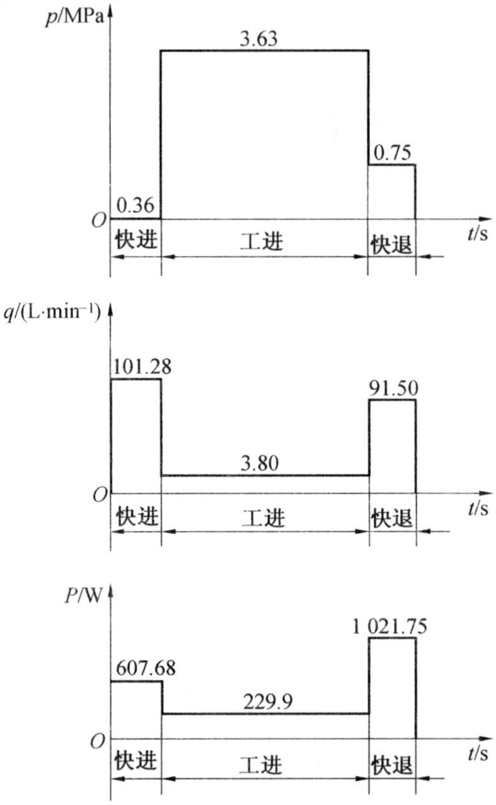

图 11.3　液压缸工况图

11.2.4　拟定液压系统图

1. 选择基本回路

(1)快速下行压制回路的选择。

液压机液压系统的特点就是产生的输出力大，为了获得很大的压制力，可采用高压泵供压油和大直径的油缸，而后者比较常用。当启动后，上滑块快速下行时，就需要大量的油液进入液压缸的上腔，若采用大规格的泵，不仅造价高，而且在压制，保压回退时损失较大。本设计采用充液筒来补充快速下行时液压泵供油不足，这样使系统功率利用更加合理。在压制时可采用关闭充液筒，泵供油来实现。如图 11.4 所示。

(2)保压回路的选择。

本系统采用液控单向阀和单向阀的密封性和液压管路及油液的弹性来保压，要求液压缸等元件的密封性好。如图 11.5 所示。

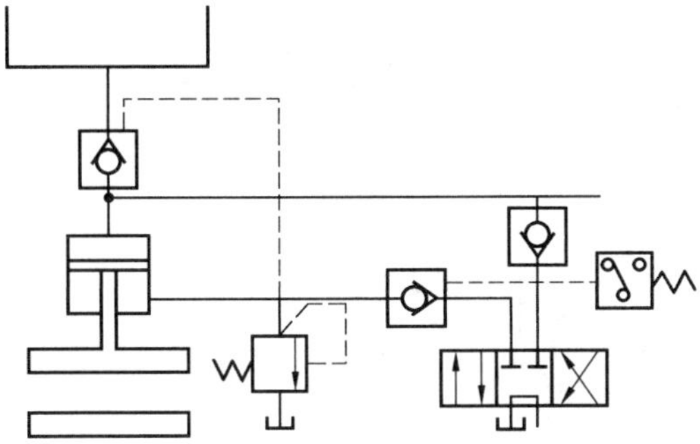

图 11.4　快速下行回路

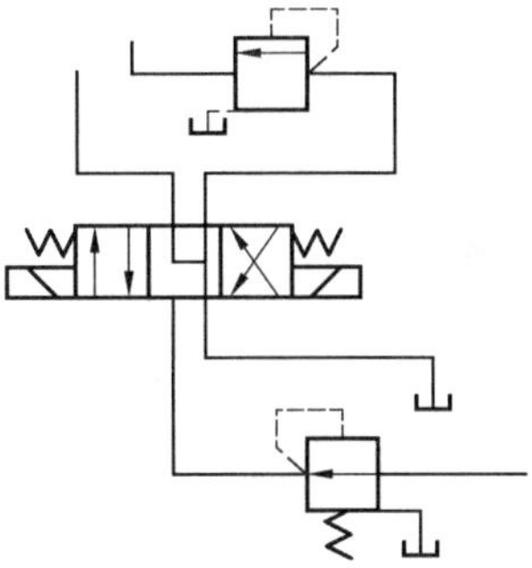

图 11.5　保压回路

(3)泄压回路的设计。

为了防止高压系统的液压缸换向时的液压冲击，需要设计泄压回路，具体是对换向过程进行控制，先使高压腔压力释放后，再切换油路，如图 11.6 所示。

(4)油源选择。

由于设计要求压制时，负载最大速度低，在快退时负载小，速度高。为了节省能源，减少发热，油源选用变量泵供油，本设计的系统中采用限压式变量叶片泵，为了保证系统的安全在泵的出口并联一个溢流阀起安全作用，如图 11.7 所示。

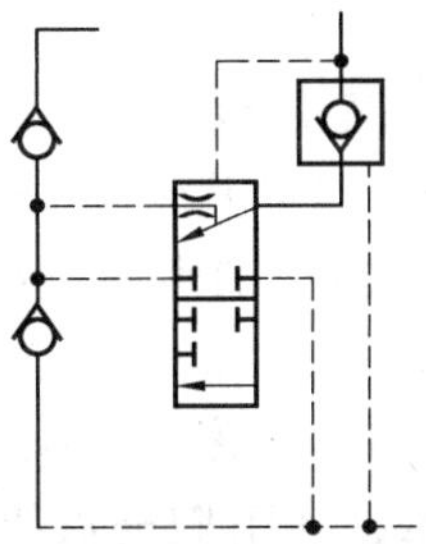

图 11.6　泄压回路

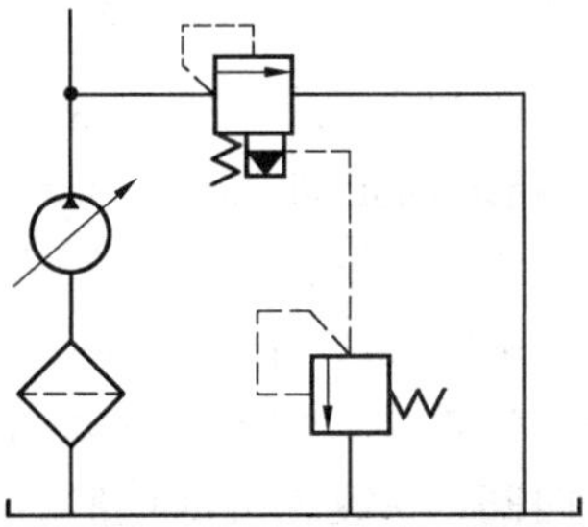

图 11.7　油源选择

(5)动作转换的控制方式选择。

在压制后，有规定的保压时间，在保压后，上滑块开始回退。本设计中采用时间继电器配合三位四通电磁阀实现动作的转换。

(6)液压基本回路的组合。

将已选的液压回路,组合成符合设计要求的液压系统并绘制液压系统原理图。如图11.8所示。

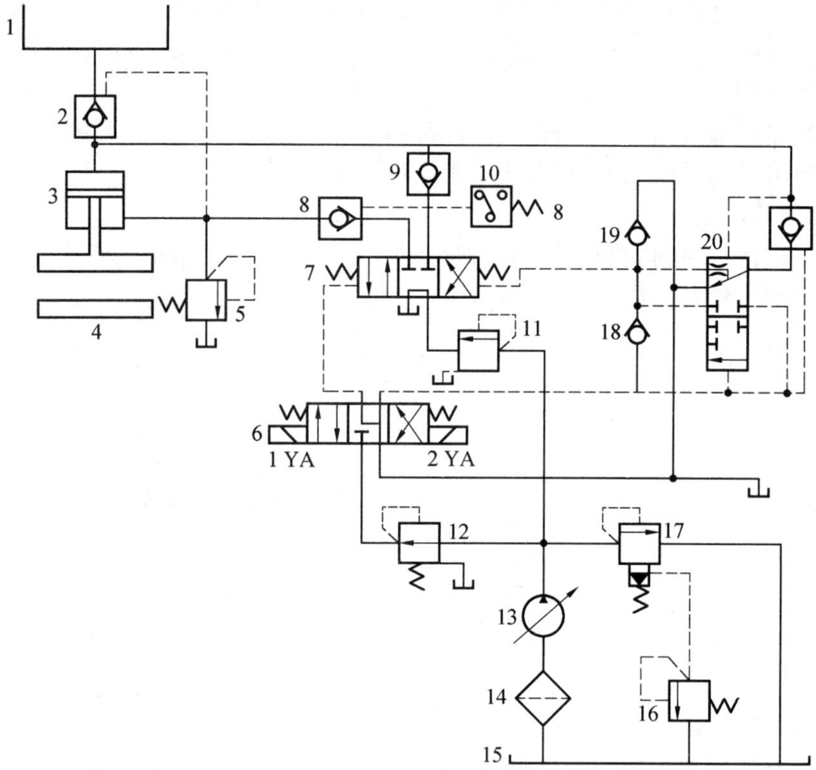

图 11.8 液压系统原理图

1—充液筒;2,8,21—液控单向阀;3—液压缸;4—液压工作台;5,16—直控溢流阀;6—先导阀;7—液压缸换向阀;9,18,19—单向阀;10—压力继电器;11—顺序阀;12—减压阀;13—变量叶片泵;14—滤油器;15—油箱;17—先导溢流阀;20—预泄换向阀

2. 原理分析

(1)快速下行。

当电磁铁1YA通电后,先导阀6和液压缸换向阀7左位接入系统,液控单向阀9被打开,系统的控制油路进油走向:油箱15→滤油器14→变量叶片泵13→减压阀12→1YA通电先导阀左位→液压缸换向阀7左位;系统的控制油路回油走向:液压缸换向阀7右位→单向阀18→先导阀左位→油箱。

系统的主油路进油走向:油箱15→滤油器14→变量叶片泵13→顺序阀11→液压缸换向阀7左位→单向阀9→液压缸3上腔;回油路:液压缸3下腔→液压单向阀8→液压缸换向阀7左位→油箱。

上滑块在自重作用下,这时,上液压缸上腔所需油量较大,而液压缸的流量又较小,其不足部分由充液筒1经液控单向阀2从溢流代向液压缸上腔3补油。

(2)压制。

当液压缸 3 带动上滑块下行到接触工件后,因受阻力而减速,液控单向阀 2 关闭,液压缸上腔压力升高,实现慢速加压工进,这时的回油路走向与快速下行时相同。

(3)保压。

当液压缸上腔压力升高到使压力继电器 10 动作时压力继电器发出信号,使电磁铁 1YA 断电,则先导阀和上缸换向阀位于中位,保压延时,保压时间由时间继电器(图中未画出)控制

(4)快速回退。

在保压延时结束后,时间继电器 2YA 通电,先导阀右位接入系统,使控制压力油推动预泄换向阀 21,并将液压缸换向阀右位接入系统,这时,单向阀 2 被打开,其控制油路与快速下行返之,而此时主油路进油走向为:油箱 15→滤油器 14→变量叶片泵 13→顺序阀 11→液压缸换向阀 7 右位→液控单向阀 8→液压缸 3 下腔;回油路回油走向为:液压缸 3 上腔→液控单向阀 2→充液筒 1。这时上滑块快速返回,返回速度由液压泵的流量决定。当充液筒内液面超过预定位置时,多余的油液由溢流管流回油箱。

(5)原位停止。

当上滑块返回上升到挡块压下行程开关时,行程开关发出信号,使电磁铁 2YA 断电,先导阀和液压缸换向阀处于中位,则液压缸使上滑块在原位置停止不动。这时,液压泵处于低压卸荷状态,油路的走向为:油箱 15→滤油器 14→变量叶片泵 13→顺序阀 11→液压缸换向阀 7 中位→油箱。

3. 动作顺序表

动作顺序见表 11.12。

表 11.12　动作顺序表

动作	电磁铁	
	1YA	2YA
快进	+	−
压制	+	−
保压	−	−
快退	−	+

11.2.5　液压元件的选择

1. 液压泵及驱动电机功率的确定

(1)确定液压泵的压力。

液压泵的工作压力应当考虑液压缸的最高有效工作压力和管路系统的压力损失。

$p_{泵}=p_{工进}+\sum\Delta p$,其中 $p_{工进}=3.26$ MPa,$\sum\Delta P=0.5$ MPa,则 $p_{泵}=3.76$ MPa;此为静态压力,考虑动态压力大于静态压力和顺有压力设备,所以 $p_{额}=1.5p_{泵}=5.64$ MPa。

(2)计算液压泵的流量

液压泵的最大流量 $q_{泵}=Kq_{max}$,式中 q_{max} 为缸所需最大流量;K 为池漏系数,$K=$

1.1～1.3，取 $K=1.2$。$q_{泵}=Kq_{max}=1.2\times101.28$ L/min$=121.54$ L/min。

(3) 选择液压泵规格型号。

由 $p_{额}$ 及 $q_{泵}$ 查液压零件设计手册，选用 YB－125J 型单级叶片泵，该泵的基本参数为：压力为 6.3 MPa，转速为 960 r/min，流量为 125 L/min。

(4)确定电机功率。

由工况图可知，液压泵最大输出功率在快退阶段。快退时管路损失 $\Delta P=0.2$ MPa 泵的总效率 0.7，则电动机功率 $P_{电}=p_{泵}\ q_{泵}/\eta_{泵}=3.76\times121.54/0.7=0.653$ kW。根据此数值查阅设计手册或电动机产品目录，选择功率和额定转速相近的电动机。

2. 液压元件的选择

由参数 $q_{max}=101.28$ L/min，$p_{max}=3.26$ MPa 即可选择液压元件。

(1)选取元件：(略)。

(2)油管的计算与选择。

按管路允许的流速进行计算，主油路油管流量 $q_1=101.28$ L/min，允许流速 $v=$ 3 m/s；则管径 $d=\sqrt{\dfrac{4q}{\pi v}}=\sqrt{\dfrac{4\times101.28}{3.14\times3\times60\times10^{-3}}}\approx26.77$ mm，取 $d=30$ mm。

出油管内径尺寸按流量 $q_2=91.5$ L/min，$v=2.5$ m/s 计算，

则出油管的内径 $d=\sqrt{\dfrac{4q}{\pi v}}=\sqrt{\dfrac{4\times91.5}{3.14\times2.5\times60\times10^{3}}}\approx27.88$ mm，取 $d=30$ mm

由公式 $\delta\geqslant\dfrac{P\max\cdot d}{2\sigma_p}$，有 $6p=110$ MPa，$\delta\ \dfrac{3.76\times30}{2\times110}\approx0.51$ mm，则厚壁取 1 mm。

(3)油箱容积的确定。

系统为冲击系统，油箱有效容量按泵流量 a 可取(5～7)倍确定，油箱容积 V，a 取 6，$V=a\cdot q_{泵}=6\times125=750$ L。

结构设计：按长宽高的比 1∶1∶1～1∶2∶3 之间。通过计算，取长 95 cm，宽 95 cm，高 95 cm。

11.2.6 液压系统性能校核

在系统管路布置确定以前，回路上压力损失无法计算，当系统管路布置确定后，按项目 2 压力损失的计算方法，可以很容易的对压力损失进行校核，这里就不进行校核了，以下仅对系统油液温升进行校核。

系统在工作中绝大部分时间是处在工作阶段，所以可按工作状态来计算温升。

$$p_{工进}=3.26\ \text{MPa},\quad q_{工进}=3.80\ \text{L/min}$$

1. 求发热功率

$p_{泵}=3.76$ MPa，其中考虑了压力损失，变量叶片泵随压力的损失泄漏的增加，效率很低 取泵 $\eta_{泵}=0.5$。

$$P_{泵入}=\frac{p_{泵}\times q_{泵1}}{\eta_{泵}}=\frac{3.76\times10^{6}\times3.80\times10^{-3}}{0.5\times60}=476.3\ \text{W}$$

$$H_{发热}=P_{泵入}(1-\eta_{系统})=476.3\times(1-0.5\times0.78\times0.9)=309.1\ \text{W}$$

其中 0.78 为容积效率，0.9 为机械效率。

2. 升温计算

邮箱的容积为 857 L，油箱通风情况良好，K 取 15，$A=0.95\times0.95+4(0.95\times0.95)\times80\%=3.79\ \text{m}^2$，则油液温升 ΔT 为

$$\Delta T=\frac{309.1}{15\times3.79}=5.43\ ℃$$

允许发热温升 $[\Delta T]=30\sim60$ ℃，$\Delta T<[\Delta T]$，合格。

思考题与习题

11.1　设计一台小型液压压力机的液压系统，要求实现快速空程下行→慢速加压→保压快速回程→停止的工作循环，快速往返速度为 3 m/min，加压速度为 40～250 mm/min，压制力为 200 000 N，运动部件总重量为 20 000 N。

11.2　某立式组合机床采用的液压滑台快进、快退速度为 6 m/min，工进速度为 80 mm/min，快速行程为 100 mm，工作行程为 50 mm，启动、制动时间为 0.05 s。滑台对导轨的法向力为 1 500 N，摩擦系数为 0.1，运动部分质量为 500 kg，切削负载为 30 000 N。试对液压系统进行负载分析。

11.3　一台专用铣床，铣头驱动电机功率为 7.5 kW，铣刀直径为 120 mm，转速为 350 r/min。工作行程为 400 mm，快进、快退速度为 6 m/min，工进速度为 60～1 000 m/min，加、减速时间为 0.05 s。工作台水平放置，导轨摩擦系数为 0.1，运动部件总重量为 4 000 N。试设计该机床的液压系统。

附录 《流体传动系统及元件图符号和回路图》(GB/T 786.1—2009)与《液压气动图形符号》(GB/T 786.1—1993)对比

2009 年 3 月 16 日颁布了国家标准《流体传动系统及元件图形符号和回路图 第 1 部分:用于常规用途和数据处理的图形符号》(GB/T 786.1—2009),用于代替 1993 版旧标准《液压气动图形符号》(GB/T 786.1—1993),新标准与 1993 版旧标准相比有所不同,针对常用的图形进行如下对比(表中图形符号中模数尺寸 M 等于 2.5 mm)),见附表 1～8。

附表 1　基本符号、管路及连接等连接图型符号对比

序号	2009 版新标准		1993 版旧标准	
	图形	描述	图形	用途或符号解释
1	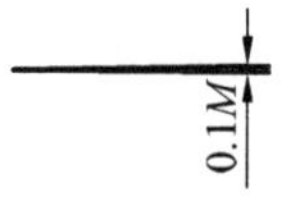	供油管路,回油管路,元件外壳和外壳符号	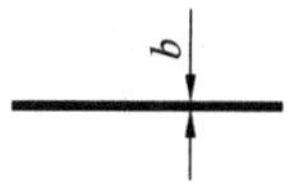	工作管路;控制供给管路;回油管路;电气线路
2	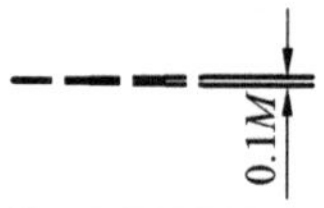	内部和外部先导(控制)管路,泄油管路、冲洗管路,放气管路	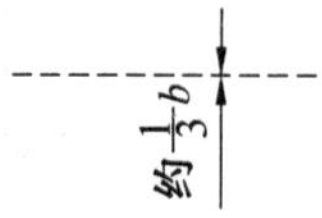	控制管路;泄油管路或放气管路;过滤器;过渡位置
3		组合元件框线		组合元件框线
4		软管管路		柔性管路
5	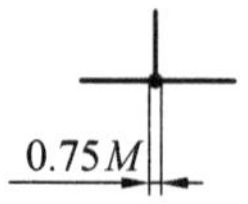	两条管路的连接标出连接点		连接管路,两管路相交连接
6		两条管路交叉没有节点表明它们之间没有连接		交叉管路,两管路交叉不连接
7	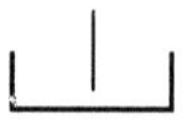	管口在液面以上的油箱	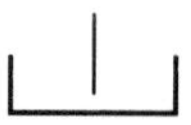	管口在液面以上的油箱
8	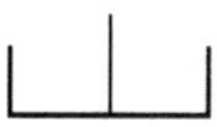	管口在液面以下的油箱	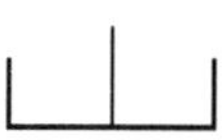	管口在液面以下的油箱

续附表 1

序号	2009 版新标准		1993 版旧标准	
	图形	描述	图形	用途或符号解释
9	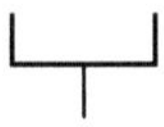	管端连接于油箱底部	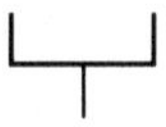	管端连接于油箱底部
10	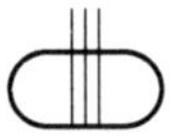	密闭式油箱	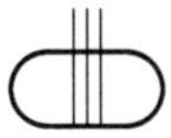	密闭式油箱
11		液压		液压
12		气压		气压
13		直接排气		直接排气
14	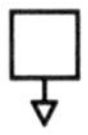	带连接排气	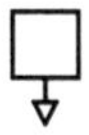	带连接排气

附表 2　液压(气压)泵和马达的图形符号对比

序号	2009 版新标准		1993 版旧标准	
	图形	描述	图形	用途或符号解释
1	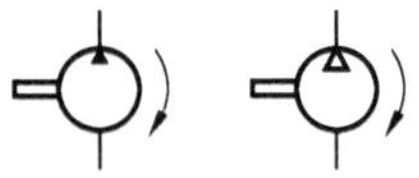	单向定量泵	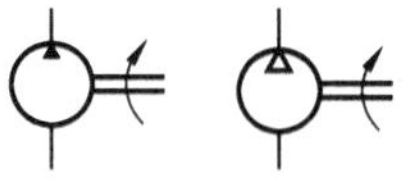	单向定量泵
2	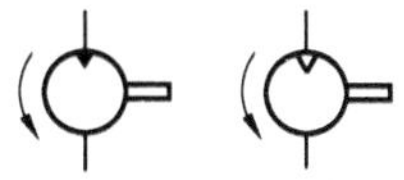	单向定量马达	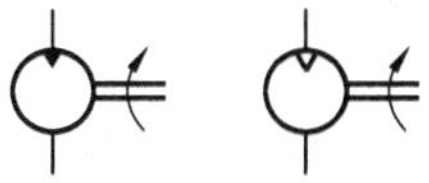	单向定量马达
3	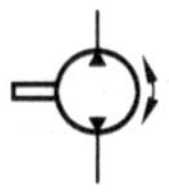	双向定量液压泵		双向定量液压泵
4	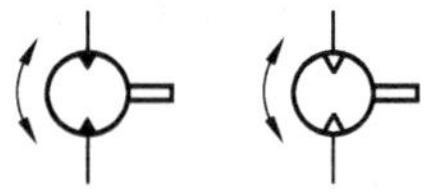	双向定量马达	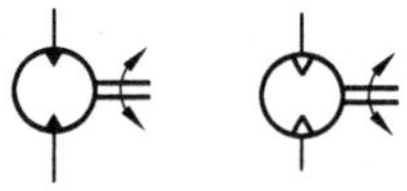	双向定量马达
5	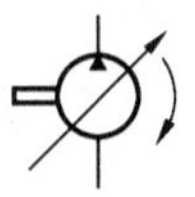	单向变量液压泵		单向变量液压泵

续附表 2

<table>
<tr><th rowspan="2">序号</th><th colspan="2">2009 版新标准</th><th colspan="2">1993 版旧标准</th></tr>
<tr><th>图形</th><th>描述</th><th>图形</th><th>用途或符号解释</th></tr>
<tr><td>6</td><td></td><td>单向变量马达</td><td>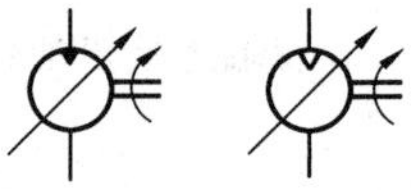</td><td>单向变量马达</td></tr>
<tr><td>7</td><td></td><td>双向变量马达</td><td></td><td>双向变量马达</td></tr>
<tr><td>8</td><td></td><td>双向变量泵或马达单元,带外泄油路</td><td></td><td>双向变量液压泵—马达</td></tr>
<tr><td>9</td><td>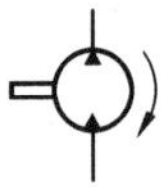</td><td>单向旋转的定量泵或马达</td><td></td><td>单向定量液压泵—马达</td></tr>
<tr><td>10</td><td>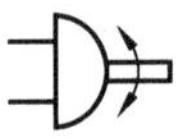</td><td>双向流动的摆动执行器或旋转驱动</td><td>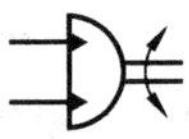</td><td>摆动马达,双向摆动,定角度</td></tr>
<tr><td>11</td><td></td><td>带外泄油路单向旋转的变量泵</td><td colspan="2">(无对照)</td></tr>
<tr><td>12</td><td>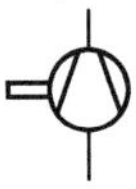</td><td>真空泵</td><td colspan="2">(无对照)</td></tr>
</table>

附表 3　控制机构和控制方法图形符号对比

<table>
<tr><th rowspan="2">序号</th><th colspan="2">2009 版新标准</th><th colspan="2">1993 版旧标准</th></tr>
<tr><th>图形</th><th>描述</th><th>图形</th><th>用途或符号解释</th></tr>
<tr><td>1</td><td>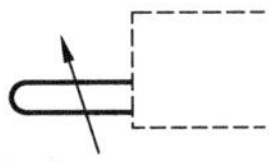</td><td>带有分离把手和定位销的控制机构</td><td>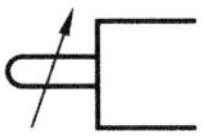</td><td>可变行程控制式</td></tr>
<tr><td>2</td><td>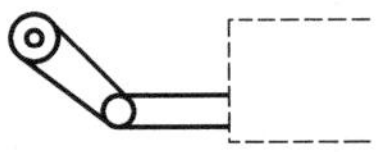</td><td>用作单方向行程操纵的滚轮杠杆</td><td>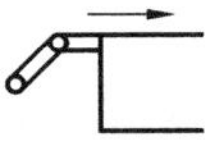</td><td>单向滚轮式,仅在一个方向上操作,箭头可省略</td></tr>
</table>

续附表 3

序号	2009 版新标准		1993 版旧标准	
	图形	描述	图形	用途或符号解释
3		单作用电磁铁，动作指向阀芯	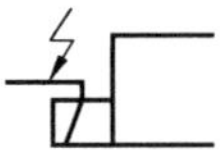	单作用电磁铁，电气引线可省略，斜线也可向右下方
		单作用电磁铁，动作背离阀芯		
4		双作用电气控制机构，动作指向或背离阀芯	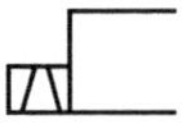	双作用电磁铁
5	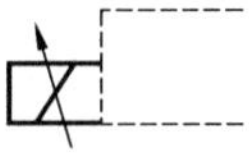	单作用电磁铁，动作指向阀芯，连续控制	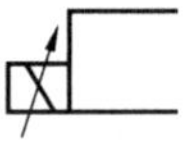	单作用可调电磁操作
	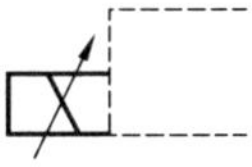	单作用电磁铁，动作背离阀芯，连续控制		
6		双作用电气控制机构，动作指向或背离阀芯，连续控制	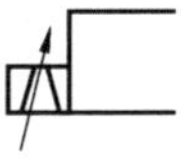	双作用可调电磁操作
7	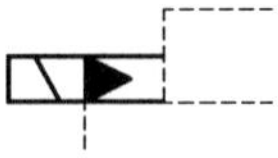	电气操纵的带有外部供油的液压先导控制机构	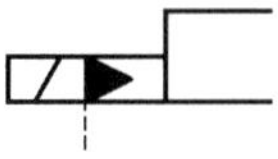	电一液先导加压控制，液压外部控制，内部泄油
8		电气操纵的气动先导控制机构	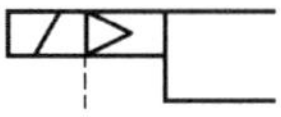	电一气先导加压控制，气压外部控制
9	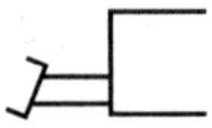	踏板控制	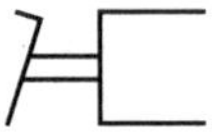	踏板式人力控制
10		手动拉杆控制	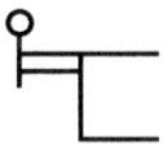	
11	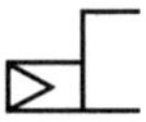	气压先导控制	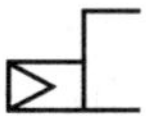	气压先导控制
12		弹簧控制		弹簧控制

续附表 3

序号	2009 版新标准		1993 版旧标准	
	图形	描述	图形	用途或符号解释
13	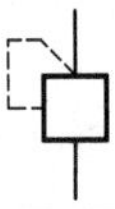	内部压力控制	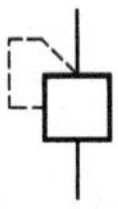	内部压力控制
14	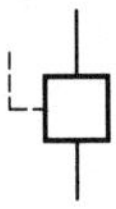	外部压力控制	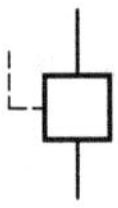	外部压力控制
15	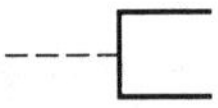	加压或泄压控制	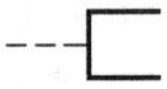	加压或泄压控制
16	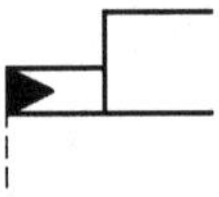	液压先导控制	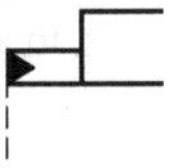	液压先导控制

附表 4　方向控制阀的图形符号对比

序号	2009 版新标准		1993 版旧标准	
	图形	描述	图形	用途或符号解释
1	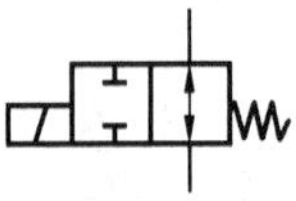	二位二通方向控制阀，两位，电磁铁操纵，弹簧复位，常开	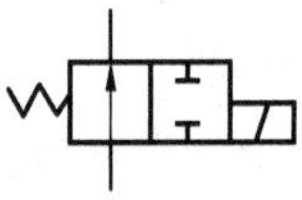	二位二通电磁阀，常通
2	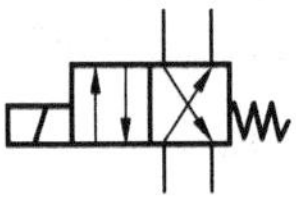	二位四通方向控制阀，电磁铁操纵，弹簧复位	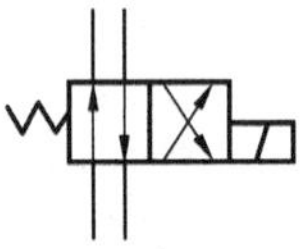	二位四通电磁阀
3	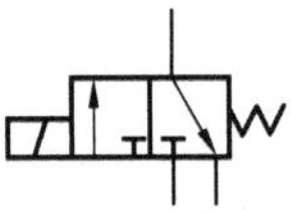	二位三通方向控制阀，电磁铁操纵，弹簧复位，常闭	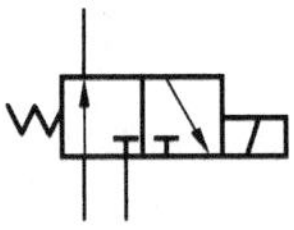	二位三通电磁阀
4	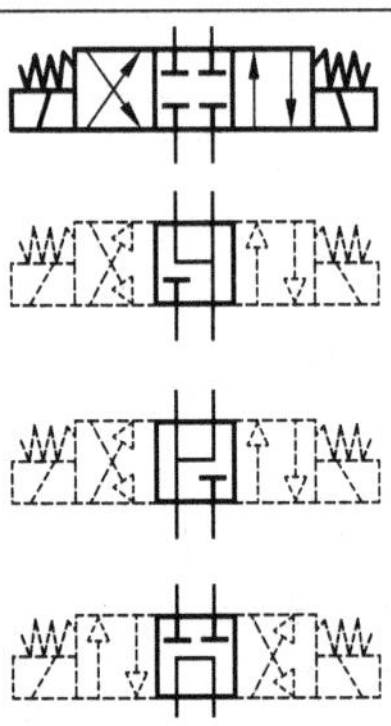	三位四通方向控制阀，弹簧对中，双电磁铁直接操纵，不同中位机能的类别		三位四通电磁阀

续附表 4

序号	2009 版新标准		1993 版旧标准	
	图形	描述	图形	用途或符号解释
5	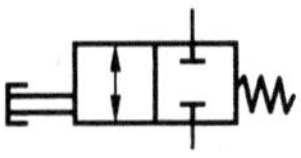	二位二通方向控制阀，推压控制机构，弹簧复位，常闭	(无对照)	
6	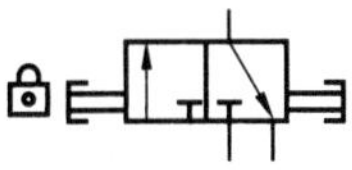	二位三通锁定阀	(无对照)	
7	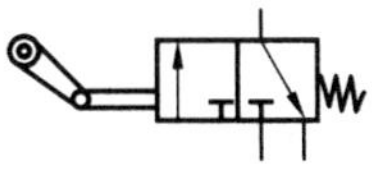	二位三通方向控制阀，滚轮杠杆控制，弹簧复位	(无对照)	
8	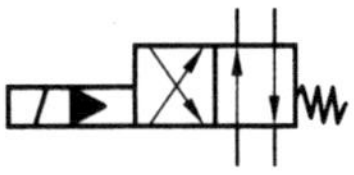	二位四通方向控制阀，弹簧复位	(无对照)	
9	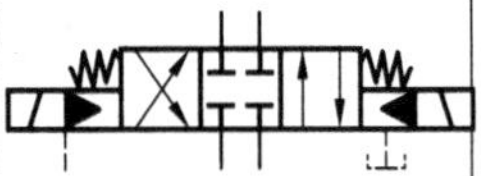	三位四通方向控制阀	(无对照)	
10	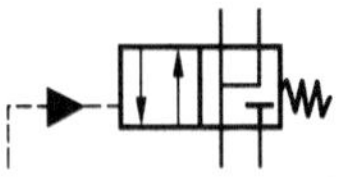	二位四通方向控制阀，液压控制，弹簧复位	(无对照)	
11	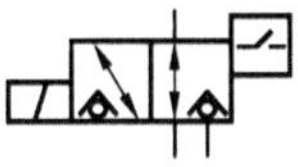	二位三通液压电磁换向座，带行程开关	(无对照)	
12		单向阀		单向阀
13		先导式液控单向阀，带有复位弹簧，先导压力允许在两个方向自由流动		液控单向阀
14	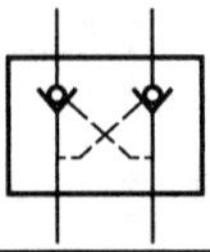	双单向阀，先导式	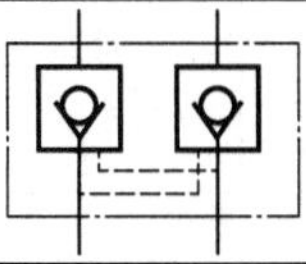	液压锁

附表 5　压力控制阀的图形符号对比

序号	2009 版新标准		1993 版旧标准	
	图形	描述	图形	用途或符号解释
1	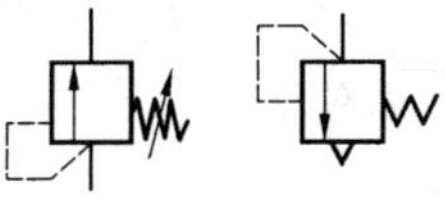	溢流阀，直动式，开启压力由弹簧调节	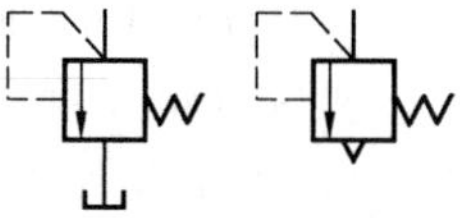	溢流阀，一般符号或直动型溢流阀
2	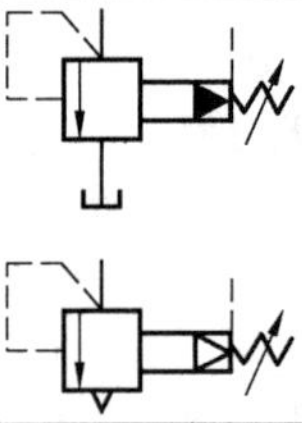	先导式溢流阀	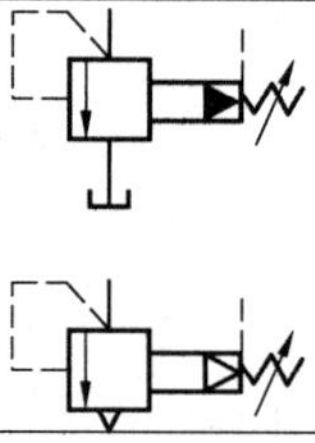	先导型溢流阀
3	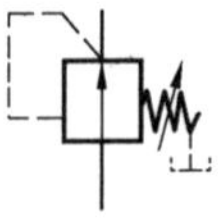	二通减压阀，直动式，外泄型	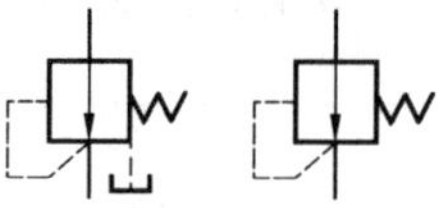	减压阀，一般符号或直动型减压阀
4	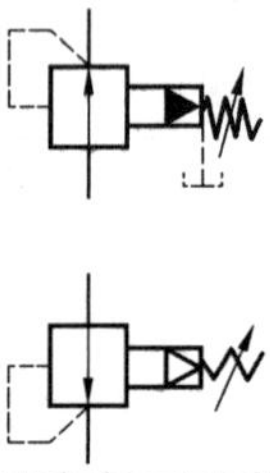	二通减压阀，先导式，外泄型	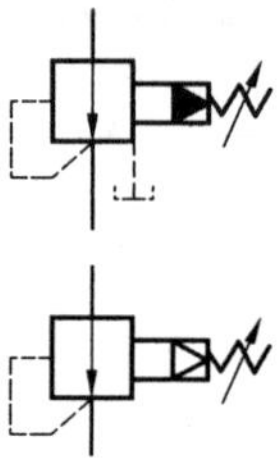	先导型减压阀
5	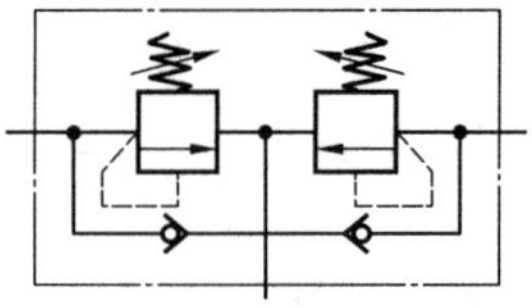	防汽蚀溢流阀，用来保护两条供给管道	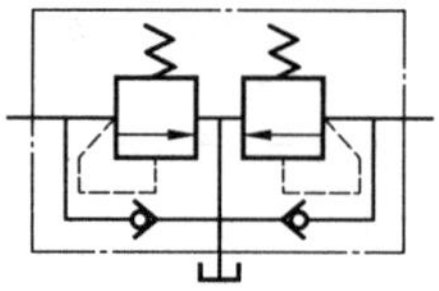	双溢流制动阀
6	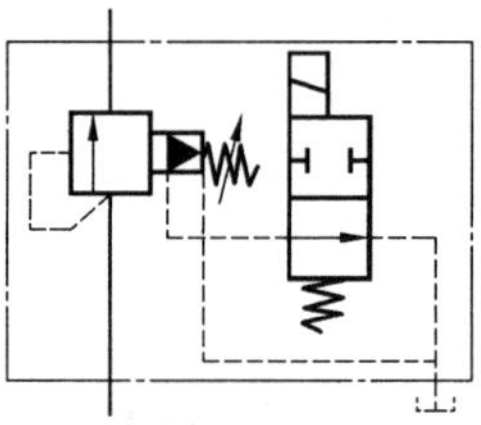	电磁溢流阀，先导式，电气操纵预设定压力	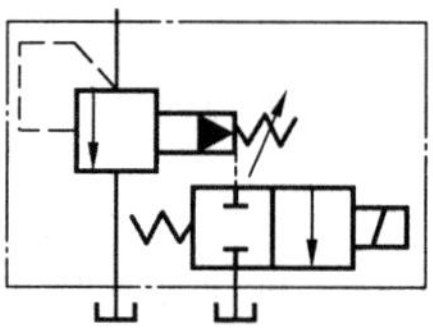	先导型电磁溢流阀
7	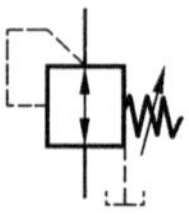	三通减压阀	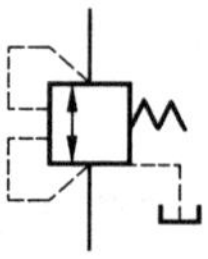	双向溢流阀

续附表5

序号	2009版新标准		1993版旧标准	
	图形	描述	图形	用途或符号解释
8	详细符号 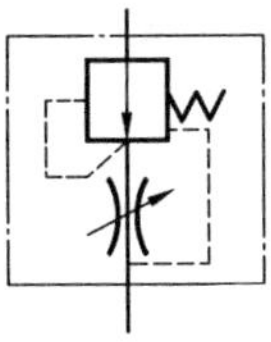 简化符号 	调速阀	详细符号 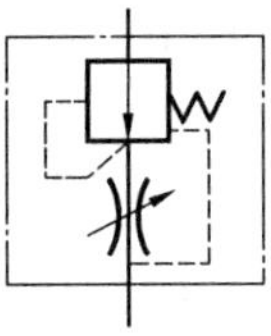 简化符号 	调速阀
9	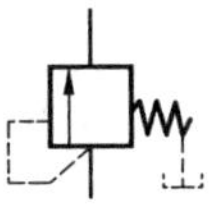	直动顺序阀	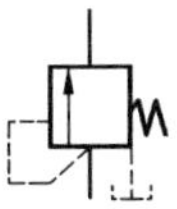	直动顺序阀
10	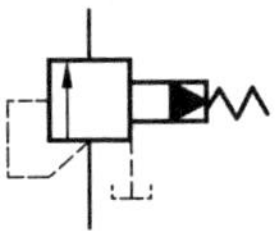	先导式顺序阀	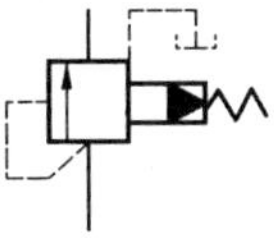	先导型顺序阀
11	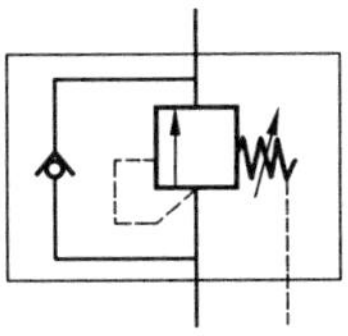	单向顺序阀	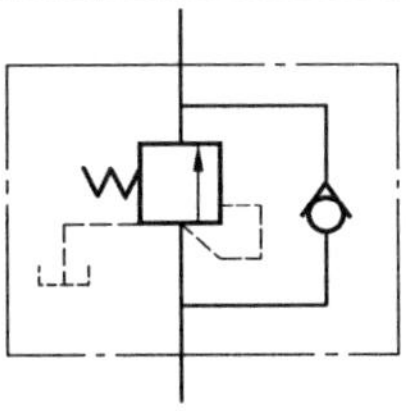	单向顺序阀
12	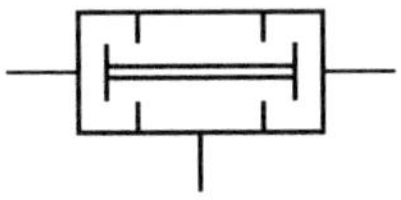	双压阀	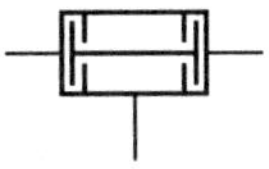	与门型梭阀(双压阀)
13	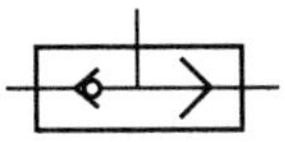	双单向阀,先导式梭阀("或"逻辑)	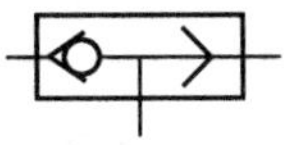	梭阀,或门型
14	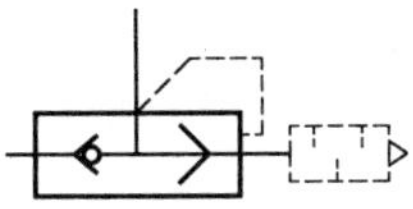	快速排气阀	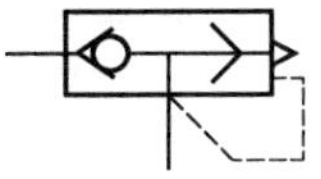	快速排气阀

附表 6　流量控制阀的图形符号对比

<table>
<tr><td rowspan="2">序号</td><td colspan="2">2009 版新标准</td><td colspan="2">1993 版旧标准</td></tr>
<tr><td>图形</td><td>描述</td><td>图形</td><td>用途或符号解释</td></tr>
<tr><td>1</td><td></td><td>可调节流阀</td><td></td><td>可调节流阀</td></tr>
<tr><td>2</td><td>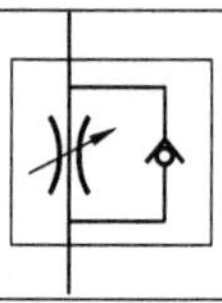</td><td>可调节流量控制阀，单向自由流动</td><td>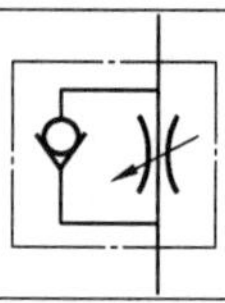</td><td>单向节流阀</td></tr>
<tr><td>3</td><td>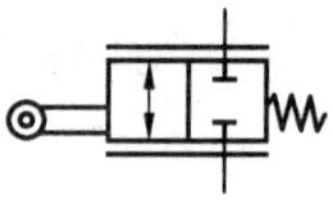</td><td>流量控制阀，滚轮杠杆操纵，弹簧复位</td><td>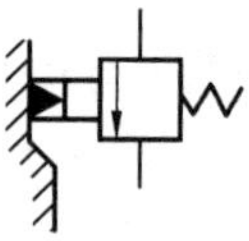</td><td>滚轮控制节流阀（减速阀）</td></tr>
<tr><td>4</td><td>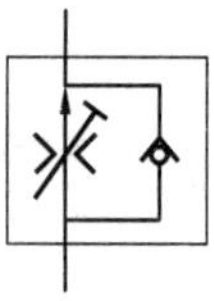</td><td>二通流量控制阀，可调节，带旁通阀，固定设置，单向流动，基本与黏度和压力差无关</td><td>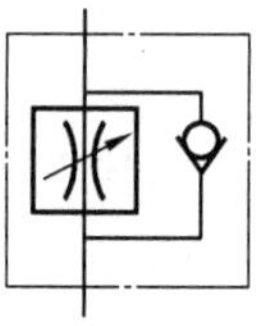</td><td>单向调速阀</td></tr>
<tr><td>5</td><td>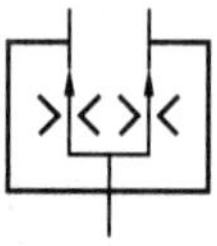</td><td>分流器，将输入流量分成两路输出</td><td>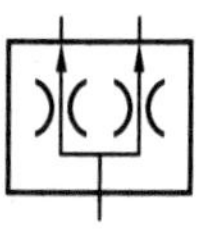</td><td>分流阀</td></tr>
<tr><td>6</td><td>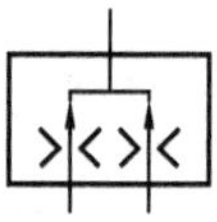</td><td>集流阀，保持两路输入流量相互恒定</td><td></td><td>集流阀</td></tr>
<tr><td>7</td><td>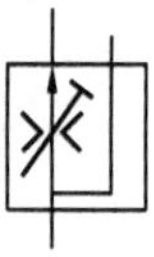</td><td>三通流量控制阀，可调节，将输入流量分成固定流量和剩余流量</td><td>（无对照）</td><td></td></tr>
</table>

附表 7　液压缸的图形符号对比

<table>
<tr><td rowspan="2">序号</td><td colspan="2">2009 版新标准</td><td colspan="2">1993 版旧标准</td></tr>
<tr><td>图形</td><td>描述</td><td>图形</td><td>用途或符号解释</td></tr>
<tr><td>1</td><td>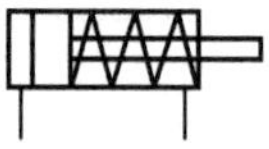</td><td>单作用单杆缸，靠弹簧力返回行程，弹簧腔带连接油口</td><td></td><td>单作用单活塞杆缸（带弹簧复位，简化符号）</td></tr>
</table>

续附表 7

序号	2009 版新标准		1993 版旧标准	
	图形	描述	图形	用途或符号解释
2	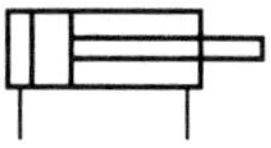	双作用单杆缸	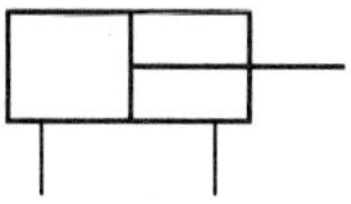	双作用单活塞杆缸（简化符号）
3	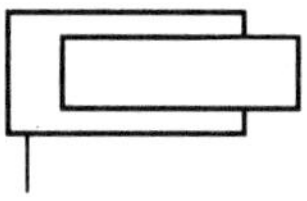	单作用缸，柱塞缸	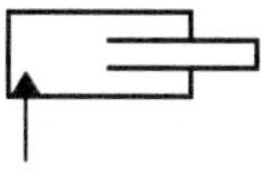	单作用缸，柱塞缸
4	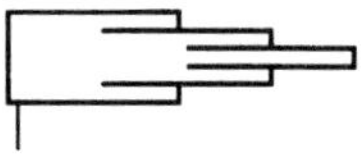	单作用伸缩缸	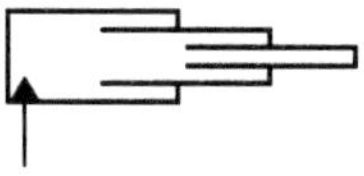	单作用伸缩缸
5	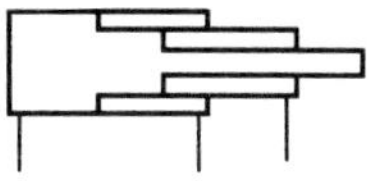	双作用伸缩缸	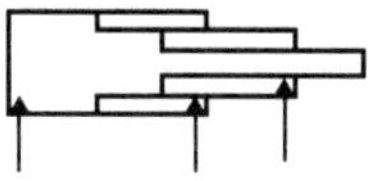	双作用伸缩缸
6	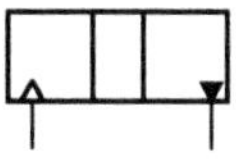	气一液转换器	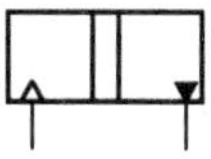	气一液转换器
7	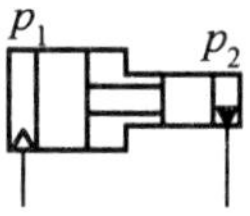	单作用增压器	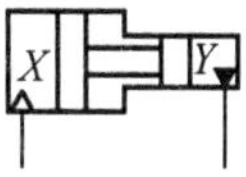	增压器
8	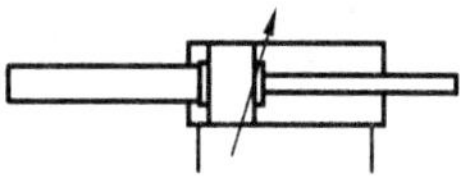	双作用双杆缸	（无对照）	

附表 8　辅助元件图形符号对比

序号	2009 版新标准		1993 版旧标准	
	图形	描述	图形	用途或符号解释
1		可调节的机械电子压力继电器	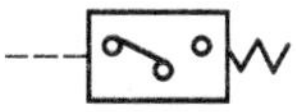	压力继电器或压力开关
2	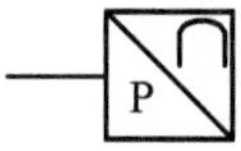	模拟信号输出压力传感器		压力传感器

续附表 8

序号	2009 版新标准		1993 版旧标准	
	图形	描述	图形	用途或符号解释
3	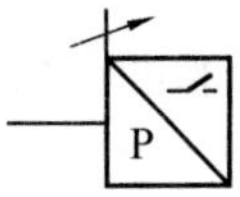	输出开关信号,可电子调节的压力转换器	(无对照)	
4		压力测量单元(压力表)		压力表(计)
5		温度计		温度计
6		流量指示器		检流计(液流指示器)
7	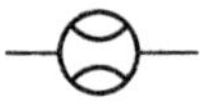	流量计	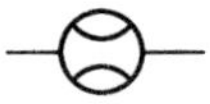	流量计
8	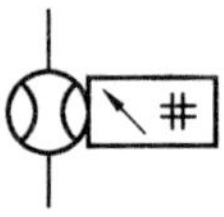	数字式流量计	(无对照)	
9	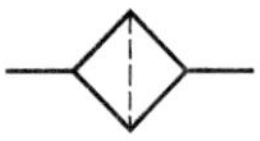	过滤器	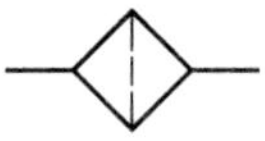	过滤器
10	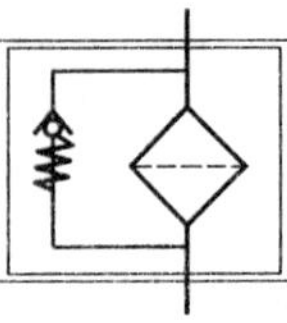	带旁路单向阀的过滤器	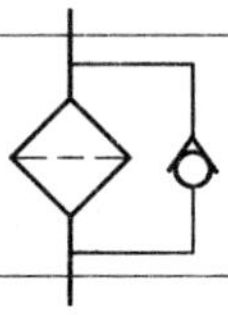	带旁路阀的过滤器
11		不带冷却液流道指示的冷却器		冷却器
12	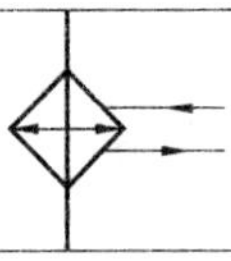	液体冷却的冷却器	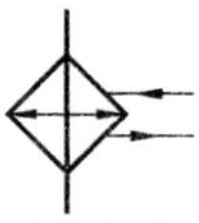	带冷却剂管路的冷却器
13		加热器		加热器
14	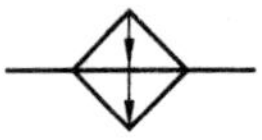	温度调节器		温度调节器

续附表 8

序号	2009 版新标准		1993 版旧标准	
	图形	描述	图形	用途或符号解释
15		蓄能器(一般符号)		蓄能器(一般符号)
16	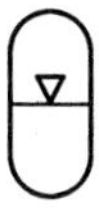	隔膜式充气蓄能器(隔膜式蓄能器)		气体隔离式蓄能器
17		囊隔式充气蓄能器(囊隔式蓄能器)	(无对照)	
18	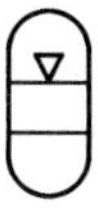	活塞式充气蓄能器(活塞式蓄能器)	(无对照)	
19		气瓶	(无对照)	
20	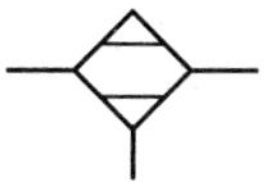	空气干燥器	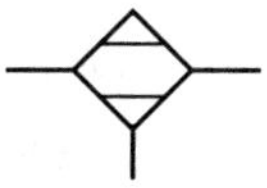	空气干燥器
21	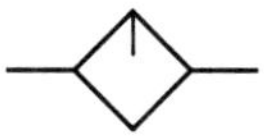	油雾器	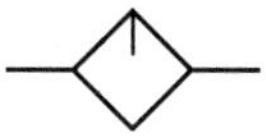	油雾器
22	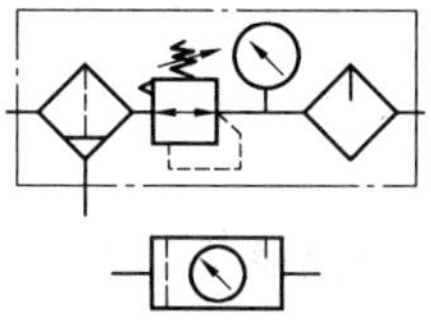	带压力表的气动三联件	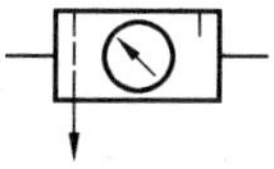	气源调节装置(简化图)
23	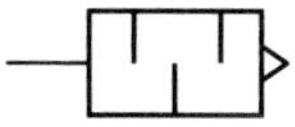	消声器	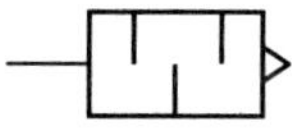	消声器
24	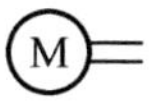	电动机	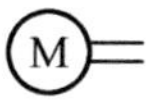	电动机
25	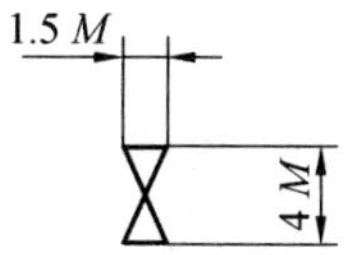	截止阀		截止阀

参考文献

[1] 刘延俊.液压与气压传动[M].3版.北京:机械工业出版社,2014.
[2] 陈桂芳.液压与气动技术[M].3版.北京:北京理工大学出版社,2012.
[3] 周德繁.液压与气压传动[M].2版.哈尔滨:哈尔滨工业大学出版社,2014.
[4] 周建清,杨永年.气动与液压实训[M].北京:机械工业出版社,2016.
[5] 赵波,王宏元.液压与气动技术[M].5版.北京:机械工业出版社,2019.
[6] 崔培雷.液压与气动技术[M].北京:北京理工大学出版社,2014.
[7] 左健民.液压与气动传动[M].4版.北京:机械工业出版社,2013.
[8] 中华人民共和国国家质量监督检验检疫总局中国国家标准化管理委员会.流体传动系统及元件图形符号和回路图　第1部分:用于常规用途和数据处理的图形符号:GB/T 786.1—2009[S].北京:中国标准出版社,2009.
[9] 甘秀芹,满维龙,张树刚[M].液压与气压传动.长春:吉林科学出版社,2012.
[10] 刘卓夫.液压传动与控制[M].哈尔滨:哈尔滨工程大学出版社,2010.
[11] 王积伟.液压与气压传动习题集[M].2版.北京:机械工业出版社,2019.
[12] 左健民.液压与气压传动学习指导与例题集[M].北京:机械工业出版社,2009.
[13] 杨培元,朱福元.液压系统设计简明手册[M].北京:机械工业出版社,2012.
[14] 齐晓杰.汽车液压与气压传动[M].3版.北京:机械工业出版社,2017.
[15] 王丽君,叶克.液压、液力与气压传动技术[M].北京:机械工业出版社,2012.
[16] 王积伟,章宏甲.液压传动[M].2版.北京:机械工业出版社,2008.
[17] 孙立峰,吕枫.工程机械液压系统分析及故障诊断与排除[M].北京:机械工业出版社,2014.
[18] 张应龙.液压识图[M].2版.北京:化学工业出版社,2012.
[19] 许福玲,陈尧明.液压与气压传动[M].3版.北京:机械工业出版社,2013.
[20] 李壮元.液压元件与系统[M].北京:机械工业出版社,2012.